narr STUDIENBÜCHER

Frank Liedtke

Moderne Pragmatik

Grundbegriffe und Methoden

Bibliografische Information der Deutschen Nationalbibliothek

Die Deutsche Nationalbibliothek verzeichnet diese Publikation in der Deutschen Nationalbibliografie; detaillierte bibliografische Daten sind im Internet über http://dnb.dnb.de abrufbar.

© 2016 · Narr Francke Attempto Verlag GmbH + Co. KG
Dischingerweg 5 · D-72070 Tübingen

Das Werk einschließlich aller seiner Teile ist urheberrechtlich geschützt. Jede Verwertung außerhalb der engen Grenzen des Urheberrechtsgesetzes ist ohne Zustimmung des Verlages unzulässig und strafbar. Das gilt insbesondere für Vervielfältigungen, Übersetzungen, Mikroverfilmungen und die Einspeicherung und Verarbeitung in elektronischen Systemen.
Gedruckt auf säurefreiem und alterungsbeständigem Werkdruckpapier.

Internet: www.narr-studienbuecher.de
E-Mail: info@narr.de

Printed in Germany

ISSN 0941-8105
ISBN 978-3-8233-6776-5

Inhaltsverzeichnis

0.	Einleitung	9
1.	**Ein Gespräch führen**	17
1.1	Etwas sagen – für etwas stehen	17
1.2	Die Architektur eines Gesprächs	26
1.3	Multimodalität	30
2.	**Eine kommunikative Intention ausdrücken**	33
2.1	Intention und Bedeutung	34
2.2	Kontextwissen und Sprecher-Bedeutung	38
2.3	Etablierung von Bedeutung	41
3.	**Geronnene Intentionen: Sprechakte und ihre Typen**	47
3.1	Performative Äußerungen	47
3.2	Lokutionäre, illokutionäre und perlokutionäre Akte	51
3.3	Äußerungsakte und propositionale Akte	53
3.4	Illokutionäre Indikatoren	55
3.5	Eine Taxonomie der Sprechakte	57
3.6	Performative Äußerungen – die neuere Debatte	64
4.	**Die Kunst des Andeutens: Implikaturen**	69
4.1	Konversationelle Implikaturen	69
4.2	Das Kooperationsprinzip und die Maximen	70
4.3	Befolgung, Konflikt und Ausbeutung	73
4.4	Generalisierte konversationelle Implikaturen	77
5.	**Konventionelle Implikaturen und/oder Präsuppositionen**	83
5.1	Konventionelle Implikaturen	83
5.2	Präsuppositionen	87
6.	**Implikaturen generalisiert: Über pragmatische Idiome**	95
6.1	Skalare und klausale Implikaturen	96
6.2	Die sprachliche Arbeitsteilung	98
6.3	Präsumptive Bedeutung	102
7.	**Pragmatische Anreicherung: Explikaturen**	111
7.1	Relevanz und Explikaturen	112
7.2	Relevanz und Inferenz	114
7.3	Intention und Ostension	117

7.4	Lexikalische Pragmatik	121
8.	**Implizituren oder Gesagtes?**	**125**
8.1	Die Nichtwörtlichkeit von Implizituren: Kent Bach	125
8.2	Die Vielfalt des Gesagten: François Récanati	129
8.3	Was man nicht sieht, was aber trotzdem wirkt: Unartikulierte Konstituenten	134
8.4	Experimentelle Pragmatik	142
9.	**Spracherwerb als kulturelles Lernen**	**147**
9.1	Gemeinsame Aufmerksamkeit	147
9.2	Intentionale Angebote von Artefakten	149
9.3	Früher Spracherwerb	150
9.4	Theory of Mind – eine Voraussetzung für Kommunikation	153
9.5	Der Erwerb komplexer Strukturen	155
9.6	Relativsätze und ihr Erwerb	159
10.	**Brücken bauen und Texte verstehen**	**165**
10.1	Kohäsion und Kohärenz	165
10.2	Bridging	167
10.3	Die Rolle von Wissensrahmen	172
10.4	Aufwand und Ergebnis	174
11.	**Kommunikative Gewichtung: Wie wir Informationen verteilen**	**179**
11.1	Neu und bekannt	180
11.2	Die Vertrautheits-Skala	183
11.3	Aktivierungsgrad und referierende Ausdrücke	185
11.4	Kognitiver Status und Quantitätsimplikaturen	188
12.	**Arbeitsteilung zwischen Sprache und Welt: Deiktische Äußerungen**	**193**
12.1	Allgemeines zur Deixis	194
12.2	Hier und da, oben und unten	195
12.3	Das Zeigen auf Zeichen und Nicht-Zeichen	199
12.4	Jetzt bald	201
12.5	*ich* und *du*	204
12.6	Deixis und Sprechakte	206

13.	**Ein Anwendungsbeispiel: Sprache in der Politik**	**211**
13.1	Überblick	211
13.2	Personale Deixis	211
13.3	Pragmatische Anreicherungen	214
13.4	Implikaturen	215
13.5	Präsuppositionen	217
13.6	Illokutionäre Akte	218
13.7	Sprecher-Intention	221
14.	**Ausblick: Kommunizieren als kultureller Habitus**	**225**
Register		**233**

0. Einleitung

Einleitungen sind nützlich – und doch werden sie häufig ungelesen übersprungen. Dies ist durchaus verständlich, denn als Leser_in wollen Sie sich nicht mit langen Vorreden aufhalten. Dass trotzdem eine Einleitung verfasst wurde, hat folgenden Grund: Das vorliegende Buch wird auf diese Weise vorstrukturiert, Sie erhalten eine Gesamtschau auf das, was kommen wird, und können es so mit größerem Gewinn lesen. Wenn Sie wissen, was Sie erwartet, können Sie eine bestimmte Lesehaltung und -erwartung ausbilden und somit Schwerpunkte setzen: Was interessiert mich genauer, was weiß ich vielleicht schon und was steht im Augenblick nicht im Zentrum des Interesses?

Zunächst sollte etwas zum Titel gesagt werden, er ist nicht unbedingt selbsterklärend. Pragmatik ist die Lehre vom sprachlichen Handeln, die allgemein gesagt die Beziehungen untersucht, die zwischen sprachlichen Äußerungen, dem jeweiligen Äußerungskontext sowie den verfolgten Zielen bestehen. Dabei interessieren solche Ziele, die sich auf die Handlungen oder Einstellungen der Adressat_innen richten. Moderne Pragmatik bezieht sich auf die Ansätze, die sich im Wesentlichen in Anschluss an H.P. Grice und seine Theorie der konversationellen Schlussprozesse entwickelt haben. Allerdings werden auch die Ansätze, die sich nicht unmittelbar auf diesen Sprachphilosophen beziehen lassen, auf ihre jüngsten Entwicklungen hin befragt.

Pragmatiker gehen davon aus, dass das Ziel einer Äußerung, das mit ihr üblicherweise verfolgt wird, ihren **kommunikativen Sinn** ausmacht. Hier muss allerdings schon differenziert werden: Man kann jemanden furchtbar erschrecken, indem man sich hinter ihn stellt und ihm mit tiefer Stimme ins Ohr sagt:

(1) Drehe dich um!

(Nehmen wir zugunsten des Beispiels an, es wäre Nacht und der Ort ein wenig unheimlich). Der/die Angesprochene wird sich zweifellos umdrehen, und dies kann das Ziel des Sprechers/der Sprecherin gewesen sein. Solche Ziele interessieren hier weniger, denn es lässt sich kein systematischer Zusammenhang zwischen der Äußerung und der Reaktion aufzeigen – er/sie hätte sich möglicherweise auch dann umgedreht, wenn man gesagt hätte:

(2) Drehe dich nicht um!

Eine instinktgesteuerte Reaktion gehört somit nicht zu den Zielen, die innerhalb der Pragmatik untersucht werden. Pragmatiker interessieren sich nur für solche Fälle sprachlicher Kommunikation, in denen die geäußerten Worte für den, der sie hört, ein Grund sind, so und so zu handeln bzw. eine bestimmte Einstellung auszubilden – oder dies zu verweigern (s. hierzu Grice 1993a). Das heißt, nur wenn die Äußerung (1) dem Adressaten/der Adressatin die Option offenlässt, nach einem Verständnis der Äußerung zu erwidern, er/sie denke nicht daran, sich umzudrehen (und sich dabei nicht umdreht!), handelt es sich um einen interessanten Fall sprachlicher Kommunikation. Es geht grundsätzlich darum herauszubekommen, wie Äußerungen gestaltet sein müssen, damit man mit ihnen bestimmte Ziele verfolgen und erreichen kann – wobei die Reaktionen der Angesprochenen nicht reine Reflexe, sondern von diesen kontrolliert sind. Der Zusammenhang zwischen Äußerungsform und beabsichtigter Reaktion der Adressaten wird in **Kapitel 2** genauer ausformuliert.

Für den Zusammenhang zwischen einem Äußerungstyp und einem kommunikativen Ziel gibt es bisweilen eindeutige Konventionen, die sich in einer Sprechergemeinschaft etabliert haben. Die Anfänge der Pragmatik in den fünfziger Jahren des letzten Jahrhunderts hängen sehr stark mit einem Äußerungstyp zusammen, für den es eindeutige und strenge Verwendungsregeln gibt. Der Sprachphilosoph J.L. Austin (2002) untersuchte unter anderem Schiffstaufen (es wird gleich geklärt werden, was Philosophen mit Schiffstaufen zu tun haben). Wenn jemand innerhalb einer großen Schiffstaufs-Zeremonie sagt:

(3) Hiermit taufe ich das Schiff auf den Namen Queen Elisabeth II.

dann wurde damit das Schiff auf den Namen Queen Elisabeth getauft. Völlig unabhängig davon, was die Taufende sich dabei dachte (vielleicht hasst sie Schiffe oder dieses Schiff speziell oder Zeremonien allgemein und macht das nur, weil es zu ihren Aufgaben gehört) – sobald diese Worte geäußert sind, heißt das Schiff so und nicht anders. Es liegt also ein Fall vor, in dem die Form der Äußerung genau vorgeschrieben ist und definierte Folgen für die Wirklichkeit hat, und man kann an der Form schon die intendierte Wirkung erkennen. Das heißt aber auch, dass das Schiff nur dann auf diesen Namen getauft ist, wenn die vorgesehene Äußerungsform eingehalten ist. Wenn die Taufende bei ihrer -zigsten Taufe einmal variiert und sagt:

(4) Heute würd ich gern einmal dieses Schiff auf den Namen Prinzessin Anne taufen.

dann wäre Vieles passiert, nur das Schiff wäre nicht getauft – weder auf diesen noch auf einen anderen Namen.

Was interessiert Sprachphilosophen an diesem Fall? Es geht im Kern darum zu verstehen, auf welche Weise die Folgen einer Äußerung wie (3) zustande kommen. Wie kann es sein, so fragte sich Austin, dass das reine Äußern von Worten Folgen hat, die den Namen eines – ziemlich großen – Schiffes betreffen. Eine Antwort auf diese Grundsatzfrage – die das Verhältnis von Sprache und Wirklichkeit betrifft und den Einfluss von Ersterer auf Letztere – wird von der Sprechakttheorie gegeben, die im **Kapitel 3.** vorgestellt wird.

Am anderen Ende der Skala möglicher Äußerungsformen, an dem es ziemlich informell zugeht, befindet sich folgendes Beispiel:

(5) würd ich [AUch nich.

Dieses Beispiel ist in einer bestimmten graphischen Form wiedergegeben, weil es ein Transkript aus einem aufgenommenen Gespräch ist. Für schriftliche Wiedergaben von gesprochener Sprache gibt es bestimmte Schreibkonventionen, und (5) ist in einer solchen Schreibweise notiert. Dies soll uns an dieser Stelle nicht weiter beschäftigen – im **Eingangskapitel 1** wird hierzu Genaueres ausgeführt. Was hier interessiert, ist die Form der Äußerung selbst. Es ist klar, dass es um einen Schritt in einem Gespräch geht – die aktuelle Sprecherin bezieht sich auf einen vorhergehenden Gesprächsschritt, worauf das *auch* hinweist. Allerdings gibt es noch andere Indizien dafür, dass vorher in dem Gespräch etwas geäußert wurde. Es ist ja schon interessant, was die Sprecherin mit (5) meint: Würde sie etwas nicht tun oder nicht sein wollen oder nicht so sehen? Dies erfahren wir aus der Äußerung nicht, und wir benötigen zum vollen Verständnis die vorangehenden Gesprächsschritte. Mit anderen Worten: Die fragmentarische Form der Äußerung ist ein klares Indiz dafür, dass sich die Sprecherin auf eine oder mehrere vorangehende Äußerungen bezieht und davon ausgeht, dass ihre Zuhörerin diese noch im Kopf hat.

Gleichzeitig ist in diesem Fall eine große Variationsbreite gegeben. Anders als in dem Schiffstaufenbeispiel gibt es keine festen Konventionen für die Form der Äußerung. In dem Transkript geht es um ein Gespräch, das zwei Personen vor einem Bild in einer Ausstellung geführt haben, in dem die erste Person gesagt hatte:

(6) also ich würds mir jetzt nich ins WOHNzimmer hängen.

Ihre Gesprächspartnerin hatte ihr mit der Äußerung von (5) zugestimmt, und hier kann man sich eine Reihe von Alternativäußerungen vorstellen.

Die Äußerung (6) ist natürlich nicht rein wörtlich zu verstehen – und sie ist von der Adressatin auch nicht so verstanden worden. Die beiden befinden sich in einem Kunstmuseum, und es ist den Beteiligten klar, dass die Bilder nicht zur Dekoration der eigenen Wohnung gedacht sind. Außerdem misst das Bild 190 cm x 280 cm. Wie kommt man aber zu der Annahme, dass hier nicht wörtlich zu interpretieren ist? Um dieser Frage nachzugehen, muss man darüber nachdenken, welchen Einfluss die Wortbedeutungen und die syntaktische Verknüpfung im Satz auf die Interpretation der Äußerung haben und inwiefern sie beim Verstehen über die Satz- und Wortbedeutung hinausgeht. Es ist klar, dass auf der Ebene der Satzbedeutung gesagt wird, dass die Sprecherin sich dieses Bild nicht in ihr Wohnzimmer hängen würde. Unbemerkt haben wir bei dieser Paraphrase allerdings schon etwas zur Satzbedeutung hinzugefügt. *Dieses Bild* wird nirgends gesagt, sondern es kommt lediglich ein klitisiertes *-s* vor – *ich würds*. Überdies sagt sie auch nicht, dass sie es in ihr Wohnzimmer hängen würde; auch hier haben wir wieder die schwächste Form eines referierenden Ausdrucks: *-s – ins*. Wir unterstellen aber, dass sie ihr Wohnzimmer meint, denn sie verwendet vorher das Pronomen *mir*, und dies weist darauf hin, dass sie ihr eigenes Wohnzimmer meint. Wenn wir uns nun vorstellen, *mir* wäre nicht geäußert worden, was wäre dann die Interpretation? Man würde vermutlich nicht zögern, auch hier das Wohnzimmer der Sprecherin anzunehmen, denn man will ihr nicht unterstellen, dass sie Bilder in irgendwelche Wohnzimmer hängt.

Dieses Beispiel zeigt schon, dass der Zusammenhang zwischen geäußertem Satz und dem Verstehen seiner Äußerung komplexer ist, als es auf den ersten Blick scheint. Wir fügen beim Äußerungsverstehen eine Menge Dinge hinzu, die genau genommen nicht gesagt sind – oder nur in einer äußerst sparsamen Weise. Ohne in die Einzelheiten zu gehen (die wir in den **Kapiteln 6 und 7** genauer ausbuchstabieren), kann hier schon gesagt werden, dass das Äußerungsverstehen auf einer Reihe von Schlussprozessen beruht. Der geäußerte Satz ist nur ein Baustein für die vollständige Interpretation, hinzu kommen Annahmen der Gesprächspartner über den engeren oder weiteren Zusammenhang, in dem seine Äußerung steht. Im vorliegenden Fall ist das klitisierte *-s* beispielsweise vollkommen ausreichend, weil vorher die Äußerung der Versuchsleiterin kam:

(7) vielleicht abschließend (-) gefällt euch das bild?

In diesem Zusammenhang ist es nicht mehr notwendig, den Referenzausdruck *das Bild* zu wiederholen – ein angehängtes und verkürztes *es* reicht völlig aus – ja die Wiederholung des Ausdrucks *das Bild*, eventuell mit einer Kontrastbetonung, würde eher vermuten lassen, es handele sich um ein anderes Bild als das erfragte.

Wenn wir vor diesem Hintergrund noch einmal Äußerung (5) anschauen, dann sehen wir ein weiteres Beispiel für Schlussprozesse in der Kommunikation. Die Form ist reduziert, das Vollverb *aufhängen* erscheint nicht, sondern nur das Modalverb *würd*, zusammen mit der Negationspartikel *nich*. Dann erscheint nur noch das Personalpronomen *ich* und die Partikel *auch*. Trotz dieser kleinen Formen mit sparsamer lexikalischer Bedeutung ist die Äußerung mühelos zu verstehen. Hier liegt also ein Fall vor, in dem der Gesprächszusammenhang und die gemeinsame Situation, in der sich die Kommunizierenden befinden, sehr viel für das Verständnis der Äußerung leisten. Dasjenige, was vorher gesagt wurde, spielt eine eminente Rolle für die Frage, was die Sprecherin gemeint hat (auf welchen Gegenstand sie sich bezieht, was sie damit machen würde etc.).

Dem Zusammenhang zwischen Äußerung und ihrem Kontext wird unter einem anderen Aspekt, der auch auf schriftliche Äußerungsformen bezogen ist, im **Kapitel 10** nachgegangen. Es geht um Äußerungspaare wie das folgende:

(8a) Sie betrat den Raum. (8b) Die Kronleuchter strahlten hell.

Beim Lesen des zweiten Satzes stellt sich die Frage, um welche Kronleuchter es sich handelt, denn der Gebrauch des bestimmten Artikels *die* legt nahe, dass es um bekannte Information geht. Obwohl im Satz (8a) von keinerlei Kronleuchtern oder anderen Lampen die Rede ist, fällt die Bezugnahme nicht schwer: Es werden die Kronleuchter des Raumes sein, den sie betrat. Um die Brücke von den Kronleuchtern zu dem Raum zu schlagen, müssen wir lediglich wissen, dass Räume in der Regel mit einem Leuchtmittel an der Decke ausgestattet sind; zusätzlich ist die konstruktive Leistung erforderlich, dass man sich einen hohen Raum wie in einem Schloss vorstellt – und nicht etwa einen Seminarraum in einem schlichten Zweckbau. Indem wir diese Schlussverfahren ausführen, schaffen wir aktiv im Verstehen den Zusammenhang zwischen zwei Sätzen, die zunächst wenig Gemeinsamkeiten zu haben scheinen.

Nehmen wir nun an, der Dialog im Museum wäre etwas anders verlaufen:

(7a) Gefällt euch das Bild? (6a) Ich würde mir das Bíld nicht ins Wohnzimmer hängen.

Wir nehmen außerdem an, dass in (6a) die Konstituente *das Bíld* betont ist – was durch den Akzent gekennzeichnet werden soll. Irgendetwas ist merkwürdig mit dieser Äußerung, vor allem mit der Wahl des Akzents. Man würde ihn eher auf *ich* oder *Wohnzimmer* erwarten. Die Merkwürdigkeit der Akzentwahl hängt mit der Struktur der Äußerung zusammen, genauer damit, ob die gegebene Information als bekannt oder neu eingeführt wird. Vom Bild war in (7a) schon die Rede, also können wir dies als bekannt voraussetzen. Die neue Information in (6a) ist also mit den Ausdrücken *ich* und *Wohnzimmer* verbunden, denn davon war vorher nicht die Rede. In der Regel ist in jeder (mehrgliedrigen) Äußerung ein Ausdruck als Träger bekannter, ein anderer als Träger neuer Information enthalten – vereinfacht gesagt, denn es gibt auch Satzteile, die gar nicht in dieses Raster fallen wie *würde*. Es geht im Wesentlichen um referierende Ausdrücke wie Nomen / Nominalgruppen oder Pronomen. Wir haben nun – ebenfalls vereinfacht dargestellt – eher die Tendenz, solche Satzteile stärker zu betonen, die neue Information enthalten, und Ausdrücke, die bekannte Information enthalten, etwas schwächer zu betonen. Auch rücken solche Träger bekannter Information eher an den Anfang der Äußerung als an ihr Ende.

Wir haben nun ansatzweise eine Erklärung dafür, warum (6a) in dieser Betonung merkwürdig ist: Es ist ein Träger bekannter Information hervorgehoben, was den Prinzipien der Informationsverteilung im Satz widerspricht. Ein Akzent auf einem anderen Ausdruck, z.B.:

(6a') Ich würde mir das Bild nicht ins Wóhnzimmer hängen.

oder auf zwei Ausdrücken (der erste etwas stärker, der zweite etwas schwächer betont)

(6a") Ích würde mir das Bild nícht ins Wohnzimmer hängen.

ist hier problemlos möglich. Dies liegt daran, dass wir es hier mit neuer Information zu tun haben, und diese wird in der Regel hervorgehoben.

Dies ist allerdings noch nicht alles, was dazu zu sagen wäre. Die Theorie der Informationsstruktur ist vielschichtig, und sie kann im Rahmen einer Einleitung natürlich nur angerissen werden (interessant in diesem Zusammenhang ist das Buch von Lambrecht (1994)). (6a) mit der Betonung auf *Bíld* geht in Ordnung, wenn die Sprecherin es kontrastiert mit einem anderen Kunstgegenstand, etwa mit einer Plastik. Dies ist dann der Kontrastfokus ... mehr dazu im **Kapitel 11**.

In einer etwas anderen Perspektive umfasst der Gegenstand der Pragmatik das Verhältnis zwischen einer Äußerung, so wie sie artikuliert ist, und dem, was mit ihr ausgedrückt wird. Unter dem **Artikulierten** wird dasjenige verstanden, was an der „Oberfläche" des geäußerten Satzes erscheint, also beispielsweise die vorkommenden Wörter in ihrer lexikalischen Bedeutung – im Beispiel (8a,b) sind dies *Raum* und *Kronleuchter*. Das mit dem Satz **Ausgedrückte** umfasst zusätzlich diejenigen Komponenten, die wir als Adressaten verstehen, ohne dass sie artikuliert wurden (*die Kronleuchter des Schloss-Saales*). Sie treten entweder an die Stelle des Artikulierten oder ergänzen es. Bei dem anderen schon angesprochenen Beispiel, der Äußerung (6), liegt beides vor. Dass der Sprecherin das Bild nicht gefällt, wird von ihr ausgedrückt, aber nicht artikuliert. Es tritt an die Stelle des Artikulierten. Dass sie es nicht in *ihr eigenes* Wohnzimmer hängen würde, stellt eine Erweiterung dar, die nicht artikuliert ist, also zusätzlich zum Artikulierten zu verstehen ist. In diesem Fall stellen also das Artikulierte und das Nicht-Artikulierte zwei Komponenten dar, die beide zum Ausgedrückten zählen. Im ersten Fall zählt das Artikulierte nicht zu dem, was die Sprecherin ausgedrückt hat, sondern es wird durch die entsprechende Lesart, dass ihr das Bild nicht gefällt, ersetzt. Der Unterschied zwischen diesen beiden Fällen soll im **Kapitel 8** näher erläutert werden; an dieser Stelle soll lediglich auf den grundsätzlichen Unterschied zwischen dem Artikulierten und dem Ausgedrückten hingewiesen werden.

Die **Kapitel 4 und 5** behandeln Erscheinungsformen des Ausgedrückten, die mit dem Begriff der Implikatur bezeichnet werden. Implikaturen sind nicht-wörtliche Interpretationen von Äußerungen, wobei Letztere wörtlich gelesen keinen rechten Sinn ergeben. Wollen wir die wörtliche Lesart von Beispiel (6) der Sprecherin nicht unterstellen, dann bleibt eben nur eine nicht-wörtliche Interpretation – eine Implikatur. Diese würde, wie schon angedeutet, etwa so lauten:

(6i) Mir gefällt das Bild nicht besonders.

Auch hier hat H.P. Grice Pionierarbeit geleistet (s. Grice 1993d), denn von ihm stammt der genannte Begriff der Implikatur. Grice gilt als der Begründer der modernen Pragmatik, der mit seiner Idee der konversationellen Schlussprozesse großen Einfluss auf die gegenwärtige Theoriebildung hatte und hat. Auf ihn geht auch der Gedanke zurück, dass es für die konversationellen Schlussprozesse Stufen der Verfestigung gibt, so dass sich Konventionen für Implikaturen ergeben. Diese sind dann nicht mehr das Ergebnis einer Berechnung, die Adressat_innen angesichts von Äußerungen anstellen, die vordergründig keinen Sinn ergeben. Sie sind vielmehr an einzelne Ausdrücke gebunden, die kontextfrei diese konventionellen Implikaturen erzeugen. Dies betrifft vor allem konjunktionale und adverbiale Ausdrücke wie *deshalb* u.a.

Wie eingangs erwähnt, heißt sprachlich zu kommunizieren, ein Ziel zu verfolgen – das heißt: eine kommunikative Intention auszudrücken. Wenn ich möchte, dass jemand etwas tut, dann verfolge ich die kommunikative Intention, dass der Angesprochene erkennt, dass er die betreffende Handlung ausführen solle. Der mit dieser Formulierung verbundene Eindruck, dass man es hier mit einer doppelten Schichtung der Intentionen zu tun hat, trügt nicht. Der/die Angesprochene soll erkennen, dass er/sie die betreffende Handlung ausführen soll – zweimal *sollen* und somit zwei Intentionen: Ich intendiere, dass die Handlung ausgeführt wird (erste Ebene), und ich intendiere, dass der/die Angesprochene diese Intention erkennt (zweite Ebene). Diese doppelte Ebene ist zentral für jede Theorie der sprachlichen Kommunikation, denn sie versetzt uns in die Lage, den Mit-tiefer-Stimme-erschrecken-Fall zu unterscheiden von sprachlicher Kommunikation in dem uns interessierenden Sinne. Im Erschrecken-Fall reicht die Intention der ersten Ebene aus, denn die Äußerung muss kein Grund sein, sich umzudrehen. Sie reicht aber nicht aus, wenn das Umdrehen als kontrollierbare Handlung gelten soll, denn hierzu ist das Erkennen der zweiten Intention notwendig. Erst wenn der/die Angesprochene erkennt, dass ich intendiere, ihn/sie zum Umdrehen zu bewegen, kann er/sie diese Intention bewusst erfüllen oder auch nicht.

Wir haben es hier mit einem Modell sprachlicher Kommunikation zu tun, das – wie gesagt – grundlegend für jede aussichtsreiche Theorie sprachlicher Kommunikation ist (was nicht heißt, dass es auch von jedem vertreten wird). Es soll deshalb bei dieser Andeutung bleiben, eine Vertiefung ist ja im **Kapitel 2** vorgesehen. Worauf in diesem Zusammenhang aber verwiesen werden soll, ist die Frage des Erwerbs pragmatischer Fähigkeiten, das heißt die Frage, ab wann Kleinkinder das komplexe Wechselspiel von Intentionsausdruck und Intentionserkenntnis beherrschen. Spontan würde man vielleicht sagen, dass es erst relativ spät erworben werden kann, da es uns Erwachsene ja schon einige Mühe kostet, das Modell der doppelten Intentionalitäts-Ebene zu verstehen. In der Tat ist es aber so, dass dieses Wechselspiel von Intentionsausdruck und -erkenntnis in Ansätzen bereits im Alter von neun Monaten beherrscht wird, also noch vor dem Erwerb der Muttersprache. Es funktioniert auf der Ebene von Zeigegesten, die das Kind gegenüber dem Erwachsenen ausführt und mit denen es auf Gegenstände in der gemeinsamen Umgebung aufmerksam macht. Man kann natürlich fragen, was daran so besonderes ist, denn eine doppelte Intentionalität dürfte hier kaum angenommen werden. Auch hier befinden wir uns im Irrtum: Die Situation des gestischen Zeigens setzt etwas voraus, was der Spracherwerbsforscher und Psychologe Michael Tomasello gemeinsame Aufmerksamkeit (joint attention) genannt hat (Tomasello 2010, Bruner 1987). Das Kind richtet seine Aufmerksamkeit auf einen bestimmten Gegenstand, sagen wir einen Ball und zeigt auf ihn. Es will mit der Zeigegeste erreichen, dass der Erwachsene seine Aufmerksamkeit ebenfalls auf diesen Ball richtet. Soweit ist der Fall noch harmlos. Das Kind will allerdings mit der Zeigegeste erreichen, dass der Erwachsene erkennt, dass das Kind seine Aufmerksamkeit auf den Ball richtet; das heißt, es macht selbst Annahmen darüber, ob der Erwachsene seine Aufmerksamkeit auf die Aufmerksamkeit des Kindes richtet oder nicht.

Dies ist eine recht komplexe Art von Annahmen, die für die frühkindliche gestische Kommunikation ab einem Alter von ca. neun Monaten charakteristisch ist. In experimentellen Studien wurde nachgewiesen, dass das Kleinkind erst dann zufrieden ist, wenn der Erwachsene nicht nur den Ball angeschaut hat, sondern auch es selbst, wie es auf den Ball zeigt. Eine solche Situation ist als Triangulation in die Beschreibung eingegangen. **Kapitel 9** beschäftigt sich näher mit dieser Fähigkeit von Kleinkindern und generell mit dem Erwerb pragmatischer Kompetenz.

Kapitel 12 behandelt das Zeigen im Zusammenhang mit Äußerungen, die genau auf diese Kombination von Sprache und Zeigegeste abgestimmt sind – deiktische Äußerungen wie beispielsweise

(9) Hier.

Das Besondere an dieser Form einer deiktischen Äußerung ist, dass sie nur verständlich ist, wenn eine parallele Zeigegeste erfolgt (gestische Deixis) oder aber der eigene Standort allen Angesprochenen bekannt ist (symbolische Deixis). Dies betrifft auch andere Ausdrücke, beispielsweise *jetzt, da drüben, nachher, gestern* usw. Ohne Kenntnis der umgebenden Situation ist die Äußerung witzlos, was jede(r) schon einmal bemerkt hat angesichts von Äußerungen wie (9) ohne hinzugefügte Geste oder Ortsangabe. Das Wechselspiel von sprachlicher und situativer Information wird am Beispiel der deiktischen Äußerungen besonders augenfällig und deshalb bildet dieses Phänomen einen zentralen Gegenstand der linguistischen Pragmatik.

An einem Anwendungsbeispiel soll im **Kapitel 13** gezeigt werden, wie die zuvor entwickelten Kategorien der Pragmatik bei der Analyse öffentlichen Sprachgebrauchs eingesetzt werden können. Die Sprache in der Politik eignet sich dafür besonders, weil hier oft mit Andeutungen, versteckten Anspielungen oder auch mehrfach interpretierbaren Äußerungen operiert wird. Im **Kapitel 14** schließlich wird nach dem Verhältnis von Pragmatik und allgemeiner Kulturwissenschaft gefragt, genauer: inwiefern Kommunizieren als kultureller Habitus aufgefasst werden kann. Dieses Kapitel gibt einen Ausblick auf ein noch zu entwickelndes Teilgebiet der Pragmatik.

Einzelne Kapitel dieses Buches wurden mit Kolleginnen und Kollegen diskutiert. Für Anregungen und konstruktive Kritik danke ich vor allem Rudi Keller und Pamela Steen. Dajana Dalchow und Astrid Tuchen danke ich für ihre Hilfe bei der redaktionellen Einrichtung und beim Layout.

Es soll nicht unerwähnt bleiben, dass in dem vorliegenden Buch eine Auswahl getroffen werden musste, die sich auf die zentralen Themenfelder der modernen Pragmatik beschränkt. Dies hat dazu geführt, dass einige Bereiche nur kurz, beispielsweise über die Angabe von weiterführender Literatur, erwähnt wurden. Dies soll nicht heißen, dass sie unwichtig wären – einige von ihnen, wie beispielsweise die Neuropragmatik, beginnen sich zu einem zentralen Themenfeld weiterzuentwickeln. Insofern stellt das Buch einen notwendigen Kompromiss dar zwischen allumfassender Vollständigkeit und guter Lesbarkeit.

Die Kapitel dieser Einführung sind weitgehend so geschrieben, dass sie einzeln gelesen werden können – ohne ein schlechtes Gewissen zu haben, dass die vorhergehenden Kapitel nicht gelesen wurden. Wem es allerdings um einen Überblick über die Themen, Theorien und Methoden der modernen Pragmatik geht, dem sei eine komplette Lektüre durchaus empfohlen. Viel Vergnügen bei der Lektüre, wo auch immer sie anfängt!

Literatur

Austin, J.L. (2002): *Zur Theorie der Sprechakte*, Stuttgart: Reclam. [engl. *How to do things with words*, 1962, ²1975; dt. Übers. v. E. v. Savigny]

Bruner, J. (R. Watson Mitarb.) (1987): *Wie das Kind sprechen lernt*. Bern u.a.: Hans Huber. [engl. *Child's Talk*, Oxford University Press, 1983]

Grice, H.P. (1993a): Meinen, Intendieren, Bedeuten. In: G. Meggle (Hg.), *Handlung, Kommunikation, Bedeutung*, Frankfurt/M.: Suhrkamp, 2–15. [engl.: Meaning. In: *The Philosophical Review* 66, 1957, 377–388]

Grice, H.P. (1993d): Logik und Konversation. In: G. Meggle (Hg.), 243–265. [engl.: Logic and Conversation, In: P. Cole/J. Morgan (Hg.), *Syntax and Semantics, Volume 3: Speech acts*. New York: Academic Press, 1975, 41–58]

Lambrecht, K. (1994): *Information Structure and Sentence Form. Topic, Focus and the Mental Representation of Discourse Referents*. Cambridge: Cambridge University Press.

Tomasello, M. (2010): *Die Ursprünge der menschlichen Kommunikation*. Frankfurt/M.: Suhrkamp. [engl.: *Origins of Human Communication*, Cambridge/Mass.: MIT Press, 2010]

1. Ein Gespräch führen

1.1 Etwas sagen – für etwas stehen

In der Einleitung haben wir auszugsweise ein Gesprächstranskript kennengelernt, das nun etwas ausführlicher behandelt werden soll. Man kann daran einige Dinge sehen und erklären, die für eine pragmatische Betrachtung wesentlich sind. Schauen wir uns einen längeren Auszug aus einem Gespräch an, das zwei Betrachterinnen im Museum der bildenden Künste in Leipzig geführt haben. Es ging dabei um ein Bild von Christoph Ruckhäberle, „Vorstadt" von 2002:

```
001   S1:   N… ich finde der mAnn der da an der säule steht,
002         ALso an diesem  (.)   fAhnenmast,
003         der sieht AUS als wär er betrunken;
004   S2:   hm;  (.)   das könnte AUch sein=
005         =aber ich finde eher es sieht irgendwie so aus   (.h)
006         als wär der in der mitte so in die ENGE getrieben;   (-)
007         als würden die den irgendwie:
008   S1:   achsO::
009   S2:   schIckanIEren wollen vielleicht oder so:  (-)   also ich weiß
            nich;  (-)
010         und  (.)  irgendwie: ich find  (.)  die perSONen,
011         im gegensatz zu den farben der stAdt irgendwie sehr TRIST und
            sehr  (--)   AUSdruckslos;
012   S1:   naja aber die  (-)  die stAdt is ja jetzt bis auf   (-)
013         die RÄNder teilweise jetzt auch nich unbedingt sehr  (.)  aus-
            drucksvoll;
014   S2:   aber es is SCHON  (.)   bunt und  (-)   weiß ich nich
015         (.h)  also die HÄUser und so erkEnnt man halt direkt aber  (-)
016         bei den  (-)   perSONen erkennt man zum beispiel die gesIchter
            nich so  (.)   direkt;
017         es wirkt [so sehr anoNYM so;
018   S1:            [s is wahrscheinlich
019         s is wahrscheinlich ABsicht;
020         (.h)  aber warum ich auch DACHte warum die betrUnken sind,
021         weil das bild ähm PFAFFenholz  (--)   in BAYern is; =
022         =vielleicht kommen die da gerade irgendwie vom oktOberfest
            ((lacht))
023         kann ja SEIN;
024   S2:   ((lacht))  meinste? na ich [wEIß nich;
025   S1:                              [NEIN wahrscheinlich NICH aber   (-)
026         das wird ja auch nich MÜNchen sein.
027   S2:   aber ich glaub eher NICH dass die betrUnken sind=
028         weil es is irgendwie  (--)  !TAG!,
029         also es is ja sehr HELL eigentlich,   (-)
030         und  (-)  [ja
```

```
031   S1:              [wie HEISST denn das (bild)?
032          VORstadt aha [!A!ha.
033   S2:                 [die VORstadt;   (-)
034          [da is auf jeden fall NICH viel los;
035   S1:    [da ham wir die banliEUes-  (-)
036          ä:hm  (--)  sieht das denn aus wie ne VOR=da stehn keine MÜLLei-
              mer da::
037   S2:    ((lacht))
038   S1:    die UMgestoßen si:nd,
039   S2:    hm   (-)  [man sieht
040   S1:              [aber die SCHAUfenster sind lEEr;
041          es is ALLES sehr lEEr;
042   S2:    man sieht aber hInten auch   (.)   halt nichts weiter;
043   S1:    [ja genau da
044   S2:    [muss es schon ziemlich weit in der vorstadt sein-
045          weil  (-)  [man keine HOCHhäuser oder irgendwas von der stadt
              sieht
046   S1:               [genau   (--)
047          ja aber die stadt kann ja auch auf der ANDERN seite sein;   (-)
048          [also  (.)  auf der wo WIR jetzt stehn.
049   S2:    [ja: das könnte auch sein.
050          ab  (-)  aber ich find generEll dass die irgendwie komisch dA-
              stehn also
051   S1:    ja es sieht so aus als würd der hier n stein auf den
052          also den der in der AUSSEN steht n stein auf den inner midde
              schmeißen ne?
053   S2:    ja irgendwie als würden die den schickanIEren;   (-)   ich weiß
              nich;
054   S1:    aber dafür steht der  (.)  am  (.)  fAhnenmast da,
055          oder an dem strOmmast ganz schön betrunken,  (-)
056          so mit so nem  (-)  mit so ner !SCHLACH!seite da;
057   S2:    ja aber es könnte aber auch eher so n  (-)
058          hier ich bin der GRÖSSTE  (.)  pose sein irgendwie so
059   S1:    [hm-
060   S2:    [oder an mir KOMMSTE nich vorbei-  (-)
061          [ich weiß es nich
062   S1:    [na  (-)  wer wEIß.
```

Das zu untersuchende Gespräch ist im **gesprächsanalytischen Transkriptionssystem (GAT)** wiedergegeben. Dies ist die Notation, die man zur Analyse des tatsächlichen Gesprächsverlaufs benötigt, denn sie berücksichtigt Eigenschaften gesprochener Sprache, die man in der Protokollform mit der herkömmlichen Orthografie nicht erfassen kann. Die Zeilen des Transkripts sind nummeriert, damit auf sie besser verwiesen werden kann. Auch die Sprecherinnen sind jeweils gekennzeichnet, hier durch S1 und S2. Die konsequente Kleinschreibung ermöglicht es, groß geschriebene Buchstaben zur Wiedergabe von Akzenten einzusetzen. Eckige Klammern werden dort gesetzt, wo sich die Beiträge der Sprecherinnen überlappen, wo also simultan gesprochen wird. In einfachen Klammern werden die Pausen markiert: (.) steht für eine sogenannte Mikropause, (-), (--) und (---) stehen für kurze, mittlere und längere Pausen, in Doppelklammern sind Anmerkungen für nonverbale Handlungen angegeben. Ein Gleichheitszeichen (=) signalisiert einen schnellen Einstieg in einen neuen Gesprächszug oder eine neue Einheit im Gesprächszug, ein Doppelpunkt (:) oder mehrere (::), (:::) zeigen eine schwächere oder stärkere Dehnung an.

Das hier gewählte GAT ist ein Transkriptionsverfahren, das es erlaubt, Transkripte in unterschiedlicher Analysetiefe anzufertigen. Wir haben hier ein Transkript vorliegen, das eher sparsam mit den Transkriptionszeichen verfährt. Wenn es notwendig ist, kann man allerdings ein Feintranskript anfertigen, das beispielsweise prosodische Eigenschaften von Einzeläußerungen berücksichtigt. Hier werden in einer gesonderten Zeile die Tonhöhenverläufe und -sprünge wiedergegeben. Zur Wiedergabe nonverbaler Mittel können auch Bilder integriert werden, die die Position und Körperhaltung der Interagierenden genau wiedergeben. Die Vorgehensweise des GAT ist erläutert in Selting et al. (1998), eine Weiterentwicklung des Transkriptionssystems hin zu GAT 2, die einige Verbesserungen und Verfeinerungen des ‚alten' Systems beinhaltet, sowie Angaben zu einem Tutorial GAT-TO und einem Editor FOLKER sind in Selting et al. (2009) beschrieben.

Schauen wir uns das transkribierte Gespräch der Betrachterinnen an, so scheint es zunächst nicht sehr zielgerichtet zu verlaufen, beide suchen nach einer Sprache für ihre Beschreibung und tasten sich in ihren Interpretationsversuchen vorsichtig vor. Viele Ausdrücke, die die Kraft ihrer Aussagen abschwächen sollen wie *ich finde, ... sieht irgendwie so aus ...*, usw. kommen häufig vor (sie werden Heckenausdrücke genannt, weil die eigene Aussage wie hinter einer Hecke verborgen wird, s. Lakoff 1973, Fraser 2010). Sieht man jedoch genauer hin, kommt so etwas wie ein harter Kern im Gespräch zum Vorschein – S1 und S2 vertreten jeweils eine Auffassung, wie das Bild zu verstehen ist oder um welche Situation es sich handelt, und diese beiden Auffassungen widersprechen sich. S1 ist der Meinung, dass eine Figur auf dem Bild betrunken ist und sich in einer Art Oktoberfest-Situation bewegt. S2 sieht in dem Bild eine aggressive Szene und vertritt die Auffassung, die fragliche Figur werde von den anderen bedroht. Beide Betrachterinnen formulieren ihre Idee des Bildes gleich zu Beginn des Gesprächs:

```
001    S1:   N... ich finde der mAnn der da an der säule steht,
002          ALso an diesem (.)   fAhnenmast,
003          der sieht AUS als wär er betrunken;
004    S2:   hm; (.)   das könnte AUch sein=
005          =aber ich finde eher es sieht irgendwie so aus   (.h)
006          als wär der in der mitte so in die ENGE getrieben;   (-)
```

Wir sehen nicht nur Heckenausdrücke, sondern auch Wendungen, die die Funktion haben, das Gesicht der anderen Gesprächspartnerin zu wahren: S2 möchte ihrer Partnerin S1 nicht direkt widersprechen und sie damit bloßstellen. Deshalb geht sie zunächst rhetorisch auf die andere Position ein

```
(hm;   (.)   das könnte AUch sein=)
```

bevor sie ihren Widerspruch formuliert:

```
(=aber ich finde ...).
```

Wenn man sich den Gesprächsausschnitt durchliest, dann fällt auf, dass dieser Widerspruch in der Lesart des Bildes sich bis zum Ende durchhält und in einem Kompromiss seinen vorläufigen Abschluss findet:

```
060   S2:    [oder an mir KOMMSTE nich vorbei-   (-)
061          [ich weiß es nich
062   S1:    [na  (-)   wer wEIß.
```

Beide schränken ihre Position deutlich ein und ziehen sich auf das Unwissen des kunsthistorischen Laien zurück – möglicherweise, weil die gebrauchten Wendungen auch Routineformeln geworden sind, um wie in diesem Falle ein (Unter-)Thema im Gespräch abzuschließen und den Dissens vorläufig zu beenden.

Die formalen gesprächsanalytischen Einzelheiten werden wir im nächsten Abschnitt dieses Kapitels kennenlernen. Hier geht es darum, wie die Gesprächspartnerinnen eine Meinung im Gespräch vertreten bzw. eine bestimmte Position zu einer Sache einnehmen und diese dann auch bei Widerspruch durchzuhalten versuchen. Wir werden sehen, dass dies für das alltägliche Sprechhandeln eine geläufige Praxis ist, denn es wird in Gesprächen oft eine bestimmte Auffassung vertreten, die auch verteidigt wird, wenn von den anderen Zweifel oder Widerspruch angemeldet wird. Dies wird geradezu von einem ernsthaften Gesprächspartner erwartet, denn es wäre eine sehr merkwürdige Situation, wenn jemand nach einer Behauptung auf den leisesten Zweifel hin aufgeben und das Gegenteil behaupten würde. Man hätte den Eindruck, so jemand wäre nicht ernsthaft an dem Gespräch interessiert – sondern würde vielleicht nach einer passenden Gelegenheit suchen, aus der Unterhaltung auszusteigen. Die Frage ist, wie wir eine offenbar sehr häufig vorkommende Konstellation wie Behaupten – Anzweifeln – Verteidigen, der schließlich eine Einigung folgen kann, beschreiben wollen.

Man kann sagen, dass in dem angeführten Gespräch S1 das Ziel verfolgt, S2 davon zu überzeugen (oder schwächer: gegenüber S2 die Meinung kundzutun), dass die Person in der Mitte betrunken ist. Sie nimmt also eine Position zu dem Bild ein – ein Fachbegriff hierfür ist **stance** (s. Jaffe 2009) oder **Positionierung** (s. van Langenhove/Harré 1999, Lucius-Höhne/Deppermann 2004, Steen 2011).

> **Positionierung**
> Unter Positionierung wird die Art und Weise verstanden, wie interagierende Personen ihre Identität konstruieren, und zwar dadurch, dass sie einen bestimmten sozialen Standpunkt einnehmen. Im Gegensatz zu sozialen Rollen oder Funktionen sind Positionierungen flexibel, sie können sich im Verlaufe der Interaktion verändern; sie sind darüber hinaus nur in Relation zu sehen in Bezug auf die Positionierung der jeweiligen Interaktions- oder Gesprächspartner_innen.

Auch S2 nimmt eine Position zu dem Bild ein, sie verfolgt einen anderen *stance*. Nennen wir die beiden Positionierungen der Einfachheit halber den Betrunkenen-*stance* und den Bedrohungs-*stance*.

Was passiert, wenn S1 in den Zeilen 1 bis 3 ihren *stance* formuliert? Sie macht eine recht starke Aussage über eine zentrale Figur des Bildes und löst damit die Diskussion in gewisser Weise aus. Wir können es noch genauer formulieren, indem wir sagen: Mit ihrem Sprechakt / Redebeitrag, der sich über die Zeilen 1 bis 3 erstreckt, stellt sie eine Behauptung über eine Figur des Bildes auf, und sie will S2 möglicherweise davon überzeugen. Dieser Sprechakt hat für S1 weitere Folgen, die wir mit dem Begriffspaar

1.1 Etwas sagen – für etwas stehen

der Berechtigung und der Verpflichtung umschreiben können. S1 ist zunächst berechtigt, aus dem Gesagten weitere Schlüsse zu ziehen; sie ist aber auch verpflichtet, auf Fragen oder Zweifel hin ihre Annahme zu begründen – dies genau passiert in dem angegebenen Gesprächsausschnitt. S1 begründet ihre Annahme so:

```
021        weil das bild ähm PFAFFenholz  (--)  in BAYern is; =
022        =vielleicht kommen die da gerade irgendwie vom oktOberfest
           ((lacht))
```

Sie rechnet übrigens damit, dass ihre Gesprächspartnerin vom Oktoberfest auf den betrunkenen Zustand der Figur schließt. Für uns ist dieser Schluss selbstverständlich, aber wenn man sich vorstellt, jemand ist mit dem bayerischen Herbstbrauchtum nicht vertraut, weil er oder sie aus einem anderen Kulturkreis kommt, dann ist dieser Schluss alles andere als selbstverständlich. Darüber hinaus finden wir hier ein Beispiel dafür, dass S1 ihrer Verpflichtung zur Begründung der Annahme nachkommt – sie bietet eine Erklärung dafür an, dass sie auf eine betrunkene Figur kommt, und leitet sie mit *weil* ein. Sie tut dies, indem sie sich selbst als eine Kennerin der bayerischen Gepflogenheiten positioniert, als jemand, der weiß, welche Konsequenzen dieses Fest für die Teilnehmer_innen bisweilen hat.

Auch S2 steht zu ihrer Position; etwas indirekter führt auch sie Gründe für ihre Auffassung an. Sie sagt im Anschluss an ihre Einschätzung:

```
           ich find  (.)  die perSONen,
011        im gegensatz zu den farben der stAdt irgendwie sehr TRIST und
           sehr  (--)  AUSdruckslos;
```

So wie S1 eine Brücke schlägt vom Oktoberfest zum Betrunkensein, so schlägt auch S2 eine Brücke von der tristen und ausdruckslosen Anmutung der Personen zur unfreundlichen und aggressiven Situation – was noch verstärkt wird durch den Hinweis, bei den Personen erkenne man die Gesichter nicht und sie seien sehr anonym dargestellt. Auch S2 positioniert sich damit, allerdings nicht als Kennerin Bayerns, sondern als versiert in Kunstdingen, denn sie nimmt einen Interpretationsansatz vor bezüglich der Verwendung der Farben im Bild. Der von ihr aufgestellte Gegensatz zwischen der Ausdruckslosigkeit der dargestellten Personen und der Farbigkeit der Häuser wird allerdings von S1 bestritten, denn es widerspricht ihrer Interpretation.

Die Oktoberfest-Lesart wiederum wird von S2 bestritten – sie hält es nicht für plausibel, dass Personen schon am hellichten Tag betrunken durch die Straßen laufen:

```
027   S2:  aber ich glaub eher NICH dass die betrUnken sind=
028        weil es is irgendwie  (--)  !TAG!,
```

Diese Sequenz ist so aufgebaut, dass der Widerspruch unmittelbar begründet wird, und zwar durch einen *weil*-Satz mit Verbzweit-Stellung – eine geläufige Wortstellung in der gesprochenen Sprache. Nach einer Zwischensequenz (31–49) kommen beide Gesprächspartnerinnen noch einmal auf die dargestellten Figuren zurück, wobei sich ihre Positionen nicht verändert haben:

```
053   S2:  ja irgendwie als würden die den schickanIEren;  (-)  ich weiß
           nich;
054   S1:  aber dafür steht der  (.)  am  (.)  fAhnenmast da,
055        oder an dem strOmmast ganz schön betrunken,  (-)
056        so mit so nem  (-)  mit so ner !SCHLACH!seite da;
```

In der Äußerung vor dieser Sequenz geht S1 auf die Sichtweise von S2 scheinbar ein, weil auch sie die Hypothese aufstellt, dass ein Stein von einer Figur auf eine andere geschmissen wird. Allerdings nimmt sie nach der Wiederholung der Aussage durch S2, dass die Figur am Mast schikaniert wird, ihre ursprüngliche Hypothese wieder auf, wonach diese betrunken am Fahnen- oder Strommast steht. Auch an dieser Stelle verhält sich S2 konsistent und bringt noch einmal ihre Auffassung ins Spiel:

```
057   S2:   ja aber es könnte aber auch eher so n   (-)
058         hier ich bin der GRÖSSTE   (.)   pose sein irgendwie so
```

S2 beschreibt also die fragliche Figur so, dass sie sich konsistent in die Gesamteinschätzung der Situation einpasst. In einem Konflikt werden Posen eingenommen.

Die widersprüchliche Gesprächssituation wird inhaltlich nicht aufgelöst. Mit ihren schon erwähnten Äußerungen am Ende dieses Gesprächsausschnitts beenden die Gesprächspartnerinnen das spezielle Unterthema, ohne von ihren Positionen abzurücken, und es beginnt ein neuer inhaltlicher Gesprächsabschnitt. Wir konnten sehen, dass beide systematisch ihre Sichtweise im Gespräch einnehmen und weiterverfolgen, indem sie Begründungen anführen und konkurrierenden Sichtweisen widersprechen, wobei auch für den Widerspruch Begründungen angegeben werden. Es ist wie in einem Spiel – einem Argumentationsspiel. Die Teilnehmer_innen nehmen eine Position ein und versuchen, die Spielzüge des / der anderen abzuschwächen. Nicht immer ist ein Gespräch ein Wettstreit, allerdings ergeben sich oft in Gesprächen Konkurrenzen um Deutungsmöglichkeiten. Man kann auch sagen, dass Gespräche Aushandlungen sozialer Wirklichkeit sind, und dies manifestiert sich hier in einer Konkurrenzsituation beider Bildbetrachterinnen hinsichtlich der Interpretation des Bildes und seines Titels.

Die Folge beispielsweise einer Behauptung für die Sprecherin im vorliegenden Gesprächsausschnitt besteht darin, dass sie eine kommunikativ relevante Positionierung einnimmt, mit der sich die zweite auseinandersetzt. Ist diese Positionierung einmal gelungen, dann folgt daraus einerseits die Berechtigung, weitere Behauptungen zu vollziehen, die aus der ersten Behauptung folgen, andererseits aber auch die Verpflichtung, diese wie auch die weiteren Behauptungen hinreichend zu begründen – eine Analyse von Berechtigungen und Verpflichtungen als Folge von Behauptungen hat Brandom (2000) vorgelegt. Liest man den präsentierten Gesprächsausschnitt aufmerksam, so fällt auf, dass die Gesprächspartnerinnen dies sozusagen intuitiv in ihrem Gesprächsverhalten umsetzen. Schematisch lässt sich die Architektur des Gesprächs folgendermaßen darstellen:

1.1 Etwas sagen – für etwas stehen   23

```
S1:
1
001   S1:   N... ich finde der
            mAnn der da an der
            säule steht,
002         ALso an diesem (.)
            fAhnenmast,
003         der sieht AUS als
            wär er betrunken;
2
020         (.h) aber warum ich
            auch DACHte warum
            die betrUnken sind,
021         weil das bild ähm
            PFAFFenholz (--)
            in BAYern is; =
022         =vielleicht kommen
            die da gerade ir-
            gendwie vom oktOber-
            fest ((lacht))
3
054   S1:   aber dafür steht der
            (.) am (.) fAh-
            nenmast da,
055         oder an dem strOm-
            mast ganz schön be-
            trunken, (-)
056         so mit so nem (-)
            mit so ner
            !SCHLACH!seite da;
```

```
S2:
1a
005         =aber ich finde eher
            es sieht irgendwie so
            aus (.h)
006         als wär der in der
            mitte so in die ENGE
            getrieben; (-)
007         als würden die den
            irgendwie:
008   S1:   achsO::
009   S2:   schIckanIEren wollen
            vielleicht oder so:
            (-) also ich weiß
            nich; (-)
2
010         und (.) irgendwie:
            ich find (.) die
            perSONen,
011         im gegensatz zu den
            farben der stAdt ir-
            gendwie sehr TRIST und
            sehr (--) AUSdrucks-
            los;
1b
053   S2:   ja irgendwie als wür-
            den die den schicka-
            nIEren; (-) ich weiß
            nich;
3a
057   S2:   ja aber es könnte aber
            auch eher so n (-)
            hier ich bin der
            GRÖSSTE (.) pose
            sein irgendwie so
3b
060   S2:   [oder an mir KOMMSTE
            nich vorbei- (-)
```

Wir sehen an dem Verlauf des Gesprächs, wie beide Gesprächspartnerinnen an der Aufrechterhaltung ihrer Position arbeiten – sie nehmen einen hohen argumentativen Aufwand in Kauf, um der jeweils anderen ihre Auffassung klar zu machen. Es werden nicht unbedingt Überzeugungsversuche gemacht, das Ziel besteht eher darin, Verständnis für die eigene Deutung zu erlangen, indem gute Gründe dafür genannt werden.

Wenn wir versuchen, die Position der beiden Betrachterinnen jeweils kurz zusammenzufassen, dann haben wir den Kern dessen, was eine pragmatische Beschreibung des Gesprächsaustauschs ausmacht:

    S1 sagt: Die zentrale Figur im Bild sowie die anderen Figuren sind betrunken. Es sieht so aus, als ob sie vom Oktoberfest gekommen sind.

    S2 sagt: Die zentrale Figur im Bild wird von den anderen Figuren schikaniert.

Dass S1 und S2 jeweils diese Position vertreten, ist schon deshalb offenkundig, weil die jeweils andere Gesprächspartnerin darauf reagiert – durch Widerspruch, teilweise durch Zustimmung am Ende des Gesprächs. Es mag irritieren, dass wir den Begriff des Sagens gewählt haben, um die Positionierungen der Gesprächspartnerinnen wiederzugeben. Natürlich hat keine von den beiden wörtlich gesagt, was wir gerade hingeschrieben haben. In einer pragmatischen Analyse sind die geäußerten Wörter eine wichtige Grundlage für die sprachwissenschaftliche Beschreibung, aber sie sind nicht alles. Was S1 *gesagt* hat und was S2 *gesagt* hat, ist davon abhängig, welchen Stellenwert es im Gespräch hat, wozu die Sprecherin stehen muss, was sie sich als ihre Behauptung zuschreiben lassen muss, und wogegen sie sich verwahren kann als das, was sie bestimmt nicht gesagt hat. Wir machen in alltäglichen Kommunikationssituationen oft die Erfahrung, dass die Äußerung „Das habe ich nicht gesagt" eher im Sinne von „Das habe ich nicht gemeint" verwendet wird, also gerade nicht als Wiedergabe des Wörtlichen. Die Gesprächsforscherin Deborah Tannen hat über diese Äußerung ein ganzes Buch geschrieben (s. Tannen 1992).

Wir können festhalten, dass das Gesagte im pragmatischen Sinne zwar auf den geäußerten Wörtern mit ihrer Bedeutung aufbaut, aber in wichtiger Weise darüber hinausgeht. Das, was jemand gesagt hat, ist das, wozu er/sie im Gespräch stehen muss, wofür er/sie argumentieren muss und woraus er/sie weitere Dinge ableiten kann. Was wir sagen, ist das, was uns der/die Andere als Position zuschreibt und worauf er/sie als eben diese Position reagiert. Das Gesagte ist eine Größe des Sprachgebrauchs, eine Realität im Gespräch, und keine Frage der Wortbedeutungen allein.

Wir haben in unserer Analyse bis jetzt einen Gesprächsausschnitt ignoriert, in dem es um ein anderes Thema ging, nämlich um die Frage, ob und wie eine Vorstadt – wie in der Bildunterschrift angegeben – dargestellt wurde. Eine Betrachterin assoziiert die französischen Banlieues, vermisst aber die typischen oder für typisch gehaltenen Attribute wie umgestoßene Mülleimer. Sodann entwickelt sich folgender Austausch:

```
042   S2:   man sieht aber hInten auch   (.)   halt nichts weiter;
043   S1:        [ja genau da
044   S2:        [muss es schon ziemlich weit in der vorstadt sein-
045         weil (-) [man keine HOCHhäuser oder irgendwas von der stadt
                    sieht
046   S1:                 [genau (--)
047         ja aber die stadt kann ja auch auf der ANDERN seite sein;  (-)
048         [also (.) auf der wo WIR jetzt stehn.
```

Es wird das Gegenstück der Vorstadt, nämlich die Stadt vermisst, zumindest in Andeutungen. Wir haben hier einen Ausschnitt, in dem die Gesprächspartnerinnen sich kooperativ eine Deutung erarbeiten. Auch hier gibt es allerdings identifizierbare Positionierungen (s. Lucius-Höhne/Deppermann 2004).

S2 begründet ihre Annahme, dass es weit in der Vorstadt sein muss damit, dass man keine Hochhäuser in der Entfernung sieht. Diese Begründung wird von S1 bezweifelt mit der Erklärung, dass die Blickrichtung stadtauswärts sein kann und sich somit die angenommene Stadt vor dem Bild befinden würde. Bemerkenswert und für sprachliche Kommunikation typisch ist die Tatsache, dass S1 nur eine Begründung anführt, aber nicht mehr angeben muss, wofür dies eine Begründung ist. Dass die Stadt auf der anderen Seite sein kann, hat zur Folge, dass man keine Hochhäuser sieht und man sich deshalb durchaus nicht sehr weit vom Stadtkern entfernt befinden muss. Letztlich ist die Äußerung:

1.1 Etwas sagen – für etwas stehen

```
ja aber die stadt kann ja auch auf der ANDERN seite sein;   (-)
```

als Widerspruch zur Vermutung gemeint, dass sich die Szene weit außerhalb der Stadt abspielt – anders wäre das „ja aber" nicht zu verstehen. Hier haben wir eine weitere Eigenschaft sprachlicher, vor allem auch mündlicher Kommunikation, die aus pragmatischer Perspektive zentral interessiert: Offensichtlich muss nicht alles, was man meint und worauf man sich bezieht, expliziert werden. Die Äußerung, der widersprochen wurde, muss nicht mehr thematisiert werden, denn sie versteht sich aus dem Kontext heraus von selbst. Das, was sich vom Kontext heraus von selbst versteht, ist wesentlicher Bestandteil der Kommunikationssituation, es gehört zum großen Teil zur gemeinsamen Grundlage der Beteiligten und muss nicht mehr eigens benannt werden. Andersherum können wir also sagen: In einer Kommunikationssituation muss nur das explizit gemacht werden, was sich aus der Situation heraus oder auf der Grundlage des vorher Gesagten nicht von selbst versteht. Man kann sich ein Gespräch als einen Prozess vorstellen, in dem das gemeinsame Vorwissen, der **common ground**, ständig anwächst (zu diesem Begriff s. Clark/Brennan 1991, Jucker/Smith 1996). Denn alles, was vorher gesagt wurde, spielt ja eine Rolle für das Verstehen des später Gesagten. Je weiter das Gespräch vorangeht, desto weniger muss explizit gemacht werden, denn der *common ground* ist hinreichend groß. Um sich diesen Prozess des anwachsenden *common ground* vor Augen zu führen, schauen wir uns das Ende des Gesprächs über das Bild „Vorstadt" an. Hier wird deutlich, wie weit Gesprächspartner_innen in der Reduziertheit ihrer Beiträge gehen können – und sich trotzdem perfekt verständigen können:

```
289   S1:   also ich würds mir jetzt nich ins WOHNzimmer hängen.
290   S2:   jA genau sO nich;
291         man kann sichs mal irgendwo angucken vielleicht inner bAhnhofs-
            halle oder so,
292         naja gut BAHNhofshalle NICH aber  (-)  weiß ich nich=
293         =aber  (-)  ich würds mir AUCH nich aufhängen
294   S1:   ja aber vielleicht ähm so ne !POST!karte
295         die würd man sich vielleicht SCHON dann irgendwo
296   S2:   ja DAS vielleicht;
297         aber so als BILD,
298         das  (-)  macht mich irgendwie nich FRÖHlich oder so
299   S1:   nee;
300   S2:   deswegen  (-)  würd ich das nich
301   S3:   okay
302   S1:   würd ich [AUch nich.
303   S2:            [hm;
```

Die Zeilen 299 bis 303 zeigen sehr deutlich, dass die Verständigung auch mit minimalem sprachlichem Material funktioniert. Dies ist allerdings nur möglich vor dem Hintergrund schon gegebener Information, die beiden Beteiligten verfügbar ist und auf der sie ihre Beiträge aufbauen können. In Zeile 300 haben wir einen Satzabbruch (klassisch als Anakoluth bezeichnet), in 302 eine elliptische Konstruktion, und in 303 nur noch ein *hm*. Weniger geht nicht, und das Gespräch funktioniert trotzdem.

1.2 Die Architektur eines Gesprächs

Im vorangegangenen Abschnitt wurde auf inhaltliche Aspekte des transkribierten Gesprächs eingegangen, auf die jeweilige Positionierung der Gesprächspartnerinnen und ihre Folgen für das weitere Sprachverhalten. Analysiert man Gespräche, so fallen aber auch formale Eigenschaften auf, die wiederkehrende Muster bilden und den unterschiedlichsten Gesprächstypen gemeinsam sind. Diese Eigenschaften beziehen sich auf die relevanten Grundeinheiten von Gesprächen, auf den Übergang der Gesprächsbeiträge von einem Sprecher zum anderen, sowie auf den Beginn und das Ende der Gespräche. Im Folgenden wollen wir auf die wichtigsten formalen Eigenschaften von Gesprächen näher eingehen.

Die grundlegende Analyseeinheit eines Gesprächs ist nicht der Satz oder die Äußerung eines Satzes, d.h. ein Sprechakt, sondern der **Gesprächszug (turn),** den ein Teilnehmer im Gespräch ausführt – durchaus im Sinne eines Spielzugs beim Schach oder einem anderen Brettspiel (s. Sacks et al. 1974). Ein Gesprächszug kann mehrere Sätze oder satzartige Äußerungen umfassen, er kann aber auch sehr kurz sein und nur eine Bemerkung enthalten – das Wesentliche ist, dass der jeweilige Gesprächsteilnehmer mit seiner Äußerung beansprucht, einen solchen Zug auszuführen und sich beispielsweise unterbrochen fühlt, wenn der andere mitten im Gesprächszug seinerseits mit einem Zug beginnt. Sehen wir uns den Gesprächsbeginn unter diesem Aspekt noch einmal an:

```
001   S1:  N... ich finde der mAnn der da an der säule steht,
002        ALso an diesem  (.)  fAhnenmast,
003        der sieht AUS als wär er betrunken;
004   S2:  hm;  (.)   das könnte AUch sein=
005        =aber ich finde eher es sieht irgendwie so aus   (.h)
006        als wär der in der mitte so in die ENGE getrieben;   (-)
007        als würden die den irgendwie:
008   S1:  achsO::
009   S2:  schIckanIEren wollen vielleicht oder so:  (-)   also ich weiß
           nich;  (-)
010        und (.)  irgendwie: ich find  (.)  die perSONen,
011        im gegensatz zu den farben der stAdt irgendwie sehr TRIST und
           sehr  (--)  AUSdruckslos;
```

In den Zeilen 001 bis 003 liegt ein erster Gesprächszug vor, der auch unter syntaktischem Gesichtspunkt ein Satz ist. Die Antwort von S2 bildet den zweiten Gesprächszug. Man könnte denken, dass dieser Zug von Zeile 004 bis 007 geht, tatsächlich reicht er aber bis zum Ende unseres Ausschnitts, also bis zur Zeile 011. Dieser Gesprächszug besteht aus vier Sätzen, ist also etwas länger. Die Äußerung von S2 in Zeile 008 ist nicht als Versuch zu werten, mit einem eigenen Gesprächszug zu beginnen, sondern sie stellt eine **Rückmeldung** dar, mit der S2 signalisiert, dass sie aktiv am Gespräch beteiligt ist. Dies ist für längere Beiträge charakteristisch, es ist hier notwendig, von Zeit zu Zeit gegenüber dem Sprecher ein solches Signal der Teilnahme auszusenden. Die Äußerung achsO:: ist ein solches Signal, das mitten in die syntaktische Struktur des Gesprächszugs eingebaut ist und S1 auch nicht dazu bringt, diesen abzubrechen – es wird von ihr einfach nicht als Unterbrechung gewertet.

1.2 Die Architektur eines Gesprächs

In den Zeilen 003 und 004 findet ein Wechsel des Gesprächszugs statt, S2 beginnt mit ihrem Zug und führt ihn fort, ohne dass S1 beansprucht, weiter zu sprechen. Der Wechsel funktioniert reibungslos (fugenlos), S2 beginnt dann zu sprechen, wenn S1 aufhört. Dies ist keine Selbstverständlichkeit, denn es gibt auch Wechsel, in denen eine Teilnehmerin zu sprechen beginnt, wenn die erste noch nicht mit ihrem Zug zu Ende ist (Sprecherwechsel nach Unterbrechung). Dies ist in folgendem Ausschnitt gegeben:

```
039   S2:    hm   (-)  [man sieht
040   S1:              [aber die SCHAUfenster sind lEEr;
041          es is ALLES sehr lEEr;
042   S2:    man sieht aber hInten auch   (.)  halt nichts weiter;
```

In Zeile 039 und 040 sprechen S2 und S1 über eine kurze Strecke gleichzeitig, wobei S2 abbricht und S1 den Zug überlässt, S1 wiederum den Beginn ihres Zugs wiederholt, weil sie den Eindruck hat, dass es nicht verstanden wurde. S2 nimmt ihren Versuch der Zugübernahme etwas später wieder auf und fährt dann fort, weil S1 ihrerseits keine Fortsetzung ihres Zugs beansprucht.

Auf der anderen Seite können auch Lücken (Zäsur oder *gap*) entstehen, wenn zwischen dem ersten und dem darauf folgenden Zug eine kürzere oder längere Pause entsteht. Eine solche kurze Lücke ist in der Zeile 039 zu beobachten, die durch eine Gesprächspartikel von S2 gefüllt wird: `hm   (-)`

In einem Gespräch wie dem vorliegenden ist der Übergang von einem zum nächsten Gesprächszug nicht von vornherein geregelt, die Teilnehmer_innen sind berechtigt, spontan einen Gesprächszug zu initiieren (Selbstwahl). Es gibt aber institutionell eingebettete Gespräche, in denen der Übergang durchaus Regeln unterliegt. So kann es sein, dass das Rederecht von einem Moderator oder Gesprächsleiter zugewiesen wird (Fremdwahl). Im Klassenzimmer ist dies die Regel, aber auch in Diskussionen mit einem Diskussionsleiter, der ebenfalls das Rederecht vergibt. Da es hier nicht die Möglichkeit gibt, den Zug durch Sprechen zu beanspruchen, haben sich andere Signale etabliert, wie Sich-Melden. Es kommt auch vor, dass der/die gerade Redende das Rederecht an Nachfolger_innen weitergibt, so dass er/sie den nächsten Zug zuweist. Dies geschieht immer dann, wenn jemand eine bestimmte Person innerhalb einer Gesprächsgruppe adressiert oder sie etwas fragt.

Sind die institutionalisierten Wechsel im Gespräch relativ leicht zu beschreiben, so ist der reibungslose Wechsel im unmoderierten Gespräch, der ohne Lücken oder Überlappungen funktioniert, durchaus erklärungsbedürftig. Worauf ist unsere Fähigkeit zu einem solchen Wechsel, der ja eine Koordination der Gesprächsteilnehmer innerhalb von Sekundenbruchteilen voraussetzt, zurückzuführen? Woher ahnen wir, dass andere mit ihrem Beitrag aufhören und wir die Gelegenheit haben, den Zug zu übernehmen, ohne sie zu unterbrechen? Die Antwort ist offensichtlich in unserer Fähigkeit begründet, das Ende eines Gesprächszuges vorherzusehen, so dass wir an einem bestimmten Punkt des Gesprächs einsteigen können. Dieser Punkt im Gespräch wird in der Gesprächsanalyse als **transitional relevance point (TRP)** bezeichnet, als Punkt, an dem der Übergang von einem Zug zum nächsten relevant ist (s. Sacks et al. 1974). Erkennen lässt sich der TRP entweder daran, dass ein Gedanke abgeschlossen ist, also an inhaltlichen Kriterien, oder daran, dass die Intonation des Gesprächsbeitrags absinkt. Syntaktisches Wissen ist ebenfalls relevant, denn das Ende eines Satzes ist auch ein bevorzugter Kandidat für das Ende eines Gesprächszugs. Beides muss allerdings nicht zusammenfallen, denn man kann durchaus den Eindruck haben, dass man unterbrochen wurde, auch wenn der geäußerte Satz syntaktisch zu Ende gebracht ist.

Um die Punkte besser fassen zu können, an denen ein Wechsel des Gesprächszugs möglich ist, wurde der Begriff der **turn constructional unit**, der Konstruktionseinheit eines Gesprächszuges eingeführt (s. Sacks et al. 1974). Eine **TCU** bildet die kleinstmögliche Einheit, nach der ein Wechsel erfolgen kann. Ein Gesprächszug kann also aus mehreren TCUs bestehen, wobei die Reihenfolge dieser TCUs nicht ganz irrelevant ist. Sehen wir uns ein schon besprochenes Beispiel an. In Zeile 004 äußert S2:

```
hm; (.) das könnte AUch sein=
```

Daraufhin sagt sie:

```
=aber ich finde eher
```

Dies sind zwei TCUs, wobei die erste eine Konzession an die Gesprächspartnerin darstellt, ihre Sichtweise sei möglich, und die zweite dann als Formulierung des Widerspruchs markiert ist. Stellt man sich die umgekehrte Reihenfolge vor, dann wäre die Positionierung von S2 ganz anders einzuschätzen. Sie hätte mit der Konzession einfach ihren Widerspruch zurückgenommen.

Es ist üblich, bei der Beschreibung von Gesprächen mehrere Analyseebenen zu unterscheiden. Die bisher eingeführten Begriffe beziehen sich auf eine mittlere Betrachtungsebene, die sogenannte **Mesoebene**. Hier werden Gesprächszüge und ihre Beziehungen zueinander untersucht, also zum Beispiel die Systematik des Gesprächszug-Wechsels. Zu dieser Ebene gehört auch der Begriff des **Adjazenz-Paares**, der eine besonders enge Beziehung zwischen zwei Gesprächszügen beinhaltet, eine sogenannte konditionelle Relevanz (s. Sacks et al. 1974). Man spricht in diesem Fall von einer Paar-Sequenz. Am deutlichsten ist dies bei Frage-Antwort-Sequenzen zu sehen, wie in folgendem Beispiel:

```
024   S2:   ((lacht))  meinste? na ich [wEIß nich;
025   S1:                               [NEIN wahrscheinlich NICH aber  (-)
```

Die Frage von S2 mit dem anschließenden Ausdruck der Skepsis (initiativer Sprechakt) wird von S1 unmittelbar beantwortet, und zwar mit einem Rückzieher, der der Skepsis von S1 Recht gibt (responsiver Sprechakt). Eine Nicht-Reaktion von S1 wäre als Verstoß gegen die Erwartung eines angemessenen Gesprächsverhaltens zu werten. Adjazenz-Paare können auch wechselseitig eingebettet sein, wie in diesem beliebten (fiktiven) Beispiel:

A_1: Ich hätte gerne ein Päckchen Zigaretten.
B_2: Wie alt bist du?
A_2: Sechzehn.
B_1: O.k., fünf Euro dreißig.

Das erste Adjazenzpaar umfasst A_1 und B_1, es ist das umrahmende Paar, in das das zweite Adjazenzpaar, B_2 und A_2, eingebettet ist. Wir sehen, dass sich die Gesprächsrollen gleichsam umdrehen: Ist in dem rahmenden Adjazenzpaar A der Fragende und B der Antwortende, so verhält es sich im eingebetteten Paar andersherum – hier ist B der

Fragende und A antwortet. Wir sehen, dass Gesprächspartner offenbar in der Lage sind, Adjazenz über eine gewisse Distanz hinweg zu konzeptualisieren, so dass weitere Adjazenzpaare integriert werden können, wobei die jeweils eingenommenen Rollen wechseln können.

Im Folgenden gehen wir auf die **Makroebene** ein, auf der das Gespräch als Ganzes betrachtet wird. Es hat sich als praktikabel erwiesen, ein Gespräch auf dieser Ebene in verschiedene Phasen einzuteilen, genauer gesagt in drei, die wiederum in verschiedene Teilphasen gegliedert sind. Es werden die Eröffnungsphase, die Kernphase und die Beendigungsphase eines Gesprächs voneinander unterschieden (s. Spiegel/Spranz-Fogasy 2001). Gegenüber der Kernphase sind die beiden anderen Phasen stärker strukturiert, was einfach darauf zurückzuführen ist, dass der Beginn sowie das Ende eines Gesprächs jeweils stärker ritualisiert sind. Es finden Begrüßungen und Themenfindungen einerseits, Verabschiedungen andererseits statt, und dies sind sozial sensible Vorgänge, die formal bis zu einem gewissen Grade abgesichert werden müssen.

Die **Eröffnungsphase** ist dadurch charakterisiert, dass die Gesprächspartner sich wechselseitig identifizieren (wie bei Telefongesprächen) oder aber nach der Begrüßung zunächst allgemeine Themen anschneiden (wie in direkten Begegnungen), also mit dem berühmten Small Talk einsteigen. Letztlich geht es in dieser Phase darum, die wechselseitige Situationsdefinition festzulegen, um eine gemeinsame Basis für das Gesprächsthema zu finden. Die **Kernphase** besteht aus einer möglichen Abfolge von Themen oder Teilthemen, namentlich in längeren Gesprächen. Ein solcher Themenwechsel kann entweder ‚weich' ablaufen, indem an das bisherige Thema angeknüpft wird und allmählich zum neuen Thema übergeleitet wird, oder ‚hart', indem explizit und unmittelbar ein neues Thema eingeführt wird. Die **Beendigungsphase** ist wiederum stärker festgelegt, ein mehrstufiger Prozess der Gesprächsbeendigung ist die Regel. Emanuel Schegloff und Harvey Sacks, zwei Begründer der Konversationsanalyse, haben den Gesprächsbeendigungen einen eigenen Aufsatz gewidmet mit dem Titel ‚Opening up Closings' (Schegloff/Sacks 1973). Neben den Verabschiedungsformeln können im Vorfeld solche Themen angesprochen werden, die als beendigungsrelevant gelten, beispielsweise eine Zusammenfassung des Gesagten (Resümeesequenz), eine Verabredung oder auch einfach gute Wünsche. Eine ausgewogene, also nicht zu ausgedehnte und nicht zu kurze Gesprächsbeendigung ist für den weiteren Fortgang der sozialen Beziehung wichtig, denn es ist naheliegend, aus einer abrupten Gesprächsbeendigung eine negative Haltung herauszulesen.

Die Makroebene wird bisweilen auch als die Ebene der globalen Gesprächsorganisation eingestuft, der dann das lokale Gesprächsmanagement gegenübergestellt wird – was sich dann auf der **Mikroebene** abspielt. Wir befinden uns damit unterhalb der Ebene des Gesprächszugs und interessieren uns für die Struktur einer Konstruktionseinheit, einer TCU. Hier sind durchaus syntaktische Erscheinungen relevant, wie sie für die gesprochene Sprache charakteristisch sind, aber auch prosodische Eigenschaften (d.h. eine bestimmte ‚Satzmelodie') oder ein besonderer Sprechstil. Auch der Zusammenhang der einzelnen TCUs untereinander wird als Teil des lokalen Gesprächsmanagements aufgefasst, also die Frage, ob und inwiefern die einzelnen TCUs thematisch kohärent sind (s. Deppermann 2008).

1.3 Multimodalität

In der bisherigen Darstellung der Analyse von Gesprächen bewegten wir uns auf der sprachlichen Ebene – was für eine linguistische Untersuchung natürlich zentral ist. Es hat sich jedoch zunehmend herausgestellt, dass gerade bei Gesprächen die nichtverbalen Komponenten einen entscheidenden Anteil an der wechselseitigen Interpretationsarbeit der Gesprächspartner haben. Hierzu gehören die redebegleitenden Gesten der Sprechenden, aber auch ihre jeweilige räumliche Positionierung. Auch der Raum selbst mit seiner Einrichtung (das Setting) kann sich als relevant für den Gesprächsverlauf herausstellen. Da es also nicht mehr nur um das Verstehen von sprachlichen Einheiten, sondern auch um die visuelle Wahrnehmung von Gesten und räumlichen Bedingungen des Gesprächsereignisses geht, wurde für eine umfassende Analyse dieser Art der Begriff der **Multimodalität** entwickelt. Gespräche sind multimodale Prozesse, weil es nicht nur auf akustische Modalität, sondern auch auf die visuelle, manchmal die haptische oder auch die olfaktorische Modalität ankommt (s. hierzu den Sammelband von Schmitt 2007).

Am Beispiel einer Szene der Unterweisung an einer Filmhochschule zeigen Reinhold Schmitt und Arnulf Deppermann (2009), wie die verschiedenen Modalitäten im Gesprächsverhalten ineinanderspielen und sich wechselseitig bedingen. Es geht darum, dass ein Dozent den Entwurf eines Drehbuchs, der von einem Filmstudenten verfasst wurde, kommentiert und auf seine handwerkliche Qualität hin bewertet. Der Entwurf des Studenten weist einen gravierenden Mangel auf, der darin besteht, dass in der Eingangssequenz (der ‚Exposition') eine relativ lange Einstellung auf einen Gegenstand vorkommt, der in der weiteren Entwicklung des Films keine Rolle mehr spielt, und nicht – wie es erforderlich ist – die für den Film relevanten Figuren eingeführt werden. Da der Student nicht den Eindruck erweckt, dass er die Erläuterungen des Dozenten versteht und/oder akzeptiert, führt Letzterer ein filmisches Beispiel an, anhand dessen er die Aufgabe der Exposition im Film erläutert. Er macht dies auf eine sehr anschauliche Weise, indem er die im Film vorkommenden Figuren nachspielt (enaktiert), zwischendurch aber immer wieder die Rolle des erklärenden Dozenten einnimmt. Die Markierungen der unterschiedlichen Rollen, die der Dozent im Laufe seiner Didaktisierung einnimmt, werden in verschiedenen Modalitäten geleistet. Den Beginn und das Ende der jeweiligen Filmerzählung markiert er durch Pausen, durch eine unterschiedliche Stimmlage sowie durch die Veränderung seiner Sitzposition: ‚Spielt' er eine der Figuren im Beispielfilm, dann beugt er sich nach vorne, führt die Hände von ihrer ursprünglichen Position nach oben, spreizt sie und signalisiert mit ihnen die lokalen Gegebenheiten der Filmszenerie. Das Ende der Beispielszene wird wiederum durch die Rückkehr zum stimmlichen Basisregister signalisiert sowie durch Zurücklehnen und das Ablegen der Hände auf die Oberschenkel, wobei die Spreizung zurückgenommen wird und zwei Fäuste angedeutet werden. Neben den Filmfiguren wird auch die Rolle des Erzählers markiert, die ebenfalls stimmlich im Basisregister in zurückgelehnter Sitzposition realisiert wird.

Es ist schon an diesem Ausschnitt der ausführlichen Analyse von Schmitt und Deppermann deutlich geworden, dass die unterschiedlichen Stimmlagen des Dozenten, die Position und die Form der Hände sowie die jeweilige Sitzhaltung nicht einfach als Begleitumstände der verbalen Äußerungen klassifiziert werden können, sondern eine entscheidende Rolle spielen für die Interpretation des relativ langen, monologischen Gesprächsbeitrags. Wichtig ist an diesem Ausschnitt die Markierung des Unterschieds zwischen der direkten Ansprache an den Studenten und der vorgespielten Szene des

Films mit den Äußerungen, die in diesem Film vorkommen. Es findet also eine Signalisierung des Unterschieds zwischen fiktionaler und nicht-fiktionaler Rede statt. Dies ist nur zu leisten durch ein Bewusstsein der Multimodalität auf Seiten des Sprechers wie des Adressaten, und dies wiederum bedeutet für die Analyse, dass man mit Kategorien arbeiten muss, die dieser Ebene des ablaufenden Gesprächs entsprechen.

Literatur:

Brandom, R.B. (2000): *Expressive Vernunft – Begründung, Repräsentation und diskursive Festlegung.* Frankfurt/M.: Suhrkamp.
Clark, H.H./S.E. Brennan (1991): Grounding in Communication. In: L.B. Resnick/J.M. Levine/S.D. Teasley (Hg.), *Perspectives on Socially Shared Cognition*, Whashington, DC: American Psychological Association, 127–149.
Deppermann, A. (⁴2008): *Gespräche analysieren. Eine Einführung.* Wiesbaden: VS Verlag für Sozialwissenschaften.
Fraser, B. (2010): Pragmatic Competence: The Case of Hedging. In: G. Kaltenböck/W. Mihatsch/S. Schneider (Hg.), *New Approaches to Hedging*, Bingley: Emerald, 15–34.
Jaffe, A. (2009): *Stance. Sociolinguistic Perspectives.* Oxford: Oxford University Press.
Jucker, A.H./S.W. Smith (1996): Explicit and implicit ways of enhancing common ground in conversation. In: *Journal of Pragmatics*, 6.1, 1–18.
Lakoff, G. (1973): Hedges: A study in meaning criteria and the logic of fuzzy concepts. In: *Journal of Philosophical Logic*, 2:4, 458–508.
van Langenhove L./R. Harré (Hg.) (1999): *Positioning Theory.* Oxford: Blackwell.
Lucius-Höhne, G./A. Deppermann (2004): Narrative Identität und Positionierung. In: *Gesprächsforschung – Online-Zeitschrift zur verbalen Interaktion*, 5, 166–183.
Sacks, H./E.A. Schegloff/G. Jefferson (1974): A simplest systematics for the organization for turn-taking in conversation. In: *Language* 50:4, 696–735.
Schegloff, E.A./H. Sacks (1973): Opening up Closings. In: *Semiotica* 8, 289–327.
Schmitt, R./A. Deppermann (2009): „Damit Sie mich verstehen." Genese, Verfahren und *Recipient Design* einer narrativen Performance. In: M. Buss u.a. (Hg.), *Theatralität des sprachlichen Handelns.* München: Beck, 79–112.
Schmitt, R. (Hg.) (2007): *Koordination. Analysen zur multimodalen Interaktion.* Tübingen: Narr.
Selting, M. et al. (1998): Gesprächsanalytisches Transkriptionssystem (GAT). In: *Linguistische Berichte* 173, 91–122.
Selting, M. et al. (2009): Gesprächsanalytisches Transkriptionssystem 2 (GAT 2). In: *Gesprächsforschung – Online-Zeitschrift zur verbalen Interaktion,* 10, 353–402.
Spiegel, C./Th. Spranz-Fogasy (2001): Aufbau und Abfolge von Gesprächsphasen. In: K. Brinker u.a. (Hg.), *Text- und Gesprächslinguistik. Ein internationales Handbuch zeitgenössischer Forschung.* Bd. 2, Berlin/New York: de Gruyter, 1241–1251.
Steen, P. (2011): „wir kriegen alles mit: lauschangriff" – Positionierung und Typisierung in der Identitätsherstellung einer urbanen Randgruppe. In: *Gesprächsforschung – Online-Zeitschrift zur verbalen Interaktion*, 12, 199–222.
Tannen, D. (1992): *Das hab ich nicht gesagt! Kommunikationsprobleme im Alltag.* Hamburg: Kabel.

2. Eine kommunikative Intention ausdrücken

Hin und wieder kommt es vor, dass man jemanden auf einer Bank sitzen sieht, der vermeintlich Selbstgespräche führt. Etwas später passiert das Gleiche in der Straßenbahn, und dann wieder im Café. Dies ist natürlich keine Epidemie der Selbstgespräche, sondern die Praxis, mit dem Handy über ein Headset zu telefonieren. Praktisch für die Telefonierer, damit sie die Hände frei haben, ungewohnt für den Betrachter, der erst die Vermutung korrigieren muss, es handele sich um jemanden, der Selbstgespräche führt.

Wie reagiert man in einer solchen Situation? Angenommen, die Schnüre des Ohrhörers sind nicht sofort sichtbar; man wird dann möglicherweise schwanken, ob es sich um einen Selbstgesprächs-‚Partner' oder um einen Handytelefonierer mit Headset handelt. Da der Gesprächspartner im letzteren Fall nicht anwesend ist und auf den ersten Blick auch kein technisches Kommunikationsgerät sichtbar ist, das auf einen entfernten Gesprächspartner verweist, erscheint das Verhalten der Sprecher zunächst nicht erklärbar. Auf den ersten Blick ist man in solchen Situationen vielleicht ein wenig befremdet, manchmal auch amüsiert. Bei näherem Nachdenken stammt das Befremden aus der Unfähigkeit, eine Erklärung für das Verhalten des Mitmenschen zu finden, die einigermaßen rational ist (so ungefähr, wie wenn jemand die Einkaufsstraße in großer Eile rückwärts geht). Dabei bleibt man nicht gerne stehen, und umso größer ist die Erleichterung, wenn man das Headset sieht und eine rationale Erklärung des beobachteten Verhaltens zur Verfügung hat.

Diese alltägliche Situation zeigt, dass wir versuchen, in dem Verhalten unserer Mitmenschen einen Sinn zu sehen, auch wenn dies *prima facie* nicht gelingt. Einen Sinn können wir einem Verhalten oft nur dann zuschreiben, wenn wir in der Lage sind, das verfolgte Ziel oder die verfolgten Ziele zu bestimmen. Dies hat sich schon in den Kategorien niedergeschlagen, mit denen menschliches Verhalten üblicherweise beschrieben wird. Wir sagen, jemand telefoniere, oder jemand fahre Auto, oder aber jemand lese ein Buch. Genau genommen beschreibt man damit allerdings nicht das gerade ablaufende Verhalten selbst, sondern etwas Abstrakteres: nämlich das zielgerichtete Verhalten, das, worauf es hinausläuft. Handlungsbeschreibungen sind nicht neutral gegenüber diesen Zielen, denn man kann nicht ohne weiteres sagen:

(1) Sie fährt Auto, beabsichtigt es aber gar nicht.

oder:

(2) Er liest ein Buch, hat aber gar nicht die Absicht, ein Buch zu lesen.

Daran, dass in der Beschreibung des Verhaltens schon die Ziele thematisiert sind, kann man eine allgemeine Strategie der Sinnsuche oder Sinnzuschreibung ablesen. Verhalten ergibt nur dann einen Sinn, wenn das Ziel bekannt ist, ja man kann es ohne dieses Ziel nur schlecht kategorisieren und beschreiben (s. die oben genannten Beispiele). Der Sinn, das verfolgte Handlungsziel ist gleichsam eine Suchmaske, mit der Handlungen erkannt und identifiziert werden können. Die „ziellose" Beschreibung von körperlichen Bewegungen ist in den meisten Fällen witzlos – sie hat vielleicht ihre Existenzberechtigung in der Gymnastik, aber hier besteht das Ziel auch in der Bewegung selbst und nicht in etwas anderem, was darüber hinausgeht.

2.1 Intention und Bedeutung

Was allgemein für Handlungen gilt, gilt natürlich auch für sprachliche Handlungen. Ihr Sinn erschließt sich dann, wenn das Ziel bekannt ist, das die Sprecherin oder der Sprecher damit verfolgt. Über sprachliches Handeln kann man aber – im Gegensatz zu materiellen Handlungen – noch in einer speziellen Weise reden, und dies kommt auch häufig vor: Man kann sich Gedanken darüber machen, was jemand mit seiner Äußerung *gemeint* hat, und wenn man zu einem Ergebnis kommt, dann wird dies mit dem verfolgten Ziel der Sprechhandlung in der Regel übereinstimmen. Allgemein gilt also: Das Ziel einer sprachlichen – und auch im weiteren Sinne kommunikativen – Handlung ist in der Regel Teil dessen, was ein Sprecher mit ihr *gemeint* hat.

Mit dieser Festlegung ist schon den Kern dessen formuliert, was die Pragmatik seit den fünfziger Jahren des letzten Jahrhunderts ausmacht. Sie wurde wesentlich von dem Sprachphilosophen H.P. Grice (1993a) entworfen, und in diesem Kapitel werden ihre Grundzüge dargestellt. Im nächsten Kapitel geht es dann um die Beiträge von J.L. Austin und J.R. Searle, die mindestens ebenso einflussreich waren.

Zum Einstieg in die Theorie von H.P. Grice sei wiederum ein Beispiel gegeben: Arno und Berta wohnen zusammen in einer WG. Berta sagt zu Arno:

(3) Du meldest das Telefon an.

Wenn Arno sich bei seiner WG-Genossin beschwert, sie sei kaum eingezogen und schon kommandiere sie ihn herum, kann sie entgegnen:

(4) Ich wollte dich nicht herumkommandieren. Ich habe dich nur gefragt, ob du das Telefon anmelden willst.

Hier liegt ein klassisches Missverständnis vor, welcher Sprechakt vollzogen wurde. Arno hat die Äußerung als Aufforderung verstanden, Berta hat sie als Frage gemeint. Dass das Missverständnis an dieser Stelle auftritt, ist natürlich kein Zufall. Berta hat eine Satzform gewählt, die üblicherweise als deliberative Frage bezeichnet wird. Sie hat, was die Wortstellung angeht, große Ähnlichkeiten mit der Form des Deklarativsatzes, und dieser dient auch dazu, ziemlich kategorische Aufforderungen zu äußern. Wenn Arno diese Interpretation der Äußerung (3) zuordnet, dann ist er zu Recht düpiert. Deliberative Fragen haben allerdings noch ein weiteres Merkmal: Sie werden mit steigender Intonation geäußert, wie Ja/Nein-Fragen auch. Nun kann es sein, dass diese steigende Intonation etwas flach ausfiel, und das Missverständnis war gegeben. Das formale Merkmal, das Fragen von Behauptungen oder Aufforderungen in diesem Fall unterscheidet, ist nicht erkennbar, und dies führt zu einer falschen Sprechakt-Zuschreibung.

Um auf die handlungstheoretische Frage zurückzukommen: In ihrer Verteidigung (4) beruft sich Berta darauf, was sie *nicht* wollte, und macht klar, was sie *stattdessen* wollte. Sie bestreitet also, dass sie eine bestimmte Absicht hatte oder mit ihrer Äußerung ein bestimmtes Ziel verfolgte – nämlich Arno dazu zu bringen, das Telefon anzumelden, und sie stellt richtig, dass sie ein anderes Ziel verfolgte – nämlich zu erfahren, ob Arno das Telefon anmeldet. Anders gesagt: Berta hat nicht *gemeint*, dass Arno das Telefon anmelden sollte, sondern sie hat etwas anderes *gemeint*, nämlich dass er ihr sagen sollte, ob er es schon getan hat. Die Verwendung des Verbs *meinen* ist in diesem und vielen anderen Fällen ganz natürlich, und das ist ein erstes Argument dafür, dass Meinen zentral etwas mit Beabsichtigen zu tun hat.

2.1 Intention und Bedeutung

Da man für *Absicht* auch *Intention* sagen kann, lässt sich dieser Zusammenhang so formulieren:

> **Intention**
> Zu wissen, was jemand mit einer Äußerung meint, heißt, die Intention zu erkennen, mit der er oder sie diese Äußerung vollzieht. In einem letzten Schritt kann man das, was jemand mit einer Äußerung meint, als die Bedeutung der Äußerung bezeichnen.

Bertas Äußerung bedeutete also hier, dass sie sich nach dem Stand der Telefonanmeldung erkundigt hat, und dies ist identisch mit dem, was sie gemeint hat, und dies wiederum mit dem, was sie intendiert hat. Es ergibt sich also eine begriffliche Trias von **Intendieren, Meinen** und **Bedeuten**.

Wie schon gesagt ist diese Idee das erste Mal in neuerer Zeit von H.P. Grice formuliert worden (obwohl es wichtige Vorläufer gibt, wie beispielsweise den Schweizer Sprachphilosophen Anton Marty, s. Marty 1908). Grice gehörte der Gruppe wichtiger angelsächsischer Sprachphilosophen an, die allesamt mehr oder weniger von Ludwig Wittgenstein beeinflusst waren und nichts weniger als die handlungstheoretische Linguistik, die Pragmatik, auf den Weg gebracht haben – obwohl keiner von ihnen ein Linguist war. Viele wichtige Ansätze der Pragmatik nahmen von dort ihren Ausgang. Auch heute noch bietet England eine wichtige Quelle pragmatischer Theoriebildung, so gibt es in London und Cambridge wichtige Zentren pragmatischer Forschung, denen Forscherinnen wie Deirdre Wilson, Diane Blakemore und Robyn Carston angehören – und diese sind allesamt Linguistinnen.

Wie sieht der Zusammenhang zwischen Sprecherintention und Äußerungsbedeutung genauer aus? Es ist natürlich nicht so, dass jede beliebige Intention die Bedeutung der Äußerung ausmacht. Man kann sich selbst Beispiele von mehr oder weniger fernliegenden Absichten vorstellen, die mit Sicherheit nichts mit der Bedeutung der Äußerung zu tun haben. Das Folgende ist ein Beispiel hierfür:
In einer Werbebroschüre einer christlichen Jugendvereinigung kann man lesen:

(5) Gott hat voll den krassen Plan mit dir.

Hier haben sich (vermutlich erwachsene) Werber Gedanken darüber gemacht, wie man junge Leute wieder für religiöse Fragestellungen gewinnen könnte. Es sei einmal unterstellt, dass dieser Slogan mit der genannten Absicht formuliert wurde. Man würde aber nicht im Geringsten die Meinung vertreten wollen, die Äußerung (5) bedeute ‚junge Leute sollten wieder für religiöse Fragestellungen gewonnen werden'. In diesem Fall ist es also nicht möglich, von der Intention auf die Bedeutung der Äußerung zu schließen. Um herauszubekommen, was der Unterschied ist zwischen (3) (in der korrekten Intonation), in der sehr wohl ein Schluss von der Sprecherintention auf die Bedeutung möglich ist, und (5), wo dies nicht möglich ist, muss die Art der hinter der Äußerung stehenden Intention genauer bestimmt werden. Es ist herauszudestillieren, welcher Typ von Intention relevant ist für die Äußerungsbedeutung und welcher nicht. Terminologisch wollen wir so verfahren, dass wir den ersten Typ als kommunikative Intention einer Sprecherin oder eines Sprechers oder kurz: als Sprecherintention bezeichnen. ‚Arno dazu zu bringen, dass er Bescheid sagt, ob er das Telefon anmeldet', ist eine solche Sprecherintention; ‚junge Leute für religiöse Fragestellungen gewinnen' ist keine Sprecherintention im definierten Sinn. Es fällt an dieser Stelle schon auf, dass die Beschreibungen für Sprecherintentionen in ihrer Formulierung wenigstens teilweise mit der Äußerung selbst übereinstimmen – und das ist kein Zufall. Der Gehalt der Äußerung und der Gehalt der Sprecherintention stimmen in einem wesentlichen Punkt überein – im nächsten Kapitel wird dies der propositionale Gehalt genannt werden.

Doch zurück zur ursprünglichen Frage: Lässt sich ein Muster angeben, aufgrund dessen sich beurteilen lässt, welcher vermeintliche Kandidat für Sprecherintentionen auch wirklich einer ist – eben weil er mit diesem Muster übereinstimmt? Die Antwort, die Grice uns gegeben hat, lautet: Ja, aber es ist etwas verwickelt und komplex. Das Komplexe besteht darin, dass man sich daran gewöhnen muss, reflexive Intentionen zu denken, also Intentionen, dass jemand Intentionen erkennt. Am besten nähern wir uns der Fragestellung wieder mit einem Beispiel, das diesmal direkt von Grice (1993a, 7 f.) übernommen wird:

Nehmen wir einen Schüler, der eines Tages keinerlei Lust verspürt, in die Schule zu gehen (also einen völlig normalen Schüler). An diesem Morgen verspürt er tatsächlich ein leichtes Unwohlsein, gerade schlimm genug, um in der Schule zu fehlen, aber nicht so schlimm, um nicht ein attraktives Alternativprogramm planen zu können. Er quält sich langsam aus dem Bett, geht zu seiner Mutter und sagt nichts. Sie merkt, dass er auffallend blass ist, was der Schüler auch intendiert hatte. Er hofft, dass die Mutter aus seiner auffallenden Blässe den Schluss zieht, dass ihr Sohn heute unmöglich die Schule besuchen kann und ihm eine Entschuldigung schreibt. Damit hat sich seine Intention erfüllt. Aber ist sie auch eine kommunikative?

In Grices Terminologie kann man sagen: Der Schüler intendiert (=beabsichtigt), dass die Mutter erkennt, dass er krank ist. Aber würde man sagen, dass seine Blässe *bedeutet*, ‚Ich bin krank und kann unmöglich die Schule besuchen', oder dass der Schüler mit seiner Blässe *gemeint* hat ‚Ich bin krank ...'? Wohl nicht, und wenn diese Einschätzung zutrifft, dann muss man sich fragen, was an der Intention des seine Blässe zeigenden Schülers fehlt, um als vollgültige kommunikative Intention zu gelten. In einer ersten Antwort lässt sich sagen: Ganz offenbar ist es so, dass die Mutter aus der Blässe ihre Schlüsse zieht, unter anderem dass ein Schulbesuch nicht in Frage kommt. Diese Schlüsse zieht sie aber ganz unabhängig von der Intention des Schülers, diese ist völlig irrelevant. Nun kann aber eine Intention, die keinerlei Rolle für die Schlüsse spielt, die aus einem Zeichen gezogen werden, keine kommunikative sein. Eine kommunikative Intention muss eine konstitutive Rolle spielen für das, was man *ihre* Erfüllung nennt, und da dies in dem Schüler-Beispiel nicht gegeben ist, liegt auch keine solche vor. Daraus folgt, dass wichtige Einschränkungen gemacht werden müssen, was zu einer kommunikativen Intention zählen soll und was folglich ein Fall des Bedeutens ist. Man könnte nicht unterscheiden zwischen einer allgemeinen Zeichentheorie und einer differenzierten Theorie kommunikativen Handelns.

Im Folgenden geht es um ein modifiziertes Beispiel: Gleicher Schüler, allerdings so heiser, dass er nicht mehr sprechen kann; zwei verschiedene Situationen. Situation 1: Der Schüler will seiner Mutter begreiflich machen, dass es in seiner Schule gebrannt hat und er deswegen diese Woche nicht die Schule besuchen kann. Er zeigt ihr ein Foto seiner Schule, auf dem schwarze Fensterhöhlen zu sehen sind und herumliegende Feuerwehrschläuche. Er intendiert damit, dass sie ihre Schlüsse aus der Präsentation des Fotos zieht und ihn nicht zur Schule schickt.

Situation 2: Der Schüler will seiner Mutter begreiflich machen, dass es in seiner Schule gebrannt hat und er deswegen diese Woche nicht die Schule besuchen kann. Er zeichnet deswegen das Schulgebäude mit schwarzen Fensterhöhlen und herumliegenden

Feuerwehrschläuchen und intendiert damit, dass sie ihre Schlüsse aus der Präsentation der Zeichnung zieht und ihn nicht zur Schule schickt.

Der Unterschied zwischen Situation 1 und Situation 2 liegt in der Relevanz der reflexiven Intention. In beiden Fällen verfolgt der Schüler die Absicht, dass seine Mutter die Schulsituation erkennt und ihre Schlüsse daraus zieht. In Situation 1 tut sie das ganz unabhängig davon, ob sie *diese* Absicht ihres Sohnes erkennt oder nicht – das Foto spricht für sich. In Situation 2 ist die Absicht des Schülers, nämlich dass die Mutter aufgrund der Zeichnung die Schulsituation erkennt und ihre Schlüsse daraus zieht, nur dann erfolgreich, wenn die Mutter gleichzeitig erkennt, dass ihr Sohn auch *diese* Mitteilungs-Absicht mit der Zeichnung verfolgt hat. Zeichnungen fertigt man aus vielerlei Gründen an, nicht unbedingt deswegen, um irgendwelche Betrachter zu dem Glauben zu bringen, die dargestellte Situation sei der Fall. Wenn dies so wäre, dann bestünde die ganze Kunstgeschichte aus lauter Lügen. Das Ziel, ein Bild zu malen, kann ein ganz anderes sein, etwa ein ästhetisches. Erst dann also, wenn die Mutter weiß, dass sie aufgrund des Bildes über die Schulsituation informiert werden soll, kann sie ihre Schlüsse aus dem Bild ziehen. Das wird aber – im Gegensatz zum Foto – aus dem Bild allein nicht deutlich, und deswegen muss man diesen Fall folgendermaßen formulieren:

Der Schüler intendiert (i), dass die Mutter erkennt, dass es in der Schule gebrannt hat (gilt für das Foto wie für die Zeichnung). Der Schüler intendiert (ii), dass die Mutter merkt, dass der Schüler mit der Abbildung intendiert, dass (i) (gilt nicht notwendigerweise für das Foto, aber notwendigerweise für die Zeichnung). (iii) Der Schüler intendiert, dass die Intention (i) aufgrund der Erfüllung der Intention (ii) erfüllt ist.

Etwas vereinfacht formuliert lautet diese Klausel: Die Mutter soll sehen, dass es in der Schule gebrannt hat, weil sie diese Intention des Schülers erkennt (und nicht aus anderen Gründen).

Die Intention (ii) in der Klausel ist notwendig, um die Zeichnung zu einer Mitteilung zu machen, weil sonst die Betrachterin nicht weiß, ob es eine Phantasie-Vorstellung ihres Sohnes ist oder eine Mitteilung über eine Tatsache. Erst wenn sie erkennt, dass die Zeichnung mit der Absicht hergestellt wurde, sie erkennen zu lassen, dass es in der Schule gebrannt hat, kann sie dies als Mitteilung überhaupt auffassen. Dies ist genau der Inhalt der reflexiven Intention. Sie heißt reflexiv, weil sie eine Intention über eine Intention ist, also in ihrem Gehalt wiederum eine Intention vorkommt. Die Intention (iii) wiederum besagt nichts anderes, als dass die Intention (ii) maßgeblich dafür ist, dass wir von Meinen sprechen können, und nicht eine beliebige Zutat. Und auch dies ist in dem Beispielfall gegeben.

Wir müssen nun noch klären, warum für Grice die Abgrenzung zwischen ‚jemanden offen wissen lassen' (Situation 1) und ‚sagen'/‚mitteilen' (Situation 2) so wichtig ist. Der entscheidende Punkt ist, dass nur in Situation 2 ein Fall des Meinens vorliegt, also der Fall einer **Sprecher-Bedeutung**, aber nicht in Situation 1. Wir können sagen, dass der Schüler mit der Zeichnung *meinte*, dass es in der Schule gebrannt hat, aber wir können nicht so gut sagen, dass er mit dem Foto *meinte*, dass es in der Schule gebrannt hat. Das Verb *meinen* ist ein guter Gradmesser dafür, ob der Fall einer Sprecher-Bedeutung vorliegt oder nicht; offensichtlich sind die Regeln für die Verwendung des Verbs *meinen* hier besonders sensibel. Dass jemand mit einem Bild, einem Ton oder einer Äußerung etwas gemeint hat, kann man offenkundig nur dann gut sagen, wenn die einfache oder primäre Intention (i) und die reflexive oder sekundäre Intention (ii) gleichermaßen notwendig sind für den kommunikativen Erfolg – dies genau ist Gegenstand der Intention (iii). Alle anderen Fälle, in denen die reflexive Intention nicht notwendig ist, sind nur gegen starke Widerstände unseres Sprachgefühls als Fälle des Meinens zu benennen.

Oben wurde der Fall des Meinens als ein Fall der Sprecher-Bedeutung definiert. Daraus folgt, dass nur in Situationen des Typs 2 ein Bild, ein Ton, eine Äußerung Bedeutung in dem hier interessanten Sinne hat. Andersherum kann man formulieren: Alles, was ein Kandidat für Sprecher-Bedeutung ist, muss den Test der reflexiven Intention bestehen, muss also ein Fall des *Meinens* sein. Besteht es diesen Test nicht, ist es auch nichts, was in diesem Sinne als bedeutungstragend aufgefasst werden kann.

Schauen wir uns nach dieser Vorbereitung die Definition von H.P. Grice für Sprecher-Bedeutung an (für S muss *Sprecher_in*, für x muss *die Äußerung* eingesetzt werden):

> **Sprecher-Bedeutung**
> „,S meinte mit x etwas' ist (in etwa) äquivalent mit ,S beabsichtigte, daß die Äußerung von x bei einem Hörer eine Wirkung mittels der Erkenntnis dieser Absicht hervorruft'; dabei können wir hinzufügen: Danach fragen, was S meinte, heißt, nach einer Bestimmung der intendierten Wirkung fragen (auch wenn es natürlich sein kann, daß es nicht immer möglich ist, direkt eine Antwort zu finden, die einen ,daß'-Satz enthält, etwa ,eine Überzeugung, daß')". (Grice 1993a, 11)

S ist in dem gegebenen Beispiel der Schüler, x die Zeichnung, die Hörerin (oder die Betrachterin) ist in diesem Fall die Mutter. Die beabsichtigte bzw. intendierte Wirkung ist die Annahme der Mutter, dass es in der Schule gebrannt hat – am Schluss der Definition ist beispielhaft auch von einer Überzeugung die Rede. Soweit ist ersichtlich, dass es sich beim Zeigen der Zeichnung in der Tat um einen Fall des Meinens und damit der Sprecher-Bedeutung handelt, denn er erfüllt – vor allem was die Notwendigkeit der Intentionserkenntnis betrifft – die Definition. Wenn die Gricesche Analyse linguistisch relevant sein soll, dann muss sie sich auf sprachliche Äußerungen in gleicher Weise anwenden lassen wie auf das Beispiel der Zeichnung. Dies soll nun über das schon gegebene Beispiel (3) hinaus gezeigt werden.

2.2 Kontextwissen und Sprecher-Bedeutung

In den seltensten Fällen ist an dem geäußerten Satz oder Satzfragment direkt ablesbar, was mit der Äußerung gemeint ist. Dies betrifft nicht nur Fälle, in denen aus irgendeinem Grund ein wichtiges Merkmal (wie die ansteigende Intonation im Beispiel 3) fehlt. Dies kann bei Bedarf nachgeholt werden, und schon ist der spezifische Sprechakt für die Zuhörerschaft besser erkenntlich. Auch für voll ausgestattete, das heißt mit grammatischen Eigenschaften versehene Äußerungen von der Morphologie über die Wortstellung bis hin zur Intonation ist von der Form her immer eine interpretative Offenheit gegeben. Der geäußerte Satz zeigt an, welche Intention Sprecher_innen mit der Äußerung verfolgt haben, und der ,Gehalt' dieser kommunikativen Intention ist das Gemeinte, die Sprecher-Bedeutung. Zu dieser interpretativen Leistung benötigt man über die grammatischen Eigenschaften des Satzes hinaus Informationen über den Kontext im weitesten Sinne; diese Kontextinformationen umfassen allgemeines Weltwissen, also physikalische Gesetze oder kulturelle Praktiken, außerdem Einschätzungen der aktuellen Situation und schließlich das, was im Diskurs vorher gesagt oder im Text vorher geschrieben wurde. An einem weiteren Beispiel soll das Zusammenspiel von Satzäußerung und Kontextinformationen verdeutlicht werden:

(6) Die Tür ist offen.

Je nach Situation kann mit dieser Äußerung entweder die Aufforderung verbunden sein, die Tür zu schließen, oder die Aufforderung, den Raum zu verlassen. Es kann auch ganz einfach eine Feststellung sein, ohne dass jemand zu irgendetwas aufgefordert würde.

Wie kommen Adressat_innen zu einer Interpretation, die ihnen sagt, was sie tun (oder glauben) sollen? Natürlich müssen sie die Ausdrücke selbst verstehen, das heißt sie müssen wissen, dass mit dem Ausdruck *die Tür* auf eine bestimmte Tür referiert wird (bei mehreren Türen im Raum ist eine weitere Interpretationsleistung gefragt, nämlich die Identifizierung der fraglichen Tür). Sie müssen auch wissen, dass der Tür mit dem Ausdruck *ist offen* eine Eigenschaft zugesprochen wird oder: dass von der Tür eine Eigenschaft prädiziert wird. Schließlich ist der Prädikationsausdruck *ist offen* zumindest zweideutig – es kann gemeint sein, dass die Tür nicht abgeschlossen ist, oder dass sie offen steht. Schon solche Lesarten sind abhängig von der Sprecherintention. Die Frage, was mit der Äußerung (6) insgesamt gemeint ist, hängt ebenfalls davon ab, welche Absicht oder Intention dem Sprecher/der Sprecherin (=S) zugeschrieben wird. Wenn er/sie den Adressaten/die Adressatin (=A) lediglich zur Überzeugung bringen will, dass die Tür in einer der beiden Lesarten offen ist, dann wird man dies als Sprecher-Bedeutung für (6) annehmen. Besteht die intendierte Wirkung darin, dass A den Raum verlässt, dann unterstellt man dies als Sprecher-Bedeutung. Gleiches gilt für die intendierte Wirkung, dass A die Tür (ab-)schließt. In allen Fällen ist die intendierte Wirkung – nämlich dass A etwas Bestimmtes glaubt oder etwas Bestimmtes tut – das, was wir als Sprecher-Bedeutung der Äußerung unterstellen, also das, was gemeint war. Dies ist genau das, was Grice mit der schon zitierten Festlegung meint: „Danach fragen, was S meinte, heißt nach einer Bestimmung der intendierten Wirkung fragen" (1993a, 11).

Wie kommt A nun zur Zuschreibung dieser Sprecher-Intention? Wir sind keine Hellseher, und auch beim ausgefeiltesten MRT werden wir im Kopf nicht viel entdecken, was auf eine bestimmte Intention schließen lässt. Selbst wenn dies technisch möglich wäre, käme man mit einem solchen Durchleuchtungsverfahren in der alltäglichen Kommunikation nicht weit – es wäre zeitraubend und umständlich. Neuere Ergebnisse der Neuropragmatik interessieren sich zwar für Korrelationen zwischen bestimmten neuronalen Erregungsmustern („N-400-Effekt") im Gehirn und pragmatischen Interpretationsprozessen. Diese Korrelationen zeigen, dass es eine gewisse neuronale Basis für pragmatische Prozesse gibt, die man mittels bildgebender Verfahren repräsentieren kann (s. hierzu Schumacher/Meibauer 2013). Was bei der Äußerungsinterpretation im alltäglichen Kommunizieren zusätzlich zum geäußerten Satz benötigt wird, um eine Intention zuschreiben zu können, sind wie schon erwähnt Informationen über den Kontext der Äußerung. Idealiter sind die Äußerungen so gehalten, dass sie sich in den umgebenden Kontext einpassen, also das beinhalten, was sich aus dem Kontextwissen nicht schon von selbst ergibt. Angenommen, die beiden Gesprächspartner stehen nicht in einer hierarchischen Beziehung zueinander, der eine ist gerade in den fraglichen Raum eingetreten und setzt sich. Daraufhin äußert S (6). Schon aus dieser sparsamen Schilderung der Kommunikationssituation heraus sowie der Beziehung, in der die beiden Gesprächspartner zueinander stehen, wird deutlich, welche intendierte Wirkung man dieser Äußerung zuschreiben kann – es wird die Handlung des Türeschließens seitens A sein. Die Äußerung selbst vermittelt dies nur indirekt – S beschreibt lediglich die Situation, die durch die entsprechende Handlung beseitigt werden soll. Dies weist darauf hin, dass A neben der Äußerung und den Kontextinformationen noch über weitere Wissensquellen verfügt, die uns bei der Interpretation helfen. So ist zum Beispiel die Praxis etabliert, Aufforderungen indirekt zu vollziehen, indem man die Situation schildert, von der man annimmt, dass sie zu verändern sei. Man verlässt sich dann darauf, dass die Zuhörer die Situation ähnlich einschätzen und die entsprechenden Schritte unternehmen, um den misslichen Zustand zu beheben. Im vorliegenden Fall ist also die gemeinsame Bewertung eines Zustands („offene Flurtüren sind schlecht") Teil des Kontextwissens. Vor diesem Hintergrund muss man die Handlung, die zu der entsprechenden Veränderung führt, nicht mehr thematisieren. Voraussetzung für all dies ist, dass sich die Gesprächspartner auf die gleichen Kontextelemente beziehen, so dass die erfolgte Interpretation durch A mit derjenigen übereinstimmt, die von S intendiert war. Dies kann in der Gesprächssituation nur wechselseitig unterstellt werden, und der weitere Fortgang des Gesprächs zeigt dann, ob die beiden übereinstimmende Interpretationen der Situation haben oder nicht. Falls nein, muss konversationell nachgebessert werden.

Mit dem geäußerten Satz selbst, den allgemeinen und spezifischen Informationen über die Gesprächssituation (den Kontext) und mit dem Wissen über etablierte Praktiken des Kommunizierens (hier: „Indirektheit") verfügt A über einen hinreichenden Hintergrund, um eine Hypothese über die Sprecher-Intention und damit die Sprecher-Bedeutung aufzustellen. Die beabsichtigte Wirkung – dass A die Tür schließen soll – ist das, was S mit der Äußerung offenkundig gemeint hat. Der Vollständigkeit halber soll die reflexive Intention an diesem Beispiel ebenfalls angegeben werden. S intendiert (i), A zum Türschließen zu veranlassen, und S intendiert (ii), dass A die Tür aufgrund des Erkennens dieser Intention schließt, wobei (iii) diese Erkenntnis notwendig für die Wirkung ist. Mit dieser Zusatzklausel ist der Fall ausgeschlossen, dass A aus Verärgerung über die Äußerung den Raum verlässt und die Tür zuknallt – etwas, was S zweifellos nicht beabsichtigt und somit auch nicht gemeint hat.

Offenbar sind kommunikative Intentionen nichts, was sich in irgendeiner Weise vor der Sprechhandlung ereignet (davor hatte schon die Wittgenstein-Schülerin Elizabeth Anscombe (2011) gewarnt). Sie sind vielmehr Annahmen, in deren Licht Verhaltensweisen als solche interpretiert werden können, als seien sie mit einer bestimmten Absicht vollzogen worden. Das Verhalten gilt dann als Kriterium dafür, dass es mit einer bestimmten Intention vollzogen wurde, wobei A sich im Falle des sprachlichen Handelns auf den geäußerten Satz, aber eben auch auf begleitende Kontextinformationen bezieht. Wenn man eine Intention zuschreibt, macht man also keine Aussagen über etwas im Kopf unseres Gegenübers, sondern bettet das Geäußerte in einen Interpretationsrahmen ein, der dieses als rational und zu den Kontextinformationen passend erscheinen lässt – denn nur so kann man ihm eine Bedeutung zuschreiben. Dies schließt nicht aus, dass ein S bisweilen eine Interpretation durch einen A zulässt, an die er ursprünglich nicht gedacht hatte, die er aber als naheliegend empfindet: ‚Nach Lage der Dinge muss ich so etwas gemeint haben, auch wenn ich dies ursprünglich anders eingeschätzt hatte.' Manchmal wird man von der Interpretation seiner Äußerung „überholt" und kann oder will nichts dagegen tun. In solchen und verwandten Fällen ist das Meinen eher etwas, was man geschehen lässt, gegen das man keinen Einspruch erhebt, und damit handlungstheoretisch als Unterlassung zu werten; dies ist begrifflich unproblematisch, da eine Unterlassung grundsätzlich den gleichen Status wie eine Handlung hat.

2.3 Etablierung von Bedeutung

Bisher haben wir uns mit dem Fall auseinandergesetzt, dass jemand etwas sagt und ein Adressat ihm aufgrund des Gesagten und der relevanten Kontextinformation eine Sprecher-Intention zuschreibt. Wir müssen uns jetzt mit dem Beitrag der geäußerten Worte zu dieser Interpretation genauer beschäftigen, denn wir können nicht so tun, als ob Sprecher_innen wie Adressat_innen nicht auf eine gängige Bedeutung der geäußerten Ausdrücke zurückgreifen könnten – sie tun es ständig, sonst wäre eine flüssige Konversation wohl kaum vorstellbar. Grices Programm besteht darin, dass das, was er die etablierte Bedeutung eines Äußerungstyps nennt, theoretisch hergeleitet wird aus der Sprecher-Bedeutung, die wir in der gegebenen Explikation schon kennengelernt haben. Es wird also nicht unterstellt, dass die Bedeutung der Ausdrücke schon da ist oder irgendwo herkommt, sondern im Griceschen Modell wird diese etablierte Bedeutung systematisch abgeleitet aus der aktuellen Bedeutung (oder wie Grice sich ausdrückt: der Situationsbedeutung). Anders gesagt: Bedeutung ist emergent, sie entsteht letztlich aus singulären sprachlichen Äußerungen und ihrer Intentionszuschreibung.

Dies ist mehr als plausibel, wenn man sich vorstellt, wie die Sprachentwicklung vor sich gegangen ist. Man kann nicht annehmen, dass es ein Abstimmungsverfahren gegeben hat, in dem die Sprecher irgendwann festgelegt haben, was einzelne Ausdrücke zu bedeuten haben (dies war noch die Vorstellung von Denkern wie Augustinus). Die Alternativvorstellung ist, dass sich die etablierte Bedeutung aus einzelnen Vorkommnissen der aktuellen Sprecher-Bedeutung langsam entwickelt hat, ähnlich wie sich auch andere etablierte Formen der menschlichen Interaktion oder auch der menschlichen Kultur aus Einzelfällen heraus entwickelt haben, indem sie sich langsam verfestigten. Der Sprachforscher Ferdinand de Saussure sprach in diesem Zusammenhang von sozialer Kristallisation, in deren Zuge sich aus Einzelverwendungen allmählich eine Einzelsprache als Durchschnitt der Verwendungen vieler Sprecher entwickelt hat (s. de Saussure 1916, 2013). Wie kann man sich eine solche soziale Kristallisation, die auch als Sprachgeschichte im Mikrobereich aufgefasst werden kann, vorstellen?

Dies soll an einem Typ des Sprachverhaltens demonstriert werden, der sich vor noch nicht allzu langer Zeit etabliert hat. Es geht um die Entstehung einer neuen Routineformel für Verabschiedungen:

(7) Einen schönen Tag (noch).

Es scheint so zu sein, dass sich diese Form vor allem im Dienstleistungsbereich oder im Handel durchgesetzt hat. Sie ersetzt oder ergänzt die ältere Form „Auf Wiedersehen..." durch einen Wunsch. Für einen Wunsch – wie ‚Ich wünsche Dir alles Gute/viel Glück/viel Erfolg ...' bedarf es in der Regel eines besonderen Anlasses, der im Beispiel (7) darin besteht, dass der Adressat/die Adressatin etwas Besonderes vorhat (eine Tagesreise o.ä.). Dies ist im vorliegenden Beispiel nicht mehr gegeben; die Äußerung ist vielmehr auch und gerade dann möglich, wenn S gar nicht weiß, was A an dem betreffenden Tag plant. Es haben sich also die Verwendungsbedingungen für Äußerungen des Typs (7) in entscheidender Weise verändert, d.h. eine vorher bestehende Beschränkung ist weggefallen. In Grices Terminologie kann man den Fall so beschreiben, dass eine neue Bedeutung für (7) etabliert worden ist, nämlich diejenige der Verabschiedung.

In den Fällen, in denen man nun diese Formel zum ersten Mal hört, muss das vom Sprecher Gemeinte noch aus der aktuellen Situation heraus entwickelt werden. Man fragt sich spontan, weshalb S unvermittelt einen schönen Tag wünscht, obwohl er/sie gar nicht wissen kann, was man vorhat. Es entsteht also ein Konflikt zwischen der Äußerung und der ursprünglichen Situation, die diese Beschränkung ja noch enthält. Dieser Konflikt weicht dann – möglicherweise erst beim zweiten oder dritten Mal – der Erkenntnis, dass es sich nicht mehr um den Ausdruck eines Wunsches, sondern um eine Abschiedsformel handelt, die die ursprünglichen Beschränkungen in der Verwendung nicht mehr enthält.

Grice hat für diesen und andere vergleichbare Fälle eine Reihe von Bedingungen entwickelt, die die unterschiedlichen Kristallisationsstufen der Bedeutung von einer situationsbezogenen Bedeutung bis hin zu einer situationsunabhängigen, etablierten Bedeutung erfassen. Terminologisch unterscheidet Grice zwischen zwei Bedeutungsarten, die selbst jeweils wieder in zwei Unterarten aufgeteilt werden. Die eine Bedeutungsart ist die **zeitunabhängige Bedeutung**, die andere diejenige der **Situationsbedeutung**. Wie die Bezeichnungen schon nahelegen, bezieht sich der erstgenannte Terminus auf die Bedeutung, die einem Ausdruck (sei es ein Wort oder ein Satz) unabhängig von einer bestimmten Verwendungssituation, also zeitunabhängig, zukommt. Für die zweitgenannte Bedeutungsart gilt diese Bedingung nicht, sie gilt nur in der spezifischen Verwendungssituation, weder davor noch (in den meisten Fällen) danach. Für den gerade beschriebenen Unterschied in der Bedeutungsart gibt es zahllose Beispiele: Jemand setzt sich auf einen Baumstumpf und bezeichnet diesen als seinen Hocker; ein anderer macht auf der Motorhaube Picknick und bezeichnet diese als seinen Tisch; noch ein anderer sagt

(8) Ich bin wie Platin.

und meint damit, dass er besonders treu ist. Wir haben es hier mit neuen, vorher nicht existierenden Verwendungen von Wörtern oder Sätzen zu tun, die jeweils vor dem Hintergrund der gegebenen Situation interpretiert werden müssen, ohne dass uns die Kenntnis der Bedeutung der Ausdrücke selbst so schrecklich viel nützt.

Die Bedeutungsart der Situationsbedeutung wird noch einmal in zwei Unterarten aufgeteilt, nämlich in diejenige der **Situationsbedeutung eines Ausdrucks** und die der **Situationsbedeutung eines Sprechers**. Um diesen subtilen Unterschied zu erkennen, stelle man sich vor, jemand hätte (8) geäußert, aber jemand anderen damit persifliert, so dass er diesem anderen die entsprechende Äußerung (oder die Neigung, eine solche Äußerung zu vollziehen) unterstellt hätte. In diesem Fall wird die Situationsbedeutung eines Ausdrucks relevant. Nehmen wir andererseits an, der Sprecher hätte *nicht* jemand anderen persifliert, sondern hätte dies im Brustton der Überzeugung von sich selbst gesagt. In diesem Fall wird die Situationsbedeutung eines Sprechers relevant, denn wir könnten sagen, dass der Sprecher mit der Äußerung von (8) gemeint hätte, dass *er selbst* wie Platin *sei* – was er im Falle der Situationsbedeutung des Ausdrucks nicht notwendigerweise gemeint hätte, denn er hatte hier ja einen anderen persifliert.

Der Unterschied zwischen diesen beiden Unterarten der Bedeutung ist deswegen relevant, weil Grice im Zuge seiner Rekonstruktion des handlungstheoretischen Bedeutungsbegriffs am Ende bei der Sprecher-Intention ankommen möchte, und dies gelingt dann, wenn die basale Bedeutungsart eine Sprecher-Bedeutung ist. Nur dann kann man nämlich sagen, dass die (Situations-)Bedeutung (eines Sprechers) „durch Rekurs auf den Begriff der Intention" zu explizieren ist. (Grice 1993c, 19) S hat in diesem Fall intendiert, A zu der Überzeugung zu bringen, dass er treu sei, indem er intendiert hat, dass sie diese Intention erkennt. Der Weg über die Intentionserkenntnis ist in diesem Fall alternativlos, da die Wendung „wie Platin sein" klarerweise nicht diese Bedeutung hat. Das heißt aber, dass wir an dieser Stelle am Grund angekommen sind, an dem

Punkt also, an dem die Sprecher-Intention übergeht in die erste Stufe der Situationsbedeutung.

Genau dies ist das Programm der Griceschen Bedeutungstheorie: die Ableitung der Bedeutung sprachlicher Ausdrücke aus dem Begriff der (reflexiven) Sprecher-Intention, ohne dass man auf eine irgendwie etablierte oder konventionelle Bedeutung zurückgreifen müsste. Die Sprecher-Intention soll nicht aus der Verwendung von Ausdrücken mit einer konventionellen Bedeutung abgeleitet werden, sondern Letztere aus Ersterer: Die Entstehung von zeitunabhängiger Bedeutung von Ausdrücken soll stufenweise abgeleitet werden aus dem Begriff der Sprecher-Intention und seinem sprachlich-kommunikativen Pendant, dem Begriff der Situationsbedeutung eines Sprechers. Jede andere Strategie wäre hoffnungslos zirkulär.

Kommen wir also zur **zeitunabhängigen Bedeutung**, wie Grice sie nennt, also zur etablierten Bedeutung von Ausdrücken, die diesen unabhängig von einer bestimmten Verwendungssituation zukommt. Wenn wir von ‚zeitunabhängig' sprechen, müssen wir allerdings eine Differenzierung vornehmen. Viele Ausdrücke haben mehr als eine Bedeutung, und es geht aus dem Verwendungskontext hervor, welche von den Möglichkeiten im Bedeutungsspektrum realisiert wird. Ein Beispiel für Mehrdeutigkeit ist ein Ausdruck wie ‚Bank', der Peter F. Strawson zu folgendem Sprachspiel angeregt hat:

(9) Die Bank brach zur allgemeinen Überraschung zusammen.

Hier hängt es von der Lesart ab, ob die Beteiligten körperlich oder eher finanziell von dem Zusammenbrechen resp. dem Zusammenbruch betroffen waren.

Da wir beim Äußerungsverstehen auf Klärungen dieser Art angewiesen sind – das Beispiel (9) verdeutlicht dies eindrucksvoll – muss dies als eine Bedeutungsebene in dem Griceschen Bedeutungsmodell repräsentiert werden. Sie wird in Form der **angewandten zeitunabhängigen Bedeutung** eines Äußerungstyps eingeführt; dass sie angewandt ist, wurde eben demonstriert. Dass sie ein Fall der zeitunabhängigen Bedeutung ist, muss allerdings begründet werden, denn welche Lesart gewählt wird, ist offenkundig zeit- und verwendungsabhängig. Der Grund für die Zuweisung zur Ebene der zeitunabhängigen Bedeutung ist dadurch gegeben, dass es bei sprachlichen Ausdrücken um die Wahl zwischen (selten mehr als) zwei Lesarten geht, die für sich genommen Teil der zeitunabhängigen Bedeutung sind.

Wir können somit festhalten, dass sich die Ebene der angewandten zeitunabhängigen Bedeutung von derjenigen der Situationsbedeutung unterscheidet, indem es sich um eine Wahl zwischen zwei möglichen Lesarten eines Ausdrucks handelt und nicht darum, einer Laut- oder Schriftgestalt überhaupt erst eine Bedeutung in der konkreten Äußerungssituation zuzuweisen. Aus der Beschreibung dessen, was Grice mit der angewandten zeitunabhängigen Bedeutung meint, kann man nun das ableiten, was die zeitunabhängige Bedeutung eines Äußerungstyps ist: Sie ist ganz einfach die Bedeutung, die sich ergibt, wenn die Frage der Lesarten-Zuweisung geklärt ist. Es geht also um die ganz normale Bedeutungskenntnis, die uns als Sprecher einer Einzelsprache in die Lage versetzt, Ausdrücke wie ‚Sessel', ‚Stuhl', ‚Hocker', ‚Sitzstock' usw. zu interpretieren. Dies ist vielleicht die einfachste der genannten Bedeutungsebenen; sie ist aber gleichzeitig die komplizierteste, wenn es um ihre Begründung geht. Wenn der Charme des Griceschen Bedeutungsprogramms erhalten bleiben soll, dann muss nachgewiesen werden, wie sich die zeitunabhängige Bedeutung aus der Situationsbedeutung ableiten lässt. Gelingt dies nicht, dann gibt es eine Lücke zwischen beiden Bedeutungstypen, und es liegt dann eine ganz traditionelle Bedeutungstheorie vor, die nicht mehr den Rekurs auf die Sprecherintention erlaubt. Was muss also passieren, um diese ernüchternde Konsequenz zu vermeiden? Es muss in der Tat gezeigt werden, wie sich die zeitunabhängige Bedeutung aus der Situationsbedeutung ergibt.

Die Brücke zwischen dem Begriff der Situationsbedeutung und der zeitunabhängigen Bedeutung bildet der Begriff der **Ideolekt-Bedeutung**. Jemand verwendet einen Ausdruck zunächst einmalig in der-und-der Bedeutung, und man bekommt nur heraus, was er meint, indem man aus der Gesprächssituation heraus Vermutungen darüber anstellt, welches seine Intention gewesen ist. Wenn er diesen Ausdruck häufiger in vergleichbaren Situationen verwendet, dann kann man ihm eine *Gewohnheit* unterstellen, den Ausdruck so-und-so zu verwenden. Grice beschreibt diesen Fall so, dass S **ein bestimmtes Verfahren in seinem Repertoire** hat, nämlich in bestimmten Situationen zu einer entsprechenden Ausdrucksverwendung zu tendieren. Sobald der angesprochene A mit dieser Verwendung in dieser Art von Situation rechnet, ist das etabliert, was Grice die Ideolekt-Bedeutung eines Sprechers nennt. Übernimmt nun A die Gewohnheit von S, d.h. erweitert er sein eigenes Repertoire um das spezifische Verfahren, ist der erste Schritt von einer etablierten Ideolekt-Bedeutung hin zu einer etablierten Bedeutung für eine (Klein-)Gruppe gemacht. Je größer die Gruppe wird, desto weitere Kreise zieht die etablierte Bedeutung, sie wird zur zeitunabhängigen Bedeutung des Äußerungstyps. Eine ausführliche Schilderung dieses Etablierungsprozesses findet sich in Grice (1993b, 87 ff.).

Stellen wir uns nun folgende fiktive Situation vor: Es beginnt sich in der Jugendsprache ein bewertendes Ausdruckspaar zu etablieren, das sich der Ausdrücke ‚plus' und ‚minus' bedient. Es heißt also nicht mehr „Der/die/das ist super", sondern „Der/die/das ist plus" bzw. nicht mehr „Der/die/das ist blöd", sondern „Der/die/das ist minus". Nehmen wir an, dass dies eine korrekte Beschreibung der Neuentstehung eines Lexems der Jugendsprache zu einem bestimmten Zeitpunkt ist. Rekonstruiert man diesen Prozess, dann steht an seinem Anfang ein Sprecher oder eine Sprecherin, der/die in ihrem Repertoire das Verfahren hat, positiv bewertete Sachverhalte mit dem Prädikat ‚plus' zu beschreiben (und negativ bewertete mit dem Prädikat ‚minus'). Auf Gricesche Art können wir diesen Fakt so beschreiben:

> Für S bedeutet der Äußerungstyp ‚Der/die/das ist plus' „Der/die/das ist super" genau dann, wenn S in seinem Repertoire das Verfahren hat, ein Vorkommnis von ‚Der/die/das ist plus' zu äußern, wenn S intendiert, dass A glaubt (oder zumindest glaubt, dass S glaubt), dass der/die/das super ist.

An dieser Definition fällt auf, dass die reflexive Intentionserkenntnis nicht mehr vorkommt. Sie ist auch nicht mehr vonnöten: Daraus, dass ein Ausdruck in seiner Ideolekt-Bedeutung verwendet wird, folgt, dass der Adressat die mit ihm verknüpfte einfache Intention erkennen soll – und dies ist genau der Gegenstand der zweiten, reflexiven Intention. Ab einer bestimmten Konventionalisierungsstufe ist somit die reflexive Intention obsolet – sie ergibt sich aus der Verwendung eines etablierten Sprachmittels.

Der entscheidende Umschlag von der Ideolekt-Bedeutung eines Ausdruckstyps zu seiner konventionellen Bedeutung erfolgt dadurch, dass sich das Verfahrens-Repertoire in einer Gruppe ausbreitet. Sobald auch andere dann ‚plus' (oder ‚minus') sagen, wenn sie etwas oder jemanden super (oder blöd) finden, ist das Stadium erreicht, in dem jedes Mitglied einer Gruppe will, dass sein Verfahren bezüglich dieser Ausdrücke mit der allgemeinen Praxis dieser Gruppe übereinstimmt. Dies ist der erste Schritt von der individuellen Gewohnheit eines Ausdrucksgebrauchs hin zu einer kollektiven Praxis. Wir können die oben gegebene Definition dann entsprechend modifizieren:

In der Gruppe P bedeutet der Äußerungstyp ‚Der/die/das ist plus' „Der/die/das ist super" genau dann, wenn zumindest einige Mitglieder von P in ihrem Repertoire das Verfahren haben, ein Vorkommnis von ‚Der/die/das ist plus' zu äußern, wenn sie intendieren, dass A glaubt (oder zumindest glaubt, dass der jeweilige S glaubt), dass der/die/das super ist.

Grice lässt an dieser Stelle bewusst offen, wie viele Mitglieder in einer Gruppe es sein müssen, damit der Übergang von einer Ideolekt-Bedeutung zu einer konventionellen Bedeutung möglich ist. Dies wird man im Zuge einer Definition sicher nicht festlegen können, denn die Bedingungen sind natürlich von Gruppe zu Gruppe sehr unterschiedlich. Wichtig ist an dieser Stelle die Struktur des Prinzips der Konventionalisierung, es geht nicht um quantitative Aussagen über Einzelfälle.

Damit ist der Schritt zur konventionellen Bedeutung getan. Der Grund, warum wir an dieser Stelle relativ ausführlich den Übergang von einer individuellen Gewohnheit zu einer kollektiven Praxis rekonstruiert haben, liegt in einem wichtigen methodischen Prinzip begründet, das man als die nominalistische Strategie bezeichnen kann (s. Bennett 1993): Leite allgemeine Begriffe wie denjenigen der konventionellen Bedeutung aus konkreten Einzelfällen ab und zeige Schritt für Schritt auf, wie Ersterer aus Letzteren entsteht. Andersherum gesagt: Vermeide Setzungen wie diejenige einer konventionellen Bedeutung, ohne dir die Mühe zu machen, aufzuzeigen, woher sie kommt und wie sie entsteht. Die Gricesche Herleitung der konventionellen Bedeutung eines Äußerungstyps kann als ein Beispiel für diese nominalistische Strategie gelten, denn ihre Entstehung wird schrittweise aus dem – zunächst singulären – Sprachverhalten einer Person hergeleitet, das sich dann im Zuge von Verfestigungen etabliert und konventionalisiert. Nur so kann man das Programm einer Ableitung der Bedeutung eines Äußerungstyps aus dem Begriff der Sprecherintention durchführen.

Literatur:

Anscombe, G.E.M. (^{2}2011): *Absicht*. Berlin: Suhrkamp. [engl.: *Intention*. ^{2}2000, Cambridge (MA): Harvard University Press.]

Bennett, J. (1993): Die Strategie des Bedeutungs-Nominalismus. In: G. Meggle (Hg.), *Handlung, Kommunikation, Bedeutung*. Frankfurt/M.: Suhrkamp, 153–196. [engl.: The Meaning- Nominalist Strategy. In: *Foundations of Language* 10, 1973, 141–168.]

Grice, H.P. (1993a): Intendieren, Meinen, Bedeuten. In: G. Meggle (Hg.), 2–15. [engl.: Meaning. In: *The Philosophical Review* 66, 1957, 377–388.]

Grice, H.P. (1993b): Sprecher-Bedeutung, Satz-Bedeutung, Wort-Bedeutung. In: G. Meggle (Hg.), 85–111. [engl.: Utterer's Meaning, Sentence Meaning, and Word Meaning. In: *Foundations of Language* 4, 1968, 1–18.]

Grice, H.P. (1993c): Sprecher-Bedeutung und Intentionen. In: G. Meggle (Hg.), 16–51. [engl.: Utterer's meaning and Intentions. In: *The Philosophical Review* 78, 1969, 147–177.]

Marty, A. (1908): *Untersuchungen zur Grundlegung der allgemeinen Grammatik und Sprachphilosophie*. Bd. I. Halle: Niemeyer.

de Saussure, F. (1916): *Cours de linguistique générale*. Paris: Payot.

de Saussure, F. (2013): *Cours de linguistique générale* – zweisprachige Ausgabe. (Hg. u. übers. v. P. Wunderli).

Schumacher, P.B./J. Meibauer (2013): Pragmatic Inferencing and Expert Knowledge. In: F. Liedtke/C. Schulze (Hg.), *Beyond Words. Content, Context, and Inference.* Berlin/Boston: Mouton de Gruyter, 231–248.

3. Geronnene Intentionen: Sprechakte und ihre Typen

Wir buchen „bequem" im Internet einen Fahrschein oder Flugschein. Am Ende der Auswahlprozedur müssen wir auf einen Button gehen, auf dem steht: „Ja, ich buche kostenpflichtig diese Reise." Wenn wir tatsächlich auf diesen Button klicken, sind wir verpflichtet, den Preis für diesen Fahrschein oder Flugschein zu bezahlen – und im Anschluss daran um eine Reiseerfahrung reicher. Stellen wir uns nun vor, jemand habe auf diesen Button geklickt, wollte aber den Fahr- oder Flugschein nicht bezahlen. Sein Argument: Auf dem Button stünde ja nur der Satz „Ja, ich buche ...", also habe er mit dem Klick ja nur angekündigt, dass er die Reise kostenpflichtig buchen wolle, aber er habe sie nicht gebucht. Man sollte wohl unterscheiden können zwischen dem Ankündigen, dass man etwas tue, und dem Tun dessen.

Beim Lesen dieses Beispiels ist natürlich jedem Leser und jeder Leserin klar, dass der Kunde mit diesem Argument nicht durchkommen wird. In der Tat hat er mit dem Klicken nicht nur signalisiert, dass er die Reise buchen will, sondern er hat sie gebucht. Ihm bleiben auch keine anderen Möglichkeiten, eine Reise zu buchen, sei es im Internet, per Post oder im Reisebüro: An irgendeinem Punkt kommt es zur Buchung, und diese erfolgt durch Klicken oder durch Unterschrift unter einen ähnlichen Satz an der angekreuzten Stelle im Reisevertrag. Etwas Buchen erfolgt – neben vielen anderen Dingen – im Wesentlichen dadurch, dass man signalisiert, man buche etwas, indem man unterschreibt, klickt oder (seltener) dies per Handschlag besiegelt. Oft genügt auch das Aussprechen eines Satzes, ohne eine weitere Handlung auszuführen, was man an dem vielzitierten „Ja, ich nehme diese(n) Anwesende(n) zur Frau/zum Mann" im Verlaufe einer Heiratszeremonie ersehen kann. Hier hat man nicht nur gesagt, dass man heiratet, sondern man hat geheiratet.

Wie ist es nun zu erklären, dass man mit einem Handschlag, dem Sagen eines Satzes, einer Unterschrift oder einem Klick eine Handlung ausführt? Auch wenn uns das Argument des zahlungsunwilligen Kunden fadenscheinig vorkommt, so würden wir doch gerne unterscheiden zwischen dem Ankündigen oder Sagen, dass man etwas tut, und dem Tun selbst. Wie kann es dann sein, dass beides offenkundig zusammenfällt, und unter welchen Bedingungen ergibt sich eine solche Konvergenz? Man stelle sich vor, der Kunde hätte auf eine entsprechende Frage zu seiner Nachbarin gesagt: „Ja, ich buche diese Reise." Er wäre mitnichten irgendeine Zahlungsverpflichtung eingegangen. Daraus folgt, dass die Bedingungen dafür herausgearbeitet werden müssen, wann mit dem Sagen ein Tun verbunden ist, und wann dies nicht der Fall ist. Die pragmatische Teildisziplin, die sich die Ausformulierung dieser Bedingungen zur Aufgabe gemacht hat, ist die **Sprechakttheorie**.

3.1 Performative Äußerungen

Der englische Sprachphilosoph John L. Austin hatte die Grundidee, dass man unter bestimmten Bedingungen etwas tut, indem man etwas sagt, schon in den vierziger Jahren des vorigen Jahrhunderts formuliert. In einem Aufsatz mit dem Titel „Other Minds" von 1946 (dt. 1975) wird zum ersten Mal das oben gegebene Beispiel der Heiratszeremonie eingeführt, das in den Jahren danach eine solch wichtige Rolle spielen sollte. Es wurde schon darauf hingewiesen, dass die Konvergenz von Sagen und Tun nur unter wohldefinierten Bedingungen möglich ist, die in diesem Fall eben die Heiratszeremonie mit ihrem eigenen Personal und den einschlägigen Konventionen und Ritualen umfasst. Schon ein Abweichen von den Konventionen und Ritualen der Zeremonie kann zu ihrer Wirkungslosigkeit führen, so dass das Sagen in diesem Fall eben nicht mehr auf ein Tun hinausläuft. J.L. Austin hatte in den Vorlesungen „How to do things with Words", die er 1955 in Harvard hielt, den Ausdruck **performative Äußerung** geprägt, um deutlich zu machen, dass Sprecher_innen etwas ausführen, indem sie etwas sagen, und nicht bloß eine Beschreibung eines Sachverhalts abgeben (Austin 2014).

Schauen wir uns zunächst die Beispiele an, die Austin selbst gibt, um den Begriff der performativen Äußerung näher zu umreißen. Neben dem Heiratsbeispiel gibt er folgende Fälle an:

> „Ich taufe dieses Schiff auf den Namen Queen Elizabeth" als Äußerung beim Wurf der Flasche gegen den Schiffsrumpf.
> „Ich vermache die Uhr meinem Bruder" als Teil eines Testamentes.
> „Ich wette einen Fünfziger, daß es morgen regnet."
> (Austin 2014, 26 f.)

Was haben diese Beispiele mit dem Buchen einer Reise und dem Heiraten gemeinsam? Auch hier sehen wir, dass mit dem Sagen ein Tun verbunden ist. Man sagt nicht nur, dass man ein Schiff tauft, sondern man tauft es; man schreibt nicht nur, dass man die Uhr vermacht, sondern man vermacht sie; und man sagt nicht nur, dass man wettet, sondern man wettet. Es fällt weiterhin auf, dass die von Austin gegebenen Beispielsätze ein standardisiertes Format haben: Sie beginnen mit „ich", auf das ein Verb in der ersten Person Singular Präsens folgt; fakultativ kann auch ein ‚hiermit' eingesetzt werden.

> **Performative Äußerungen** werden von Austin in der Ersten Vorlesung wie folgt charakterisiert:
>
> „A. Sie beschreiben, berichten, behaupten überhaupt nichts; sie sind nicht wahr oder falsch;
>
> B. das Äußern des Satzes ist, jedenfalls teilweise, das Vollziehen einer Handlung, die man ihrerseits gewöhnlich nicht als „etwas sagen" kennzeichnen würde."
> (Austin 2014, 26)

Wie ist nun der Relativsatz in Klausel B. zu verstehen, dass es um den Vollzug einer Handlung geht, die nicht als „etwas sagen" zu kennzeichnen ist? Austin folgend wurde ja gesagt, dass das Sagen in bestimmten Fällen ein Tun ist, und vor diesem Hintergrund erscheint diese Bemerkung widersprüchlich. Man muss sich allerdings klarmachen, dass man sich ohne diese Klausel eine zirkuläre Definition eingehandelt hätte. Denn wenn das Sagen nicht ausgeschlossen würde, dann hieße es: Wenn wir etwas sagen, dann vollziehen wir die Handlung, etwas zu sagen … Adäquat wird die Definition erst, wenn die ausgeführte Handlung etwas ist, was über das Sagen hinausgeht, also etwas, was wir tun, indem wir etwas sagen. Es geht dann um das Buchen, Heiraten, Taufen …, also um Dinge, die mehr und etwas anderes sind als das bloße Sagen. Das Sagen ist zwar konstitutiver Teil des Handelns, aber die Handlung, auf die es ankommt, geht über das Sagen hinaus, weil durch sie Dinge in der Welt verändert werden. Dies ist der in der Ersten Vorlesung formulierte Kern der Sprechakttheorie.

In der Klausel A steckt Austins innovative Leistung, an der er schon lange vor seinen Vorlesungen gearbeitet hat. Er unterscheidet gleich zu Beginn seiner Vorlesungen zwei Arten von Äußerungen: Wenn wir eine Äußerung vollziehen, mit der wir etwas beschreiben, berichten oder behaupten, dann kann sich diese als zutreffend oder unzutreffend erweisen – je nachdem, ob sie mit dem beschriebenen Sachverhalt übereinstimmt oder nicht. Äußerungen dieser Art nannte Austin **konstative Äußerungen** (s. Austin 2014, 25). Dem stehen die **performativen Äußerungen** gegenüber. Deren Aufgabe ist es genau nicht, eine zutreffende Beschreibung eines Sachverhalts zu geben, denn dies würde den Witz solcher Äußerungen zunichte machen. Sie sollen, wie Austin schreibt, „etwas ganz anderes als Aussagen oder Feststellungen darstellen" (ebd.): Wir wollen buchen, heiraten, taufen, vermachen oder wetten, und nicht beschreiben, dass und wie wir dies tun.

Wir sehen also, dass in diesen beiden Bedingungen für performative Äußerungen bereits die Essenz der Sprechakttheorie steckt, die dann von Austin selbst und seinen Nachfolgern ausgearbeitet wurde. Im Verlaufe seiner Vorlesungen konkretisiert Austin diese Grundidee. Zunächst formuliert er für performative Äußerungen Gelingensbedingungen – in Analogie zu Wahrheitsbedingungen, die für konstative Äußerungen gelten. Wenn wir mit einer konstativen Äußerung feststellen, dass Prinzessin Anne das Schiff tauft, dann kann dies wahr oder falsch sein, je nachdem, ob sie tauft oder nicht. Wenn allerdings Prinzessin Anne die performative Äußerung „Ich taufe dieses Schiff auf den Namen Queen Elizabeth" vollzieht, dann kann sie gelingen oder misslingen – etwa durch ein Missgeschick oder andere ungünstige Umstände – aber sie wird dadurch nicht falsch, denn es wurde nichts festgestellt. Wenn also performative Äußerungen gleichberechtigt an die Seite von konstativen Äußerungen treten sollen, dann müssen Bedingungen formuliert werden können, unter denen sie gelingen oder misslingen – genauso, wie es Bedingungen gibt, unter denen eine konstative Äußerung wahr oder falsch ist. Wie können solche Gelingensbedingungen aussehen?

Im Wesentlichen sind sie in der Zweiten Vorlesung ausführlich formuliert worden („Lehre von den Unglücksfällen") und sollen deshalb gebündelt wiedergegeben werden (s. Austin 2014, 33–43). Es handelt sich um drei Bedingungen, die jeweils wieder in zwei Unterbedingungen aufgeteilt werden: Die Bedingung A.1 besagt, dass es ein konventionales Verfahren für diese performative Äußerung geben muss, das in der jeweiligen Kultur etabliert ist. Bedingung A.2 bezieht sich auf die beteiligten Personen, die für eine solche Zeremonie geeignet oder autorisiert sein müssen. Gerade beim Taufen ist es offenkundig, dass es nur autorisierte Personen tun können.

Die Bedingungen B.1 und B.2 beziehen sich darauf, dass das Verfahren korrekt und vollständig durchgeführt werden muss – das heißt, eine nicht formgerechte Äußerung oder ein Abbruch derselben lässt die Zeremonie nicht zustande kommen. Gewichtiger als A und B sind die Bedingungen Γ.1 und Γ.2, weil sie schon den Weg weisen zu den späteren Ausformungen der Sprechakttheorie, wie sie beispielsweise von J.R. Searle vertreten wurde. Wir bewegen uns hier auch weg von den etwas steifen, zeremoniellen Äußerungen hin zu dem, was der Sprechakttheoretiker Bruce Fraser einmal „vernacular performatives" genannt hatte, also alltägliche Performativa (s. Fraser 1974). Hier geht es um Beispiele wie:

(1) Ich verspreche, den Schaden wieder gutzumachen.

Es ist klar, dass wir nicht behaupten, dass wir versprechen, sondern eben versprechen, den Schaden wieder gutzumachen, und insofern ist ein Versprechen auch eine Handlung, die gelingen oder misslingen kann. Die Bedingung Γ.1 besagt nun, dass jemand, der eine Absicht kundgibt, sich in einer bestimmten Weise zu verhalten (und nichts anderes besagt ja ein Versprechen), diese Absicht auch wirklich haben sollte – andernfalls handelt es sich um einen Fall der Unredlichkeit oder Unaufrichtigkeit. Bedingung Γ.2 sagt, dass er sich im Verlaufe der Interaktions-Geschichte auch tatsächlich so verhalten sollte, wie er es versprochen hat, das heißt, er sollte die kundgegebene Absicht auch in die Tat umsetzen und den Schaden wieder gutmachen. Man kann sagen, dass ein Versprechen im kommunikativen Austausch genau diese Funktion erfüllt, nämlich anstelle einer Handlung, die nicht jetzt, sondern erst später ausgeführt werden soll oder kann, eine verpflichtende Zusage zu geben, dass diese Handlung auch tatsächlich ausgeführt wird. Was ist nun, wenn der Versprechende im Beispiel (1) nicht die Absicht hat, den Schaden wieder gutzumachen (Verstoß gegen Γ.1) oder zwar die Absicht hat, aber nicht die Konsequenz besitzt, dies später auch wirklich zu tun (Verstoß gegen Γ.2)? Im Gegensatz zu einem Verstoß gegen die Bedingungen A und B kommt in diesem Fall zwar die Sprechhandlung zustande, aber sie ist, wie schon gesagt, unredlich oder unaufrichtig. Der Unterschied zwischen Nicht-Zustandekommen und Unredlichkeit ist schon grafisch dadurch markiert, dass die ersten beiden Bedingungen mit lateinischen, die letzte Bedingung mit einem griechischen Buchstaben gekennzeichnet sind.

Wenn wir den alltäglichen Sprachgebrauch anschauen, dann gibt es kaum eine bessere Möglichkeit, den jeweils vollzogenen Sprechakt unseren Gesprächspartnern gegenüber deutlich zu machen, als mittels einer performativen Formel. Man kann auch sagen, dass wir explizit sind bezüglich des jeweils vollzogenen Sprechakts, und dies führt zum Begriff der **explizit performativen Äußerung**. Wenn wir das Kriterium Austins anwenden, dass es Sagen es Tun heißt, dann können wir neben dem bereits genannten Versprechen folgende Beispiele für explizit performative Äußerungen anführen:

(2) Ich behaupte, dass der Wandel stattfindet.

(3) Wir fordern die Verantwortlichen auf, endlich die Gefahren zur Kenntnis zu nehmen.

(4) Die Geschäftsführung gratuliert Ihnen herzlich zum Erhalt der Auszeichnung.

Die Beispiele ließen sich vermehren, aber es wird an dieser kleinen Auswahl deutlich, worum es geht. Am Beginn dieser Beispielsätze steht ein Ich, was nicht immer eine Einzelperson sein muss, sondern auch eine Gruppe oder eine institutionelle Körperschaft sein kann. Das verwendete Verb ist ein Sprechaktverb in der ersten Person Sg. oder Pl., und darauf folgt der Gehalt des Sprechakts, also dasjenige, worauf sich die Behauptung, die Aufforderung oder die Gratulation richtet. Hält man sich an diese Form, dann ist das Sagen unter geeigneten Bedingungen ein Tun, das heißt man behauptet, fordert auf oder gratuliert, indem man es sagt. Die Anwendung dieser standardisierten Formel kann geradezu als Test für den Vollzug von Sprechakten verwendet werden, es ist der Performativitäts-Test. Wenn man beispielsweise wissen will, ob Beweisen, Erkennen oder Vergraulen Sprechakte sind, dann kann man diese Kandidaten durch den Test leicht disqualifizieren. So ist weder das Sagen von *Ich beweise hiermit...*, noch *Ich erkenne es...* noch gar *Ich vergraule dich...* ein Beweisen, Erkennen oder Vergraulen.

3.2 Lokutionäre, illokutionäre und perlokutionäre Akte

Im letzten Abschnitt war bisweilen die Rede von Sprechakten und ihrem Gehalt, und wir hatten schon beispielhaft den Sprechakt des Versprechens kennengelernt. Es ist nun an der Zeit, diese Redeweise zu präzisieren, und dies funktioniert am besten mit der Terminologie, die von Austin und seinen Nachfolgern, hier vor allem J.R. Searle, eingeführt wurde. Dazu muss man sagen, dass Austin die Zuhörer seiner Vorlesungen an der Entwicklung seiner Theorie teilnehmen ließ – und diese Dynamik wurde von dem Herausgeber des Manuskripts, J.O. Urmson, auch gewahrt. Teil dieser Entwicklung ist ein gewisser Zweifel, der sich etwa ab der Fünften Vorlesung einstellt, und der sich darauf richtet, ob es ein Kriterium oder mehrere klare Kriterien für die Abgrenzung von performativen und konstativen Äußerungen geben kann. Gewisse Äußerungen scheinen genau in der Mitte zwischen beiden Kategorien zu stehen, beispielsweise:

(2) Ich behaupte, dass der Wandel stattfindet.

Mit (2) haben wir eine mustergültige performative Äußerung vorliegen mit einem sprechaktbezeichnenden Verb am Anfang in der entsprechenden Form (1. Pers. Präs.). Die Feststellung kann zweifellos gelingen und auch misslingen, etwa wenn man sie nicht in einer Sprache trifft, die die Gesprächspartner verstehen, oder wenn vollkommen klar ist, dass der Sprecher ein harter Leugner des Wandels ist – es wäre in diesem Fall die Aufrichtigkeitsbedingung $\Gamma.1$ nicht erfüllt, und (2) würde bestenfalls als ironische Äußerung durchgehen. Genauso offenkundig ist aber (2) auch wahr oder falsch, eben weil es eine Feststellung ist (s. hierzu Grewendorf 1979). Dies ist eine etwas missliche Situation, die Beurteilungskriterien „verhaken" sich an dieser Stelle, und wir kommen aus ihr nur heraus, indem wir die Unterscheidung zwischen performativen und konstativen Äußerungen etwas genauer formulieren. Kurz gesagt geht es darum, dass sich in (2) beide Äußerungsarten treffen, je nachdem, unter welchem Aspekt wir sie betrachten. Betrachten wir sie als performative Äußerung, dann beurteilen wir sie nach ihrer Kraft, also danach, ob sie überhaupt aufgestellt wurde, ob sie im Raume steht, ob man ihr widersprechen kann u. ä. Betrachten wir sie unter dem Aspekt einer konstativen Äußerung, dann beurteilen wir sie nach ihrem Zutreffen, also danach, ob sie den Sachverhalt des Wandels korrekt wiedergibt. Wir legen also zwei Maßstäbe an Äußerungen des Typs (2) an, denjenigen des Gelingens/Misslingens und denjenigen der Wahrheit/Falschheit.

Wir können zusammenfassen: Die Kriterien der Abgrenzung von performativen und konstativen Äußerungen sind nicht hinreichend, es gibt Sprechakte, die beides sein können, je nach Verwendungskontext. Austin nahm diese Situation zum Anlass, seinen Entwurf grundlegend zu verändern, und er unterschied in der Folge zwischen einer speziellen Theorie der Sprechakte (mit der Unterscheidung zwischen performativen und konstativen Äußerungen) und einer generellen Theorie der Sprechakte, in der es nicht mehr um eine Unterscheidung zwischen verschiedenen Äußerungstypen geht, sondern um eine Unterscheidung verschiedener Dimensionen eines Äußerungstyps. Dieser generellen Theorie wollen wir uns nun zuwenden.

Die generelle Theorie der Sprechakte unterscheidet in jeder Äußerung eine Dimension des Sagens und eine Dimension des Tuns. Mit (2) sagen wir etwas Wahres oder Falsches, und wir tun etwas: Wir vollziehen den Sprechakt der Feststellung. Austin unterscheidet entsprechend zwei Teilakte, einerseits den **lokutionären Akt**, der sich auf das Sagen bezieht, andererseits den **illokutionären Akt**, der das Tun enthält. Am Beispiel: Wir vollziehen den illokutionären Akt des Feststellens, *indem* wir den lokutionären Akt des Sagens vollziehen, dass der Wandel stattfindet. Das speziell Pragmatische an diesem Fall kann man schon daran erkennen, dass (2) und

(5) Der Wandel findet statt.

unter sprechakttheoretischem Aspekt gleich behandelt werden. Obwohl ihre Form verschieden ist, gehören sie dem gleichen illokutionären Akt an, einmal in der expliziten, einmal in der impliziten Form. Bedingung dafür ist, dass (2) genau die illokutionäre Rolle von (5) explizit macht und keine andere – denn sonst wären es nicht die gleichen Sprechakte.

Die bis jetzt unterschiedenen Teilakte stehen in einer *indem*-Relation, dies ist für die weitere Darstellung nicht unwichtig. Bevor wir uns mit dieser Relation weiter beschäftigen, müssen wir aber noch weitere Teilakte unterscheiden. Den lokutionären Akt des Sagens unterteilt Austin weiter in den **phonetischen Akt** (er besteht im Äußern gewisser Laute), den **phatischen Akt** (er besteht im Äußern von Wörtern in einer grammatischen Konstruktion) und schließlich den **rhetischen Akt** (man nimmt auf einen Gegenstand oder Sachverhalt Bezug und sagt etwas über ihn aus) (s. hierzu Austin 2014, 108 f.). Etwas großzügig kann man diese Teilakte des lokutionären Aktes verschiedenen linguistischen Teildisziplinen zuordnen: den phonetischen Akt der Phonetik/Phonologie, den phatischen Akt der Morphologie und Syntax, den rhetischen Akt der Semantik. Nun sagten wir schon oben, dass eine Variation in der Form des Sprechaktes nicht unbedingt zur Folge hat, dass es sich um zwei unterschiedliche Sprechakte handelt. Wir können dies nun dahingehend präzisieren, dass der illokutionäre Akt des Feststellens gleich bleibt, auch wenn der lokutionäre Akt verändert wird. Ganz offenkundig sind die syntaktischen Eigenschaften von (2) andere als diejenigen von (5) – es handelt sich also um verschiedene phatische Akte; der illokutionäre Akt ist davon aber nicht betroffen, es bleibt beim Feststellen.

Neben lokutionärem und illokutionärem Akt wird noch ein weiterer Teilakt angenommen, der sich auf die Folgen dessen bezieht, was man gesagt und getan hat: der **perlokutionäre Akt**. Er betrifft die Wirkungen auf die Gefühle, Gedanken und Handlungen der Angesprochenen. Es kann sein, dass eine Feststellung die Gesprächspartner von etwas überzeugt oder zu einem bestimmten Gefühl veranlasst (sie können sich freuen oder beleidigt sein) und vieles mehr. Der perlokutionäre Akt besteht darin, die Angesprochenen zu dieser Überzeugung, der Freude oder dem Beleidigt-Sein veranlasst zu haben, und wenn dies der Fall ist, dann ist ein perlokutionärer Akt vollzogen worden. *Vergraulen* zählt übrigens auch dazu, und hieran erkennt man, dass der Performativitäts-Test illokutionäre von perlokutionären Akten unterscheiden kann. Sprechakttheorie ist hauptsächlich die Theorie illokutionärer Akte, und eine Klassifikation von Sprechakten erfolgt ausschließlich als Klassifikation illokutionärer Akte. Lokutionäre und perlokutionäre Akte werden von Austin vor allem deshalb diskutiert, um den illokutionären Akt besser konturieren und gegen die anderen Dimensionen des gesamten Sprechakts abgrenzen zu können. Dies ist wichtig, um sich eine klare Vorstellung von dem zu machen, was ein illokutionärer Akt ist. Er ist gelungen, wenn er als solcher verstanden wurde, auch wenn dem Feststellenden nicht unbedingt geglaubt wird – dies wäre der perlokutionäre Effekt, der aber mit dem illokutionären Effekt nicht zu verwechseln ist. Wir werden auf diesen wichtigen Unterschied später noch einmal zu sprechen kommen.

3.3 Äußerungsakte und propositionale Akte

Austins Vorlesungen waren 1962, ein Jahr nach seinem Tod, auf der Grundlage der Vorlesungsmanuskripte herausgegeben worden. In der Folge übten sie einen erheblichen Einfluss auf die Sprachphilosophie und Linguistik aus. Ende der sechziger Jahre erschien ein Aufsatz des Austin-Schülers John R. Searle, in dem dieser bestimmte Aspekte der Austinschen Sprechakttheorie kritisierte (s. Searle 1968). Ein Kritikpunkt bezog sich auf die mangelnde Abgrenzung des lokutionären vom illokutionären Akt. Hier sah Searle ein gravierendes Problem, nämlich dass der rhetische Akt nur schlecht vom illokutionären Akt zu unterscheiden war. Das Abgrenzungsproblem entstand im Wesentlichen dadurch, dass Austin jeweils den ganzen geäußerten Satz unter dem Aspekt der Lokution oder der Illokution betrachtete. Wenn wir noch einmal das Beispiel (3) ansehen:

(3) Wir fordern die Verantwortlichen auf, endlich die Gefahren zur Kenntnis zu nehmen.

– dann erkennen wir, dass sämtliche Teilakte den ganzen Satz umfassen. So enthält der phatische Akt die Wörter *wir, auffordern, die, Verantwortlichen* etc. in einer Grundreihenfolge, die für Deklarativsätze charakteristisch ist (Subjekt-NP, finiter Prädikatsteil, Objekt-NP, Verbpartikel, Objektsatz). Der rhetische Akt enthält den bezugnehmenden Ausdruck *wir* und den Prädikatsausdruck *fordern die Verantwortlichen auf* ... . Der illokutionäre Akt würde lauten: „Die Sprecher fordern die Verantwortlichen auf, endlich die Gefahren zur Kenntnis zu nehmen." Wir sehen, dass die Beschreibungen des rhetischen und des illokutionären Aktes jeweils das Verb *auffordern* enthalten; dies ist allerdings ein illokutionäres Verb und ist im rhetischen Akt, der ein Teilakt des lokutionären Aktes ist, ein Fremdkörper.

Die alternative Lösung, die J.R. Searle anbietet, besteht darin, den Beispielsatz (3) vertikal aufzuteilen, so dass den Teilakten eines Sprechakts bestimmte Teile des geäußerten Satzes entsprechen. Der Grundgedanke für Searle ist, dass in jeder Äußerung ein bestimmter Teil dafür verantwortlich ist, dass die jeweilige illokutionäre Kraft des Sprechakts angezeigt wird. In (3) wird diese Aufgabe durch das Prädikat übernommen (*Wir fordern ... auf*). In Searles Terminologie heißt dieser Teil der **Indikator der illokutionären Rolle**, er *zeigt* die Illokution des Sprechakts *an* (s. Searle 2003, 49). Dies kann man durchaus vergleichen mit anderen Indikatoren des täglichen Lebens – der Quecksilbersäule im (altmodischen) Fieberthermometer, die die Körpertemperatur anzeigt, oder dem Schattenwurf des Stabes, der die Uhrzeit anzeigt. Der entscheidende Punkt ist nun, dass der genannte Ausdruck ausschließlich die Illokution anzeigt, andere Teilakte werden durch andere Ausdrücke angezeigt. Auf diesem Wege möchte Searle die Schwäche in der Abgrenzung zwischen dem illokutionären und den anderen Teilakten beheben.

Welches sind die anderen Teilakte nach Searle? Zunächst ist es der **propositionale Akt**, der sich aus dem **Referenz-** und dem **Prädikationsakt** zusammensetzt. Im Beispiel (2) sind die Ausdrücke *der Wandel* der Indikator für den Referenzakt, *stattfindet* der Indikator für den Prädikationsakt. Der ganze *dass*-Satz ist der Indikator des propositionalen Aktes. *Ich stelle fest* ist entsprechend der Indikator der illokutionären Rolle. (Searle führt dies im Kapitel 3.3 seines Buches (2003) aus.) Aufmerksame Leser_innen werden sofort die performative Formel wiedererkennen. Sie haben Recht, aber darauf möchte ich etwas später eingehen. Searle schreibt zum Verhältnis des propositionalen zum illokutionären Indikator:

> Der Indikator der illokutionären Rolle zeigt an, wie die Proposition aufzufassen ist ... .
> Zu den Mitteln, die im Englischen die illokutionäre Rolle anzeigen, gehören Wortfolge, Betonung, Intonation, Interpunktion, der Modus des Verbs und die sogenannten performativen Verben. (Searle 2003, 49 f.)

Hiermit ist die Aufteilung in einen propositionalen Akt und einen illokutionären Akt vollzogen. Gleichzeitig ist damit auch eine Aufzählung der Ausdrücke (oder Eigenschaften von Ausdrücken), die die Illokution anzeigen können, gegeben. Es sind lexikalische Mittel wie die performativen Verben, aber auch morpho-syntaktische wie die Wortstellung im Satz oder der Modus des Verbs. Auch suprasegmentale Mittel wie die Intonation spielen eine illokutionsanzeigende Rolle. Bevor wir die einzelnen Mittel kurz anschauen, soll die Auflistung der Teilakte noch vervollständigt werden. Was noch fehlt, ist der **Äußerungsakt.** Er entspricht ungefähr dem phonetischen und dem phatischen Akt des Austischen Modells, also den geäußerten Wörtern und ihrer syntaktischen Anordnung. Man sieht also, dass die illokutionären Indikatoren zum Teil im Äußerungsakt wurzeln. Dies ist nicht überraschend, denn es geht ja um die Anzeige der Illokution in der Äußerung.

Der Begriff des **perlokutionären Aktes** ist ähnlich wie bei Austin definiert (s. Searle 2003, 42): Es geht um die Folgen illokutionärer Akte, also darum, dass jemand durch eine bestimmte Behauptung (Illokution) von etwas überzeugt wurde (Perlokution) oder darum, dass jemand durch eine Aufforderung (Illokution) dazu gebracht wurde, etwas auszuführen (Perlokution). Es ist wichtig zu sehen, dass auch der perlokutionäre Akt eine Handlung des Sprechers oder der Sprecherin ist; es ist also nicht die Reaktion der Adressat_innen (im Folgenden A), sondern die Handlung der Sprecher_innen (im Folgenden S), erstere dazu gebracht zu haben, relevant für den perlokutionären Akt. Es ist natürlich klar, dass wir nur sagen können, S habe A dazu gebracht, etwas zu tun (Perlokution), wenn A dies auch tatsächlich tut (Handlung des Angesprochenen) – es ist aber ebenso klar, dass die Verantwortung für die Handlung (zu einem großen Teil) bei S liegt und nicht (oder nur zu einem geringen Teil) bei A, und deswegen ist es immer noch der perlokutionäre Akt *von S.*

Stellen wir uns vor dem Hintergrund der eingeführten Unterscheidungen vor, jemand vernimmt einen Satz wie (3). Wie kommt er/sie dazu, dieser Satzäußerung eine spezifische Illokution zuzuschreiben? Es gehört ja zu den selbstgestellten Aufgaben der Sprechakttheorie, zu erklären, wie Adressat_innen vom Äußerungsakt zum illokutionären Akt kommen und auf welche Informationen sie sich dabei stützen. Searle führt in seinem Buch (2003, für eine Übersicht s. S. 100) eine Reihe von Bedingungen auf, die zusammengenommen sicherstellen sollen, dass die sprachlichen Mittel im Äußerungsakt erfolgreich eingesetzt werden. ‚Erfolgreich' heißt dabei, dass anhand des geäußerten Satzes erkannt werden kann, welcher illokutionäre Akt mit dieser Äußerung vollzogen wurde. Als erste dieser Bedingungen fungiert die Einleitungsbedingung, die beispielsweise bei Aufforderungen sicherstellen soll, dass A auch in der Lage ist, die gewünschte Handlung auszuführen. Die Aufrichtigkeitsbedingung stellt sicher, dass der mit dem Sprechakt jeweils verbundene mentale Zustand – hier der Wunsch von S, die Handlung solle ausgeführt werden – auch tatsächlich ausgedrückt wird; dies soll verhindern, dass sich nach einer ergangenen Aufforderung herausstellt, der entsprechende Wunsch habe gar nicht vorgelegen, was zu einer ziemlich absurden Situation führt.

Die Bedingung des propositionalen Gehalts sorgt dafür, dass geltende Einschränkungen dafür, was im propositionalen Gehalt vorkommen kann, auch eingehalten werden. So ist es in unserem Beispiel einer Aufforderung wichtig, dass nur Handlungen, die in der Zukunft liegen, Gegenstand eines solchen Sprechakts sind – ich kann nicht jemanden dazu auffordern, zu erröten oder gestern die Platte geholt zu haben. Für den Übergang entscheidend ist die **wesentliche Regel,** eine konstitutive Regel der Form **X gilt als Y im Kontext C**. *X* steht für den Äußerungsakt, der den illokutionären Indikator enthält, *Y* für den illokutionären Akt. Nach Searle besteht unsere Sprachkompetenz unter anderem darin, dass wir in unserer Muttersprache eine Menge von Konventionen zur Verfügung haben, die uns als Sprecher_innen in die Lage versetzen, einem vernommenen Äußerungsakt einen spezifischen illokutionären Akt zuzuschreiben – wobei diese Konventionen die Form der wesentlichen Regel haben. Eine Sprache sprechen und verstehen heißt also, auf den jeweils geäußerten Satz eine spezifische Regel anwenden zu können, die besagt, dass dieses *X* mit den enthaltenen illokutionären Indikatoren in einem bestimmten Kontext als Sprechakt *Y* aufzufassen ist. Welche Funktion diese Regel im Sprachgebrauch hat und vor allem, was man sich unter *X* überhaupt vorstellen kann, wollen wir uns im folgenden Abschnitt ansehen.

3.4 Illokutionäre Indikatoren

Wie funktionieren illokutionäre Indikatoren im Äußerungsakt, so dass sie eine Grundlage abgeben für die Anwendung der wesentlichen Regel? Einer der wichtigsten illokutionären Indikatoren ist der jeweils verwendete Satztyp. Sehen wir uns hier zunächst die Wortfolge an – durch sie werden verschiedene Satztypen im Deutschen unterschieden, je nachdem, an welcher Strukturposition das finite Verb steht. Der geläufigste Satztyp ist der Verb-Zweit-Satz:

(5a) *Der Wandel* findet *statt*.

Weitere Möglichkeiten sind der Verb-Erst-Satz:

(5b) Findet *der Wandel státt*?

oder:

(5c) Entdecke *den Wàndel!*

und schließlich der Verb-Letzt-Satz, typisch für abhängige Sätze:

(5d) …, *dass der Wandel* stattfindet.

Mit den Stellungstypen (5a) bis (5c) sind die im Deutschen zentralen Satzarten regelhaft verbunden, nämlich der Deklarativsatz (Behauptungssatz), der E-Interrogativsatz (Entscheidungs-Fragesatz) und der Imperativsatz (Befehlssatz). (5d) ist zwar ein abhängiger Satz, kann aber auch selbständig verwendet werden, etwa als Exklamativsatz. Satzarten werden häufig auch als Satzmodi bezeichnet; ich bevorzuge den Begriff der Satzart, denn Satzmodus ist m. E. nichts, dem ein Satz zugehört, sondern was er hat. Zur Unterscheidung von Formtypen und Satzmodi hat Altmann (1987, 1993) Pionierarbeit geleistet, so dass seiner Einteilung hier nachgegangen wird.

Es ist offenkundig, dass die drei Wortstellungsmöglichkeiten nicht vier Satzarten unterscheiden können; deshalb ist für den Unterschied zwischen (b) und (c) – beides Verb-Erst-Sätze – auch die Intonation (die Tonhöhenkurve im Satz) mitentscheidend, nämlich im Fall (b) ist sie steigend, im Fall (c) fallend. Dies ist durch die kleinen Akzente angedeutet – die Interpunktion markiert dies in der schriftlichen Form. Man sieht also, dass die unterschiedlichen Indikatoren (Wortstellung; Intonation bzw. Interpunktion) in der Regel zusammenwirken und erst als Gesamtheit die Illokution eines Sprechakts anzeigen können. Es lässt sich bei dieser Gelegenheit gleich ein weiterer Faktor der Illokutionsindizierung festmachen, nämlich das Vorkommen bestimmter Wörter über das Verb hinaus an bestimmten Strukturpositionen. Sehen wir uns das folgende Beispiel an:

(5e) *Wo findet der Wandel statt?*

Es liegt ein deutlicher Verb-Zweit-Typ vor, allerdings kein Deklarativsatz. Verantwortlich dafür ist das W-Wort vor dem finiten Verb, also im Vorfeld. Wir können somit eine Regel formulieren, die das Vorkommen eines W-Worts im Vorfeld des Satzes zusammen mit den schon genannten Merkmalen mit der Satzart des W-Interrogativsatzes (W-Fragesatzes) korreliert. Wir haben damit auf ein drittes Kriterium zurückgegriffen – neben der Wortstellung und der Intonation kommt es manchmal auch auf die Kategorie der Wörter an, die im Vorfeld stehen, was sich in diesem Fall auf die W-Wörter, die Fragepronomen also, bezieht.

Dass der Modus des Verbs relevant ist für die Illokutionsanzeige, wird an (c) deutlich. Hier ist die Imperativform im Singular oder im Plural (*Entdecke/Entdecken Sie ...*) obligatorisch – im Singular fällt im Deutschen auch das Subjektpronomen *du* fort. In allen anderen Fällen ist ein nicht-imperativischer Verbmodus, also der Indikativ oder der Konjunktiv, erforderlich. Zusammen mit der Intonationskontur sorgt der Imperativmodus des Verbs in (c) also dafür, dass ein Imperativsatz nicht mit einem E-Interrogativsatz verwechselt werden kann.

Deklarativsätze, die beiden Typen von Interrogativsätzen und Imperativsätze sind nicht die einzigen Satzarten, die für das Deutsche unterschieden werden. Neben diesen werden noch Exklamativsätze (Ausrufesätze) und Optativsätze (Wunschsätze) angenommen. In einer sprechakttheoretischen Perspektive ist dies sinnvoll, denn sie bilden die formale Grundlage für die entsprechenden Sprechakttypen. Exklamativsätze haben vielfältige Formen, sie lassen sich nicht auf einen einzigen zentralen Typ zurückführen. Entweder kommen sie als Verb-Erst-Satz vor und lassen sich nur durch eine Partikel und die Intonation von einem E-Interrogativsatz unterscheiden:

(6) Ist dér aber schnell gelaufen.

oder sie kommen als Verb-Letzt-Satz vor in Gestalt eines abhängigen Satzes, der aber selbständig verwendet wird:

(7) Dass der sich das traut.

Schließlich treten auch Verb-Letzt-Sätze auf mit einem W-Wort im Vorfeld – also auch wieder ähnlich zu einem W-Interrogativsatz:

(8) Welch ein Wetter heute wieder ist.

Man sieht, dass dieser Satztyp sehr ausdrucksstark ist, in der Regel ist seine Äußerung mit bestimmten Emotionen verbunden. Es wird aber auch deutlich, dass die Formen, in denen er auftritt, bestimmte Anleihen machen bei anderen Satztypen, so dass hier eine gewisse Hybridform vorliegt.

Optativsätze wiederum haben zwar nicht diese Formenvielfalt, sind aber auch nicht nur auf eine Form festgelegt. Altmann (1993) weist darauf hin, dass sie häufig als Verb-Erst-Sätze mit einem Verb im Konjunktiv gebildet werden:

(9) *Wäre* ich doch in Syrakus geblieben.

aber auch mit einer Konjunktion als Verb-Letzt-Satz vorkommen:

(10) Wenn ich doch in Syrakus geblieben *wäre*.

Auffallend ist hier die Modalpartikel *doch*, die bei der Illokutionsanzeige hilft. Auch der Optativsatz ist expressiv, weil er einem starken Wunsch von S Ausdruck verleiht, entweder dass etwas geschehen möge oder dass etwas nicht hätte geschehen sollen.

Wenn wir zur Klassifikation von Sprechakten kommen, wird sich herausstellen, dass Satzarten, die hier unterschieden wurden, in einer gewissen Entsprechung zu den Sprechakttypen stehen – dies ist kein Wunder, denn eine Funktion von Satzarten ist es ja, Sprechakte anzuzeigen. Dass ein Satz einen Sprechakt anzeigt, ist aber keine deterministische Beziehung, das heißt, dass man von dem Gebrauch eines Satzes nicht eindeutig auf den entsprechenden Sprechakttyp schließen kann. Es sind eben nur Anhaltspunkte, die im Alltag ihre Funktion erfüllen, aber flexibel und kreativ eingesetzt werden und schon einmal zu exotischen Querbeziehungen führen können. Wie wir sahen, können Verb-Letzt-Sätze, die die klassische Form für abhängige Sätze darstellen, durchaus für selbständige Verwendungen gebraucht werden – etwa als Exklamativsatz. Diese ungewöhnliche Verwendung ist möglicherweise sogar der Grund für ihre Ausdrucksstärke.

3.5 Eine Taxonomie der Sprechakte

Was unterscheidet

(11) Ich bitte dich, das Buch zu lesen.

von

(12) Ich empfehle dir, das Buch zu lesen.

und beides von

(13) Ich unterstelle dir, das Buch zu lesen.

Wir haben die Intuition, dass (11) und (12) etwas gemeinsam haben, das sie von (13) unterscheidet, ohne dass sie miteinander zu identifizieren wären. Sowohl mit (11) als auch mit (12) geben wir zu verstehen, dass wir eine Aktivität von A wünschen, wobei das Interesse daran entweder sprecherseitig (11) oder adressatenseitig (12) angenommen werden kann. Was (13) von (11) und (12) unterscheidet, ist die Tatsache, dass wir nicht unbedingt einem Wunsch Ausdruck verleihen, sondern einem Glauben, der auf möglicherweise unsicheren Indizien beruht. Verbunden damit kann eine gewisse Unrechtmäßigkeit des Lesens sein, etwa wenn der Kontext eine Norm enthält, über die sich A hinwegsetzt – wenn das Buch auf dem Index verbotener Bücher steht wie lange Zeit der Roman ‚Mephisto' von Klaus Mann.

Will man die Unterschiede zwischen den gegebenen Beispielen – also den Unterschied zwischen (11) und (12) einerseits, (13) andererseits – beschreiben, dann benötigt man klare Kriterien, nach denen man die Fälle nachvollziehbar bestimmten Klassen von Sprechakten zuordnet. Wir wollen uns in diesem Abschnitt mit einem Ansatz beschäftigen, der eine Liste von solchen Kriterien vorgelegt hat und daraufhin zu einer begrenzten Zahl von Sprechakt-Klassen gekommen ist. Es ist die Taxonomie illokutionärer Akte von J.R. Searle (2004a).

Searles Taxonomie beginnt wiederum mit einer Kritik an Austin, der im Rahmen seiner Vorlesungen eine Unterscheidung in fünf Typen illokutionärer Akte vorgenommen hatte. Die von Austin unterschiedenen Klassen heißen VERDIKTIVE (Urteile, etwas sei so), EXERZITIVE (Urteile, etwas solle geschehen), KOMMISSIVE (Versprechen), EXPOSITIVE (klärende Kommentare des Gesagten) und BEHABITIVE (rituelle und/oder höfliche Äußerungen) (s. Austin 2014, 12. Vorlesung). Das gewichtigste Argument gegen die Austinsche Klasseneinteilung bezieht sich vor allem darauf, dass es kein durchgängiges Kriterium gibt, nach dem die unterschiedlichen Typen eingeteilt sind. Mal spielt der illokutionäre Zweck eine Hauptrolle, ein anderes Mal die Beziehung zwischen verschiedenen Teilen des Diskurses, oder es wird eine hierarchische Beziehung zwischen S und A angenommen. Als Folge sind die angenommenen Klassen sehr heterogen, denn die Kriterien der Zugehörigkeit sind unterschiedlich. Einerseits werden bei Austin illokutionäre Verben klassifiziert, wobei die Unterscheidung von Verben sicher ein wichtiger Bestandteil der Klassifikation von Sprechakten ist – dies resultiert aus Austins Methode der linguistischen Phänomenologie. Andererseits sind Verbunterscheidungen nicht immer auch Unterscheidungen von illokutionären Akten, denn man kann sich klarerweise mit Verben unterschiedlicher Bedeutung auf verschiedene Aspekte eines Sprechakts beziehen.

Als Folge seiner Kritik stellt Searle ein Bündel von Kriterien vor, die je nach Kombination oder Gewichtung unterschiedliche Einteilungen von illokutionären Akten ergeben. So kann man beispielsweise illokutionäre Akte, für deren Vollzug eine Institution notwendig ist, von Akten unterscheiden, bei denen dies nicht erforderlich ist. Damit lässt sich *anordnen* von *bitten* klassifikatorisch unterscheiden. Eine andere Unterscheidung resultiert daraus, dass man die Intensität, mit der der illokutionäre Zweck vorgebracht wird, als Kriterium annimmt – was den Unterschied zwischen *vorschlagen* und *auf etwas bestehen* berücksichtigt, oder denjenigen zwischen *ersuchen* und *anflehen*. Wenn man an einer Taxonomie illokutionärer Akte interessiert ist, die mehr als zwei Klassen umfasst und auch eine gewisse Allgemeingültigkeit für sich beanspruchen kann, dann kann man sich vor allem auf drei Kriterien der Klassifikation stützen. Dies sind der **illokutionäre Zweck** der Äußerung, die **Ausrichtung** sowie der **ausgedrückte psychische Zustand**.

Der illokutionäre Zweck ist als Klassifikationskriterium wesentlich, er ist die definierende Eigenschaft des Sprechakts schlechthin. Er erlaubt es, Äußerungen je nach verfolgtem Zweck zu unterscheiden, also danach, ob eine Handlung von A oder aber ein Glauben bezweckt ist (wobei wir im ersten Fall eine Aufforderung, im zweiten eine Behauptung herausbekommen). Dieses Kriterium ist durch die Definition des illokutionären Aktes im Grunde schon eingeführt. Das zweite Kriterium soll anhand einer Geschichte eingeführt werden, die Searle von der Wittgenstein-Schülerin Elizabeth Anscombe (s. Anscombe 2011) übernommen hat. Paraphrasiert lautet sie:

> Nehmen wir an, ein etwas trotteliger Ehemann erhält von seiner Frau einen Einkaufszettel, auf dem verschiedene Waren verzeichnet sind, die er im Supermarkt kaufen soll. Da die Ehefrau extrem misstrauisch ist, schickt sie ihrem Mann einen Privatdetektiv nach, der kontrollieren soll, welche Waren der Ehemann in den Einkaufskorb legt. Am Ende des Einkaufs existieren zwei übereinstimmende Listen, eine in Gestalt des Einkaufszettels, eine andere in Gestalt des Berichts, den der Detektiv angefertigt hat. Äußerlich sind sie gleich, aber sie unterscheiden sich in einem wesentlichen Punkt. Nehmen wir an, der Ehemann habe sich geirrt und versehentlich Käse gekauft (dabei stand doch Schinken auf dem Einkaufszettel). Er kann diesen Irrtum dadurch wieder gutmachen, dass er den

Käse durch den Schinken austauscht. Stellen wir uns nun vor, der Detektiv hätte versehentlich Käse statt Schinken auf seiner Liste notiert. Er würde nie auf die Idee kommen, unbemerkt im Einkaufskorb den Käse durch den Schinken auszutauschen, damit die Liste wieder „stimmt". Er hat vielmehr die Liste zu korrigieren.

Was ist für diesen offenkundigen Unterschied der Listen, die doch genau übereinstimmen, verantwortlich? Es hat sich eingebürgert, in diesem Zusammenhang von ‚**direction of fit**' zu sprechen, also von Ausrichtung. Die Einkaufsliste hat die Ausrichtung ‚Welt-auf-Wort', denn die Welt hat sich den Worten anzupassen. Die Liste des Detektivs hat die Ausrichtung ‚Wort-auf-Welt', denn die Worte haben sich der Welt anzupassen. Dies ist natürlich alles sehr holzschnittartig, und es setzt eine sehr vereinfachte Auffassung von den Funktionen voraus, die Sprachgebrauch hat. Aus dieser einfachen Unterscheidung lassen sich gute Einsichten gewinnen, etwa indem Behauptungen von Versprechen abgegrenzt werden können – was ohne dieses Kriterium kaum möglich wäre.

Beim dritten Kriterium geht es darum, was mit der betreffenden Äußerung ausgedrückt wird, also ob eine Überzeugung, eine Absicht oder ein Wunsch zum Ausdruck gebracht wird. Dieses Kriterium funktioniert gut, wenn man Behauptungen (Ausdruck eines Glaubens) von Aufforderungen (Ausdruck eines Wunsches) unterscheiden will; es ist aber schwach, wenn man illokutionäre Akte wie die besprochenen Performativa klassifizieren will – mit einer Taufe oder einer Ernennung wird in der Regel kein psychischer Zustand ausgedrückt. Wie die Ausrichtung, die ebenfalls nicht für alle Sprechaktklassen funktioniert, ist das dritte Kriterium nur für einen Teil der Sprechakte relevant.

Sehen wir uns die resultierende Taxonomie der illokutionären Akte an. Searle stellt sie in Form einer „Liste der ... grundlegenden Kategorien illokutionärer Akte" vor (2004a, 31). Diese Liste enthält ASSERTIVA (Behauptungen, ...), DIREKTIVA (Aufforderungen ...), KOMMISSIVA (Versprechen, ...), EXPRESSIVA (Entschuldigungen, ...) und DEKLARATIONEN (Ernennungen, ...). Es fällt sofort auf, dass die Taxonomie im Ergebnis viele Gemeinsamkeiten mit Austins Klassifikation hat. Den Searleschen ASSERTIVA lassen sich die Austinschen Verdiktiva, den DIREKTIVA die Exerzitiva zuordnen, was Searle selbst natürlich auch sieht. Die KOMMISSIVA übernimmt Searle *expressis verbis* direkt von Austin. Die Austinschen Behabitiva standen Pate für Searles EXPRESSIVA. Ein Unterschied in der Architektur der Klassifikationen besteht darin, dass Austins expositive Sprechakte, mit denen man das eigene Sprachverhalten kommentiert, nicht weiterentwickelt werden. Sie finden sich als ein weiteres, eher untergeordnetes Klassifikationskriterium in Searles Taxonomie wieder. Statt ihrer werden die Deklarationen als eigenständige Klasse eingeführt, und wenn man sich die Vertreter durchliest, dann wird klar, dass dies zum großen Teil die zeremoniellen performativen Äußerungen aus den ersten Vorlesungen Austins sind.

Im Folgenden sollen die einzelnen Klassen tabellarisch dargestellt werden, wobei jeweils die drei genannten Kriterien sowie spezifische Angaben zum propositionalen Gehalt – sofern sie eine Rolle spielen – aufgeführt werden (s. Searle 2004a). Die Symbole für den illokutionären Zweck sind aus Searle/Vanderveken (2009) entnommen:

ASSERTIVA

illokutionärer Zweck= ⊢	Ausrichtung = ↓	Psychischer Zustand = G	prop. Gehalt = p
Mit der Äußerung legt man sich darauf fest, dass etwas der Fall ist, dass die zum Ausdruck gebrachte Proposition wahr ist.	Die Ausrichtung ist Wort auf Welt, das heißt, die Worte passen sich der Welt an.	Mit der Äußerung wird der psychische Zustand des Glaubens ausgedrückt, der sich auf den im propositionalen Gehalt angegebenen Sachverhalt bezieht.	keine Einschränkungen

Erläuterung: Diese Klasse umfasst Aussagen, Behauptungen, Feststellungen u.a. Die Festlegung, wie sie im illokutionären Zweck spezifiziert ist, besteht darin, dass S das Ausgesagte, Behauptete oder Festgestellte auf Nachfrage begründen kann, sonst ist der Zweck des Assertivs nicht erfüllt.

DIREKTIVA

illokutionärer Zweck=!	Ausrichtung = ↑	Psychischer Zustand= W	prop. Gehalt = p
Der Zweck besteht darin, A dazu zu bekommen, etwas zu tun.	Die Ausrichtung ist Welt auf Wort, das heißt, die Welt passt sich den Worten an.	Mit der Äußerung wird der psychische Zustand des Wunsches ausgedrückt, der sich auf die im propositionalen Gehalt angegebene Handlung bezieht.	Eine Handlung oder andere kontrollierbare Aktivität, die von A ausgeführt werden kann.

Erläuterung: Es handelt sich hier um Aufforderungen, Anordnungen, Ratschläge, Bitten u.a. Auch Fragen werden dieser Klasse zugeordnet. Im propositionalen Gehalt können neben Handlungen auch andere, beispielsweise mentale Aktivitäten von A vorkommen, allerdings müssen diese kontrollierbar sein. Dass die Handlungen oder die mentalen Aktivitäten ausführbar sein müssen, hat zur Folge, dass sich der propositionale Gehalt auf die Zukunft beziehen muss.

3.5 Eine Taxonomie der Sprechakte

KOMMISSIVA

illokutionärer Zweck = ⊥	Ausrichtung = ↑	Psychischer Zustand = I	prop. Gehalt = p
S legt sich darauf fest, dass der Äußerung ein bestimmtes Verhalten folgt.	Die Ausrichtung ist Welt auf Wort, das heißt, die Welt passt sich den Worten an.	Mit der Äußerung wird der psychische Zustand der Absicht ausgedrückt, der sich auf die im propositionalen Gehalt angegebene Handlung bezieht.	Eine Handlung oder andere kontrollierbare Aktivität, die von S ausgeführt werden kann.

Erläuterung: Mitglieder dieser Klasse sind Versprechen, Zusagen, Absichtsbekundungen u.a. Wie bei Assertiva geht es auch hier um eine Festlegung, allerdings bezüglich eines bestimmten zukünftigen Verhaltens. Dies schlägt sich in der Welt-auf-Wort-Ausrichtung nieder. Wie bei Direktiva gilt hier die Bedingung im propositionalen Gehalt, dass die versprochene Handlung ausführbar sein muss. Sie muss also in der Zukunft liegen, denn vergangene Handlungen können wir nicht versprechen.

EXPRESSIVA

illokutionärer Zweck = ⊣	Ausrichtung = ∅	Psychischer Zustand	prop. Gehalt = p
Der Zweck besteht darin, einen psychischen Zustand zum Ausdruck zu bringen, der auf einen im propositionalen Gehalt angegeben Sachverhalt gerichtet ist.	Eine Ausrichtung ist nicht spezifiziert.	Ein beliebiger psychischer Zustand von A.	Ein Sachverhalt, dessen Bestehen vorausgesetzt wird.

Erläuterung: Steht der Ausdruck eines psychischen Zustands bei den vorherigen Sprechakttypen im Dienste eines hiervon verschiedenen illokutionären Zwecks, so ist dies bei dieser Klasse der eigentliche Zweck. Es wird wie beim Gratulieren, Beglückwünschen oder Entschuldigen einfach die betreffende Einstellung ausgedrückt, ohne dass weitere Konsequenzen intendiert sind. Der Sachverhalt, bezüglich dessen beispielsweise beglückwünscht wird, wie ein bestandenes Examen, ist schon vorausgesetzt und wird mit diesem Sprechakt nicht erst behauptet.

DEKLARATIONEN

illokutionärer Zweck = T	Ausrichtung = ↓↑(↓)	psychischer Zustand = ∅	prop. Gehalt = p
Der erfolgreiche Vollzug bringt eine Übereinstimmung von propositionalem Gehalt und den sozialen Fakten zustande.	Sowohl Wort-auf-Welt als auch Welt-auf-Wort. Die Übereinstimmung zwischen Proposition und sozialen Fakten ist „bilateral".	Kein psychischer Zustand wird ausgedrückt.	nicht spezifiziert

Erläuterung: Es handelt sich um die klassischen performativen Äußerungen aus der Frühphase von Austins Sprechakttheorie, also um Ernennung, Beförderung, Eröffnung, Schließung u.a. Die gegensätzliche Ausrichtung kommt dadurch zustande, dass das Äußern einer Deklaration *eo ipso* zur Realisierung des Sachverhalts führt, auf den sie Bezug nimmt. Die „Welt" wird somit einerseits beschrieben, andererseits dadurch erst erschaffen. Die von Searle angenommene Unterklasse der assertiven Deklarationen (z.B. Schiedsrichterentscheidungen) hat zusätzlich die Wort-auf-Welt-Ausrichtung (↓), denn hier geht es um Entscheidungen darüber, dass etwas der Fall ist.

Auch wenn sich Searles Klassifikation in der Sprechakttheorie etabliert hat, kann sie von unterschiedlichen Aspekten her kritisiert werden. So ist neben der etwas unübersichtlichen Anordnung von Ausrichtungen im Fall der Deklarationen vor allem die Behandlung der Fragesprechakte diskutierenswert. Die Einordnung unter die DIREKTIVA ignoriert nicht nur die besondere syntaktische Form, die Fragesatztypen von Imperativsätzen unterscheidet. Es gibt auch spezifische Eigenschaften des propositionalen Gehalts, denn für Fragen gilt notwendigerweise, dass dieser nicht völlig spezifiziert sein darf. Die Frage richtet sich geradezu auf den nicht-spezifizierten Teil der Proposition: Wenn ich frage, wer morgen nach Berlin fährt, dann sieht die Proposition so aus: ‚x fährt nach Berlin', wobei das x das erfragte Element ist. Dies ist ein wesentlicher Unterschied zu Aufforderungen, die einen spezifizierten propositionalen Gehalt haben müssen, um befolgt werden zu können: Sie sind unwirksam, wenn nicht angegeben wird, wer dieser x sein soll.

Eine Konsequenz aus diesem Dilemma kann sein, dass man Fragen einer anderen Klasse zuweist als beispielsweise Aufforderungen. Dies ist sicher sinnvoll, allerdings haben Fragen und Aufforderungen zweifellos auch einige wesentliche Gemeinsamkeiten, beispielsweise die Welt-auf-Wort-Ausrichtung. Um diese Gemeinsamkeiten in der Klassifikation zu berücksichtigen, kann man für beide eine Oberkategorie wählen, die einerseits Fragen, andererseits Aufforderungen enthält. In Liedtke (1998) wurde für eine solche Oberkategorie die Bezeichnung der PETITIVA gewählt, die zum Ausdruck bringt, dass von A etwas gewollt wird – entweder eine Antwort im Fall der Frage oder eine Handlung seitens A im Fall der Aufforderung –, wobei für die Unterkategorie der Fragen die Offenheit der Proposition, für Aufforderungen ihre Geschlossenheit charakteristisch ist. D. Wunderlich setzt für Fragen die Klasse der EROTETIKA an, die eben durch eine offene Proposition gekennzeichnet sind, ohne sie mit den DIREKTIVA einer gemeinsamen Oberklasse zuzuweisen (s. Wunderlich 1976); er erweitert also die Klassifikation Searles um eine weitere Kategorie.

Auch die Klasse der EXPRESSIVA ist immer wieder Gegenstand von Einwänden und Diskussionen. Wie Searle/Vanderveken (2009, 32 ff.) feststellen, folgt aus dem Vollzug eines beliebigen Sprechakts, sei es nun eine Behauptung, eine Aufforderung oder ein Versprechen, auch der Vollzug eines expressiven Sprechakts, denn es wird jeweils ein mentaler Zustand ausgedrückt – ein Glaube, ein Wunsch oder eine Absicht. Die Klasse der Expressiva ist demgegenüber so definiert, dass es keine Festlegung auf einen bestimmten psychischen Zustand gibt, es sind alle möglichen zugelassen. Dies ist bei Licht betrachtet ein relativ schwaches Abgrenzungskriterium, das letztlich Fragen nach der Berechtigung einer solchen Klasse aufwirft (s. hierzu Kissine 2013a, 182 f.).

Zu einer anderen Klassifikation mit einer alternativen Terminologie gelangt Mikhail Kissine, indem er in seinem Buch *From Utterances to Speech Acts* (Kissine 2013b) auf die Austinsche Begrifflichkeit zurückgeht. Anstelle von Assertiva führt er **konstative illokutionäre Akte** ein, die nicht, wie es der Ausdruck nahelegt, eine Gegenkategorie zu performativen Akten bilden. Vielmehr handelt es sich um eine Bezeichnung für eine Sprechaktklasse, die neben Behauptungen auch Bezeugungen, Unterstellungen, Annahmen, Vorhersagen, Einwilligungen, Bekenntnisse und andere Sprechakte umfasst. Die Definition konstativer illokutionärer Akte macht keinen Gebrauch mehr von der Griceschen Kategorie der Sprecherintention, die zumindest im Ansatz von Searle eine tragende Rolle spielt – sie schlägt sich nieder sowohl in dem Klassifikationskriterium des illokutionären Zwecks als auch im ausgedrückten psychischen Zustand. Konstative Akte bestehen vielmehr darin, dass Sprecher_innen ihren Adressat_innen gegenüber Gründe dafür angeben, dass sie das Gesagte glauben *können* (s. Kissine 2013b, 62). Eine solche Definitionsstrategie hebt auf die Adressat_innen der Sprechakte ab, ist also wesentlich interaktiv. Darüber hinaus wird nicht angenommen, dass Sprecher_innen jemanden dazu bringen wollen, das Behauptete buchstäblich zu glauben, sondern der Zweck besteht lediglich in der Nennung von Gründen dafür, etwas zu glauben – ob es tatsächlich geglaubt wird, ist etwas ganz anderes.

Unter Rückgriff auf den Ansatz von Stalnaker (1978), den wir im Präsuppositionskapitel 5.2 näher kennen lernen werden, führt Kissine den Begriff des gemeinsamen **konversationellen Hintergrunds** ein (s. Kissine 2013b, 62). Der konversationelle Hintergrund besteht aus den Annahmen, die alle Teilnehmer_innen an einem Gespräch für zutreffend halten, und von denen sie auch annehmen, dass die anderen sie für zutreffend halten. Vollzieht jemand einen konstativen illokutionären Akt, dann ist dieser gelungen, wenn der gemeinsame konversationelle Hintergrund Gründe dafür liefert, dass die in ihm enthaltene Proposition zutrifft. Wenn dies der Fall ist, kann sie dem konversationellen Hintergrund hinzugefügt werden. Der konstative illokutionäre Akt muss sich also aus dem konversationellen Hintergrund schlüssig ergeben, und wenn dies so ist, dann können Adressat_innen das Behauptete glauben. Sie müssen es aber nicht, denn sie können ganz andere Schlüsse aus dem konversationellen Hintergrund ziehen und entweder gar keine oder andere Behauptungen dem Hintergrund hinzufügen.

Neben konstativen Akten führt Kissine direktive Sprechakte ein – hier in der bekannten Searleschen Terminologie. Auch diese werden allerdings nicht in der Perspektive der kommunikativen Sprecherintention definiert – Kissine nennt diese von ihm abgelehnte Strategie die perlokutionäre Sicht auf Sprechakte. Direktive Sprechakte liefern für die Adressat_innen vielmehr Gründe, mit Blick auf den konversationellen Hintergrund bestimmte praktische Konsequenzen zu ziehen, also in bestimmter Weise zu handeln (s. Kissine 2013b, 102). Kommissive Sprechakte wiederum werden in klassischer Searlescher Art definiert – als Sprechakte, deren erfolgreicher Vollzug bewirkt, dass der Sprecher/die Sprecherin zur Ausführung der Handlung im propositionalen Gehalt verpflichtet ist (s. Kissine 2013b, 148). Weitere Sprechaktklassen behandelt Kissine nicht, auch wenn er ihre Existenz nicht explizit leugnet.

3.6 Performative Äußerungen – die neuere Debatte

Wir kommen zum Abschluss dieses Kapitels noch einmal auf performative Äußerungen zu sprechen. Die Frage, die sich seit den Anfängen im Zusammenhang mit performativen Äußerungen stellte, war folgende: Wie geht man mit performativen Verben um, wenn man ihren Gebrauch theoretisch einigermaßen zufriedenstellend beschreiben will? Neben den Publikationen, die unmittelbar an Austins Entdeckung anschlossen (z.B. Lemmon 1962, Hedenius 1963, Hartnack 1963), gibt es bis in die neuere Zeit hinein eine Debatte darüber, wie man Performativa zu beschreiben habe. Sie soll in diesem Abschnitt kurz nachgezeichnet werden.

Es lassen sich grob gesagt zwei Schulen ausmachen, die konkurrierende Beschreibungsmodelle für performative Äußerungen entwickelt haben. Die Anhänger der einen Schule gehen davon aus, dass mit einer performativen Äußerung ein klassischer Deklarativsatz vollzogen wird – und haben damit zweifellos Recht. Sie schließen daraus, dass der direkt vollzogene Sprechakt eine Behauptung ist; der aktuell vollzogene Sprechakt ist dann ein indirekter, denn er stimmt ja nicht mit dem Satztyp des Deklarativsatzes überein. Das gegebene Beispiel

(3) Wir fordern die Verantwortlichen auf, endlich die Gefahren zur Kenntnis zu nehmen.

ist ein solcher Satz, der durch die Zugehörigkeit zum Deklarativ-Typ zunächst den Sprechakt der Behauptung anzeigt. Da aber aktuell mit ihm nichts behauptet wird, sondern aufgefordert, handelt es sich um einen indirekten Sprechakt. Die Vertreter der zweiten, konkurrierenden Auffassung bestreiten, dass es sich bei performativen Äußerungen um indirekte Sprechakte handelt. Der für (3) einschlägige Satztyp ist zwar Deklarativ, aber im Fall der performativen Äußerung greift dieser Indikator nicht. Er ordnet sich der Formel „Wir fordern auf ..." unter, die in direkter Weise den Sprechakt explizit macht, der vollzogen wird. Aus diesem Grund heißen diese Formen explizite Performativa.

Es sollen an dieser Stelle nicht die ausführlichen Argumentationen nachgezeichnet werden, die für die eine oder die andere Auffassung ins Feld geführt werden. Für beide Konzeptionen gibt es gute Gründe, obwohl die Indirektheits-Interpretation sicher nicht sehr elegant ist: Man nimmt in Kauf, dass eine sehr explizite Art und Weise, den vollzogenen Sprechakt deutlich zu machen, nämlich der Gebrauch einer explizit performativen Wendung, als indirekter Sprechakt eingestuft wird, wobei ja Indirektheit eher dem Zweck dient, höflich zu sein und dadurch weniger explizit ... Dies ist zum Beispiel bei Bitten der Fall, die häufig in Frageform geäußert werden. Wie auch immer, ein Pluspunkt der Indirektheits-Interpretation ist sicher die „Treue" gegenüber dem Satztyp, und dies ist für eher grammatisch orientierte Ansätze wichtig: Performativa werden als Deklarativsätze realisiert, und diese wiederum werden häufig zum Vollzug von Behauptungssprechakten verwendet. Vertreten wird diese Auffassung beispielsweise von Kent Bach und Robert Harnish (1979, 1992), aber auch François Récanati (1987) lässt sich dieser Richtung zuordnen. Die zweite Auffassung wird von Bruce Fraser (1975), Günther Grewendorf (1979), John Searle (1989) und Savas Tzohatsidis (1989) vertreten (s. hierzu Liedtke 1990). J. Searle (1989) führt in der Auseinandersetzung mit Bach und Harnish ein entscheidendes Argument an, das in noch stärkerer Weise die Indirektheits-Interpretation angreift als das schon genannte Plausibilitäts-Argument. Wenn explizit performative Äußerungen aufgrund ihrer Satzart als Behauptungen aufgefasst werden, dann würde der Sprecher mit

(14) Ich verspreche, morgen da zu sein.

behaupten, dass er verspricht, morgen da zu sein. Man nennt solche Behauptungen selbst-referenziell, weil man mit ihnen auf den vollzogenen Sprechakt selbst wieder Bezug nimmt. Spielt man diese Idee versuchsweise einmal durch, dann stößt man schnell auf ein Problem, das den Übergang von der Behauptung zum (indirekten) Versprechen sehr erschwert: Wer weiß denn, ob die Behauptung zutrifft? Denn nur wenn die angenommene Behauptung wahr ist, folgt aus ihr auch die Tatsache, dass ich etwas verspreche; ist die Behauptung falsch, gibt es kein Versprechen – und somit auch keinen explizit performativ vollzogenen Sprechakt. Da es nun in keiner denkbaren Lebenslage eine Wahrheitsgarantie für Behauptungen gibt, ist der Weg von dieser zum vollzogenen Sprechakt ein sehr unsicherer – und es stellt sich die Frage, warum wir einen solch unsicheren Weg der Kommunikation wählen sollten. Dies wäre nicht sehr rational, und eine Erklärung, die sich auf einen solch riskanten kommunikativen Weg einlässt, ist zu schwach, um unser Sprachverhalten zu erklären. Als Alternative wählt Searle den Weg, explizite Performativa als eine eigene Klasse von Sprechakten einzuführen, nämlich als Deklarationen (Searle 2004a). Genau genommen teilen sich die Performativa diese Klasse noch mit anderen Vertretern, der entscheidende Punkt ist jedoch, dass Deklarationen durch ihren Vollzug eine Übereinstimmung zwischen dem propositionalen Gehalt einerseits und dem Realitätsausschnitt, auf den sie sich beziehen, andererseits zustande bringen – wobei diese Ausdrucksweise in der Tat stark an die Definition von Performativa durch Austin erinnert.

Die Debatte über den theoretischen Status von performativen Äußerungen ist nicht abgeschlossen. Das Verhältnis von Performativa und Behauptungen wird in Grewendorf (2002) noch einmal thematisiert; er spricht sich in seinem Beitrag dagegen aus, Performativa der Klasse der Deklarationen zuzuordnen mit dem Argument, dass es sich nicht um eine eigene Sprechaktklasse handelt, sondern um eine Art und Weise, einen beliebigen Sprechakt auszuführen. Dies können Deklarationen sein (*Ich eröffne hiermit das Buffet*), aber es können genauso gut Behauptungen (*Ich stelle fest, dass das Buffet leer ist*) oder Aufforderungen sein (*Ich fordere Sie auf, weniger zu essen*). In demselben Band verteidigt R. Harnish (2002) erneut seine Indirektheits-These gegen Searle. Einen Überblick über die weitere Performativitätsdiskussion bietet Doerge (2013).

Damit soll die Darstellung der Sprechakttheorie abgeschlossen werden. Die Diskussionen über einzelne Aspekte sind durchaus noch im Gang, nicht nur (aber besonders intensiv) in Bezug auf die Sprechakt-Klassifikation und die Performativität. Weitgehend abgeschlossen sind die spezielleren Debatten über indirekte Sprechakte (s. Searle 2004b, Sökeland 1980) und Metaphern (Searle 2004c). In den letzten Jahren sind allerdings einige Sammelbände und Monographien erschienen, die insgesamt zeigen, dass es sich hierbei um eine lebendige pragmatische Teildisziplin handelt (beispielsweise Grewendorf/Meggle 2002, Vanderveken/Kubo 2002, Smith 2003, Kissine 2013b, Sbisà/Turner 2013).

Literatur:

Altmann, H. (1987): Zur Problematik der Konstitution von Satzmodi als Formtypen. In: J. Meibauer (Hg.), *Satzmodus zwischen Grammatik und Pragmatik*. Tübingen: Niemeyer, 22–56.
Altmann, H. (1993): Satzmodus. In: J. Jacobs u.a. (Hg.), *Syntax. Ein internationales Handbuch zur zeitgenössischen Forschung*. Berlin u.a.: de Gruyter, 1006–1029.
Anscombe, G.E.M. (2011): *Absicht*. Berlin: Suhrkamp. [engl.: *Intention*. Oxford: Blackwell, 1957.]
Austin, J.L. (1975): Fremdseelisches. In: *Wort und Bedeutung*. München: Fink, 55–102. [engl.: Other Minds. In: *Proceedings of the Aristotelian Society, Suppl. Vol. XX*, 1946; später veröff. in: Ders., *Philosophical Papers*, Oxford University Press, 1961.]
Austin, J.L. (2014): *Zur Theorie der Sprechakte*. Stuttgart: Reclam [engl.: *How to do Things with Words. William James Lectures*. Oxford: Clarendon, 1962; ^{2}1975.]
Bach, K./R. Harnish (1979): *Linguistic Communication and Speech Acts*. Cambridge/Mass.: MIT Press.
Bach, K./R. Harnish (1992): How Performatives really work: A Reply to Searle. In: *Linguistics and Philosophy* 15, 93–110.
Doerge, F.C. (2013): Performative Utterances. In: M. Sbisà/K. Turner (Hg.), 203–256.
Fraser, B. (1974): An Analysis of vernacular performative verbs. In: R.W. Shuy/C.-J.N. Bailey (Hg.), *Towards tomorrow's Linguistics*. Washington: Georgetown University Press, 139–158.
Fraser, B. (1975): Hedged Performatives. In: P. Cole/J. Morgan, *Speech Acts (Syntax and Semantics 3)*. New York: Academic Press, 187–210.
Garvey, B. (2014): *Austin on Language*. Basingstoke: Palgrave Macmillan.
Grewendorf, G. (1979): Haben explizit performative Äußerungen einen Wahrheitswert? In: Ders. (Hg.), *Sprechakttheorie und Semantik*. Frankfurt/M.: Suhrkamp, 175–196.
Grewendorf, G. (2002): How performatives don't work. In: Grewendorf/Meggle (Hg.), 25–39.
Grewendorf, G./G. Meggle (Hg.) (2002): *Speech Acts, Mind, and Social Reality. Discussions with John R. Searle*. Dordrecht: Kluwer.
Harnish, R.M. (2002): Are performative utterances declarations? In: Grewendorf/Meggle (Hg.), 41–64.
Hartnack, J. (1963): The performatory use of sentences. In: *Theoria* 29, 137–146.
Hedenius, I. (1963): Performatives. In: *Theoria* 29, 115–136.
Kissine, M. (2013a): Speech act classifications. In: M. Sbisà/K. Turner (Hg.), 173–202.
Kissine, M. (2013b): *From Utterances to Speech Acts*. Cambridge: Cambridge University Press.
Lemmon, E.J. (1962): On sentences verifiable by their use. In: *Analysis* 22, 86–89.
Liedtke, F. (1990): Performativität, Sprechhandlung, Wahrheit. In: *ZPSK*, Berlin 43, 515–532.
Liedtke, F. (1998): *Grammatik der Illokution. Über Sprechhandlungen und ihre Realisierungsformen im Deutschen*. Tübingen: Narr.
Martinich, A. (2002): On the proper treatment of performatives. In: Grewendorf/Meggle (Hg.), 93–104.
Récanati, F. (1987): *Meaning and Force. The Pragmatics of Performative Utterances*. Cambridge: Cambridge University Press.
Sbisà, M./Turner, K. (Hg.) (2013): *Pragmatics of Speech Actions*. Berlin/Boston: de Gruyter/Mouton (= Handbooks of Pragmatics 2).

Searle, J.R. (1968): Austin on locutionary and illocutionary acts. In: *Philosophical Review* 77, 405–424.

Searle, J.R. (1989): How Performatives work. In: *Linguistics and Philosophy* 12, 535–558.

Searle, J.R. (2003): *Sprechakte. Ein sprachphilosophischer Essay*. Frankfurt/M.: Suhrkamp. [engl.: *Speech Acts. An Essay in the Philosophy of Language*. Cambridge: Cambridge University Press, 1969.]

Searle, J.R. (2004a): Eine Taxonomie illokutionärer Akte. In: Ders., *Ausdruck und Bedeutung*. Frankfurt/M.: Suhrkamp, 17–50.

Searle, J.R. (2004b): Indirekte Sprechakte. In: Ders., *Ausdruck und Bedeutung*. Frankfurt/M.: Suhrkamp, 51–79.

Searle, J.R. (2004c): Metapher. In: Ders., *Ausdruck und Bedeutung*. Frankfurt/M.: Suhrkamp, 98–138.

Searle, J.R./D. Vanderveken (2009): *Foundations of Illocutionary Logic*. Cambridge: Cambridge University Press.

Smith, B. (Hg.) (2003): *John Searle*. Cambridge: Cambridge University Press.

Sökeland, W. (1980): *Indirektheit von Sprechhandlungen. Eine linguistische Untersuchung*. Tübingen: Niemeyer.

Stalnaker, R. (1978): Assertion. In: P. Cole (Hg.), *Syntax and Semantics* 9, New York: Academic Press, 315–322.

Tzohatsidis, S. (1989): Explicit Performatives not Derivable from Bach-Derivations for Explicit Performatives. In: *Linguistische Berichte* 120, 154–162.

Vanderveken, D./S. Kubo, (Hg.) (2002): *Essays in Speech Act Theory*. Amsterdam: Benjamins.

Wunderlich, D. (1976): *Studien zur Sprechakttheorie*. Frankfurt/M.: Suhrkamp.

4. Die Kunst des Andeutens: Implikaturen

Eine der Geschichten von Herrn Keuner (Brecht 1995, 451) geht so:

> „Woran arbeiten Sie?" wurde Herr K. gefragt. Herr K. antwortete: „Ich habe viel Mühe. Ich bereite meinen nächsten Irrtum vor."

Eine typische Keuner-Geschichte in der Form einer Parabel. Es stellt sich unmittelbar die Frage, wie das Paradoxe in dieser kurzen Geschichte zustande kommt. Beim ersten Lesen wird deutlich, dass die Antwort von Herrn K. einen offenkundigen Widerspruch enthält, denn ein Irrtum ist nichts, was man arbeitend vorbereiten kann – jedenfalls verwenden wir diesen Begriff nicht so. Ein Irrtum ist laut Duden ein „aus Mangel an Urteilskraft, Konzentration o.Ä. fälschlich für richtig gehaltener Gedanke", also etwas, was uns unbeabsichtigterweise unterläuft (Duden, Deutsches Universalwörterbuch, 2001). Zu sagen, dass man einen Irrtum vorbereitet, unterstellt aber gerade die Urteilskraft, die diesem fehlt – und das Paradox ist perfekt. Die pragmatische Teildisziplin, mit der wir uns in diesem Kapitel beschäftigen, versucht gerade zu erklären, wie solche paradoxen Äußerungen trotzdem als sinnhaft aufgefasst und nicht einfach als unkorrekt oder widersprüchlich abgetan werden. Es ist ja nicht zu leugnen, dass die Antwort von Herrn K. einen sinnvollen und durchaus instruktiven Gehalt hat – der sich nur an der Oberfläche nicht zeigt. Wenn man die Antwort paraphrasiert – und damit zugegebenermaßen der Geschichte ihren Witz nimmt – kann man sagen, dass Herr K. der Wahrheit seiner Untersuchungen gegenüber skeptisch ist und sich seine Aussage genau auf diese Selbstskepsis bezieht. Er prognostiziert rhetorisch sein eigenes Scheitern bei der Wahrheitssuche – so würde man vielleicht den Gehalt dieser Parabel aufschlüsseln.

4.1 Konversationelle Implikaturen

Was uns nun interessiert ist, wie diese Paraphrase zustande kommt. Wenn man die wörtliche Lesart der Antwort betrachtet, dann entsteht der Selbstwiderspruch, der gerade diagnostiziert wurde. Es ist also anzunehmen, dass dieser Selbstwiderspruch sich auflöst, wenn man von der wörtlichen Lesart der Antwort abrückt und sich auf eine nicht-wörtliche Lesart bezieht. Das pragmatische Erklärungsproblem besteht nun darin zu zeigen, auf welchem Wege die Gesprächspartner zu dieser Lesart gelangen. Ein zentraler Begriff, auf den im Zuge dieser Erklärung zurückgegriffen wird, ist derjenige der **konversationellen Implikatur**. In einer ersten Näherung lässt sich sagen, dass die Paraphrase von Herrn K.s Antwort als eine solche konversationelle Implikatur aufgefasst werden kann, wobei diese über die wörtliche Bedeutung des Gesagten hinausgeht und das enthält, was offenkundig gemeint war – den Gehalt der Paraphrase. Im Folgenden soll genauer dargestellt werden, was man sich unter einer konversationellen Implikatur vorzustellen hat. Es ist, soviel sei schon jetzt gesagt, ein Begriff, mittels dessen man Effekte der Nicht-Wörtlichkeit, der Ironie oder des scheinbar Paradoxen systematisch darstellen und beschreiben kann, denn er bezieht sich auf einen grundlegenden Aspekt der pragmatischen Kompetenz: auf die Fähigkeit, Schlüsse zu ziehen aus dem, was *gesagt* wurde.

Derjenige, der den Begriff der konversationellen Implikatur geprägt hat, ist H.P. Grice – wir hatten ihn als Sprachphilosophen und Sprachtheoretiker schon kennengelernt. In seinen William-James-Vorlesungen, die er 1967 an der Harvard-University gehalten hatte, entfaltete er die Idee, dass Kommunizierende miteinander in systematischer Weise über die Ebene dessen, was wörtlich gesagt wurde, hinausgehen, und dass sie sich dabei bestimmter Schlussverfahren bedienen, die auf allgemeinen **Maximen der Konversation** beruhen. Wichtig ist dabei, dass diese Maximen nicht als Vorschriften aufgefasst werden sollten, wie man zu kommunizieren habe – obwohl es nicht schaden kann, wenn man sich an diese hält. Sie sind vielmehr generelle Erwartungen, die Gesprächsteilnehmer_innen voneinander ausbilden, und auf deren Grundlage sie die Äußerungen ihres Gegenübers interpretieren. Legt man Grices Modell zugrunde, dann lassen sich zwei Ebenen einer sprachlichen Äußerung unterscheiden: einmal das, was gesagt wurde, und was dadurch zugänglich ist, dass die Bedeutung der verwendeten Wörter bekannt ist, weil sie früher im Spracherwerb gelernt wurde; und zum anderen das, was aus dem Gesagten aufgrund von Konversationsmaximen erschlossen wird, die pragmatische Interpretation, wobei auch dies in der Kindheit gelernt wurde, nur auf andere Weise. Bei der Unterscheidung des Gesagten-mit-seiner-Bedeutung von der erschlossenen Interpretation begegnet uns die Grenze zwischen den linguistischen Teildisziplinen der Semantik und der Pragmatik – und um Letztere geht es in diesem Buch. Im Folgenden soll nachgezeichnet werden, wie die Erschließung der pragmatischen Interpretation vor sich geht, welche Stufen und welche Schritte sie im Einzelnen durchläuft.

4.2 Das Kooperationsprinzip und die Maximen

Grice nimmt ein allgemeines **Kooperationsprinzip** an, das Gesprächsteilnehmer *idealiter* befolgen und von dem sie annehmen, dass ihr jeweiliges Gegenüber es ebenfalls befolgt. Es lautet so:

> **Kooperationsprinzip**
> Mache deinen Gesprächsbeitrag jeweils so, wie es von dem akzeptierten Zweck oder der akzeptierten Richtung des Gesprächs, an dem du teilnimmst, gerade verlangt wird. (Grice 1993d, 248)

Auf der Grundlage dieses Prinzips führen wir mit anderen Gespräche – wir gehen davon aus, dass unsere Gesprächspartner kooperativ sind, also einen gemeinsamen Zweck oder zumindest eine gemeinsame Richtung verfolgen, und wir wissen, dass sie dies umgekehrt auch von uns erwarten. Auf diese Weise wird vermieden, dass Gespräche zu einer losen Aneinanderreihung von unzusammenhängenden Bemerkungen geraten, bei denen keiner mehr auf den anderen eingeht.

Da es sich bei dem Kooperationsprinzip (im Folgenden KP genannt) um ein sehr allgemeines Prinzip handelt, ist es notwendig, es zu konkretisieren, damit klar wird, was Kooperativität im Einzelfall heißt. Grice unterscheidet, in Anlehnung an die **Kantsche** Urteilstafel, vier Kategorien der Kooperativität, unter die die spezielleren Konversationsmaximen jeweils zu subsumieren sind. Diese Kategorien sind diejenigen der **Quantität**, der **Qualität**, der **Relation** und der **Modalität** (s. Grice 1993d, 249 ff.). Schauen wir uns zunächst die Kategorie der Quantität an – sie betrifft die Menge der gegebenen Information:

4.2 Das Kooperationsprinzip und die Maximen

Angenommen, zwei Staaten geraten über eine Sachfrage in einen Handelskonflikt miteinander. Die zuständige Ministerin reist in den Nachbarstaat und sagt nach dem Gespräch mit ihrem Amtskollegen auf einer Pressekonferenz:

(1) Wir haben ein offenes Gespräch geführt. Beide Seiten haben ihren Standpunkt dargelegt und die andere Position zur Kenntnis genommen.

Man ahnt sofort, dass es ein Hauen und Stechen gegeben haben muss und eine Einigung in dieser Sachfrage in weiter Ferne lag. Offenkundig hängt dies mit der Art, genauer gesagt mit der Menge der Information zusammen, die die Ministerin gegeben oder auch nicht gegeben hat. Es ist ziemlich klar, welche Art von Information in dieser Situation angemessen gewesen wäre und auch, dass die getätigte Aussage diesem Anspruch nicht genügt. Das heißt etwas allgemeiner: Den interpretativen Verfahren, die angesichts einer solchen Äußerung angewendet werden, liegt ein Kriterium zugrunde, das angibt, ob die gegebene Information ausreichend war oder nicht – und wenn das zweite der Fall ist, kann hieraus ein bestimmter Schluss gezogen werden. H.P. Grice (1993d, 250) hat dieses Kriterium in die Form zweier **Quantitätsmaximen** gebracht, die lauten:

1. Mache deinen Beitrag so informativ wie (für die gegebenen Gesprächszwecke) nötig.
2. Mache deinen Beitrag nicht informativer als nötig.

Indem die zuständige Ministerin über etwas berichtet hat, was sich ohnehin von selbst versteht, hat sie die erste dieser Maximen offensichtlich nicht befolgt: Der Beitrag war nicht informativ genug. Der Schluss, den wir als Zuhörer aus der Äußerung und ihrem uninformativen Charakter ziehen, nämlich dass es ein Hauen und Stechen gegeben haben muss, hängt in systematischer Weise mit der Nicht-Befolgung der ersten Quantitätsmaxime zusammen – wir schließen daraus, dass die Botschaft über das Gesagte hinausgeht und noch etwas mehr enthält als nur den offenen Gedankenaustausch.

Welches Schlussverfahren dabei genau angewendet wird, soll im nächsten Abschnitt näher erläutert werden. Zunächst sollen die Griceschen Maximen noch genauer betrachtet werden.

Die erste der genannten Maximen betrifft die Untergrenze der gegebenen Information (Sage *mindestens* das Erforderliche), die zweite die Obergrenze (Sage *höchstens* das Erforderliche). Auch gegen diese kann natürlich verstoßen werden, indem weitschweifige Schilderungen der Gesprächsumstände erfolgen – mit ähnlichen konversationellen Folgen.

Die zweite Kategorie, die mit dem Kooperationsprinzip zusammenhängt, ist diejenige der **Qualität**, sie betrifft die Wahrhaftigkeit der Sprecher und soll ebenfalls mit einem Beispiel eingeführt werden:

Eine Mitarbeiterin ist bei einem Kollegen zum Abendessen eingeladen. Der Kollege ist als Chaot bekannt, an dessen Arbeitsplatz extreme Unordnung herrscht. Am Tag nach dem Essen wird die Mitarbeiterin von den Kolleginnen ausgefragt und berichtet:

(2) Ihr kennt ja seine Ordnungsliebe. Es war bei ihm zu Hause genauso aufgeräumt wie an seinem Arbeitsplatz.

Auch hier werden die Kolleginnen aufgrund der offenkundigen Falschheit der Aussage eine alternative Interpretation vornehmen. Die Mitarbeiterin kann (2) unmöglich wörtlich gemeint haben, denn man kann die Ordnungsliebe nicht kennen, weil sie nicht existiert; überdies ist der Arbeitsplatz des Kollegen alles andere als penibel aufgeräumt. Es bleibt nur, die Äußerung (2) als **Ironie** einzuordnen und ihr den gegenteiligen Sinn zuzuschreiben: Es war bei ihm zu Hause genauso chaotisch wie an seinem Arbeitsplatz. Auch für Uminterpretationen dieser Art hat Grice eine Gruppe von Maximen verantwortlich gemacht: die **Qualitätsmaximen**. Hier wird eine Obermaxime angenommen, die in zwei speziellere Maximen unterteilbar ist:

> Versuche deinen Beitrag so zu machen, dass er wahr ist.
> 1. Sage nichts, was du für falsch hältst.
> 2. Sage nichts, wofür dir angemessene Gründe fehlen.

Während die erste der speziellen Maximen die Vermeidung von Lügen betrifft, wird durch die zweite eine Art kommunikativer Leichtfertigkeit verhindert. Wenn jemand etwas behauptet, wovon er gar nichts wissen kann, dann ist dies zwar keine Lüge, aber er führt seine Adressaten auch in die Irre – denn es kann sich schließlich als falsch herausstellen.

Die dritte Kategorie ist diejenige der **Relation** mit der zugehörigen **Relevanzmaxime**:

> Sei relevant.

Ein Beispiel, das in Anlehnung an Grice gebildet wurde, kann so aussehen:

In einer Diskussion über Sprechakttheorie lässt sich jemand über biographische Details von J.L. Austin aus, beispielsweise seine samstäglichen Kolloquien mit Grice, die durch das Mittagessen abrupt unterbrochen wurden etc. Mitten in der Schilderung sagt ein anderer Teilnehmer:

(3) Die Abgrenzung des lokutionären und des illokutionären Aktes ist nicht gelungen.

Das Verfahren ist nun schon geläufig: Auch hier würden die anderen Diskussionsteilnehmer_innen nicht einfach annehmen, dass der Sprecher von (3) kein Gefühl für den Gesprächszusammenhang hat und einfach eine irrelevante Äußerung vollzieht. Sie würden vielmehr nach einer Interpretation suchen, die sich aus der offenkundigen Irrelevanz von (3) in dem gegebenen Zusammenhang ergibt und so ebenfalls auf eine alternative Interpretation kommen, etwa der Art: ‚Die biographischen Details sind im Diskussionszusammenhang uninteressant, lasst uns zu den Inhalten kommen!' Dass sie diesen Schluss ziehen, heißt nach Grice nichts anderes, als dass sie die Maxime der Relevanz anwenden und zur Interpretation produktiv machen.

Die Relevanzmaxime ist in dem System der Kategorien trotz ihrer knappen Form zentral, sie ist die produktivste unter den Maximen – auch dies wird im Folgenden noch weiter ausgeführt. Zuvor sei noch die vierte Kategorie eingeführt, diejenige der **Modalität**, die nicht unbedingt regelt, was gesagt werden soll, sondern wie es gesagt wird. Man stelle sich folgende Situation vor:

Mit ein paar Leuten hören wir uns einen Fachvortrag an, in dem es vor Fremdwörtern und Fachvokabular nur so wimmelt. Etwas betäubt gehen wir aus dem Raum heraus und erholen uns bei einem Becher Kaffee und etwas Smalltalk. Jemand erzählt über einen Bekannten, dass er sich nie entscheiden könne und bei jedem Problem stundenlang grübele, bis er schließlich halbherzig einen Entschluss fasst. Einer sagt daraufhin:

(4) Das heißt, er leidet unter einer Dezisions-Insuffizienz.

Alle erkennen sofort, dass dies eine Parodie auf den gerade gehörten Vortrag ist, und zwar dadurch, dass ein einfacher Sachverhalt (*er kann sich nicht entscheiden* ...) mit einer möglichst komplizierten Terminologie beschrieben wird (*Dezisions-Insuffizienz*). Der Sprecher war also unverständlich, wo er verständlich hätte sein können, und er hat damit etwas zu verstehen gegeben, das über das Gesagte hinausgeht (nämlich, dass der Vortrag unnötigerweise mit Fachvokabular überfrachtet war o.ä.). Auch diesem Interpretationsverfahren unterliegt eine Gruppe von Maximen, die der Kategorie der Modalität untergeordnet sind. Die **Maxime der Modalität** und die zugehörigen Untermaximen lauten:

> Sei klar.
> 1. Vermeide Dunkelheit des Ausdrucks.
> 2. Vermeide Mehrdeutigkeit.
> 3. Sei kurz (vermeide unnötige Weitschweifigkeit).
> 4. Der Reihe nach!

Die Liste der Modalitätsmaximen ist offen, man kann sich leicht weitere Maximen vorstellen, die dieser Kategorie angehören. Hier wird zumindest in Gestalt der dritten Maxime eine gewisse Überlappung mit der Maxime der Quantität oder auch der Relevanz deutlich. Grice sieht diese Überlappungen selbst, wobei der Effekt der nicht ganz blütenreinen Abgrenzung typisch für begriffliche Pionierarbeit zu sein scheint.

4.3 Befolgung, Konflikt und Ausbeutung

Befolgung

Will man sich die Funktionsweise der eingeführten Maximen in der Konversation vor Augen führen, dann muss man das Verhältnis berücksichtigen, in dem die Maximen zum allgemeinen Kooperationsprinzip stehen. Sprecher_innen gleichen die Maximen laufend mit diesem allgemeinen Prinzip ab und gewinnen dadurch den regulativen Blick auf die gerade stattfindende Konversation. Erst aus dem Abgleich der Maximen mit dem KP erhalten sie den Maßstab, um das Sprachverhalten pragmatisch zu interpretieren. Dieser Prozess lässt sich am besten an einem von Grice gegebenen Beispiel verdeutlichen, das hier etwas modifiziert wird: Stellen Sie sich vor, der Gastgeber einer Party sagt zu Ihnen:

(5) Ich habe keine Getränke mehr im Haus.

und Sie antworten ihm:

(6) Um die Ecke ist eine Tankstelle.

Ihre Antwort ist nur dann als angemessene Reaktion auf die erste Feststellung zu werten, wenn irgendein Bezug zwischen beiden Äußerungen herzustellen ist. Der Bezug ist zweifellos der, dass Ihr Gesprächspartner dort Getränke kaufen und damit das Problem der Getränkeknappheit beheben kann. Dies ist aber genau genommen nicht das, was Sie gesagt haben – es geht nicht aus der Bedeutung der geäußerten Worte hervor. Der Bezug ist nur dann herzustellen, wenn über die semantische Interpretation hinaus pragmatische Verfahren zur Anwendung kommen. Die Bemerkung, dass um die Ecke eine Tankstelle sei, ist relevant, wenn sie im Stillen so uminterpretiert wird, dass daraus ein Hinweis auf die Getränke ableitbar ist – dies ist in dem gegebenen Beispiel möglich, weil es zum unterstellten Weltwissen gehört, dass man an einer Tankstelle Getränke bekommt. Der kurze Dialog ist also gelungen, wenn die pragmatische Interpretation des Gesagten umgesetzt wird.

Mit diesem Beispiel wurde ein Fall diskutiert, bei dem zunächst die Befolgung der Relevanzmaxime in Frage stand – was hat eine Tankstelle mit dem Getränkeproblem zu tun? An diesem Punkt kommt nun die Beziehung der Relevanzmaxime zum Kooperationsprinzip ins Spiel. Die Annahme, dass Ihr Gesprächspartner kooperativ ist, hilft Ihnen, eine relevante Interpretation seiner Äußerung vorzunehmen, wo diese doch selbst – hinsichtlich dessen, was gesagt wurde – nicht sogleich als relevant zu erkennen war. Eine Tankstelle ist zugegebenermaßen nicht der Ort, der einem zuerst einfällt, wenn es um Getränke geht. Der Rückgriff auf das Kooperationsprinzip hilft in diesem Fall, eine möglicherweise irrelevante Äußerung als relevante zu erkennen, wenn dies vom Gesagten her nicht sofort offenkundig ist.

Konflikt

Das pragmatische Interpretationsproblem wird anspruchsvoller, wenn die Befolgung einer der Maximen zunächst gar nicht unterstellt werden kann. Die Verletzung einer Maxime kann dadurch entstehen, dass man eine andere Maxime befolgt, dies aber nur möglich ist, wenn man gegen die erste Maxime verstößt – dies ist der Fall eines **Maximenkonflikts**. Hier kann auf Grices Originalbeispiel zurückgegriffen werden:

Angenommen jemand fragt Sie, wo ein gemeinsamer Freund wohnt, und Sie antworten:

(7) Irgendwo in Südfrankreich.

(s. Grice 1993d, 256) Das ist nicht besonders informativ, genau genommen handelt es sich um einen Verstoß gegen die erste Quantitätsmaxime. Trotzdem wird ihr Freund Sie nicht für unkooperativ halten, denn er wird vermutlich annehmen, dass Sie es nicht besser wissen. Hier ist eine weitere Maxime einschlägig, nämlich die zweite Qualitätsmaxime – die verhindern soll, dass unbegründete Behauptungen aufgestellt werden. Wenn Sie die erste Quantitätsmaxime befolgen wollten, müssten Sie beispielsweise antworten: ‚In Marseille' oder vielleicht sogar: ‚In St. Tropez' oder etwas Ähnliches. Dies aber wäre ein glatter Verstoß gegen die zweite Qualitätsmaxime, denn es wäre, wenn auch keine Lüge, so doch eine ziemlich leichtfertige Behauptung. Hier löst sich der Maximenkonflikt auf, indem die ursprüngliche Antwort uminterpretiert wird, etwa zu: ‚Ich kann es Dir nicht genau sagen.' – womit die Kooperativität wieder hergestellt ist.

Ausbeutung

Gegen eine der Maximen kann allerdings auch verstoßen werden, wenn kein Konflikt mit einer anderen Maxime besteht. Grice dekliniert hier alle Maximen unter den verschiedenen Kategorien durch, allerdings sollten zwei Beispiele ausreichen, um zu zeigen, wie ein solcher Fall konversationell geregelt wird. Wir befinden uns hier im Zentrum der Griceschen Pragmatik, denn es geht darum, dass eine der Maximen ausgebeutet wird, wie Grice sich ausdrückt, um einen besonderen konversationellen Effekt zu erzielen. Im vorangegangenen Abschnitt war schon von einer Uminterpretation die Rede, die notwendig ist, um die Kooperativität zu erhalten. Der besagte konversationelle Effekt der Ausbeutung besteht darin, dass Sprecher_innen die Uminterpretation durch die Adressat_innen nutzen, um etwas zu verstehen zu geben, was nicht gesagt wurde – was aber gleichwohl zu den anerkannten Konsequenzen der betreffenden sprachlichen Äußerung gehört. Die Uminterpretation ist genau das, was mit der Äußerung intendiert wurde. Schauen wir uns dazu die beiden Beispielsfälle (2) und (3) noch einmal an, von denen der erste auf die Qualitäts-, der zweite auf die Relevanzmaxime zurückgeführt werden kann:

Verstöße gegen die Qualitätsmaxime sind die klassischen Mittel für **Ironie** und **Metapher**. Sagt jemand etwas, was so offenkundig falsch ist (= gegen die erste Qualitätsmaxime verstößt), dass es ohnehin keiner glaubt, dann handelt es sich in der Regel um einen Fall von Ironie. Aber auch *nur* dann – was bedeutet, dass man im Falle von Ironie sehr aufmerksam sein muss, dass die Unwahrheit des Gesagten auch offenkundig ist, sonst ist die Lüge sehr nahe. Dies ist wohl der Fall, wenn die Ironie nicht als solche verstanden wird, so dass man explizit werden muss und damit den ironischen Effekt endgültig zerstört. Sehen wir dazu Beispieläußerung (2) noch einmal an:

(2) Ihr kennt ja seine Ordnungsliebe. Es war bei ihm zu Hause genauso aufgeräumt wie an seinem Arbeitsplatz.

Das **Hintergrundwissen** über die betreffende Person lässt nur das Urteil zu, dass es sich um eine offenkundig falsche Aussage handelt. Vielmehr trifft das Gegenteil zu. Um dieses Beispiel zutreffend analysieren zu können, muss der Schluss- (oder Inferenz-) prozess rekonstruiert werden, den die Adressat_innen der ironischen Äußerung durchlaufen, ausgehend vom Gesagten mit seiner semantischen Repräsentation. Er stellt auch für andere Maximenverstöße ein allgemeines inferenzielles Muster dar:

S (= Sprecher_in) hat offenkundig gegen die Maxime der Qualität verstoßen. Ich nehme nicht an, dass sie unkooperativ im Gespräch ist, also unterstelle ich, dass sie mir mit der Äußerung etwas mitteilen will. Ich kann nur unterstellen, dass sie das Kooperationsprinzip beachtet, wenn ich ihre Äußerung uminterpretiere. Die Interpretation, die auf das Gegenteil dessen hinausläuft, was S gesagt hat, ist am ehesten in Übereinstimmung mit dem KP zu bringen. Also wird S gemeint haben, dass es bei dem Kollegen zu Hause genauso unordentlich aussieht wie an seinem Arbeitsplatz. Dies nehme ich als die intendierte Lesart der Äußerung an, und genau dies ist die konversationelle Implikatur.

Es ist wichtig, sich die einzelnen Schritte dieses Schluss- oder Inferenzprozesses vor Augen zu führen. Sie können wie folgt aufgelistet werden:

> **Konversationeller Schlussprozess**
> 1. A (= Adressat_in) der Äußerung nimmt das Gesagte zur Kenntnis.
> 2. A stellt fest, dass eine bestimmte Maxime nicht erfüllt ist, so dass die Annahme der Kooperativität auf der Basis des Gesagten nicht aufrechterhalten werden kann.
> 3. A möchte die Annahme der Kooperativität nicht aufgeben.
> 4. Das Gesagte wird uminterpretiert, bis sich eine Übereinstimmung mit der verletzten Maxime ergibt, so dass die Annahme der Kooperativität wieder möglich ist.

Dieser Schlussprozess wirkt in der Wiedergabe aufwändig, es ist aber in der Tat so, dass er in der Konversation mühelos und schnell durchlaufen wird. Es ist danach möglich, S das zuzuschreiben, was er/sie nach Lage der Dinge gemeint haben muss, und diese Zuschreibung ist durchaus verbindlich. Es kann sich keiner, der kalkuliert gegen eine der Maximen verstoßen hat, damit herausreden, er habe ja nur das Gesagte geäußert. Jeder pragmatisch Kompetente weiß, dass Adressat_innen diesen Schlussprozess routiniert durchlaufen, und er muss sich verantwortlich fühlen dafür, dass dieser Prozess durch die Äußerung initiiert wurde. Das **Schema Maximenverstoß – Kooperativitätsannahme – konversationelle Implikatur** ist in der pragmatischen Kompetenz verankert, so dass Sprecher_innen mit diesem Schema beim Kommunizieren fest rechnen können und müssen. Implikaturen, die ad hoc, also von Fall zu Fall neu nach diesem Schema kalkuliert werden müssen, heißen **partikularisiert**. Wir werden im nächsten Abschnitt den Gegentyp, die **generalisierten konversationellen Implikaturen** kennenlernen, die relativ fest mit dem Gebrauch eines bestimmten Ausdrucks verbunden sind.

Bevor wir zu diesen kommen, schauen wir uns das Beispiel für die Relevanzmaxime an. Wir können terminologisch schon etwas konkreter werden und den ablaufenden Schlussprozess als Relevanz-Implikatur kennzeichnen. Etwas zu sagen, was in der gegebenen konversationellen Situation nicht relevant ist, führt nicht in jedem Fall zu einer konversationellen Implikatur – auch hier geht es um die Offenkundigkeit des Maximen-Verstoßes. Wenn man das Beispiel

(3) Die Abgrenzung des lokutionären und des illokutionären Aktes ist nicht gelungen.

in diesem Sinne analysiert, dann ist klar, dass der Maximen-Verstoß für alle offenkundig ist – das Thema war erkennbar die Biographie Austins. Der Themenwechsel hin zur Abgrenzungsfrage von Teilakten ist so abrupt und offenkundig unpassend zum aktuellen Gesprächsgegenstand, dass ein klarer Maximen-Verstoß vorliegt. Um weiterhin Kooperativität im Gespräch unterstellen zu können, muss die Äußerung entsprechend uminterpretiert werden, wobei als eine mögliche Interpretation ein Hinweis in Frage kommt, dass man zu den Inhalten der Theorie kommen sollte. Dies ist der Gehalt der partikularisierten konversationellen Implikatur. Es ist wichtig zu sehen, dass das Gesagte nicht unbedingt getilgt wird – es kann stehen bleiben und eine Diskussion zur Abgrenzungsfrage auslösen. Die konversationelle Implikatur ersetzt also nicht das Gesagte, es handelt sich nicht um eine Substitution, sondern um eine Interpretation des Gesagten im Sinne der allgemeinen Kooperativitätsannahme.

An den Beispielen wurde deutlich, dass es für die Errechnung einer konversationellen Implikatur wichtig ist zu wissen, gegen welche der Maximen offenkundig verstoßen wurde, denn dieses Wissen weist den Weg hin zur kooperativitätswahrenden Interpretation des Sprachverhaltens. Im Falle des Austin-Beispiels ist es für die abschließende Interpretation wichtig, welche Lesart die relevante ist, und das heißt auch, dass nach einer relevanten Lesart zu suchen ist und beispielsweise nicht nach einer, die die Qualitätsmaxime erfüllt – denn diese ist gar nicht betroffen. Man benötigt also den gesamten Katalog der Maximen, um relativ punktgenau diejenige konversationelle Implikatur zu kalkulieren, die intendiert war.

Was an diesen Beispielen klar wird, ist auch, dass die konversationellen Implikaturen nicht auf Konventionen beruhen. Sie müssen in der Situation des jeweiligen Gesprächs aktuell zugeschrieben werden, wobei als notwendige Informationen das Gesagte, das Kooperationsprinzip und die Maximen sowie natürlich die Repräsentation des jeweiligen Gesprächskontextes zur Verfügung stehen. Die Hilfsmittel, die über das Gesagte hinausgehen, also das KP, die Maximen und der Kontext, sind aber nicht spezifisch auf die verwendeten Ausdrücke bezogen – man kann mit allen möglichen Äußerungen beispielsweise Relevanzimplikaturen vollziehen, wenn es der Kontext erlaubt. Daraus folgt, dass Implikaturen dieses Typs keine Eigenschaften spezieller Ausdrücke sind, das heißt es gibt keine semantischen Konventionen, die über das Gesagte hinausgehen und die die konversationelle Implikatur determinieren würden. Die Implikatur wird sprachlich lediglich über das Gesagte mit seiner Bedeutung ausgelöst. Fazit: Konversationelle Implikaturen sind nicht konventionell.

4.4 Generalisierte konversationelle Implikaturen

Es würde nun der gesamten Sprach- und Kommunikationsgeschichte der verschiedenen Sprechergemeinschaften widersprechen, wenn sich aus dem einzelnen Gebrauch dieses Inferenz-Schemas nicht im Laufe der Zeit Verfestigungen oder Verallgemeinerungen ergeben würden. Der Sprachforscher Ferdinand de Saussure hat in diesem Zusammenhang einmal von der „**sozialen Kristallisation der Sprache**" gesprochen, was eine sehr treffende Metapher für diesen Vorgang ist (s. de Saussure 1916). Soziale Kristallisation findet auch bei Implikaturen regelmäßig statt. Grice hat diesen Kristallisationsprozess berücksichtigt und zwei weitere Typen von Implikaturen angenommen, die diese Tendenzen widerspiegeln. Zunächst gibt es den schon erwähnten Typ der generalisierten konversationellen Implikatur. Er ist immer noch konversationell, also nicht konventionell, aber er ist insofern generalisiert, als ein bestimmter Ausdruckstyp eine Rolle spielt. Im nächsten Abschnitt werden diejenigen Implikaturen zur Sprache kommen, die in der Tat konventionell sind. Zunächst jedoch befinden wir uns im Übergangsbereich zweier Arten von Implikaturen: solchen, die **nicht-ausdrucksbezogen** sind, und solchen, die **ausdrucksbezogen** sind, also abhängig (und ausgelöst) von der Verwendung spezifischer Ausdrücke. Ein bekannter Fall, der im Folgenden erläutert wird, ist der Gebrauch des unbestimmten Artikels. Grice illustriert diesen Typ der generalisierten konversationellen Implikatur (im Folgenden GKI) an einer Reihe von Beispielen, die zeigen, dass der Gebrauch des unbestimmten Artikels pragmatisch beschränkt ist. Betrachtet man das Beispiel

(8) Sie ging in ein Haus und fand darin eine Schildkröte.

so ist deutlich, dass es sich nicht um *ihr* Haus und auch nicht um *ihre* Schildkröte handelt. Man kann berechtigterweise fragen, warum man diesen Effekt denn nicht als Teil der konventionellen Bedeutung auffasst, denn er scheint ja recht stabil am Gebrauch des unbestimmten Artikels zu hängen. Gegen diese Annahme spricht allerdings, dass dieser Implikaturen-Typ nicht ausnahmslos entsteht, sondern dass es Kontexte gibt, die die Inferenz nicht erlauben, wie im folgenden Fall:

(9) Ich habe eine Sonnenbrille verloren.

Das Verb *verlieren* wird nur sinnvoll verwendet, wenn der verlorene Gegenstand vorher in der Verfügung von S war, also „meiner" war. Der unbestimmte Artikel signalisiert nicht, dass es nicht „meine" Sonnenbrille war – das heißt die Implikatur entsteht hier nicht. Dies zeigt, dass in bestimmten sprachlichen Kontexten, die auf der Ebene der Semantik einen Besitz signalisieren, eine entgegenstehende Inferenz nicht gezogen wird. Um diesen Befund zu überprüfen, vergleiche man damit den Satz:

(10) Ich habe eine Sonnenbrille gefunden.

Hier „sticht" die Implikatur wieder, denn vom sprachlichen Kontext her deutet nichts darauf hin, dass es sich um „meine" Sonnenbrille handelt. Es wird also inferiert, dass es sich nicht um die Sonnenbrille der Finderin handelt – oder vorsichtiger, dass die Finderin (noch) nicht weiß, ob es ihre Sonnenbrille ist.

Der Typ der GKI ist in der pragmatischen Forschung zu einem beliebten Untersuchungsobjekt geworden, weil man an diesem Punkt dem Sprachgebrauch bei der Kristallisation gleichsam zusehen kann. Wir haben GKIs anhand des bestimmten Artikelgebrauchs kennengelernt; an diesem Fall kann man gut zeigen, dass es nicht sinnvoll ist, den Nicht-Besitz, der mit seinem Gebrauch verbunden ist, als konventionalisierten Bedeutungsaspekt aufzufassen. Man kann sich nämlich ganz selbstverständlich Kontexte vorstellen, in denen die Implikatur nicht entsteht – wie sich zeigte, ist dies bei bestimmten semantischen Umgebungen der Fall, die Besitz enkodieren. Es wäre ein ziemlich merkwürdiges semantisches Merkmal, das manchmal entsteht und manchmal nicht, je nachdem, ob ein entgegenstehender semantischer Kontext vorhanden ist oder nicht. Da es für die Annahme eines solchen Merkmals keine guten Gründe gibt, lassen sich GKIs nicht als Teil der konventionellen Bedeutung des Ausdrucks auffassen.

Wir haben zwei Arten von Implikaturen kennengelernt, die partikularisierten und die generalisierten konversationellen Implikaturen (PKI und GKI). An Beispielen wurde deutlich, was sie leisten und wie sie funktionieren, allerdings wurde noch nichts über ihre allgemeinen Eigenschaften gesagt. Diese lassen sich angeben: Es sind insgesamt fünf Merkmale, die diesen Typ von Implikaturen auszeichnen, und sie sind mit folgenden Stichworten zu umschreiben: **Tilgbarkeit; Unabtrennbarkeit; Nicht-Konventionalität; Aktbezogenheit; Unbestimmtheit**. Sie sollen der Reihe nach kurz vorgestellt werden.

Tilgbarkeit

Das gerade besprochene Beispiel (10) lässt sich modifizieren, um dieses Merkmal zu exemplifizieren: Angenommen, jemand äußert (10) und implikatiert damit, dass es nicht die eigene Sonnenbrille ist, die gefunden wurde. Wenn die Sprecherin nun doch ausdrücken möchte, dass es die eigene war, dann kann sie präzisieren:

(10') Ich habe eine Sonnenbrille gefunden,
und es war / besser gesagt / genauer / … /
meine Sonnenbrille.

Die Ausdrücke in der mittleren Zeile haben den Sinn, die Entstehung der Implikatur von (10) zu blockieren – diese lief ja darauf hinaus, dass es nicht die Sonnenbrille der Sprecherin war. Genau das wird mit dem Ausdruck in der dritten Zeile gesagt, ohne dass die Sprecherin von (10') sich einen Widerspruch vorwerfen lassen müsste. Dies ist ein typischer Fall von Tilgung, und er ist nur bei Implikaturen möglich. Wenn man die andere Richtung ausprobiert, dann sieht man, dass es schon schwieriger wird:

(10'') Ich habe meine, besser gesagt eine Sonnenbrille gefunden.

Es ist schwer, sich für diesen Satz eine sinnvolle Äußerungssituation vorzustellen, und dies hat mit der Schwierigkeit zu tun, den Possessivartikel *meine* durch den unbestimmten Artikel *eine* zu ersetzen. Es geht nur, wenn man der Sprecherin für den ersten Teil (*meine*) einen **Irrtum** unterstellt, so dass dieser Teil gleichsam gestrichen und durch den zweiten Teil der Äußerung ersetzt wird. Für (10') muss man so etwas nicht annehmen, es ist eher eine **Korrektur** oder **Präzisierung**. Dass das so ist, hängt mit der Natur der Inferenz in (10') zusammen – es ist eine GKI; in (10") liegt nicht eine GKI, sondern die konventionelle Bedeutung des Ausdrucks *meine* vor, die den Besitz beinhaltet – und konventionelle Bedeutungen von Ausdrücken lassen sich nicht tilgen (so wenig wie sich ein Kristall wieder in Flüssigkeit auflöst ...). Die Tilgbarkeit von GKI ist ihre wichtigste Eigenschaft, und sie kann gut als **Schnelltest** für die Ermittlung von Implikaturen in Abgrenzung zu konventionellen Bedeutungsmerkmalen angewendet werden. Manchmal muss man eine entstandene Implikatur nicht explizit tilgen, sondern sie tilgt sich gleichsam selbst – durch die Verwendung des implikaturenhaltigen Ausdrucks in einem Kontext, der eine solche Implikatur nicht erlaubt. Wir hatten diesen Fall mit Beispiel (9) *(Ich habe eine Sonnenbrille verloren)* schon besprochen: Hier wird die Implikatur des Nicht-Besitzes, die durch den Gebrauch des unbestimmten Artikel *eine* provoziert wird, gleich wieder getilgt, weil das Verb *verlieren* auftaucht – denn aus seinem Gebrauch folgt der Besitz der Sonnenbrille.

Unabtrennbarkeit

Wenn man eine entstandene Implikatur wieder streichen möchte, könnte man auf die Idee kommen, einen anderen Ausdruck mit mehr oder weniger der gleichen Bedeutung zu wählen – in der Hoffnung, dass mit diesem die Implikatur nicht entsteht. Man wird scheitern, und dieses Scheitern hängt wesentlich mit der Eigenschaft der Unabtrennbarkeit zusammen. Die Wirkung dieses Merkmals lässt sich testen, indem man das Beispiel (7) *(Irgendwo in Südfrankreich)* mit verschiedenen Ausdrucks-Alternativen variiert. Selbst wenn man seine Phantasie schweifen lässt, so wird man keine Option finden, bei der sich die Implikatur vermeiden lässt – in jedem Fall drückt man damit aus, dass man nicht weiß, wo sich die gesuchte Person befindet. Hier ein paar Vorschläge: *Südlich der Loire. Am Mittelmeer. Zwischen Alpen und Pyrenäen. Wo es warm ist in Frankreich. ...* Es wird immer darauf hinauslaufen, dass man nicht weiß, wo der gemeinsame Freund wohnt. Dass die Implikatur in dieser Weise nicht abtrennbar ist, zeigt, dass der genaue Wortlaut für ihr Entstehen nicht wichtig ist, solange nur eine bestimmte Bedeutung übermittelt wird. Implikaturen, so kann man daraus schließen, sind jeweils an ein Bündel von Ausdrücken gebunden, die eine **bestimmte** oder eher **unbestimmte Bedeutung** gemeinsam haben, und sie entstehen unabhängig davon, welcher Ausdruck aus diesem Bündel gewählt wird.

Nicht-Konventionalität

Es wurde schon gesagt: Konversationelle Implikaturen (partikularisierte wie generalisierte) sind *per definitionem* nicht-konventionell. Dies ist eine begrifflich-theoretische Erfordernis, denn wenn Implikaturen entstehen sollen, so ist immer die Kenntnis der konventionellen Bedeutung der verwendeten Ausdrücke vorausgesetzt – dies wird in späteren Ansätzen teilweise anders gesehen (sie werden in den Kapiteln 6 und 7 ausführlicher dargestellt). Ohne die Kenntnis der konventionellen Ausdrucksbedeutung würde man die Implikatur nicht errechnen können. Wenn Implikaturen selbst konventionell wären, dann müsste man folglich ihre Bedeutung ebenfalls kennen, um sie zu errechnen, und dies ist klarerweise unmöglich – oder anders gesagt: Es läge ein Zirkelschluss vor. So ist es denn für konversationelle Implikaturen ein definierendes Merkmal, dass sie kalkuliert werden und dass man den Weg ihrer Kalkulation explizit machen kann – eben durch die Angabe der einzelnen inferenziellen Schritte, wie es oben gezeigt wurde.

Aktbezogenheit

Die folgende komplexe Aussage ist in der Form eines Konditionals aufgebaut:

(11) Wenn es regnet, dann ist die Straße nass.

Es liegen hier zwei Teilaussagen vor, die durch eine Wenn-dann-Beziehung miteinander verknüpft sind. Die Gesamtaussage (11) ist u.a. wahr, wenn beide Teilsätze wahr sind. Anders gesagt: Wenn es regnet und die Straße nicht nass ist, dann ist das Konditional falsch. Das Merkmal der Aktbezogenheit sagt nun, dass dies für Implikaturen nicht gilt. Wenn das Gesagte wahr ist, dann kann das Implikatierte durchaus falsch sein, ohne dass die Implikatur selbst in Frage gestellt würde. Nehmen wir wieder das Beispiel (3) *(Irgendwo in Südfrankreich)*: Es mag wahr sein, dass der gemeinsame Freund irgendwo in Südfrankreich wohnt, aber es kann durchaus falsch sein, dass der Sprecher es nicht besser weiß. Die entsprechende Implikatur resultiert nicht aus dem Satz selbst, sondern nur aus der Tatsache, dass es in einem bestimmten Kontext gesagt wurde, also aus dem „Es-mal-so-sagen", wie Grice sich ausdrückt (s. Grice 1993d, 265). Dieser Punkt hängt mit der Eigenschaft der Tilgbarkeit zusammen, denn ein „Es-mal-so-sagen" kann im Gegensatz zu einer aussagenlogischen Verknüpfung durchaus getilgt werden.

Unbestimmtheit

Die Kalkulation einer konversationellen Implikatur ist ein Prozess, in den mehrere Überlegungen eingehen. Sie besteht im Ergebnis darin, dass das Geäußerte uminterpretiert wird in der Annahme, S befolge das Kooperationsprinzip, auch wenn es zunächst nicht den Anschein hat, dass dies der Fall ist. Eine solche Uminterpretation lässt grundsätzlich verschiedene Möglichkeiten zu, denn es ist ja nur gefordert, dass das Sprachverhalten in Übereinstimmung mit dem KP interpretiert wird. Es wäre ein absoluter Ausnahmefall, wenn es nur eine einzige Interpretation gäbe, die diese Bedingung erfüllt. Daraus folgt, dass eine konversationelle Implikatur je nach Kontext unterschiedlich ausfallen wird, und selbst wenn der Kontext klar ist, wird es verschiedene Möglichkeiten der Interpretation geben. Dies kann nun beabsichtigt sein, das heißt, dass die Vielfalt an interpretativen Möglichkeiten in Kauf genommen wird oder sogar gewollt ist – eine naheliegende Vermutung, wenn schon der Aufwand der indirekten Kommunikation durch eine Implikatur gewählt wurde. In der Tat lässt sich das Beispiel (7) auch auf der Ebene der Implikatur unterschiedlich konkretisieren. Vielleicht wollte S zu verstehen geben, dass er nicht weiß, wo der gemeinsame Freund wohnt, vielleicht aber auch, dass er nicht an der Person interessiert ist, oder aber, dass ihn die Frage nervt ... Dies ist offen und soll möglicherweise auch offen bleiben. Der kommunikative Austausch funktioniert trotzdem, denn endgültige Determination ist kommunikativ nicht immer gewünscht oder notwendig.

Mit diesen Bestimmungsmerkmalen für konversationelle Implikaturen soll ihre Darstellung abgeschlossen werden. Im folgenden Kapitel wenden wir uns dem Typ der konventionellen Implikatur zu.

Literatur:

Brecht, B. (1995): *Werke*. Große kommentierte Berliner und Frankfurter Ausgabe. Hrsg. von Werner Hecht, Jan Knopf, Werner Mittenzwei, Klaus-Detlef Müller. Bd. 18: *Prosa 3. Sammlungen und Dialoge*. Frankfurt/M.: Suhrkamp.

Grice, H.P. (1993d): Logik und Konversation. In: G. Meggle (Hg.), *Handlung, Kommunikation, Bedeutung*, Frankfurt/M.: Suhrkamp, 243–265. [engl.: Logic and Conversation. In: P. Cole/J. Morgan (Hg.) (1975), *Syntax and Semantics, Volume 3: Speech acts*. New York: Academic Press, 41–58.]

Grice, H.P. (1993): Further Notes on Logic and Conversation. In: H.P. Grice, *Studies in the Way of Words*. Harvard: Harvard University Press, 41–57.

de Saussure, F. (1916): *Cours de linguistique générale*. Lausanne/Paris. [Zweisprachige Ausgabe: *Cours de linguistique générale*. Hg. u. übers. v. P. Wunderli, Tübingen: Narr, 2013.]

5. Konventionelle Implikaturen und/oder Präsuppositionen

5.1 Konventionelle Implikaturen

Wenn man konventionelle Implikaturen von der nicht-implikativen konventionellen Bedeutung von Ausdrücken unterscheiden will, dann muss man sehr genau differenzieren, denn beide Ebenen haben aufgrund des konventionellen Charakters eine große Nähe zueinander. In der Regel werden konventionelle Implikaturen als nicht-wahrheitsfunktionale Schlussprozesse eingeführt (beispielsweise durch Levinson 2000, 139). Wir können uns diese Eigenschaft durch einen Test vergegenwärtigen, und zwar durch den Rechthaber-Test, wie ich ihn nennen möchte. Wenn wir der Meinung sind, jemand habe Recht mit dem, was er gesagt hat, so blenden wir bestimmte Konstituenten bei unserer Beurteilung aus, sie sind nicht relevant für eine solche Entscheidung. Dies sind oft Konjunktionen wie *aber* oder *obwohl*, auch Konjunktionaladverbien wie *deshalb und mithin* und Partikel unterschiedlichster Art wie *sogar* etc. Sehen wir uns das folgende Beispiel an:

(1) Sie ging zum Rockkonzert, obwohl sie Ohrenschmerzen hatte.

(2) Sogar Ansgar mochte Beate.

Modifizieren wir die von (1) beschriebene Situation etwas: Nehmen wir an, dass sie zum Rockkonzert ging und auch Ohrenschmerzen hatte, aber nicht, obwohl, sondern weil sie Ohrenschmerzen hatte – sie versprach sich davon vielleicht sogar Linderung. Der *Rechthaber-Test* lautet dann: Hat der Sprecher von (1) in diesem Falle auch Recht oder nicht? Dies ist sicher eine Frage, die vom Standpunkt des Betrachters abhängt, denn während ein Dritter einen Widerspruch zwischen dem Konzertbesuch und den Ohrenschmerzen entdeckt, kann die Konzertbesucherin darin keinen Widerspruch sehen. Doch auch in diesem Fall gibt es einen Kern, der für beide Protagonisten als zutreffend gelten kann, und der darin besteht, dass die beiden Propositionen, die durch die Konjunktion in eine Unterordnungsbeziehung gebracht wurden, als Fakt anerkannt werden. Es wäre also etwas kleinlich, wollte man jemandem absprechen, dass er Recht hat, wenn nicht eine *obwohl*-, sondern eine *weil*-Beziehung zwischen den Propositionen bestünde. Schauen wir uns an, wie man einer Behauptung wie (1) in diesem Fall widersprechen würde – wir haben es im Text schon formuliert:

(1_{wid}) Sie ging nicht zum Rockkonzert, **obwóhl**, sondern **wéil** sie Ohrenschmerzen hatte.

Mit einer solchen, hier durch Fettdruck und einen Akzent angezeigten Betonung heben wir genau die Konstituenten hervor, die verneint werden. Der Rest bleibt sozusagen unberührt von der Negation, diese hat nur die Konjunktionen in ihrem Skopus (also in ihrem Zielbereich). Eine Paraphrase würde etwa lauten, dass der Ausdruck *obwohl* hier unangemessen ist und der Ausdruck *weil* angemessener – wir reden also über die Wahl von Ausdrücken und nicht über den dargestellten Sachverhalt. Dies hat nun unmittelbar zu tun mit unserem *Rechthaber-Test*: Ein Ersatz von *obwohl* durch *weil* tangiert nicht den Sachverhalt, über den gesprochen wird, sondern die Beziehungen, die zwischen den Teilen des Sachverhalts bestehen. Anders gesagt: Dass *obwohl* die Sachlage durchaus anders darstellt als *weil*, hat nicht zur Folge, dass jemand Unrecht hat, der beides miteinander vertauscht. Man kann sich dies vergegenwärtigen, indem man (1 $_{wid}$) noch einmal modifiziert:

(1$_{wid\,I}$) Du hast Recht: Sie ging zum Rockkonzert, aber nicht **obwóhl**, sondern **wéil** sie Ohrenschmerzen hatte.

Mit (1$_{wid\,I}$) wird genau der Teil herausdestilliert, der wahrheitsfunktional, also für das Rechthaben, relevant ist und von dem Teil abgegrenzt, der die konventionelle Implikatur enthält – und nur diesem wird widersprochen. Wir sehen also, dass die Unterscheidung zwischen einem Teil, der für das Rechthaben relevant ist und einem anderen Teil, der davon nicht tangiert ist, in unserem Sprachgebrauch eine klare Entsprechung hat.

Schauen wir uns (2) an: Die Partikel *sogar* signalisiert zweierlei, nämlich einerseits, dass Beate auch von anderen Leuten als Ansgar gemocht wird, und andererseits, dass Ansgar jemand ist, der in der Rangfolge der Leute, die Beate mögen oder überhaupt jemanden mögen, ziemlich weit hinten rangiert. Lauri Karttunen und Stanley Peters, die in einem längeren Aufsatz konventionelle Implikaturen untersuchen (s. Karttunen/Peters 1979), treffen folgende terminologische Entscheidung: Sie nennen das erste der genannten Merkmale eine **Existenzimplikatur** (es gibt noch andere Leute, die Beate mögen), das zweite eine **skalare Implikatur** (es gibt eine Rangfolge oder Skala von Leuten, die Beate stärker oder weniger stark mögen). In dieser Rangfolge von Menschenfreunden gibt es viele, die vor Ansgar rangieren, mit anderen Worten: Ansgar wäre der Letzte, der Beate mag, und doch ... Der von Karttunen und Peters gewählte Begriff der skalaren Implikatur wurde später auf Fälle nicht-konventioneller Implikaturen beschränkt, auf die GKIs. Doch auch hierzu später mehr.

Nehmen wir an, dass die beiden konventionellen Implikaturen, die Existenz- und die skalare Implikatur, nicht zutreffen. Die Frage ist dann, welche Konsequenzen dies hat – würden wir sagen, dass der Sprecher mit (2) nicht Recht hat? Falls also Ansgar der einzige ist, der Beate mag (Existenzimplikatur ist falsch), wäre (2) vielleicht merkwürdig, aber Karttunen/Peters würden sagen, dass die Aussage wahr ist. Auch für den Fall, dass Ansgar kein Menschenfeind ist (skalare Implikatur ist falsch), würden Karttunen/Peters kein Problem mit dem Wahrheitswert der Aussage haben. Der Rechthaber-Test wäre in diesem Fall bestanden, der Sprecher von (2) hätte trotzdem Recht. Man kann hierüber sicher streiten, und die Intuitionen gehen von Person zu Person auseinander – was wir aber zugestehen können, ist der Fakt, dass in beiden Fällen die Zuneigung von Ansgar zu Beate nicht zur Debatte steht, und hierauf kommt es Karttunen/Peters an.

Neben der Partikel *sogar* diskutieren die Autoren noch weitere Fälle von implikaturenhaltigen Ausdrücken. Mit dem Satz

(3) Carlo ist auch ein Feinschmecker.

implikatieren wir konventionell (d.h. durch den Gebrauch der Partikel *auch*), dass es noch andere Personen gibt, die Feinschmecker sind. Wir vollziehen also wieder eine konventionelle Existenzimplikatur. Dies ist natürlich nicht die einzige Existenzimplikatur, es ist auch möglich, dass Carlo neben der Feinschmecker-Eigenschaft noch andere Eigenschaften hat, etwa ein Oldtimer-Fan zu sein etc. – dies kommt zum Ausdruck, wenn wir *Feinschmecker* betonen.

Karttunen/Peters befassen sich auch mit Konditionalsätzen wie dem Folgenden:

(4) Wenn Carlo auch ein Feinschmecker ist, dann ist der Kaviar schnell weg.

5.1 Konventionelle Implikaturen

Die Diskussion der Konditionalsätze der Form *wenn φ, dann φ* setzt einige Kenntnisse in Aussagenlogik voraus. Wir wollen diesen Fall nur unter dem Gesichtspunkt der konventionellen Implikaturen ansehen, und dann ergibt sich Folgendes: Die durch *auch* produzierte Existenzimplikatur „vererbt" sich von dem wenn-Satz auf das ganze Konditional, sie bleibt also in (4) erhalten; außerdem wird durch den Indikativ im wenn-Satz signalisiert, dass der Sprecher diesen zumindest nicht für falsch hält. Diese Implikatur versteht man besser, wenn man sich den Konjunktiv II im wenn-Satz vorstellt und somit das produziert, was man ein **kontrafaktisches Konditional** nennt:

(4$_{kont}$) Wenn Carlo auch ein Feinschmecker gewesen wäre, dann wäre der Kaviar schnell weg gewesen.

Hier wird die Falschheit des wenn-Satzes signalisiert, und dies passiert mit (4) nicht. Zusammenfassend lässt sich also sagen:

> **Konventionelle Implikaturen** sind ein Resultat der Verwendung eines Ausdrucks in Übereinstimmung mit seiner konventionellen Bedeutung, und dies unterscheidet sie von konversationellen Implikaturen. Der betreffende Ausdruck, sei es *sogar*, *auch* oder ein anderer, kann aber nicht ausschließlich in Bezug auf diese konventionelle Bedeutung erklärt werden. Karttunen/Peters zufolge vollzieht man mit seiner Verwendung eine Implikatur, die nicht Bestandteil der Bedeutungsbeschreibung des jeweiligen Lexems ist.

Der Begriff der konventionellen Implikatur war von Grice recht knapp eingeführt worden, und das Verdienst von Lauri Karttunen und Stanley Peters war es, in dem genannten und in weiteren Aufsätzen eine Konkretisierung dieses Begriffs geleistet zu haben. Sie verfolgten dabei die Strategie, den Begriff der Präsupposition (der im nächsten Abschnitt erläutert wird) durch denjenigen der konventionellen Implikatur zu ersetzen. Neben den genannten Partikeln und Konditionalsätzen haben sie auch faktive Verben wie *vergessen, bemerken, berücksichtigen* (man kann nur etwas vergessen, was der Fall war etc.), und implikative Verben wie *gelingen* oder *misslingen* untersucht (die voraussetzen, dass man etwas versucht hat).

Als ein Autor, der in neuerer Zeit die Anregungen von Karttunen/Peters aufgenommen und in einem geschlossenen Ansatz weiter ausgearbeitet hat, lässt sich Christopher Potts nennen (s. Potts 2005, 2007). Er betrachtet vor allem zwei Gruppen von Ausdrücken näher, die er jeweils als **Supplemente** und als **Expressiva** bezeichnet. Ein typisches Beispiel für ein Supplement in Potts' Sinne ist der (nicht-restriktive) Relativsatz:

(5) Bis zum Alter von zehn Jahren verbrachte ich einen Teil des Sommers bei meiner Tante, die in einem Arbeiterviertel in Boston wohnte.

Der Relativsatz *die in einem Arbeiterviertel in Boston wohnte* ist für den Rechthaber-Test von untergeordneter Relevanz, d.h. auch wenn die Tante nicht in einem Arbeiterviertel wohnte, kann der Sprecher mit (5) grundsätzlich Recht haben. Das besprochene und die beiden folgenden – übersetzten – Beispiele stammen aus Potts (2005). Das nächste Supplement ist ein sprecherorientiertes Adverb, also ein solches, das die Einstellung des Sprechers zu dem geschilderten Sachverhalt wiedergibt:

(6) Nachdem Motorola zunächst damit einverstanden war, mir ein Test-Modem zur Verfügung zu stellen, änderten sie erstaunlicherweise ihre Meinung und sagten mir, dass sie keines abzugeben hätten.

Hier geht es um das Adverb *erstaunlicherweise*, mit dem kein ‚Umstand' angegeben wird – dies wäre mit *plötzlich* oder einem anderen Zeitadverb der Fall – sondern ein Zustand des Sprechers, der aufgrund der Meinungsänderung der Firma entsteht. Syntaktisch gesehen handelt es sich um ein Satzadverb. Hier wird besonders deutlich, dass die Äußerung auch zutreffen kann, wenn der Sprecher nicht verblüfft war.

Beispiele für Expressiva sind Ausdrücke, die eine emotionale Wertung des Geschehens oder des Gegenstandes beinhalten, von dem jeweils die Rede ist:

(7) Wir hatten einen neuen Wäschetrockner gekauft, und ich dachte, alles was wir zu tun hatten wäre, ihn an das Stromnetz anzuschließen und den Belüftungsschlauch anzubringen. Nirgendwo stand, dass das verdammte Ding ohne Stecker geliefert wird.

Das attributive Adjektiv *verdammt* hat in diesem Fall nicht die Funktion, den Wäschetrockner näher zu charakterisieren – etwa so, dass man über die Klasse der verdammten Wäschetrockner verfügen würde o.ä. – sondern es wird eine Wertung vorgenommen, die sich auf den Wäschetrockner oder sogar auf die Firma, die ihn geliefert hat, bezieht.

Potts zieht nun aus den Beispielen die allgemeine Konsequenz, dass man in einer solchen Äußerung zwei Aspekte oder Dimensionen unterscheiden muss: einerseits den Informationsgehalt, der übermittelt wird, und andererseits eine Angabe dessen, wie der Informationsgehalt aufgefasst oder eingeordnet werden soll. Dieser zweite Aspekt ist das, was Potts eine konventionelle Implikatur nennt. Der gesamte Ansatz, wie er in seinem Buch entwickelt wird, ist ausgesprochen formal und schließt an die modelltheoretische Semantik an, die schon für Karttunen/Peters maßgebend war. Relevant für das Verständnis von Potts' Ansatz ist seine Auffassung, dass konventionelle Implikaturen grundsätzlich von dem Informationsgehalt der Äußerung, also dem, worum es geht, unterschieden werden müssen. Dies schließt einige Ausdrücke, die landläufig zu den Trägern einer konventionellen Implikatur gezählt werden, aus, wie zum Beispiel die Konjunktion *aber*. Ihre wahrheitsfunktionale Bedeutung ist die einer Verbindung von zwei Sachverhalten, ihre vermeintliche konventionelle Implikatur besteht in dem Ausdruck eines Gegensatzes zwischen diesen. Da dies zur Information der Äußerung gehört, kann *aber* nicht zu den Implikaturenträgern zählen. An dieser Stelle trifft sich Potts übrigens mit Kent Bach, der allerdings sehr viel weiter geht und die Annahme von konventionellen Implikaturen als einen Mythos bezeichnet (s. Bach 1999).

Konventionelle Implikaturen sind also weder vom Umfang noch von ihrer grundsätzlichen Existenzberechtigung her ein selbstverständlicher Begriff pragmatischer Theoriebildung. Gleichwohl – oder gerade deshalb – bilden sie ein Untersuchungsfeld, in dem wir es mit ziemlich subtilen Bedeutungsunterschieden von Sätzen zu tun haben. Schließlich zeigte der *Rechthaber-Test*, dass in unserer alltäglichen Sprachpraxis durchaus eine Ebene vorgesehen ist, die man mit einem Begriff wie demjenigen der konventionellen Implikatur erfassen kann und auch sollte. Was die nach-Gricesche Diskussion dieses Begriffs kennzeichnet, ist allerdings eine Nähe zu demjenigen der Präsupposition. Karttunen/Peters haben es in ihrem Aufsatz ganz explizit darauf abgesehen, konventionelle Implikaturen als Ersatzbegriff für Präsuppositionen einzuführen. Wir wollen uns im nächsten Abschnitt etwas genauer anschauen, was es mit diesem älteren Begriff auf sich hat.

5.2 Präsuppositionen

Man kann das Wort ‚Präsupposition' mit ‚Voraussetzung' übersetzen und macht damit nichts wesentlich falsch. Es geht darum, dass bei Aussagen über Dinge oder Personen bestimmte Voraussetzungen erfüllt sein müssen, damit diese Aussagen überhaupt als sinnvoll gelten können. Eine der wichtigsten Voraussetzungen in diesem Sinne ist diejenige, dass die Dinge oder Personen existieren, auf die wir uns mit referierenden Ausdrücken, also beispielsweise Nomen, beziehen. Schauen wir uns ein Beispiel des Logikers Gottlob Frege an, übrigens eines der am häufigsten zitierten:

(8) Kepler starb im Elend. (s. Frege 1962, 54)

Wir können nur beurteilen, ob der Sprecher von (8) im Recht ist, wenn wir annehmen können, dass Kepler existiert hat. Können wir dies nicht, dann ist uns eine solche Beurteilung nicht möglich – Frege würde sagen, dass der Satz (8) in diesem Fall keine Bedeutung hat, sondern nur einen Sinn. Wenn wir den Begriff der Präsupposition verwenden (der vom englischen Sprachphilosophen Peter Strawson eingeführt wurde), dann können wir sagen, dass mit dem Gebrauch des Satzes (8) die Präsupposition der Existenz entsteht – eine Existenzpräsupposition. Sie kann durch folgenden Satz wiedergegeben werden:

(8_P) Es hat eine Person namens Kepler gegeben.

An diesem Beispiel lässt sich eine erste Eigenschaft von Präsuppositionen festmachen. (8_P) muss wahr sein, wenn (8) Bedeutung haben soll. Oder anders: Ist (8_P) falsch, dann ist (8) bedeutungslos, und das heißt bei Frege, dass der Satz weder wahr noch falsch sein kann.

An diesem Beispiel lässt sich auch gleich eine zweite zentrale Eigenschaft von Präsuppositionen verdeutlichen. Stellen wir uns zu diesem Zweck vor, jemand würde auf (8) erwidern:

(9) Kepler starb nicht im Elend.

Es zeigt sich, dass die Existenzpräsupposition die gleiche bleibt, das heißt dass auch dieser negierte Satz nur bedeutungsvoll ist, wenn (8_P) wahr ist. Bezüglich einer Person, die nicht existiert hat, zu bestreiten, dass sie im Elend starb, ist ebenso witzlos wie von ihr zu behaupten, dass sie es tat. Wir können hieraus eine zweite zentrale Eigenschaft von Präsuppositionen ableiten, nämlich diejenige, dass sie unabhängig davon entstehen, ob der Satz affirmiert oder negiert wird: Sie sind stabil gegenüber Negation.

Ausgehend von dem Begriff der Voraussetzung bei Frege über die Theorie der Kennzeichnungen bei Bertrand Russell über die schon erwähnte Theorie der Präsuppositionen von Peter Strawson bis hin zur Aufhebung dieses Begriffs in demjenigen der konventionellen Implikatur gibt es eine reiche Tradition der Auseinandersetzung mit diesem Phänomen, die linguistisch vor allem in den 70er und 80er Jahren des 20. Jh. genutzt und umgesetzt wurde. Es ist daher eher von historischem Interesse, wenn man sich mit dem Präsuppositionsbegriff auseinandersetzt, denn die wesentlichen Diskussionen sind abgeschlossen. Alle Diskussionen? Nicht ganz, denn ein kleines widerständiges Merkmal sperrt sich gegen die Einvernahme durch die übermächtige Implikaturendiskussion: Es ist das erste der oben aufgeführten, dasjenige der Wahrheitswert-Relevanz. Sätze, die Präsuppositionen beschreiben, müssen wahr sein, damit die Träger-Sätze der jeweiligen Präsupposition eine Bedeutung haben. Diese Eigenschaft ist aus konventionellen Implikaturen nicht so ohne weiteres abzuleiten, und so gibt es nicht nur einen nostalgischen Grund, sondern auch einen in der Sache liegenden, warum man den Begriff der Präsupposition nicht aufgeben sollte.

Schauen wir uns zunächst neben dem gegebenen Beispiel (8) weitere Beispiele an, die in der Literatur üblicherweise als Träger von Präsuppositionen angegeben werden. Bei Frege selbst kommt in dem genannten Aufsatz das Beispiel eines temporalen Adverbialsatzes vor, der in Bezug auf den behaupteten Gehalt einen speziellen Status hat. Etwas aktualisiert kann man das Beispiel so wiedergeben:

(10) Nach dem Beitritt der DDR zur Bundesrepublik gab es die erste gesamtdeutsche Wahl.

In dem Adverbial *nach dem Beitritt der DDR zur Bundesrepublik* wird der Beitritt nicht aktuell behauptet, sondern er wird als Fakt vorausgesetzt, um eine andere Behauptung auszuführen, nämlich bezogen auf den Zeitpunkt der ersten gesamtdeutschen Wahl. In seiner ausführlichen Darstellung von Präsuppositionen führt Levinson, dessen Pragmatik-Buch 1983 zuerst erschien, also auf dem Höhepunkt der Präsuppositions-Konjunktur, neben den Adverbialsätzen eine Liste von weiteren Ausdrücken auf, die als **Präsuppositionsauslöser** gelten können. An dieser Stelle seien nur zwei weitere genannt, weil sie einerseits die offenkundigsten sind, andererseits weil ein paar der 1983 aufgeführten Beispiele später von Levinson in einem anderen Theoriekontext (der Theorie der GKI) ganz anders behandelt werden. Sehen wir uns zunächst die sogenannten faktiven Verben an, auf die P. und C. Kiparski 1971 zuerst aufmerksam gemacht haben:

(11) Viele bedauerten, dass der Beitritt so überstürzt erfolgte.

(12) Einige waren froh darüber, dass sie ein gutes Geschäft machen konnten.

Mit (11) und (12) wird jeweils im Fregeschen Sinne vorausgesetzt, dass der Beitritt überstürzt erfolgte bzw. dass einige ein gutes Geschäft machen konnten. *Bedauern* und *froh sein* sind also Verben oder Verbkomplexe, bei denen der propositionale Gehalt, auf den sich die Einstellung richtet, nicht aktuell behauptet, sondern vorausgesetzt wird. An dieser Stelle überlappt sich die Präsuppositionsdiskussion mit der Sprechakttheorie, denn die Klasse der Expressiva zeichnet sich dadurch aus, dass der propositionale Gehalt dieser Sprechakte nicht behauptet, sondern präsupponiert wird: Wenn ich jemandem gratuliere, dass er/sie die Prüfung bestanden hat, dann setze ich das Bestehen der Prüfung voraus und behaupte es nicht.

Weitere Präsuppositionsauslöser sind sogenannte implikative Verben (s. Karttunen 1971) und Verben der Zustandsveränderung (s. Sellars 1954). Für die ersten sei folgendes Beispiel gegeben:

(13) Darius schaffte es, Edith zu einem Kinobesuch zu überreden.

Mit (13) wird präsupponiert, dass Darius es eine Weile mit ungewissem Ausgang versuchte, Edith zu einem Kinobesuch zu überreden – es wird aber klarerweise nicht behauptet, sondern ist eher implizit in dem Verb *schaffen* enthalten.

(14) Die USA hörten auf, Mittelamerika wie einen Hinterhof zu behandeln.

Hier wird eine Zustandsveränderung behauptet, die präsupponiert, dass die USA vor dieser Veränderung Mittelamerika wie einen Hinterhof behandelt haben. Auch dies wird nicht behauptet, sondern ist implizit in dem Verb *aufhören* enthalten.

Mit diesen Beispielen soll die Liste der Präsuppositionsauslöser abgeschlossen werden – die ausführlichere Darstellung in Levinson (1983) wurde schon erwähnt. Stattdessen wollen wir uns noch etwas genauer mit dem pragmatischen Status von Präsuppositionen beschäftigen, denn landläufig wird zwischen **semantischen** und **pragmatischen Präsuppositionen** unterschieden. Es interessiert in diesem Zusammenhang besonders, was es mit den Letzteren auf sich hat. Um den Sinn pragmatischer Präsuppositionen zu verstehen, stellen wir uns die (vielleicht überraschende) Frage, was es heißt, etwas zu wissen. Es soll nicht in eine erkenntnistheoretische Grundsatzdiskussion eingestiegen, sondern lediglich die speziellere Frage diskutiert werden, wann man sinnvollerweise annehmen kann, dass jemand etwas weiß, ohne dass man ihn näher kennt. Man tut es ständig, vor allem, wenn man mit anderen redet. Sobald man auf bestimmte Dinge Bezug nimmt, unterstellt man, dass diese Dinge dem anderen bekannt sind, und der andere rechnet ebenfalls mit dieser Unterstellung. Es wäre schlichtweg keine Kommunikation möglich ohne diese wechselseitige Unterstellung von Wissen.

Mit dem Begriff der **wechselseitigen Wissensunterstellung** sind wir im Grunde schon bei der Definition pragmatischer Präsuppositionen angekommen, denn diese enthalten genau das, was man sich wechselseitig unterstellen muss, um erfolgreich auf Dinge Bezug nehmen zu können. Genauer gesagt behauptet die Theorie der pragmatischen Präsuppositionen, dass es einen systematischen Zusammenhang zwischen dem unterstellten wechselseitigen Wissen von Gesprächspartnern und ihren Äußerungen gibt. Diesen Zusammenhang hat R. Stalnaker in seinem grundlegenden Aufsatz über ‚Pragmatic Presuppositions' (1974) herausgestellt: Er legt fest, dass eine Äußerung dann eine Proposition P pragmatisch präsupponiert, wenn das wechselseitige Wissen über P eine Voraussetzung dafür ist, dass die getane Äußerung angemessen ist. Wir sehen sofort, dass der Begriff der Angemessenheit denjenigen der Wahrheitsfunktionalität ersetzt - wahr oder falsch sind (behauptete) Sätze, angemessen oder unangemessen hingegen Handlungen, und aus dem Übergang vom Kriterium der Wahrheitsfunktionalität zum Kriterium der Angemessenheit findet ein Übergang statt von (behaupteten) Sätzen zu Äußerungen im Sinne von Sprechhandlungen.

Aus dem gleichen Grund kritisiert auch Keller (1974) die Auffassung, Sätze wie (8_P), die Präsuppositionen beschreiben, müssten wahr sein, damit eine Behauptung wie (8) sinnvoll ist. Woher soll man zuverlässig wissen, dass Kepler wirklich existiert hat, und wenn, ob er wirklich die elliptische Form der Planetenbahn entdeckt hat? Man denke nur an die Ungewissheit hinsichtlich anderer historischer Gestalten wie beispielsweise Shakespeare. Statt des anspruchsvollen Begriffs des Wissens charakterisiert Keller Präsuppositionen mithilfe des Begriffs der ehrlichen Behauptung, dass man etwas wisse – Sprecher müssen ehrlich oder aufrichtig sein, aber nicht allwissend oder unfehlbar. Eine Präsupposition, dass P, kann dann unterstellt werden, wenn Sprecher A ehrlich von sich behaupten kann, dass er wisse, dass P, Sprecher B ebenfalls, und wenn beide Sprecher dies auch wechselseitig voneinander annehmen. Auf diese Weise wird der Begriff der Wahrheit durch denjenigen des kollektiven, also wechselseitigen Wissens ersetzt.

Dass es dabei um wechselseitige Unterstellungen zwischen den Gesprächspartnern geht, wird an einem anderen Beispiel Stalnakers deutlich: Friederike geht im Park umher und wendet sich an einen Spaziergänger:

(15) Entschuldigen Sie, ich habe mein Schlüsselbund verloren. Haben Sie vielleicht eines gesehen?

Gemäß Stalnakers Definition ist Friederikes Äußerung nur angemessen, wenn die Proposition, Friederike besitze ein Schlüsselbund, zum wechselseitigen Wissen von ihr und dem Spaziergänger gehört. Dies können wir unterstellen, denn üblicherweise verfügen Personen über einen Schlüssel zu ihrer Wohnung. Die genannte Proposition erfüllt also die Funktion, der Äußerung (15) einen Sinn zu verleihen, der nicht gegeben ist, wenn man die Proposition nicht als Teil des wechselseitigen Wissens von Sprechern und Adressaten unterstellen kann. Im letzteren Fall funktioniert die Präsupposition einfach nicht. Wir müssen uns hierzu nur etwas weniger freundliche Situationen wie einen Rundgang im Gefängnishof vorstellen. Auch ein Club-Urlaub, in dem die Reisenden mit Muschelgeld bezahlen und in einfachen Strandhütten wohnen, die ein Tuch statt einer Tür haben, reicht als Szenario aus, um eine Frage nach einem verlorenen Schlüsselbund unangemessen erscheinen zu lassen.

Das Beispiel (15) deutet allerdings auf eine wichtige Eigenschaft von Präsuppositionen hin, die von dem einfachen Schema des Vorausgesetzt-Seins abweicht. Das Wissen, dass sie ein bestimmtes Schlüsselbund besitzt – nämlich das, was sie sucht – konnte Friederike nicht einfach so explizit beim Spaziergänger voraussetzen, sondern es war Teil allgemeiner Hintergrundannahmen. Man kann diesen Fall noch radikalisieren, indem man auch Präsuppositionen zulässt, die nicht nur nicht explizit, sondern gar nicht zu den Wissens-Voraussetzungen gehören, die man voneinander macht. Nehmen wir an, ein älterer Herr teilt uns mit:

(16) Meine Modelleisenbahn hat sich im letzten Jahr ziemlich vergrößert.

Nun gut, es ist nicht ausgeschlossen, dass ältere Herren Modelleisenbahnen besitzen, es kommt sogar hin und wieder vor. Andererseits gehört der Besitz solcher Anlagen nicht zu den Eigenschaften, die wir typisierend diesem Personenkreis zuschreiben würden. Gleichwohl würden wir nicht sagen wollen, dass die Präsupposition dieser Äußerung nicht erfüllt und damit (16) selbst unangemessen sei. Die Präsupposition entsteht gleichsam mit ihrem Träger, wir bilden sie aus, um dem Sprecher von (16) rationales Sprechhandeln unterstellen zu können. Das heißt aber, dass wir mit Präsuppositionen kreativ umgehen können, sie können spontan ausgebildet werden und müssen nicht statisch vor der Äußerung schon erfüllt sein. David Lewis hatte dieses Phänomen schon in den siebziger Jahren des 20. Jh. erkannt und es mit dem Ausdruck der **Akkomodationsregel für Präsuppositionen** benannt. Akkomodieren heißt in diesem Fall einfach anpassen – wir passen uns mit der Ausbildung von Präsuppositionen dem aktuellen Lauf des Diskurses an und folgen den ontologischen Annahmen unserer Gesprächspartner (s. Lewis 1979). Auf diese Weise entsteht in dem Moment, in dem wir (16) vernehmen, das vollständige Bild, das wir uns vom Äußernden machen – als jemandem, dem eine Modelleisenbahn gehört.

Es ist allerdings nicht immer so einfach und so konsensuell zu lösen wie in den bisher angegebenen Beispielen. Wir haben im Fall von (16) in der Regel kein Problem damit, die Menge von Präsuppositionen so zu erweitern, dass der Sprecher Besitzer einer Modelleisenbahn ist. Was Gegenstand einer Behauptung und Gegenstand einer Präsupposition ist, kann aber manchmal durchaus unterschiedlich eingeschätzt werden. So kann man sich vorstellen, dass in dem folgenden Beispiel die Akkomodation, die darin besteht, dem mütterlichen Weltwissen einen künftigen Ehepartner hinzuzufügen, nicht so reibungslos verläuft: Ein junger Mann sagt zu seiner Mutter, die von einer Verlobung nie etwas gehört hat:

> (17) Ma, ich habe vergessen Dir zu erzählen, dass meine Verlobte und ich nächste Woche nach Berlin ziehen werden.

Der Gebrauch von *vergessen* als faktivem Verb präsupponiert den Sachverhalt, der im dass-Satz untergebracht ist. Hier kann es durchaus zu unterschiedlichen Auffassungen darüber kommen, was man legitimerweise dem Gesprächspartner als zu akkomodierende Präsupposition aufbürden darf. Als generelle Regel gilt sicher, dass Dinge, die den Gesprächspartner mehr oder minder stark betreffen, nicht ohne weiteres als zu akkomodierende Präsupposition behandelt werden sollten – sondern vielmehr explizit gesagt. Gleichwohl stellt dies eine beliebte Strategie dar, adressatenseitig schlechte Nachrichten zu übermitteln, und sei es nur zur Schonung (man kann dies die Schulkinder-Strategie nennen: „Meine Fünf in Mathe bügele ich schon wieder aus ...").

In einem Aufsatz über ‚Common Ground' von Stalnaker (2002) geht es darum, wie man dieses wechselseitige Wissen, auf das sich die Präsuppositionen jeweils beziehen, näher charakterisieren kann. Zunächst definiert Stalnaker den Begriff des *Common Ground* durch den Begriff des **gemeinsamen Glaubens**:

> **Gemeinsamer Glauben**
> Eine Proposition ϕ ist Bestandteil des gemeinsamen Glaubens einer Gruppe von Personen immer und nur dann, wenn alle Mitglieder dieser Gruppe glauben, dass ϕ, außerdem alle glauben, dass alle glauben, dass ϕ, und wiederum alle das Letztere glauben.

Der griechische Buchstabe ϕ ist eine Abkürzung für eine beliebige Proposition.

Es reicht allerdings nicht aus, Common Ground lediglich als gemeinsamen Glauben zu definieren, denn manchmal wird etwas als Common Ground behandelt, was nicht zum gemeinsamen Glauben gehört. Das Verlobungsbeispiel war schon ein Vorgeschmack auf die Fälle, in denen Common Ground und gemeinsamer Glaube divergieren können. Stalnaker schlägt deshalb vor, pragmatische Präsuppositionen nicht über den Begriff des gemeinsamen Glaubens zu definieren, sondern über den Begriff des **gemeinsam akzeptierten Glaubens**. Worin besteht der Unterschied?

Ein Beispiel hilft hier weiter: Stellen wir uns ein ziemlich bekanntes Szenario vor, das von Keith Donnellan stammt und im Zuge der Theorie der Kennzeichnungen entwickelt wurde (s. Donnellan 1966). Guntram und Hauke sind auf einer Party und unterhalten sich über einen anderen Partygast. Guntram sagt:

> (18) Der Typ mit dem Martini im Glas soll ziemlich einflussreich sein.

Im Sinne der gerade eingeführten Präsuppositionstheorie ist (18) pragmatisch angemessen, wenn es einen gemeinsamen Glauben gibt, dass der betreffende Typ Martini im Glas hat. Nun kann es sein, dass er keinen Martini, sondern Perrier im Glas hat – ϕ ist falsch, aber dies hat keinerlei Einfluss auf den Erfolg der Bezugnahme. Es kommt einfach darauf an, dass die jeweilige Person identifiziert wurde. Stalnaker geht nun über das Donnellansche Beispiel hinaus, indem er annimmt, dass Hauke weiß, dass die fragliche Person niemals Alkohol trinkt und deshalb vermutlich Perrier im Glas hat – keinesfalls aber Martini. In diesem Fall ist die obige Definition des wechselseitigen Glaubens nicht erfüllt. Würden wir infolgedessen sagen, dass auch die Präsupposition nicht erfüllt ist? Ungern, und dies hat die gleiche Ursache wie die erfolgte Bezugnahme

– es ist einfach nicht relevant, welches Getränk sich im Glas der einflussreichen Person befindet. Stalnaker spielt das Spiel noch eine Drehung weiter. Auch Guntram kann glauben, dass sich kein Martini im Glas befindet, aber er kann (fälschlicherweise) glauben, dass Hauke glaubt, dass sich Martini im Glas befindet – wobei Hauke dies wiederum glauben kann oder nicht. Auch hier dürfte die Entstehung der Präsupposition nicht Schaden nehmen – und an dieser Stelle muss man die zitierte Bedingung für Präsuppositionen auf der Basis des gemeinsamen Glaubens spätestens fallenlassen. Was aber tritt an ihre Stelle – man möchte ja nicht auf die Fregesche Auffassung der Voraussetzung im Sinne einer Existenz zurückgehen.

Die Lösung des Problems, die Stalnaker mit der schon genannten Wendung anbietet, besteht darin, dass der Begriff des Glaubens ersetzt wird durch den Begriff der **Akzeptanz**. Auch wenn Hauke nicht glaubt, dass Martini im Glas ist, so kann er doch diese Proposition im Dienste der gelingenden Kommunikation akzeptieren, und sogar Guntram kann diese Proposition akzeptieren, obwohl er sie nicht glaubt. Die Explikation einer Präsupposition mithilfe des pragmatischen Begriffs des Common Ground kann also aufrechterhalten werden, wenn dieser nicht einfach über den Begriff des gemeinsamen Glaubens, sondern über denjenigen des akzeptierten gemeinsamen Glaubens definiert wird. Wir akzeptieren es, dass etwas als gemeinsamer Glaube behandelt wird, auch wenn wir nicht unbedingt davon überzeugt sind oder sogar eine andere Überzeugung haben – es ist für den Fortgang des Diskurses nicht relevant, ob dieser konkrete Glaube unbedingt zutrifft oder nicht. Wenn man die Analyse in diesem Sinne erweitert, dann ist eine pragmatische Definition der Präsupposition mithilfe des Begriffs des Common Ground weiterhin möglich. Man kann natürlich auch annehmen, dass beide Gesprächspartner wechselseitig wissen, dass der gemeinsame Glaube falsch ist. Hier stoßen wir in einen Grenzbereich der Kommunikationstheorie vor, denn es stellt sich die Frage, ob es sich noch um Kommunikation oder um das Spielen mit oder von Kommunikation handelt, d.h. um Interaktion im weiteren Sinne. Ich würde für Letzteres plädieren, denn unter der Voraussetzung, dass beide Gesprächspartner wechselseitig voneinander glauben, dass sich kein Martini im Glas befindet, handelt es sich um prätendierte Bezugnahme und nicht um Bezugnahme. Freilich kann gespielte Kommunikation auf dieser Basis (eine Weile lang) gutgehen.

Mit diesem Ausblick soll der Abschnitt über Präsuppositionen abgeschlossen werden. Einige neuere Ansätze zum Verhältnis von Implikatur und Präsupposition sind in einem von U. Sauerland und P. Stateva herausgegebenen Sammelband enthalten (Sauerland/Stateva 2007), freilich von einer semantischen Perspektive aus. Im nächsten Kapitel kommen wir wieder auf die Implikaturen zurück, indem wir uns mit einer Erweiterung des Begriffs der generalisierten Implikatur beschäftigen, und zwar innerhalb der Theorie der präsumptiven Bedeutung von Stephen Levinson.

Literatur:

Bach, K. (1999): The myth of conventional implicature. In: *Linguistics and Philosophy* 22, 327–366.
Donnellan, K. (1966): Reference and Definite Descriptions. In: *Philosophical Review* 75, 281–304.
Frege, G. (1962): Über Sinn und Bedeutung. In: G. Patzig (Hg.), *Funktion, Begriff und Bedeutung*. Göttingen: Vandenhoek/Rupprecht, 40–65. [Zuerst ersch. in: *Zeitschrift für Philosophie und philosophische Kritik*, NF 100, 1892.]
Karttunen, L. (1971) : Implicative Verbs. In: *Language* 47, 340–358.
Karttunen, L./S. Peters (1979): Conventional Implicature. In: C.-K. Oh/D.A. Dineen (Hg.), *Syntax and Semantics 11, Presupposition*. New York: Academic Press, 1–56.
Keller, R. (1974): *Wahrheit und kollektives Wissen. Zum Begriff der Präsupposition*. Düsseldorf: Schwann.
Kiparski, P./C. Kiparski (1971): Fact. In: D. Steinberg/L.A. Jakobovits (Hg.), *Semantics. An interdisciplinary reader in philosophy, linguistics and psychology*. Cambridge: Cambridge University Press, 345–369.
Levinson, S. (1983): *Pragmatics*. Cambridge: Cambridge University Press. [Dt.: *Pragmatik*. Tübingen: Niemeyer, ^{3}2000.]
Levinson, S. (2000): *Presumptive Meanings. The Theory of Generalized Conversational Implicatures*. Cambridge/Mass.: MIT Press.
Lewis, D. (1979): Scorekeeping in a Language Game. In: *Journal of Philosophical Logic* 8, 339–359. [Wiederabdruck in: Davis, S. (1991): *Pragmatics: A Reader*, Oxford/New York: Oxford University Press.]
Potts, C. (2005): *The logic of conventional implicature*. Oxford: Oxford University Press.
Potts, C. (2007): Into the conventional-implicature dimension. In: *Philosophy compass*, 2/4, 665–230.
Sauerland, U./P. Stateva (Hg.) (2007): *Presupposition and implicature in compositional semantics*. Basingstoke: Palgrave Macmillan.
Sellars, W. (1954): Presupposing. In: *The Philosophical Review* 63, 197–215.
Stalnaker, R.C. (1974): Pragmatic presuppositions. In: M. Munitz/P. Unger (Hg.), *Semantics and philosophy*. New York: New York University Press, 197–214.
Stalnaker, R.C. (2002). Common ground. In: *Linguistics and philosophy* 25 (5), 701–721.

6. Implikaturen generalisiert: Über pragmatische Idiome

Nehmen wir an, jemand möchte Gartenarbeit machen. Er benötigt dafür verschiedene Gerätschaften, unter anderem einen Spaten. Dieser ist nicht im vorgesehenen Schuppen, und daher fragt er A, wo der Spaten sei. A antwortet:

(1) Der Spaten ist auf dem Dachboden oder im Keller.

Was ist der kommunikative Gehalt von A's Äußerung? Zunächst informiert er den Gartenfreund über zwei mögliche Orte, an denen sich der Spaten befinden kann. Allerdings ist die gegebene Information nicht sehr konkret, sie hilft nur bedingt weiter. Was A darüber hinaus mit (1) kommuniziert, ist, dass er nicht weiß, ob der Spaten auf dem Dachboden oder im Keller ist. Dies ist im Diskurs eine wichtige Komponente, denn die Äußerung wäre ohne diese zweite Information wenig kooperativ. Andererseits ist es nichts, was A explizit gesagt hätte, sondern etwas, was aus dem Gesagten erschlossen wurde. Wir können mit Grice diese zweite Komponente eine **generalisierte konversationelle Implikatur** nennen – im Folgenden abgekürzt: GKI. Dieser Implikaturentyp wurde im vorherigen Kapitel schon eingeführt, er enthält Implikaturen, die nicht im Moment der Äußerung aktuell errechnet werden müssen, sondern durch bestimmte Ausdrücke getriggert werden, hier durch die Konjunktion *oder*.

Im Anschluss an den von Grice geschaffenen Begriff der GKI entwickelten sich einige einflussreiche Ansätze, die GKIs nutzten, um der pragmatischen Dimension des Gebrauchs sprachlicher Ausdrücke weiter auf die Spur zu kommen. Dadurch hat der Begriff der GKI eine hohe sprachtheoretische Relevanz gewonnen, und er ist zu einem Konkurrenzbegriff zu semantisch geprägten Begriffen wie demjenigen der logischen Form oder der Präsupposition geworden. Bevor wir in die Darstellung einsteigen, sehen wir uns weitere Beispiele für GKIs an, wie folgendes:

Ein Bericht über ein Kind:

(2) Es zog den Schlafanzug an und ging ins Bett.

In diesem Fall verbindet die Konjunktion *und* nicht nur zwei Teilsätze, die zwei Handlungen des Kindes beschreiben, sondern es wird zudem eine Reihenfolge zwischen diesen ausgedrückt. Erst zog es den Schlafanzug an und dann ging es ins Bett. Dreht man die Reihenfolge der Konjunkte um, dann ergibt sich auch eine andere Handlungsfolge: Das Kind zog den Schlafanzug erst im Bett an.

Wie im ersten Beispiel das Nichtwissen, so ist auch die Reihenfolge der Handlungen im zweiten Fall nicht als Bedeutungsbestandteil der Konjunktion *oder* bzw. *und* zu repräsentieren, sondern sie wird pragmatisch als Ergebnis einer GKI aufgefasst. Für beide GKIs gilt, dass es natürlich Kontexte gibt, in denen der Zusatzeffekt nicht gegeben ist; im ersten Fall ist es vielleicht ein Ratekontext, in dem A über die Information verfügt, wo sich der Spaten befindet, aber dem Fragenden eine Rateaufgabe stellt. Im zweiten Fall entsteht die GKI nicht, wenn die Ereignisse unabhängig voneinander stattfinden und dies in unserem Weltwissen auch standardmäßig so nicht festgelegt ist:

(3) Sie belegte einen Italienisch-Kurs und machte den Führerschein.

Hier entsteht die GKI *und dann* nicht, denn normalerweise sind Italienisch-Kenntnisse keine Voraussetzung für den Erwerb eines Führerscheins, so wie es umgekehrt normal oder erwartbar ist, dass man zunächst den Schlafanzug anzieht und dann zu Bett geht. Wenn man sagen wollte, dass das Nichtwissen in (1) bzw. die Reihenfolgebeziehung in (2) ein Bedeutungsmerkmal des Wörtchen *und* ist, dann wären die Gebrauchsweisen von (1) im Ratespiel oder von (3) semantisch nicht wohlgeformt, denn sie verstießen gegen diese Regel. Dies ist aber offenkundig nicht der Fall, die Äußerungen sind in diesem Kontext in Ordnung. Es kann sich also bei der Zusatzinformation des Nichtwissens oder beim Zusatz der zeitlichen Reihenfolge im Sinne von *und dann* nur um pragmatische GKIs handeln.

6.1 Skalare und klausale Implikaturen

Es wurde hervorgehoben, dass die GKIs auf dem Weg der sozialen Kristallisation der Sprache schon weiter fortgeschritten sind als die partikularisierten Implikaturen, die PKIs. Dies erkennt man auch daran, dass sie mit den Endprodukten der Kristallisation, den sprachlichen Einheiten und Strukturen, in regelmäßiger Weise interagieren und in manchen Bereichen sogar als Teil dieser Strukturen gelten können. Schauen wir uns zunächst zwei Untertypen der GKIs an, die Autoren eingeführt haben, die sich selbst in der Tradition von H.P. Grice sehen – sie nennen sich bisweilen Neo-Griceaner, und zu ihnen zählen Larry Horn, Gerald Gazdar und Stephen Levinson.

Es geht um die **skalaren** und die **klausalen Implikaturen**:

> **Skalare Implikaturen**
> Skalare Implikaturen treten beim Gebrauch von Ausdrücken auf, die auf einer Skala aufgereiht sind, und zwar entsprechend ihrer „Stärke". So bilden die Ausdrücke <*heiß, warm*> eine Skala, wobei der stärkere Ausdruck links, der schwächere rechts angeordnet ist, eine andere Skala ist <*alle, einige*>.

Wenn man den schwächeren Ausdruck auf der Skala wählt, dann wird die Gültigkeit des stärkeren negiert, und zwar als Ergebnis einer GKI. Dies lässt sich an folgendem Beispiel verdeutlichen:

(4) Einige der Eingeladenen kamen zur Party.

Auf der einschlägigen Skala ist der Ausdruck *einige* der schwächere; entsprechend der genannten Regel wird damit die Gültigkeit des stärkeren negiert, es folgt also:

(5) Nicht alle der Eingeladenen kamen zur Party.

Dies ist in der Tat die zutreffende Folgerung, so dass wir die skalare Implikatur in diesem Fall bestätigen können. Es ist pragmatisch unangemessen, (4) ohne weitere Erläuterung weiterzuführen mit „... alle waren der Einladung gefolgt", denn es wurde gerade implikatiert, dass *nicht* alle kamen, und das heißt, dass einer oder mehrere der Einladung nicht gefolgt sein müssen. Skalare Implikaturen wurden von dem eben erwähnten Neo-Griceaner L. Horn eingeführt (s. Horn 1984, 1989), einem der einflussreichsten Linguisten in der Grice-Nachfolge. Der Typ der eben beschriebenen Skalen ist in die Geschichte der Linguistik als „**Horn-Scale**" eingegangen.

Als einen weiteren Typ der GKI hatten wir die klausalen Implikaturen genannt. Dies sind – der Name deutet es an – satzbezogene Implikaturen (clause = [unselbständiger] Satz). Sie wurden von dem Linguisten G. Gazdar eingeführt (s. Gazdar 1979). Auch die

6.1 Skalare und klausale Implikaturen

klausalen Implikaturen gehen auf die 1. Quantitätsmaxime zurück und lassen sich an folgendem Beispiel gut demonstrieren. Es geht um den Unterschied zwischen

(6) Ich weiß, dass die Krise überstanden ist.

und

(7) Ich glaube, dass die Krise überstanden ist.

Intuitiv gesagt drückt die Sprecherin aus, dass die Krise überstanden und sie sich dessen sicher ist (6) oder dass sie nicht so sicher ist (7). Wir können nun, ähnlich den Horn-Skalen, ein Gegensatzpaar aufstellen: <wissen, glauben>. Mit der Wahl des Verbs *glauben* implikatiert die Sprecherin, dass sie die Anwendbarkeit des stärkeren Ausdrucks *wissen* negiert. Mit (7) implikatiert sie, dass sie nicht weiß, ob die Krise überstanden ist. Die Implikatur kommt durch Ausbeutung der ersten Quantitätsmaxime zustande, denn sie wäre nicht hinreichend informativ, wenn sie *gewusst* hätte, dass p, aber gesagt hätte, sie *glaube*, dass p.

Ein vergleichbarer Effekt tritt bei **klausalen wenn-Implikaturen** auf. Modifizieren wir dafür die obigen Beispielsätze (6) und (7) ein wenig:

(8) Wenn die Krise überstanden ist, können wir aufatmen.

(9) Da die Krise überstanden ist, können wir aufatmen.

Im Falle von (9) können die Sprecherin und ihre Kollegen aufatmen, im Falle von (8) noch lange nicht. Auch hier lässt sich ein geordnetes Paar von Subjunktionen aufstellen, nämlich <da, wenn>, wobei der Gebrauch des schwächeren *wenn* implikatiert, dass die Verwendung des stärkeren *da* nicht möglich ist, denn sie würde einen Verstoß gegen die erste Quantitätsmaxime beinhalten. Die klausale wenn-Implikatur für (8) lautet also:

+> Die Krise ist nicht überstanden.

Mit den skalaren und klausalen GKIs liegt ein Fall der systematischen Interaktion von Sprachstruktur und Sprachgebrauch vor. Die Bedeutung der Ausdrücke legt ihre Position auf der jeweiligen Skala fest, und aus der Verwendung eines bestimmten Ausdrucks auf der Skala ergibt sich eine pragmatische Schlussfolgerung, nämlich dass – im prototypischen Fall – der jeweils stärkere Ausdruck auf der Skala nicht gilt. Der Gebrauchsanteil der skalaren Beziehung macht sich bemerkbar anhand einer zentralen Eigenschaft von Implikaturen, ihrer Tilgbarkeit.

Wenn wir noch einmal auf das Beispiel (4) mit seiner skalaren Implikatur zurückgehen, dann sehen wir, dass genau diese – nämlich dass nicht alle der Eingeladenen zur Party kamen – sprecherseitig tilgbar ist. So kann man sich etwa einen korrigierenden Zusatz vorstellen: „... *vielmehr waren doch alle gekommen.*" Wir unterstellen beim Verständnis dieser Äußerung eine zeitliche **Erkenntnisabfolge**, etwa so, dass die Sprecherin im ersten Moment der Meinung war, dass nur einige zur Party kamen, bei weiterem Nachdenken aber zu der Auffassung kommt, dass doch alle da waren.

Aber auch auf der Seite des Adressaten ist die Implikatur tilgbar, etwa indem er selbst die skalare Deutung korrigiert. Nehmen wir an, die Sprecherin von (4) würde sich nicht korrigieren, sondern einfach fortfahren mit „... *als alle da waren.*" Sie würde damit der GKI widersprechen. Angesichts eines solchen scheinbaren pragmatischen Fehlers greifen sofort Reparaturmechanismen in die Interpretation ein, und als Adressat wird man beide Äußerungsteile zusammenfügen wollen. Dies gelingt nur, wenn eine zeitliche **Faktenabfolge** eingefügt wird, die es erlaubt, von einem früheren Zeitpunkt (als nicht alle da waren) zu einem späteren Zeitpunkt (als schließlich alle da waren) überzugehen. Damit wäre auf Seiten des interpretierenden Adressaten die Passfähigkeit wieder hergestellt durch eine zeitliche Festlegung des Implikatierten.

Soweit der Gebrauchsteil der Skala. Es gibt aber auch einen Strukturteil, und dieser betrifft die Beziehung auf der Skala „nach unten". Wir können (4) nicht in bewährter Tilgungsmanier ergänzen durch „... *vielmehr kam einer.*" Was wir mit diesem Zusatz tun, ist etwas anderes als mit dem Zusatz „... *vielmehr kamen alle.*" Wir erweitern oder konkretisieren die Aussage nicht, sondern wir ersetzen sie durch eine andere, denn dass einer zur Party kam, ist offenkundig eine andere Aussage als diejenige, dass einige kamen. Dies liegt daran, dass *einer* in *einige* und *einige* in *alle* enthalten ist (im Englischen gibt es dafür den Ausdruck *entailment*), andersherum aber *einige* nicht in *einer*. Anders gesagt: Daraus, dass einige kamen, folgt, dass auch einer kam, aber daraus, dass einer kam, folgt nicht, dass einige kamen. Wenn wir die Skala abwärts gehen, haben wir also eine logische Folgerungsbeziehung, die nicht getilgt werden kann; wenn wir die Skala aufwärts gehen, entsteht eine pragmatische Implikaturenbeziehung, die per definitionem getilgt werden kann.

Abschließend soll noch ein besonderer Typ von Implikaturen erwähnt werden, der einige Ähnlichkeit mit skalaren Implikaturen hat, obwohl es sich in diesem Fall nicht um Skalen handelt. Es geht vielmehr um eine begrenzte Menge von Alternativen, die gleichberechtigt nebeneinander stehen, und bei der wir durch die Wahl einer dieser Alternativen die konkurrierenden ausschließen. Julia Hirschberg hatte auf diesen Implikaturentyp hingewiesen (s. Hirschberg 1985).

Angenommen, jemand fragt Gangolf, ob er Langlauf betreibt, und er antwortet:

(10) Ich bin kein Marathonläufer.

Wir werden aus dieser Antwort schließen, dass Gangolf zwar keinen Marathon läuft, stattdessen aber andere Langläufe absolviert, beispielsweise einen Halbmarathon oder einen Zehntausendmeter-Lauf, vielleicht auch einen Berglauf mit einem Gummireifen im Schlepptau. Diese Möglichkeiten, seine Grenzen zu erfahren, stehen nicht in einer skalaren Beziehung zueinander, und doch schließen wir aus der Antwort (10), dass Gangolf mindestens eine der möglichen Alternativen betreibt. Genauer gesagt: Mit (10) implikatiert Gangolf, dass er einen anderen Langlauf als Marathon praktiziert.

6.2 Die sprachliche Arbeitsteilung

Im Anschluss an Grices Grundlagen-Aufsatz ‚Logik und Konversation' hat sich nicht nur ein Interesse an den generalisierten konversationellen Implikaturen ergeben, sondern man versuchte auch, die insgesamt neun Maximen, wie sie in diesem Aufsatz entfaltet worden waren, zu reduzieren und auf wenige basale Prinzipien zurückzuführen. Wir wollen uns in diesem Abschnitt mit dem Vorschlag von Larry Horn beschäftigen, der genau zwei Prinzipien annimmt, die auch noch in Konkurrenz zueinander stehen. Es ist einmal das adressaten-orientierte **Q-Prinzip**, zum anderen das sprecherorientierte **R-Prinzip**. Beide Prinzipien sind verankert in einer sehr grundsätzlichen Annahme, die (nicht nur) sprachliches Handeln betrifft. Sie geht zurück auf den quantitativen Linguisten G.K. Zipf, der im Sprachverhalten zwei gegensätzliche Tendenzen annahm, die sich allerdings beide auf ein zugrundeliegendes **Ökonomie-Prinzip** zurückführen lassen: dasjenige des geringsten Aufwandes (s. Zipf 1949). Zipf hatte dieses

6.2 Die sprachliche Arbeitsteilung

Prinzip auf die durchschnittliche Wortlänge einer Sprache bezogen. Für den Sprecher/die Sprecherin ist es im jeweiligen Sprachvollzug ökonomisch, möglichst kurze oder anderweitig sparsame Ausdrücke zu wählen, weil sie den Produktionsaufwand minimieren; für den Adressaten/die Adressatin ist es wiederum praktisch, möglichst ausführliches oder explizites Sprachmaterial präsentiert zu bekommen, denn dies reduziert den Aufwand der Interpretation. Die resultierenden („kristallisierten") Formen einer Sprache stellen in dieser Sicht einen Kompromiss zwischen der sprecherseitigen und der hörerseitigen Ökonomie dar, und ein Sprachsystem kann als Resultat dieser widerstrebenden Kräfte angesehen werden.

Horn überträgt das sogenannte Zipf'sche Gesetz auf die Erklärung pragmatischer Schlussverfahren, indem er das Ökonomie-Prinzip auf das Problem anwendet, wie man die Zahl konversationeller Maximen reduzieren kann. Das adressatenseitige Q-Prinzip ist von der ersten Quantitätsmaxime abgeleitet, das sprecherseitige R-Prinzip von der zweiten Quantitätsmaxime und der Relevanzmaxime:

> **Q-Prinzip (adressatenorientiert):**
> Gestalte Deinen Gesprächsbeitrag hinreichend ausführlich.
> Sage so viel wie möglich (mit Rücksicht auf R).

> **R-Prinzip (sprecherorientiert):**
> Gestalte deinen Gesprächsbeitrag so ausführlich wie notwendig.
> Sage nicht mehr als nötig (mit Rücksicht auf Q).

Wendet man diese beiden konkurrierenden Prinzipien auf skalare Ausdrücke an, dann stellt sich heraus, dass sie die pragmatischen Beziehungen zwischen den Skalenwerten gut erklären. Nehmen wir zuerst das Q-Prinzip: Es gibt eine Bedingung an für kommunikativ angemessenes Sprachverhalten, indem es fordert, dass S alles sagt, was er/sie weiß – auch dies ist wiederum nicht als Vorschrift zu verstehen, sondern als interpretative Annahme, die wir von S machen. Auf diese Weise – und dies ist der wesentliche Punkt – entstehen *gedeckelte* skalare Implikaturen, also solche, die nach oben begrenzt sind. Das soll heißen, dass weitergehende oder stärkere Interpretationen negiert werden, beispielsweise dadurch, dass ein stärkerer Ausdruck auf der Skala negiert wird. Wenn S auf einige Personen referiert, und wenn wir unterstellen, dass S das Q-Prinzip befolgt, dann folgt daraus, dass er/sie nicht auf alle Personen referiert, denn dies würde seinen/ihren aktuellen Wissenshorizont übersteigen. Der Deckel wäre gesprengt.

Das R-Prinzip gibt eine hierzu komplementäre Bedingung an für kommunikativ angemessenes Sprachverhalten, indem es fordert, dass S nicht mehr sagt, als er/sie muss. Wiederum auf diese Weise entstehen *dichte* skalare Implikaturen, also solche, die nach unten begrenzt, aber nach oben offen sind. Da wir gedeckelte Implikaturen schon kennengelernt haben (z.B. (4)), wollen wir uns jetzt zwei Beispiele für eine dichte Implikatur anschauen:

Mit

(11) Erich war in der Lage, das Ruder herumzureißen.

implikatieren wir das skalar stärkere

(12) Es gelang Erich, das Ruder herumzureißen.

Oder mit

(13) Ich habe eine Sonnenbrille verloren.

implikatieren wir das skalar stärkere

(14) Ich habe meine Sonnenbrille verloren.

(12) und (14) ergeben sich aus der Wirksamkeit des R-Prinzips, nach dem wir als Adressaten davon ausgehen können, dass nur so viel gesagt wurde wie unbedingt nötig; entsprechend können wir stärkere Interpretationen vornehmen. (11) ist dicht, weil die Aussage nicht schwächer als das explizit Gesagte interpretiert werden sollte, also etwa so, dass Erich das Ruder *nicht* herumgerissen hätte. Dies wäre eine Fehlinterpretation, denn hier hätten wir versehentlich eine gedeckelte Implikatur vorgenommen. Auch (13) wäre fehlinterpretiert, wenn wir gedeckelt interpretieren würden in dem Sinne, dass es sich nicht um die Sonnenbrille des Sprechers/der Sprecherin handelt. Es ist auch hier dicht zu interpretieren im Sinne einer Verstärkung der Aussage. Eine gedeckelte Implikatur ist in diesem Fall schwer vorstellbar, was damit zusammenhängt, dass mit dem Gebrauch des Verbs *verlieren* präsupponiert wird, dass der betreffende Gegenstand sich im Besitz des Sprechers/der Sprecherin befindet.

Im nächsten Abschnitt wird sich zeigen, dass der Mechanismus, den das R-Prinzip beschreibt, eine wichtige Funktion hat bei der Analyse sogenannter **pragmatischer Anreicherungen**. Wie der Name schon sagt, bestehen diese aus angereicherten oder stärkeren Interpretationen des Gesagten, und dies auf der Basis pragmatischer Prinzipien. Doch zunächst noch einige Bemerkungen zu den beiden hier genannten Prinzipien: Die Wirkung des Q-Prinzips steht bisweilen in Konkurrenz zu derjenigen des R-Prinzips. Es ist nicht immer klar, ob gedeckelt oder abgedichtet werden muss, oft entscheidet der Kontext darüber. Wenn wir beispielsweise (13) vergleichen mit

(15) Ich habe gerade eine Schildkröte im Garten gesehen,

dann ist klar, dass wir (15) gedeckelt interpretieren müssen – es handelt sich ohne weitere Kontextinformationen nicht um meine Schildkröte (oder genauer: um eine Schildkröte, von der ich nicht weiß, ob sie meine ist). Aus diesem und einer Reihe anderer Fälle, in denen die beiden Prinzipien sowie die jeweils resultierenden Interpretationsstrategien im Konflikt zueinander stehen können, leitet Horn die Vorstellung ab, dass es sich um zwei antagonistische Kräfte handelt, die bestimmte Entwicklungen im Sprachwandel vorgeben. Sie treten beide auf, nehmen dabei allerdings unterschiedliche Funktionen wahr bei der Wahl von Ausdrücken im Zuge des Sprachverhaltens und hinsichtlich der resultierenden Interpretationsstrategien. Horn nennt dies die pragmatische Arbeitsteilung. Angenommen, wir verfügen über zwei unterschiedliche Ausdrücke, die mehr oder minder dasselbe bedeuten (mehr oder minder synonym sind), wie *bremsen* und *zum Stehen bringen*. Ersterer ist der „normale", unmarkierte Ausdruck, letzterer der „besondere", der markierte. Das R-Prinzip bewirkt, dass der Gebrauch des unmarkierten Ausdrucks auch die typische Art bezeichnet, wie der Vorgang des Bremsens durchgeführt wird (auf das Bremspedal treten); das Q-Prinzip bewirkt, dass der Gebrauch des markierten Ausdrucks eine untypische Art bezeichnet, diesen Vorgang durchzuführen (das Auto den Abhang hinauffahren; in den ersten Gang schalten, ...). In beiden Fällen wirken jeweils unterschiedliche pragmatische Schlussverfahren: Im Falle des Bremsens wird dicht interpretiert, die normale Art des Vorgangs wird hervorgehoben, denn S hat die notwendige Information gegeben; im Falle des zum-Stehen-Bringens wird gedeckelt interpretiert, S hat die hinreichende Information gegeben.

6.2 Die sprachliche Arbeitsteilung

Indem das R- und das Q-Prinzip auf unterschiedliche Fälle Anwendung finden, teilen sie sich die Arbeit der pragmatischen Interpretation und bringen so die Entwicklung des Systems der Sprache im Zuge der sozialen Kristallisation voran – so muss man die Metapher der Arbeitsteilung wohl verstehen.

Zum Abschluss dieses Abschnitts soll es um ein Phänomen gehen, das im Überschneidungsbereich zwischen Grammatik und Pragmatik liegt. In einigen Fällen, wenn wir über eine schon bekannte Person sprechen, müssen wir ein Pronomen setzen; manchmal ist aber auch dieses Pronomen schon zu viel. Vergleichen wir die beiden Sätze:

(16) Sie$_i$ möchte, dass sie$_j$ bleibt.

(17) Sie$_i$ möchte PRO$_i$ bleiben.

Die Indizes (i/j) weisen darauf hin, dass die Pronomen einmal auf verschiedene Personen verweisen, ein andermal auf dieselbe. Die Abkürzung PRO steht dafür, dass ein Pronomen an der bestimmten syntaktischen Position nicht steht – es geht hier um eine abstrakte Kategorie, die lediglich als Landeplatz für den Index fungiert, damit die gleiche Referenz deutlich gemacht werden kann, es ‚fehlt' also kein Pronomen. In (16) ist davon die Rede, dass eine Person (mit dem Index *i*) möchte, dass eine andere Person (j) bleibt. In (17) ist von dem gegenteiligen Fall die Rede – es geht um dieselbe Person. (16) wäre nicht wohlgeformt, wenn sich das Pronomen *sie* auf ein- und dieselbe Person beziehen würde; (17) nicht, wenn man von verschiedenen Personen sprechen wollte. Wenden wir das Q- und das R-Prinzip auf diesen Fall an, dann sehen wir, dass sie sich auch hier die Arbeit teilen. Beginnen wir mit (17): Das Pronomen wird nicht gesetzt, es wird nur so viel gesagt wie nötig. Infolgedessen handelt es sich um einen Fall für das sprecherorientierte R-Prinzip. (16) ist dementsprechend ein Fall für das adressatenorientierte Q-Prinzip: Das Pronomen muss gesetzt werden, wenn zwei verschiedene Personen gemeint sind, denn bei Weglassen des Pronomens *sie* wäre der Sprecher/die Sprecherin nicht hinreichend informativ gewesen.

Wie man an diesen Beispielen sieht, ist es nicht zufällig, ob ein Pronomen gebraucht wird oder nicht, sondern es hängt wesentlich mit pragmatischen Prinzipien der gegebenen Information auf der einen und dem damit verbundenen Aufwand auf der anderen Seite zusammen. Außerdem wird deutlich, dass die von Horn vorgeschlagenen zwei Prinzipien (und damit eine Reduktion der Griceschen Maximen) durchaus mit stärker systembedingten Phänomenen des Sprachgebrauchs korrelieren, wie etwa dem Pronomengebrauch (oder -nichtgebrauch) bei der Bezugnahme auf Personen oder Gegenstände.

Was ist von der **generellen Reduktionsstrategie** zu halten? Grundsätzlich ist es immer gut, wenn eine Vielzahl von Maximen möglichst reduziert wird auf eine geringe Anzahl von allgemeineren Prinzipien, denn man muss sich das Ganze als Teil unserer sprachlich-kommunikativen Kompetenz vorstellen. Diese sollte nicht überlastet werden und deswegen sollte sie möglichst sparsam ‚möbliert' werden. Andererseits ist mit diesem reduktiven Manöver nicht nur die Anzahl, sondern auch die Komplexität der Maximen reduziert worden. Wir erinnern uns, dass die Quantitätsmaxime bei Grice in zwei Untermaximen unterteilt war: Einmal ging es darum, dass der jeweilige Gesprächsbeitrag so informativ wie möglich sein sollte; ein andermal darum, dass der Beitrag nicht informativer als nötig sein sollte. Es ist sicher kein Zufall, dass diese beiden – durchaus widerstrebenden – Untermaximen unter dem Dach einer übergreifenden Maxime auftreten; der potenzielle Konflikt zwischen ‚so viel wie möglich' und ‚so wenig wie nötig' spielt sich innerhalb dieser ab und ist ausgetragen, wenn die Quantitätsmaxime sich an die Arbeit macht und gegebenenfalls Implikaturen erzeugt. Sowohl die Gesprächspartner im Fall partikularisierter Implikaturen als auch die Sprachgemeinschaft im Falle eines Sprachwandels auf der Basis generalisierter Implikaturen haben es nicht mit dem Konflikt selbst zu tun, sondern mit dem Ergebnis des Konflikts – der Überlegenheit der einen und der Niederlage der anderen *Unter*maxime. Im Modell von Zipf und analog von Horn jedoch trifft der Konflikt ungefiltert auf die Sprecher resp. die Sprechergemeinschaft, die dann damit beschäftigt sind, diesen Konflikt zu lösen. Wenn dies so ist, dann stellt sich allerdings die Frage, ob es das Geschäft von Sprechern oder gar einer Sprechergemeinschaft ist, Konflikte zwischen Prinzipien zu lösen. Ich denke, das einzige kommunikative Problem von Sprechern und ihren Gemeinschaften stellt sich auf der **Handlungsebene**, nämlich der Erledigung des kommunikativen Geschäfts, und nicht auf der **Modellebene**, dem Gewinnen- oder Verlierenlassen des Q- oder des R-Prinzips. Mit diesem Einwand hat das Modell von Horn und auch alle nachfolgenden, die von widerstreitenden Prinzipien ausgehen, sicher zu kämpfen. Die Frage ist nämlich: Wer ist der Schiedsrichter, der über Gewinnen und Verlieren entscheidet …?

Wir können diese skeptische Frage an dieser Stelle nicht abschließend beantworten, allein schon deswegen nicht, weil dies einen ausführlichen Alternativentwurf voraussetzen würde, der aber in der gegenwärtigen pragmatischen Literatur nicht vorliegt. Insofern kann hier nur ein Denkanstoß gegeben werden, wie man die Idee der kommunikativen Ökonomie bewerten und weiterdenken kann. Wir wollen im Folgenden zu einem verwandten Ansatz übergehen, dem von Stephen Levinson, nicht jedoch ohne die kritische Perspektive auf die Prinzipienkonflikte aus den Augen zu verlieren.

6.3 Präsumptive Bedeutung

Wir haben im letzten Abschnitt einige Fälle kennengelernt, in denen GKIs systematisch mit der Sprachstruktur interagieren. Da dies nur Beispiele sind für eine weitaus größere Zahl an Fällen, in denen diese Interaktion ebenfalls festzustellen ist (und die wir im Laufe des Kapitels noch ansprechen werden), wäre es merkwürdig, an einer überkommenen Zweiteilung bei der Bedeutungszuschreibung von Äußerungen festzuhalten: Hier die Ebene der semantischen Repräsentation, die sich für die Bedeutung von sprachlichen Ausdrücken interessiert, ohne auf ihre Verwendung einzugehen; auf der anderen Seite die pragmatische Ebene, die genau diese Verwendung in einem bestimmten Kontext untersucht. Diese Aufteilung ist zwar übersichtlich, aber falsch: Um die Regelhaftigkeit von GKIs zu erfassen, empfiehlt es sich, eine dritte Ebene einzuführen, die gewissermaßen zwischen der semantischen Repräsentation und den konversationellen Maximen und Prinzipien sitzt. Diese dritte Ebene wird von den verschiedenen Autor_innen in der Grice-Nachfolge begrifflich und terminologisch unterschiedlich gefasst. Gemeinsam ist diesen Ansätzen die Überzeugung, dass die geschilderte Zweiteilung zwischen Semantik und Pragmatik aufgegeben werden muss und pragmatische Prinzipien bei dem, was wir die einigermaßen stabile Bedeutung einer Äußerung nennen, eine zentrale Rolle spielen. Traditionell gesprochen: Das, was jemand mit einer Äußerung meint oder sagt, ist mindestens so pragmatisch wie es semantisch ist.

Der Ansatz, um den es in diesem Kapitel gehen soll, postuliert eine solche „dritte" Sinnebene. Es ist die **Ebene der präsumptiven Bedeutung**, und der Autor, der diese Ebene mithilfe des Begriffs der GKI beschrieben hat, ist Stephen Levinson (s. Levinson

2000). Die Theorie der präsumptiven Bedeutung wurzelt in einer Auffassung menschlichen Kommunizierens, die das Äußerungsverstehen auf eine risikofreudige Strategie zurückführt, die sich grundsätzlich von einer konservativen Idee des Kommunizierens unterscheidet:

Die konservative Strategie ist eher sicherheitsorientiert, dafür aber auch unflexibel. Als Adressaten einer Äußerung schreiben wir dieser erst dann eine bestimmte Bedeutung zu, wenn wir sichere Anhaltspunkte dafür haben, dass dies auch das vom Sprecher Gemeinte ist – reichen die Anhaltspunkte nicht aus, sind wir mit der Zuschreibung einer Bedeutung zurückhaltend. Haben wir jedoch eine Bedeutungszuschreibung vorgenommen, werden wir diese so schnell nicht wieder aufgeben.

Die zweite Strategie ist demgegenüber risikofreudig, dafür aber auch flexibler. Wir schreiben einer Äußerung auch bei eher mageren Anhaltspunkten schnell eine Bedeutung zu und unterstellen, dass dies das Gemeinte war. Im Gegenzug sind wir bereit, diese Deutung teilweise oder auch ganz zu revidieren, wenn sich nachfolgend Anhaltspunkte dafür ergeben, dass sie nicht zutreffend war. Innerhalb der Theorie der präsumptiven Bedeutung wird angenommen, dass Sprecher und Adressaten durchweg der zweiten Strategie folgen und somit schnell und routinemäßig zu einer Bedeutungszuschreibung kommen, auch wenn sie sich nicht auf explizite Signale stützen können, die für diese Zuschreibung sprechen. Die Schlüsse, die im Zuge dieser Strategie aus dem Geäußerten gezogen werden, heißen **Default-Inferenzen** – es sind Inferenzen, die solange als gültig angenommen werden, bis sich Anhaltspunkte dafür ergeben, dass der jeweilige Schluss nicht gültig sein kann. **Präsumptive Bedeutung** heißt genau dies – es ist eine unterstellte Bedeutungszuschreibung bis auf Weiteres.

Levinson ist der Meinung, dass eine GKI genau eine solche Default-Inferenz darstellt, und es spricht einiges für diese Annahme. Zum Teil ist der Default-Charakter in der Eigenschaft der Tilgbarkeit von (generalisierten konversationellen) Implikaturen schon enthalten, die wir oben bereits kennengelernt haben.

Es wurde gesagt, dass die Ebene der präsumptiven Bedeutung eine zwischen Satzsemantik und situationsgebundener Pragmatik liegende dritte Ebene darstellt. Wenn man eine solche Ebene annimmt, dann sollte man Prinzipien angeben können, nach denen wir uns richten, wenn wir einer Äußerung diesen Bedeutungstyp zuschreiben wollen. Im letzten Abschnitt wurden mit Horn zwei Prinzipien behandelt, das hörerorientierte Q-Prinzip und das sprecherorientierte R-Prinzip, abgeleitet jeweils aus der ersten resp. der zweiten Quantitätsmaxime. Horn selbst bezieht sich auf eine ähnlich gelagerte Arbeit von Atlas und Levinson (1981), in der neben den Quantitätsinferenzen auch Inferenzen zugelassen werden, die sich auf die Informativität der Äußerung beziehen, wobei das entsprechende Informativitätsprinzip oder I-Prinzip eine Entsprechung des Hornschen R-Prinzips darstellt. Es richtet sich ebenfalls an den Hörer und beinhaltet folgende Strategie:

> ‚Lies so viel in die vernommene Äußerung hinein, wie es mit deinem Weltwissen gerade noch vereinbar ist'. (s.a. Levinson 1983, 146 f.)

Dies ist die hörerseitige Entsprechung des R-Prinzips von Horn, denn dichte Implikaturen laden ja dazu ein, in die Äußerung mehr hineinzulesen, als gesagt wurde, mit anderen Worten: sie anzureichern.

Levinson nennt drei grundlegende Prinzipien, die zusammengenommen die jeweils notwendigen Default-Inferenzen steuern. Wie bei Grice auch sind diese Prinzipien nicht allein auf sprachliches Verhalten zu beschränken, sondern beziehen auch nichtsprachliche Transaktionen mit ein. Wir werden uns bei ihrer Einführung allerdings auf den sprachlichen Fall beschränken und nur erläuternd hin und wieder auf nichtsprachliche Fälle eingehen.

Neben dem Q- und dem I-Prinzip – der Weiterentwicklung des Hornschen R-Prinzips – führt Levinson noch ein weiteres Prinzip ein, so dass insgesamt drei Prinzipien vorliegen: Das **Q-Prinzip** (Q für Quantität), das sich auf die Menge der von einem Sprecher gegebenen Information bezieht im Sinne einer Obergrenze; das **I-Prinzip** (für Informativität), das sich ebenfalls auf die Menge der gegebenen Information bezieht, allerdings im Sinne einer Untergrenze; und das **M-Prinzip** (M für Modalität), das sich darauf bezieht, ob die Äußerung in einer erwartbaren oder typischen Form vollzogen wird oder ob sie aus dem Rahmen fällt. Es wird auch hier deutlich, dass diese Prinzipien mit den Griceschen Maximen zusammenhängen: Das Q-Prinzip ist auf die erste Quantitätsmaxime zurückzuführen (die sich auf die gegebene Maximalinformation bezieht), das I-Prinzip auf die zweite Quantitätsmaxime (die sich auf die gegebene Mindestinformation bezieht), das M-Prinzip auf die Modalitätsmaxime (die sich auf die angemessene Form der Äußerung bezieht). Im Folgenden soll es darum gehen, wie die Prinzipien jeweils begründet und definiert werden.

Dem **Q-Prinzip** liegt die heuristische Annahme zugrunde, dass etwas, was nicht gesagt wurde, so auch nicht der Fall ist (s. Levinson 2000, 75 ff.). Um mögliche Lesarten, die in magische Bereiche verweisen, sogleich auszuschließen, soll die Konkretisierung im Sinne einer sprecher- und einer adressatenseitigen Maxime angegeben werden:

> **Sprecherseitige Maxime:**
> Schöpfe in dem, was du sagst, dein aktuelles Wissen voll aus.
> Oder:
> Gib keine Information, die schwächer ist, als es dein aktuelles Wissen über die Situation erlaubt.
> Beispielsweise:
> Wähle bei skalaren Ausdrücken die stärkstmögliche Option.
>
> **Adressatenseitige Maxime:**
> Nimm an, dass der Sprecher/die Sprecherin die reichste Information gibt, die mit seinem/ihrem Situationswissen vereinbar ist.

Die Heuristik, dass etwas Nicht-Gesagtes auch nicht der Fall ist, bedeutet im Lichte dieser beiden Maximen, dass eine reichere Information als diejenige, die gegeben wurde, keine Anwendung hat. Es ist klar, dass das Q-Prinzip gut auf die skalaren und klausalen GKIs passt. Es soll aber kurz gezeigt werden, inwiefern sie mit den beiden Maximen zusammenhängen. Im Fall des Gebrauchs des Quantors *einige* können wir davon ausgehen, dass die Sprecherin ihr aktuelles Wissen ausgeschöpft hat in dem Sinne, dass sie nicht mehr weiß, als dass *einige der Eingeladenen auf der Party waren*. Wüsste sie, dass alle da waren, dann hätte sie es gesagt (aufgrund der gleichen Maxime). Also können wir unterstellen, dass sie nicht wusste, ob alle da waren. Als Adressaten schließen wir: Es waren nicht alle da.

Betrachten wir ein etwas ausgefalleneres Beispiel – es stammt von Harnish (1976): Man kann eine skalare Beziehung zwischen den Verben *gelingen* und *versuchen* herstellen der Art, dass *gelingen* der stärkere, *versuchen* der schwächere Ausdruck ist. Das Verb *versuchen* verwenden wir einerseits bei nicht-gelungenen Handlungen, sozusagen als Trost (*er hat es immerhin versucht* o.ä. ...), andererseits auch bei Handlungen, deren

Erfolg nicht gesichert ist. Jemand kann sich zum ersten Mal an ein Champignon-Omelett herangewagt und aus Glück oder Naturbegabung ein perfektes Omelett gemacht haben. Wir hätten hier die Neigung zu sagen, dass er während des Vorgangs den Versuch unternimmt, das Omelett zu machen. Wenn das Omelett dann gelungen ist, können wir nicht mehr von einem Versuch sprechen, die Zeit hat aus dem Versuch eine gelungene Handlung gemacht. Wenn also jemand rückblickend sagt:

(18) Er hat versucht, ein Champignon-Omelett zu machen.

dann inferieren wir skalar auf der Basis des Q-Prinzips, dass es ihm nicht gelungen ist, denn der Sprecherin von (18) wird das Ausschöpfen ihres aktuellen Wissens unterstellt. Sie hätte ihr Wissen aber nicht ausgeschöpft, wenn das Champignon-Omelett gelungen wäre. Natürlich kann sie die GKI tilgen, indem sie fortfährt: ... *und beim ersten Mal ist es ihm gelungen.*

Nebenbei bemerkt: Aus dem vorigen Kapitel ergibt sich, dass es eine semantische Beziehung zwischen *gelingen* und *versuchen* gibt: diejenige der Präsupposition. Schauen wir uns den negativen Satz an:

(19) X ist es nicht gelungen, zu φ-en.

wobei für φ beispielsweise das Herstellen eines Champignon-Omeletts eingesetzt werden kann. Zu (19) würde (18) als Präsupposition fungieren, denn auch im negativen Fall gilt, dass es versucht wurde. Wenn diese Feststellung zutrifft, dann entspricht der skalaren GKI sozusagen in Gegenrichtung, also vom (negierten) stärkeren Ausdruck zum schwächeren hin, eine Präsuppositionsbeziehung.

Gehen wir zum **I-Prinzip** über (Hornsches R-Prinzip). In der Formulierung des I-Prinzips gehen die sprecher- und die adressatenseitige Perspektive stärker auseinander als im obigen Fall (s. Levinson 2000, 112 ff.):

Sprecherseitige Maxime:
Sei sparsam.
Oder:
Versuche, dein kommunikatives Ziel zu erreichen, indem du die geringstmögliche sprachliche Information gibst.

Adressatenseitige Maxime:
Reichere die sprecherseitig gegebene sprachliche Information soweit an, bis du glaubst, die Sprecherintention ermittelt zu haben. Nimm vor allen Dingen an, dass die beschriebene Situation in üblicher, erwartbarer oder prototypischer Weise abläuft.

Die sprecherseitige und die adressatenseitige Perspektive nimmt nicht, wie im Fall des Q-Prinzips, den gleichen Sachverhalt in den Blick, sondern es besteht gewissermaßen ein kompensatorisches Verhältnis: Das, was Sprecher_innen einsparen, müssen Adressat_innen hinzugeben, damit eine informationell angemessene Äußerung entsteht. Es ist allerdings wichtig zu sehen, dass es sich hierbei nicht um eine unfaire Verschiebung der Interpretationslast handelt, sondern um ein Verfahren, das den kommunikativen Austausch entscheidend optimieren kann. Der kognitive Prozess der pragmatischen Anreicherung ist nämlich grundsätzlich weniger aufwändig als die Interpretationsleistung von explizitem sprachlichem Material – er ist schneller, müheloser und automatisierter. Insofern ist die Befolgung des I-Prinzips eine Frage der kommunikativen Ökonomie.

Die Anwendungsfälle für das I-Prinzip sind so reichhaltig, dass man den Eindruck gewinnt, es handele sich um das zentrale Prinzip der Levinsonschen Pragmatik. Es können hier lediglich einige besonders deutliche Fälle herausgegriffen werden, die wir exemplarisch besprechen wollen. Die vollständige Liste findet sich bei Levinson (2000) auf den Seiten 117 f.

Konditionale Verstärkung

Ein Konditional ist eine *wenn-dann*-Verbindung. Aussagenlogisch betrachtet ist diese Verbindung wahr, wenn das im *dann*-Satz Geschilderte zutrifft, sonst falsch. Es spielt dabei keine Rolle, ob das im *wenn*-Satz Geschilderte zutrifft oder nicht. Dies ist bei der konditionalen Verstärkung außer Kraft gesetzt, beispielsweise bei:

(20) Wenn sie gewählt wird, kann sie ihre ehrgeizigen Pläne umsetzen.

(20) ist falsch, wenn sie zwar gewählt wurde, aber ihre ehrgeizigen Pläne nicht umsetzen kann. Hingegen ist (20) wahr, wenn sie gewählt wurde und ihre ehrgeizigen Pläne umsetzen kann. (20) ist aber auch wahr, wenn sie nicht gewählt wurde und trotzdem ihre ehrgeizigen Pläne umsetzen kann – es kann andere Gründe geben, die sie in die Lage versetzen, die Pläne umzusetzen. Dies ist nun im Falle der konditionalen Verstärkung anders, denn hier ist die letztgenannte Folgerung nicht möglich. Wir verstehen (20) so, dass sie nur dann ihre Pläne umsetzen kann, wenn sie gewählt wird – sonst nicht. Aussagenlogisch gesehen wird das Konditional durch ein Bikonditional ersetzt: Wenn sie gewählt wird, kann sie ihre ehrgeizigen Pläne umsetzen, und wenn sie ihre ehrgeizigen Pläne umsetzen kann, heißt das, dass sie gewählt wurde. Pragmatisch gesehen entsteht diese Verstärkung eines Konditionals zu einem Bikonditional standardmäßig aufgrund einer GKI auf der Basis des I-Prinzips. Wir reichern das einfache Konditional an, weil wir von einer sparsamen Informationsübermittlung seitens des Sprechers/der Sprecherin ausgehen und diese entsprechend kompensieren. Es ist darüber hinaus auch eine Frage rationalen Sprachverhaltens, dass man als Adressat_in (20) anreichert, denn es ist ziemlich witzlos, *wenn*-Sätze zu äußern, wobei es überhaupt keine Rolle spielt, ob sie zutreffen oder nicht. Möglicherweise kann man also bei der Erklärung für die Anreicherungspraxis bei konditionaler Verstärkung direkt auf die Sprecherrationalität zurückgreifen.

Kommen wir zu einem weiteren Anwendungsfall für das I-Prinzip:

Konjunktionale Stützung

Wenn zwei Ereignisbeschreibungen durch *und* miteinander verbunden werden, dann werden sie im Sinne einer zeitlichen Abfolge interpretiert. Als schon besprochenes Beispiel können wir (2) anführen.

(2) Es zog den Schlafanzug an und ging ins Bett.

Die pragmatische Anreicherung besteht darin, dass das Anziehen des Schlafanzugs vor dem Ins-Bett-Gehen terminiert wird – bei umgekehrter Reihung der Teilsätze wird auch die Reihenfolge der Ereignisse umgekehrt. Wir hatten in diesem Zusammenhang das Beispiel (3) diskutiert, was möglicherweise ein Problem für die Annahme einer konjunktionalen Stützung darstellt:

(3) Sie belegte einen Italienisch-Kurs und machte den Führerschein.

Wir hatten argumentiert, dass es in diesem Fall keine übliche oder erwartbare Reihung der Ereignisse gibt so wie im Pyjama-Fall. Wenn man genauer hinsieht, dann kann man diesen Befund möglicherweise differenzieren und so in Übereinstimmung mit der konjunktionalen Stützung bringen. Es scheint viel an der entsprechenden Intonation zu hängen, mit der wir (3) äußern. Artikuliert man beide Konjunkte, also beide Teilsätze mit ansteigender Intonation, dann legt sich die Lesart einer reinen Aufzählung nahe – ‚Was machte sie alles in den Semesterferien?' Artikuliert man nur den ersten Teilsatz in steigender, den zweiten in fallender Intonation, dann legt sich schon eher die Interpretation einer Reihung nahe, denn es ist keine beliebige Aufzählung mehr.

Negations-Verstärkung

Ein Beispiel für diesen Anreicherungstyp ist folgendes:

(21a) Ilsebill mag Günther nicht.

Buchstäblich gesagt wurde lediglich, dass es nicht der Fall ist, dass Ilsebill Günther mag – dies ist eine externe Negation. Es gibt in diesem Fall die Möglichkeit, dass Ilsebill und Günther nebeneinander her existieren, ohne positive oder negative Gefühle zu entwickeln. Sie mag ihn nicht und hasst ihn nicht, also irgendetwas dazwischen. Das I-Prinzip „sorgt" nun für eine pragmatische Anreicherung, die in einer stärkeren Aussage resultiert. Günther ist Ilsebill unsympathisch, es besteht also eine ziemlich negative Beziehung zwischen den beiden – jedenfalls von Ilsebill aus. Wir verstärken die Negation in dem Sinne, dass das negierende Element in den dass-Satz hinein verlegt wird, also zu einer internen Negation wird. Aus

(21b) Es ist **nicht** der Fall, dass Ilsebill Günther mag.

wird

(21c) Es ist der Fall, dass Ilsebill Günther **nicht** mag.

Wenn die Negations-Verstärkung eine GKI ist, dann muss sie tilgbar sein. In der Tat klappt der Tilgungs-Test – wir können fortfahren:

(21d) (Ilsebill mag Günther nicht) und sie hasst ihn nicht.

Hier haben wir also den Negator aus dem dass-Satz herausgezogen und die externe Negation wiederhergestellt, mit anderen Worten: Die skalare GKI ist getilgt.

Kommen wir zum dritten von Levinson aufgeführten Prinzip, dem **M-Prinzip**. Es lautet:

> **Sprecherseitige Maxime:**
> Wenn du eine außergewöhnliche, nicht typische Situation beschreiben willst, dann wähle auch außergewöhnliche Ausdrücke.

> **Adressatenseitige Maxime:**
> Wenn etwas in nicht-typischer Ausdrucksweise beschrieben ist, dann handelt es sich um eine außergewöhnliche Situation.

Es fällt unmittelbar auf, dass das M-Prinzip eine Umkehrung des I-Prinzips ist. Aus diesem Grund könnte man dieses Prinzip für überflüssig halten und es auf das I-Prinzip reduzieren. Wenn man so vorgehen wollte, würde man einem logischen Fehlschluss aufsitzen – so argumentiert jedenfalls Levinson. Der Fehlschluss geht so: a) Wenn eine übliche Ausdrucksweise gewählt wurde, dann folgt daraus, dass es sich auch um einen üblichen Sachverhalt handelt. b) Wenn eine übliche Ausdrucksweise nicht gewählt wurde, dann folgt daraus, dass es sich auch um einen nicht-üblichen Sachverhalt handelt. Es ist aber eine aussagenlogische Grundregel, dass b) aus a) nicht geschlossen werden kann, denn natürlich kann ein außergewöhnlicher Sachverhalt vorliegen, auch wenn eine übliche Ausdrucksweise gewählt wurde. Wir benötigen also, wenn b) aus a) folgen soll, ein eigenes Prinzip, dass den Fall der negativen Prämisse regelt.

Am besten lässt sich der Stellenwert des M-Prinzips an Beispielen veranschaulichen. Levinson lehnt sich hier eng an das Hornsche Q-Prinzip an, das schon besprochen wurde. Wir können uns deshalb auf einige besonders augenfällige Beispiele beschränken. Dies sind einerseits die Verwendung von Modalverben im Gegensatz zu umschreibenden Konstruktionen, andererseits die rhetorische Figur der Litotes, also die doppelte Verneinung. Zunächst zu den Modalverben mit folgendem Beispielpaar:

(22a) Sie können gehen.

(22b) Sie haben die Erlaubnis, zu gehen.

Nicht nur in (22b), sondern auch in (22a) wird auf der Ebene des Gesagten eine Erlaubnis ausgedrückt. Allerdings würden wir nur für (b) sagen wollen, dass aus der Erlaubnis auch die Möglichkeit folgt, *nicht* zu gehen. Mit (a) wird üblicherweise auch ausgedrückt, dass der Adressat gehen solle. Wie kommt dieser Unterschied zustande? Levinson macht ganz im Sinne Horns die pragmatische Arbeitsteilung für diesen Befund verantwortlich: Die Aufforderungs-Lesart in (a) entsteht auf der Basis des I-Prinzips (nach Horn des R-Prinzips), wonach die sprecherseitige Sparsamkeit des Ausdrucks aufseiten des Adressaten eine Anreicherung zur Folge hat, was oftmals durch einen Kontext unterstützt wird, in dem der Adressat vom Sprecher nicht festgehalten wurde. Die einzige Anreicherung, die in diesem Fall Sinn hat, ist diejenige der Aufforderung. Der Fall (b) fällt demgegenüber unter das M-Prinzip – die periphrastische Formulierung, d.h. die Formulierung mit einer Mehrwort-Konstruktion ist gegenüber der einfachen Verwendung des Modalverbs komplexer und ungewöhnlicher. Sie setzt also voraus, dass vorher eine Zwangs- oder Verbotssituation bestand, die nun durch die Äußerung aufgehoben wurde. Eine Anreicherung findet in diesem Fall nicht statt, denn es handelt sich um eine komplexe Kodierung eines komplexen Falls.

Beim nächsten Beispiel tritt ein ähnlicher Effekt auf, wiederum verbunden mit dem Modalverb *können*.

(23a) Kannst du mir das Salz anreichen?

(23b) Bist du in der Lage, mir das Salz anzureichen?

Wir haben mit (23a) sehr viel eher die Tendenz, einen indirekten Sprechakt zuzuschreiben (im Sinne einer Bitte, das Salz anzureichen) als mit (23b), was als Frage

6.3 Präsumptive Bedeutung

nach der Unversehrtheit des Gesprächspartners verstanden wird. Natürlich können wir auch mit (b) den indirekten Sprechakt der Bitte verbinden, aber es entsteht doch der Eindruck, dass es sich um eine etwas übertriebene Art handelt, diesen Sprechakt auszuführen – wobei dieser Eindruck auf die Wirkung des M-Prinzips zurückzuführen ist. Durch die komplexere Konstruktion wird auch eine außergewöhnliche Situation kodiert, die von einer idiomatischen Bitte deutlich unterschieden ist.

Der zweite zu betrachtende Fall ist die doppelte Verneinung. In der Schule lernen wir, dass die doppelte Verneinung eine Bejahung bedeutet, und dies ist bei oberflächlicher Betrachtung auch richtig. Wenn wir uns allerdings genauer mit den Verwendungen der doppelten Verneinung beschäftigen, dann bemerken wir einen deutlichen Unterschied zwischen dem positiven Fall und dem doppelt verneinten Fall:

(24a) Es ist nicht unwahrscheinlich, dass es heute Nacht schneit.

(24b) Wahrscheinlich schneit es heute Nacht.

(25a) Ich bin nicht unglücklich, dass die Liste erst morgen erstellt wird.

(25b) Ich bin glücklich, dass die Liste erst morgen erstellt wird.

Auch in diesen Fällen liegt eine GKI auf der Basis des M-Prinzips vor. In den beiden Fällen (24) ist die Version (a) schwächer als die Version (b), sie stellt eine Abschwächung der Wahrscheinlichkeitsaussage dar. Auch in den Fällen (25) ist (a) schwächer als (b); hinzu kommt, dass die Verschiebung einer Listenerstellung vielleicht nichts ist, was jemanden buchstäblich glücklich machen kann, während das Nicht-unglücklich-Sein durchaus damit in Verbindung gebracht werden kann – etwa im Sinne einer Zufriedenheit o.ä. Auf diese Weise trägt die Verwendung eines Ausdrucks in Übereinstimmung mit dem M-Prinzip dazu bei, dass eine pragmatisch angemessene Äußerung entsteht.

Dies sind die drei Prinzipien, die jeweils unterschiedliche Arten von GKI hervorbringen. Wie wir sahen, erzeugen die GKIs Lesarten von Äußerungen, die sich schon relativ verfestigt haben. Genau diese Eigenschaft der Verfestigung ist es, die Levinson an den GKIs interessiert. Sie kommen zur Geltung, bevor wir der Äußerung eine Bedeutung zuschreiben, und deshalb wird diese Ebene auch als **präsemantische Pragmatik** bezeichnet. Die postsemantische Pragmatik haben wir schon kennengelernt – es sind die partikularisierten konversationellen Implikaturen. Die Besonderheit des Ansatzes der präsumptiven Bedeutung liegt darin, dass es sich um eine feste, sedimentierte Ebene der Pragmatik handelt – Levinson spricht in diesem Zusammenhang auch von **pragmatischen Idiomen**. Den Grad der Etabliertheit von GKIs kann man sich so ähnlich vorstellen wie denjenigen von Grüßen; auch hier ist eine bestimmte Grußform üblich (z.B. „Guten Morgen"), es gibt allerdings bedeutungsgleiche Wendungen, die nicht idiomatisch sind, aber auch möglich („Ich wünsche Ihnen einen schönen Tagesbeginn"). Man würde mit ihnen nicht den gleichen Effekt auslösen wie mit dem etablierten Gruß, aber es ist eben nicht eine Frage der Bedeutung der verwendeten Wörter, sondern eine Frage der korrekten Redewendung. Dies ist der Grad der Etablierung, der auch die präsemantische Pragmatik kennzeichnet. Abschließend sein erwähnt, dass Elisabeth Closs Traugott eine kritische Einschätzung des dargestellten Ansatzes in Bezug auf die Prinzipien Q und M vorgenommen hat (s. Closs Traugott 2004).

Literatur:

Atlas, J./S. Levinson (1981): It-clefts, informativeness, and logical form. In: P. Cole (Hg.), *Syntax and Semantics 9: Pragmatics*, New York: Academic Press, 1–61.

Closs Traugott, E. (2004): A critique of Levinson's view of Q- and M-inferences in historical pragmatics. In: *Journal of Historical Pragmatics* 5/1, 1–25.

Gazdar, G. (1979): *Pragmatics. Implicature, Presupposition, and Logical Form.* New York: Academic Press.

Harnish, R.M. (1976): Logical form and implicature. In: T.G. Bever/J.J. Katz/D.T. Langendoen (Hg.), *An integrated theory of linguistic ability,* Crowell: New York, 313–391.

Hirschberg, J. (1985): *A Theory of Scalar Implicature.* PhD Diss., University of Pennsylvania.

Horn, L. (1984): Towards a new taxonomy for pragmatic inference: Q-based and R-based implicature. In: D. Shiffrin (Hg.), *Meaning, form and use in context.* Washington: Georgetown UP, 11–42.

Horn, L. (1989): *A Natural History of Negation.* Chicago: Chicago University Press.

Levinson, S. (1983): *Pragmatics.* Cambridge: Cambridge University Press. [Dt. *Pragmatik.* Tübingen: Niemeyer, ³2000.]

Levinson, S. (2000): *Presumptive Meanings. The Theory of Generalized Conversational Implicatures.* Cambridge/Mass.: MIT Press.

Zipf, G.K. (1949): *Human Behavior and the Principle of Least Effort. An Introduction to Human Ecology.* Cambridge/Mass.: Addison-Wesley Press.

7. Pragmatische Anreicherung: Explikaturen

Wir hatten im sechsten Kapitel davon gesprochen, dass zwischen der semantischen Analyse eines Satzes (im Sinne seiner logischen Form) und der pragmatischen Analyse der Äußerung des Satzes (partikularisierte Implikaturen, nicht-wörtliche Bedeutung) eine dritte, intermediäre Ebene anzunehmen sei. Sie betrifft die pragmatischen Faktoren, die nach Meinung einiger Autoren sogar der wörtlichen Bedeutung der Äußerung angehören. Dies sei an einem Beispiel in Form eines Hörbelegs veranschaulicht, der Zugfahrern bekannt vorkommen wird:

Der Schaffner betritt das Zugabteil und sagt:

(1) Die Zugestiegenen bitte die Fahrkarten.

Jeder weiß natürlich, dass mit dieser Bitte das Vorzeigen und nicht der Kauf oder das Abgeben der Fahrkarten gemeint ist – dies ergibt sich aus dem praktischen Wissen des Zugfahrers. Was mit der Bitte aber buchstäblich gesagt wurde, war, dass alle Fahrgäste ihre Fahrkarte vorzeigen sollen, denn jeder ist irgendwann zugestiegen. Diese Interpretation ist zweifellos nicht beabsichtigt, denn es geht nur um eine Teilklasse der zugestiegenen Fahrgäste – wobei der Interpretationsrahmen hier offen ist. Es kann sich um diejenigen handeln, die am letzten Bahnhof zugestiegen sind, oder um diejenigen, die nach dem letzten Durchgang des Schaffners noch nicht kontrolliert worden sind, also um die „noch nicht Kontrollierten" – oder anderes mehr. Nehmen wir der Einfachheit halber an, es gehe um die zweite Gruppe. Eine Paraphrase der Schaffner-Äußerung würde lauten (der Index $_{Zug}$ bezieht sich auf den Ort des Sprechakts):

(1_{Zug}) Die noch nicht Kontrollierten bitte die Fahrkarten vorzeigen.

So ist die Äußerung gemeint und so wird sie zweifellos auch verstanden, wenn man das anschließende Verhalten der Fahrgäste berücksichtigt. Im Rahmen der Ansätze, die in diesem Kapitel dargestellt werden sollen, wird die Paraphrase 1_{Zug} als Fall einer pragmatischen Anreicherung aufgefasst, mithilfe derer beispielsweise der mehrfach interpretierbaren Äußerung (1) eine der Situation angemessene Interpretation zugeordnet werden kann. Diese ergibt sich nicht nur aus der Kenntnis der Bedeutung des geäußerten Satzes, denn sie schließt eine Lesart, die sämtliche Fahrgäste betrifft, nicht aus. Dafür ist zusätzliche Kontextinformation erforderlich, in diesem Fall das Wissen, dass der Schaffner die Fahrgäste nur einmal und nicht bei jedem Durchgang erneut kontrolliert. Einige Pragmatiker vertreten die Auffassung, dass 1_{Zug} die wörtliche Interpretation von 1 wiedergibt, also nicht etwa als eine Implikatur anzusehen ist. Danach spielt pragmatisches Kontextwissen eine Rolle bei der Ermittlung der wörtlichen Bedeutung einer Äußerung durch die Adressaten. Zuständig für diese ist dann nicht die Semantik allein, sondern auch die Pragmatik in Gestalt der pragmatischen Anreicherungen. Wie wir gleich sehen werden, sind nicht alle Pragmatiker dieser Ansicht (und auch nicht alle Semantiker) – die Lage ist also (noch) etwas unübersichtlich. Im Folgenden sollen einige Hinweise zu ihrer Klärung gegeben werden.

In diesem und dem nächsten Kapitel soll es um drei Ansätze gehen, die sich von verschiedener Warte aus mit der pragmatischen Dimension der Äußerungsbedeutung beschäftigen. Dies ist zunächst die Relevanztheorie, wie sie von D. Sperber und D. Wilson begründet wurde, sodann im Folgekapitel die Theorie der Implizituren von K.

Bach sowie die wahrheitsfunktionale Pragmatik von F. Récanati. Neben der gemeinsamen Ausrichtung dieser Ansätze auf eine Pragmatik der Äußerungsbedeutung ergeben sich allerdings – wie schon angedeutet – auch grundsätzliche Unterschiede in den Auffassungen dessen, was zur wörtlichen Bedeutung zu zählen ist. Dies manifestiert sich beispielsweise darin, dass ein Forscher wie Kent Bach pragmatische Anreicherungen niemals als einen Aspekt der wörtlichen Bedeutung akzeptieren würde. Er hält eine Veränderung von (1) zu (1_{Zug}) für einen Fall von Nicht-Wörtlichkeit, denn es wird ja in der Tat lexikalisches Material hinzugefügt, welches wörtlich nicht gesagt wurde. Natürlich muss man mit einer solchen Strategie diese spezielle Form von Nicht-Wörtlichkeit abgrenzen von anderen Formen wie Ironie, Hyperbel, Litotes etc. Diese Abgrenzung nimmt Bach auch vor – wie er das bewerkstelligt, soll im nächsten Kapitel genauer gezeigt werden. Es soll hier schon darauf hingewiesen werden, dass F. Récanati eine ganz andere Auffassung von Wörtlichkeit verfolgt – für ihn ist die Paraphrase (1_{Zug}) eine Wiedergabe der wörtlichen Bedeutung von (1), man würde mit dieser Umformulierung also die Ebene der Wörtlichkeit nicht verlassen. Daraus folgt, dass Wörtlichkeit für Récanati viel weiter definiert ist als für Bach – pragmatische Anreicherungen sind demnach Teil des wörtlich Gesagten, auch wenn sie phonetisch nicht realisiert werden. Wir werden im Folgekapitel auch auf die Kontroverse zwischen Bach und Récanati eingehen, die sich an der Frage der Wörtlichkeit entzündet hat. Zunächst soll jedoch der Ansatz der Relevanztheorie vorgestellt werden und die Art und Weise, wie über H.P Grice hinaus gehend Äußerungsbedeutung modelliert wird.

7.1 Relevanz und Explikaturen

Deirdre Wilson und Dan Sperber beziehen sich in ihrem Ansatz auf ein Prinzip, das ihrer Meinung nach dem menschlichen Denken – oder der menschlichen Kognition, wie sie es formulieren – zugrundeliegt. Es ist, wie das von Horn zitierte Zipf'sche Gesetz, auch ein Ökonomie-Prinzip, das dafür sorgt, dass kognitive Prozesse auf den größtmöglichen Effekt bei geringstmöglichem kognitiven Aufwand abzielen. Da D. Sperber/D. Wilson Kommunikation als kognitiven Prozess auffassen, übertragen sie dieses Prinzip auch auf den kommunikativen Austausch zwischen Sprechern. Es erhält hier den Status einer Annahme, die wir angesichts von Äußerungen machen, die uns gegenüber vollzogen werden. Wir unterstellen, dass die Information, mit der wir konfrontiert werden, für uns den größtmöglichen kommunikativen Effekt hat gemessen an dem kognitiven Aufwand, den wir zu ihrer Verarbeitung benötigen. Information, die diese Bedingung erfüllt, ist für uns relevant. Daraus ergibt sich die Annahme, dass Äußerungen, die uns gegenüber vollzogen werden, größtmögliche Relevanz aufweisen – genau dies ist der Inhalt des **Relevanzprinzips**, das der Kommunikationstheorie von D. Sperber und D. Wilson zugrundeliegt. Man kann an dieser Stelle natürlich fragen, woher wir als Interpreten denn wissen, dass die uns dargebotene Äußerung tatsächlich relevant ist in der beschriebenen Weise. Eine erste, im Folgenden weiter zu konkretisierende Antwort ist, dass wir dies einfach unterstellen. Relevanz ist für uns eine **interpretative Heuristik**, auf deren Grundlage wir entscheiden können, welche der möglichen Lesarten einer Äußerung die zu bevorzugende ist – es ist eben die in diesem Kontext relevanteste.

Das Prinzip der Relevanz ist natürlich nicht aus dem luftleeren Raum heraus entwickelt worden. Es wurde von H.P. Grice eingeführt als eine der vier Kategorien des Kooperationsprinzips, und es figuriert als eines von zwei antagonistischen Prinzipien

7.1 Relevanz und Explikaturen

pragmatischer Inferenzen im Modell von L. Horn. Bei Sperber/Wilson nun bildet das Relevanzprinzip die einzige Grundlage ihrer Kommunikationstheorie, auf ihm beruht das gesamte Modell, so dass die unterschiedlichen Formen der pragmatischen Inferenzen auf dieses Prinzip zurückgeführt werden. Entsprechend großes Gewicht hat es, und wir wollen im Folgenden das Relevanzprinzip in seiner ganzen Tragweite darstellen, wobei genauer darauf geachtet werden soll, welche Rolle die Annahme der maximalen Relevanz für die Äußerungsinterpretation hat. Im Zentrum steht dabei vor allem das Buch *Relevance* (Sperber/Wilson 2004a) und der Aufsatz ‚On defining relevance' (1986), bisweilen wird auch der Band *Meaning and Relevance* (Wilson/Sperber 2012) thematisiert, der einige wichtige Aufsätze der Relevanztheorie aus den letzten Jahren noch einmal versammelt.

Der Kern der Relevanztheorie besteht in der Annahme, dass wir uns beim Kommunizieren in der Regel auf ein System von Zeichen stützen, also einen **Code** – er besteht beispielsweise aus Wörtern einer Einzelsprache in ihrer etablierten Bedeutung. Dieser Code aus konventionalisierten Zeichen bietet uns jedoch nicht mehr als eine grobe Orientierung bei der Suche nach der intendierten Bedeutung der Äußerung. Zusätzlich hierzu führen wir **pragmatische Inferenzen** durch, die sich – neben der Kenntnis des Codes – vor allem auf die Annahme der maximalen Relevanz der gebotenen Information stützen. Diese Inferenzen nennen Sperber/Wilson **Explikaturen**, wobei dies einen Gegenbegriff zu demjenigen der Implikaturen darstellt. Es soll damit deutlich gemacht werden, dass die zur Interpretation benötigten Inferenzen nichts sind, was zur Äußerungsbedeutung hinzukommt, sondern etwas, was zu dieser erst beiträgt. Äußerungsbedeutung ist, so ihre Überzeugung, viel stärker inferenziell geprägt als bisher angenommen. Wenn also, wie in der Griceschen Implikaturenanalyse, das Gesagte in Gestalt der ‚angewandten Situationsbedeutung' eines Äußerungstyps für pragmatische Inferenzen vorausgesetzt wurde, so werden pragmatische Inferenzen (Explikaturen) in Sperber/Wilsons Analyse ihrerseits für das Gesagte vorausgesetzt – der Spieß wird also umgedreht. Wenn Explikaturen in dieser Weise überhaupt erst zur Äußerungsbedeutung beitragen, so tragen sie eine hohe Erklärungslast, und im Folgenden soll gezeigt werden, wie sie dieser Aufgabe gerecht werden können.

Um zu sehen, welche Rolle Explikaturen für die Äußerungsbedeutung spielen, können wir uns folgende Situation vorstellen. Auf der Straße spricht uns ein unbekannter Passant an mit der Bemerkung:

(2) Ich habe Caspar das Geld gegeben.

Was wissen wir nach dieser Aussage? Natürlich wissen wir, dass der Unbekannte einer anderen Person namens Caspar Geld gegeben hat, aber schon beim „das" sind wir überfordert – wir wissen nicht, um welches Geld es sich handelt, geschweige denn, worum es bei dieser Geldtransaktion überhaupt ging. Waren es Schulden, die zurückerstattet wurden, war es eine Unterstützung für den notleidenden Caspar, war es etwa Lösegeld? Mit anderen Worten, wir können diese Äußerung in keinen Kontext einordnen, aus dem heraus sie sich erklären würde, und somit ist sie für uns gänzlich irrelevant: Es folgt, wenigstens für uns, nichts daraus. In dieser Situation können wir den Code interpretieren, so würden es Sperber/Wilson beschreiben, aber wir können die Äußerung nicht in einem interessanten Sinn interpretieren.

Modifizieren wir das Beispiel ein wenig, indem wir annehmen, wir würden den Passanten kennen, und wir wüssten außerdem, dass er ein Philanthrop ist, der anderen nichts abschlagen kann. Außerdem wüssten wir, dass unser gemeinsamer Bekannter Caspar notorisch klamm ist und den Philanthropen gebeten hat, ihm eine bestimmte

Geldsumme zu leihen. Sofort erhält die Äußerung für uns einen Sinn, wir können etwas mit ihr anfangen – mit anderen Worten, sie ist für uns relevant. Um dieses Szenario im Sinne Sperber/Wilsons etwas terminologischer zu formulieren, können wir es so beschreiben: Der geäußerte Satz mit seiner **logischen Form** ist nicht in der Lage, die Äußerungsbedeutung festzulegen, sie ist in diesem Stadium noch unterdeterminiert. Neben der semantischen Interpretation des geäußerten Satzes (also der codierten Information) ziehen wir zur Interpretation Elemente des **Kontextes** hinzu, die sich im gegebenen Fall auf die Identität des Passanten, Caspars Identität und Gewohnheiten sowie auf die Vorgeschichte der Äußerung selbst beziehen. Wenn wir annehmen, dass diese Elemente in Form von Propositionen gegeben sind, dann können wir drei Kontextpropositionen festmachen, die mit den Labels: „Passant", „klamm", „Bitte" umschrieben werden können. Der entscheidende Punkt von Sperber/Wilsons Modell ist, dass sich aus der **logischen Form der Äußerung** (der codierten Information) und den **hinzugezogenen Kontextpropositionen** infolge eines Schlussverfahrens die Äußerungsbedeutung ergibt, das heißt die **Explikatur**. Entsteht diese infolge eines solchen Schlussverfahrens, dann ist die ursprüngliche Äußerung relevant. Weiterhin ist die Äußerung umso relevanter, je weniger Kontextpropositionen für den Schlussprozess benötigt werden und je mehr Explikaturen aus ihm entstehen. Relevanz ist somit ein gradueller Begriff, es gibt mehr oder weniger relevante Äußerungen.

7.2 Relevanz und Inferenz

Dies ist das Relevanzmodell im Kern. Wir wollen uns nun die einzelnen Bestandteile des Modells näher ansehen, vor allem auch die Art der relevanzbildenden Schlussprozesse. Wie wir an unserem einführenden Beispiel schon sahen, wird Relevanz als Eigenschaft einer Proposition bezüglich eines Kontextes aufgefasst. Formal gesehen wird ein Kontext ebenfalls als eine Menge von Propositionen angesehen, wobei zunächst offen gelassen ist, wie groß diese Menge sein kann. Bei der Verarbeitung einer Äußerung, die eine bestimmte Proposition enthält, zieht der Hörer zusätzliche propositional gegebene Informationen heran, die für die Interpretation nützlich sind. Sprachverarbeitung stellt sich somit als Inferenzleistung dar, in deren Prämissen diese beiden Arten von Propositionen eingehen. Sperber/Wilson bezeichnen diese Inferenzen deshalb auch als **kontextuelle Implikationen**. Wir können das eingeführte Relevanzkriterium jetzt etwas genauer fassen: Wenn eine Proposition, die durch eine Äußerung vermittelt wird, zusammen mit einer kontextuell gegebenen Proposition mindestens eine kontextuelle Implikation (d.h. eine Explikatur) ergibt, ist sie relevant. Wird Relevanz so definiert, dann hängt sie von ihrem Bezug auf den gegebenen Kontext ab. Ist eine Äußerung in der Weise auf einen Kontext zu beziehen, dass (mindestens) eine kontextuelle Implikation / Explikatur entsteht, dann erfüllt sie das Minimalkriterium der Relevanz. Dass dies eine durchaus nachvollziehbare Analyse ist, kann man an einer modifizierten Version des Einstiegsbeispiels (2) ersehen. Wir können eine der sinngebenden Vermutungen, etwa dass der Passant Schulden bei Caspar hatte, und dass Caspar ein gemeinsamer Bekannter ist, den Schluss ziehen, dass der Passant nicht mehr in Caspars Schuld steht. Dies verleiht der Äußerung (2) erst ihre Relevanz, und zwar als Ergebnis einer Inferenz aus der geäußerten Proposition und den beiden Kontextpropositionen.

Soweit kann man dem Interpretationsmodell der Relevanztheorie sicher zustimmen. Es wurde allerdings schon darauf hingewiesen, dass Äußerungen nicht entweder relevant sind oder nicht, sondern es verschiedene Grade und Abstufungen der Relevanz

7.2 Relevanz und Inferenz

gibt – dies hatte schon H.P. Grice betont. Wenn man auf ein allgemeines Modell der Relevanz abzielt, wie es Sperber/Wilson tun, dann muss man in der Lage sein, die Eigenschaft der Graduierung in dem Modell abzubilden. Es stellt sich also die Frage, wie man eine relevantere von einer weniger relevanten Äußerung unterscheiden kann. Um diese Frage soll es nun gehen.

Ein (sehr idealisiertes) Modell der **Graduierung von Relevanz** erreicht man dann, wenn man den Verarbeitungsaufwand der Äußerung abgleicht mit den kontextuellen Implikationen, die aus der Äußerung plus Kontextpropositionen entstehen. Eine Äußerung, dies sagten wir gerade, ist umso relevanter, je geringer der Verarbeitungsaufwand und je höher der Ertrag an kontextuellen Implikationen ist. Von zwei Äußerungen mit gleich hohem Verarbeitungsaufwand ist diejenige relevanter, die mehr kontextuelle Implikationen aufweisen kann als die erste. Von zwei Äußerungen schließlich mit gleich vielen kontextuellen Implikationen ist diejenige relevanter, die den geringeren Verarbeitungsaufwand erfordert. Wenn man vielleicht einigermaßen sichere Intuitionen hat darüber, wie viele kontextuelle Implikationen aus einer Äußerung folgen (man betrachte das Beispiel 2), dann stellt sich allerdings die Frage, wie sich der Verarbeitungsaufwand bemisst. Er hängt, so die Antwort der Relevanztheorie, von der semantischen Komplexität der geäußerten Proposition einerseits ab – das heißt der Anzahl der möglichen Schlussfolgerungen aus der Äußerung ohne den Kontext – und andererseits von der Anzahl der Kontextpropositionen, die für die Ermittlung der kontextuellen Implikationen benötigt werden. Wenn man sich auf die letztere Eigenschaft konzentriert, dann ergibt sich ein handhabbares Kriterium für den Verarbeitungsaufwand, indem man auf die Anzahl der Kontextpropositionen achtet, die für die Gewinnung der kontextuellen Implikationen notwendig sind. Bei hoher Zahl wird die Äußerung weniger relevant, bei geringer Zahl wird sie relevanter – eine konstante Anzahl von kontextuellen Implikationen vorausgesetzt.

Spätestens an dieser Stelle mag der Eindruck entstehen, dass das Relevanzmodell stark auf arithmetischen Berechnungen von Mengen an Kontextpropositionen einerseits, von Mengen an kontextuellen Implikationen andererseits beruht. Dieser Eindruck ist richtig, und man kann daran kritisieren, dass es nicht klar ist, wie man auf eine solche Zählung kommt, denn was als eine und was als viele Propositionen gilt, ist abhängig von dem Abstraktionsgrad, den man für eine solche Proposition zulässt. Um zu klären, wie sich Sperber/Wilson ein solches Kriterium für die Identität von Propositionen vorstellen, wollen wir uns ein von ihnen gegebenes Beispiel näher ansehen, das im Kontext einer Verlosung spielt (s. Sperber/Wilson 1986, 250 f.):

(3a)   Die Lose kosten jeweils 1 Euro.

(3b)   Man kann mehr als ein Los kaufen.

(3c)   Derjenige, der das Los Nr. 23195 gezogen hat, bekommt den Hauptgewinn.

(3d)   Der Hauptgewinn beträgt 100.000 Euro.

(3e)   Wer 100.000 Euro gewinnt, kann sich den Traum seines Lebens erfüllen.

Die Propositionen (3a–e) stellen Kontextpropositionen dar. Wenn man die idealisierende Annahme macht, dass dieser Kontext stabil und den Gesprächspartnern jeweils in gleicher Weise zugänglich ist, dann kann man die folgenden Propositionen jeweils nach ihrem Relevanzgrad ordnen:

(4) Daniel hat das Los Nr. 23195 gezogen.

(5) Eike hat das Los Nr. 21600 gezogen.

(6) Daniel hat das Los Nr. 23195 gezogen und heute ist Dienstag.

Misst man die Propositionen (4) – (6) an dem Kontext, der in (3a–e) angegeben ist, dann fällt eine Rangfolge der Relevanz nicht schwer: Der Verarbeitungsaufwand von (4) und (5) ist gleich und er ist geringer als derjenige von (6), denn die semantische Komplexität Ersterer ist geringer – womit sich (6) als weniger relevant erweist. Vergleicht man dann (4) und (5) miteinander, dann ist wiederum (4) relevanter als (5), denn es resultieren aus (4) und den Kontextpropositionen (3a–e) wesentlich mehr kontextuelle Implikationen als aus (5). So wissen wir, dass Daniel einen Euro ausgegeben hat, dass er den Hauptgewinn gezogen hat, dass er um 100.000 Euro reicher ist und sich nunmehr den Traum seines Lebens erfüllen kann. Dieses Ergebnis hat (5) nicht, wir wissen lediglich, dass Eike ebenfalls einen Euro ausgegeben hat (eventuell, je nach Kontext, kann es noch von Interesse sein, dass er nicht den Hauptgewinn gezogen hat). Im unmittelbaren Vergleich stellt sich also heraus, dass (4) mehr kontextuelle Implikationen liefert als (5) und somit relevanter ist.

Wenn man danach fragt, welche **Funktion dieses Modell** für konkrete Fälle sprachlichen Kommunizierens hat, dann geraten Fragen der Bedeutungszuweisung in den Blick. Bisweilen muss man sich entscheiden, welche von zwei Lesarten eines ambigen Ausdrucks zu wählen ist, oder auf welchen Referenten man einen Ausdruck bezieht. Hier hilft es dann, wenn als Entscheidungskriterium der jeweilige Relevanzgrad zur Verfügung steht: Es ist diejenige Interpretation oder Referenz zu wählen, die der Äußerung den höchsten Grad der Relevanz verleiht, und konkurrierende Interpretationen sind (zumindest vorläufig) auszuschließen. Wenn man das vorgestellte idealisierte Modell auf reale Kommunikation bezieht, dann ist zum einen die Annahme eines stabilen, abgegrenzten Kontextes nicht haltbar, zum anderen können sich Kontexte auch in verschiedene Dimensionen erstrecken, so dass ganz unterschiedliche Aspekte der Äußerungssituation aufgerufen werden. Die Propositionen unter (3) können als Elemente des vorhergehenden Diskurses aufgefasst werden, so dass sie als (ehemalige) Äußerungen fungieren. Den Diskursteilnehmer_innen stehen jedoch auch andere Quellen der Relevanz-Zuweisung und damit der Interpretation offen, etwa ihr Vorrat an allgemeinem Weltwissen, den sie einspeisen, oder visuelle bzw. akustische Begleitinformationen, die ihnen zusätzlich zur Äußerung dargeboten werden – alles dies kann in Form propositional verfügbaren Wissens eine Rolle spielen bei der Verarbeitung einer Äußerung im Sinne einer Ableitung von kontextuellen Implikationen.

Relevanz wird im Rahmen des hier vorgestellten Paradigmas nicht als eine vorhandene oder nicht-vorhandene Eigenschaft von Äußerungen aufgefasst, sondern als ein interpretatives Verfahren, das die Entscheidung, welche Kontextpropositionen man berücksichtigt, steuern kann. Kurz gesagt sind diejenigen zu berücksichtigen, die für eine größtmögliche Relevanz der Äußerung sorgen. Durch die Tatsache der Kontextwahl wird der wesentlich dynamische Charakter der Relevanzannahme deutlich. Um dies besser nachvollziehen zu können, sehen wir uns wiederum ein etwas modifiziertes Beispiel der Autoren selbst an (s. Sperber/Wilson 1986, 254 f.). Es geht um folgendes Äußerungspaar:

(7) Das Treffen findet am 1. Februar statt.

(8) Das Treffen findet am 5. Februar statt.

Im Zuge der Interpretation begibt sich der Adressat gleichsam auf die Suche nach Anhaltspunkten für die Relevanz der jeweiligen Äußerung, d.h. er fragt sich, welchen Stellenwert sie für ihn augenblicklich hat. Zu diesem Zweck „scannt" er die diskursive Umgebung hinsichtlich möglicher Elemente, die für die Relevanz-Zuweisung wichtig sein können. Sperber/Wilson nennen in ihrem Beispielszenario die folgenden möglichen Kontextpropositionen:

K1: Johanson hat das Treffen anberaumt.

K2: Wenn das Treffen am 1. Februar stattfindet, kann der Vorsitzende nicht teilnehmen.

K3: Wenn der Vorsitzende nicht teilnehmen kann, setzt Johanson seine Vorschläge durch.

K4: Wenn Johanson seine Vorschläge durchsetzt, dann wird die Firma bankrott gehen.

Stellt man sich vor, dass die einzelnen Kontextpropositionen im Zuge der Interpretation stufenweise abgearbeitet werden, dann wird deutlich, wie die Relevanz mit jeder Kontextproposition steigt. Ist auf der Ebene K1 der Ertrag an kontextuellen Implikationen für 7. und für 8. noch gleich – es ergibt sich lediglich, dass Johanson das Treffen am 1. bzw. am 5. Februar anberaumt hat – so geht der Relevanzgrad beim Durchgang von K2 bis K4 kontinuierlich auseinander. Schließlich geht die Firma bankrott oder auch nicht, je nachdem, an welchem Termin das Treffen anberaumt wurde. Wenn wir als Adressaten mit 7. konfrontiert werden, dann ist es sinnvoll, die Kontextpropositionen K1 bis K4 zu berücksichtigen, denn mit jeder Proposition steigt die Anzahl der für 7. geltenden kontextuellen Implikationen; vor dem Hintergrund der Kalkulation von Aufwand und Ergebnis ist es also gerechtfertigt, sämtliche Kontextpropositionen zu berücksichtigen, denn der Ertrag zeigt sich in der steigenden Anzahl der kontextuellen Implikationen.

Soweit die Architektur des Modells der Relevanz. Es bleiben noch einige Fragen offen, die sowohl die theoretischen Grundlagen als auch die konkrete Ausführung des Modells betreffen, und die anschließend thematisiert werden sollen. Es geht einerseits um den Charakter der Schlussprozesse selbst, das heißt ihre spezifische Rolle in einem Akt der Kommunikation. Andererseits stellt sich die mit der ersten verwandte Frage, welche Rolle Implikaturen in dem Modell noch spielen und was daraus folgt, dass ein logischer Begriff – derjenige der Implikation – in einem pragmatischen Modell einen solch zentralen Stellenwert einnimmt. Diese Fragen sollen der Reihe nach abgearbeitet werden, und zwar im Zuge einer Auseinandersetzung mit den grundsätzlichen zeichentheoretischen Auffassungen von D. Sperber und D. Wilson, wie sie in ihrem Buch (2004a) ausgeführt sind.

7.3 Intention und Ostension

Die Autoren definieren Kommunikation ganz im Stile von H.P. Grice als das Produzieren von Äußerungen (sie erweitern dies in Richtung beliebiger Stimuli) mit jeweils einem Paar wohldefinierter Intentionen (s. Sperber/Wilson 2004a, 29 ff.). Sie unterscheiden eine **informative Intention**, die darin besteht, dass man seine Adressaten über etwas informiert, von der **kommunikativen Intention**, die die Adressaten über das Vorliegen der informativen Intention informiert. Es ist klar, dass es sich hierbei um eine verkürzte Version des Griceschen Schemas für die M-Intention handelt (s. Kapitel 2). Die Unterscheidung zwischen einer informativen und einer kommunikativen Intention wird deshalb eingeführt, weil Sperber/Wilson die erste der Intentionen in Grices Schema nicht als kommunikativ ansehen. Wir hatten das Bedeutungsschema so eingeführt: „'S meinte mit x etwas' ist (in etwa) äquivalent mit ‚S beabsichtigte, daß die Äußerung von x bei einem Hörer eine Wirkung mittels der Erkenntnis dieser Absicht hervorruft'" (Grice 1993a, 11). Die Absicht, dass eine Äußerung bei einem Hörer eine Wirkung hervorruft, ist in Sperber/Wilsons Sicht keine kommunikative Absicht. Erst durch die reflexive Intention (es wird intendiert, dass die erstere Absicht erkannt wird) können wir von einer Intention zu kommunizieren sprechen. Deshalb heißt auch nur die zweite Intention in Sperber/Wilsons Schema kommunikativ.

Das Autorenpaar nimmt auch noch eine zweite Modifikation des Griceschen Paradigmas vor, diesmal allerdings mit erheblich gravierenderen Folgen. Wie wir im Kapitel 4 sahen, bietet H.P. Grice ein elaboriertes Schema dafür an, wie Implikaturen von Sprecher_innen vollzogen werden. Dieses Schema ist für Sperber/Wilson weiterhin maßgeblich, sie kritisieren es jedoch an einem entscheidenden Punkt. So überzeugend die Ableitung von Implikaturen aus der Beurteilung einer Äußerung hinsichtlich einzelner Maximen einerseits und des übergeordneten Kooperationsprinzips andererseits auch ist, so liefert sie lediglich einige Evidenz dafür, dass eine indirekte, angedeutete oder auf andere Weise nicht-wörtliche Lesart zu wählen ist. Sie bietet allerdings, so die Kritik, keinerlei Anhaltspunkte dafür, dass irgendeine andere Lesart nicht zu denen gehört, die gewählt werden sollen. Das Modell ist also unterdeterminiert, es lässt zu viel zu und schließt zu wenig aus, als dass es ein handhabbares Instrument für die Erklärung nicht-wörtlicher Kommunikation sein könnte. Man kann vielleicht zur Verteidigung von Grice sagen, dass die grundsätzliche Offenheit der Interpretation gerade ein Markenzeichen von Implikaturen ist, so dass dies kein Nachteil von Implikaturen sein kann. In Sperber/Wilsons Sicht handelt es sich aber um einen Nachteil, denn sie sind an einer allgemeinen Erklärung kommunikativen Verstehens interessiert.

Die Konsequenz aus dieser, wie sie meinen, Schwäche des Griceschen Implikaturenmodells ist der Ersatz des Maximen- und Prinzipienansatzes durch die Annahme eines einzigen Prinzips, desjenigen der Relevanz. Da die Annahme und Begründung dieses Super-Prinzips wiederum auf kommunikationstheoretischen Voraussetzungen beruht, seien diese hier kurz vorgestellt: Zu den Voraussetzungen gehören zweifelsohne der Begriff des **Manifesten** sowie derjenige der **kognitiven Umgebung**. An dieser Stelle macht sich der grundsätzliche Standpunkt der Autoren bemerkbar, der in einem Primat des Kognitiven besteht: Kommunikationstheorie wurzelt in einer Theorie der menschlichen Kognition, sie ist sozusagen die Heimat für das fundamentale Prinzip, nach dem das Streben nach größtmöglichem Effekt bei geringstmöglichem Aufwand allen kognitiven Prozessen zugrunde liegt. Die soeben genannten Begriffe spielen für eine Theorie der konzeptuellen, also begrifflichen Kognition folgende Rolle (s. Sperber/Wilson 2004a, 39): Eine Tatsache ist zu einer gegebenen Zeit für ein Individuum manifest, wenn es eine mentale Repräsentation von dieser ausbilden kann und wenn sie gleichzeitig als zutreffend oder vermutlich zutreffend anerkannt werden kann. Eine kognitive Umgebung besteht aus einer Menge von Tatsachen, die in der angegebenen Weise manifest sind. Es ist wichtig zu sehen, dass die Definition einer kognitiven Umgebung relativ auf ein Individuum bezogen ist; verschiedene Individuen (und eines zu verschiedenen Zeiten) können somit unterschiedliche kognitive Umgebungen haben. Es ist sogar nicht auszuschließen, dass diese kognitive Umgebung nichts mit der Realität zu tun hat, es kann sich um reine Illusion oder Halluzination handeln.

7.3 Intention und Ostension

An diesem Punkt wird der Begriff der Tatsache problematisch, denn wir würden von Halluzinationen nicht gerne sagen wollen, dass sie Tatsachen sind oder solche wiedergeben. Aus diesem Grund ersetzen auch Sperber und Wilson diesen Begriff durch denjenigen der Annahme. Eine Annahme ist manifest in einer kognitiven Umgebung, wenn es genügend Anhaltspunkte für sie gibt. Um dem eigenartigen Eindruck entgegenzutreten, Halluzinationen und realistische Wahrnehmungen würden auf eine Stufe gestellt (was zu einem radikalen Relativismus führen würde), nehmen sie eine Stufung von Annahmen vor, so dass es manifeste und weniger manifeste Annahmen gibt. So sind Wahrnehmungen von Geräuschen auf der Stufenleiter der Manifestheit weit oben anzusiedeln, während mehr oder minder exotische Interpretationsversuche für diese Geräusche weiter unter anzusiedeln sind. Der Gradmesser für **Manifestheit** ist ihre Salienz, das heißt ihre Auffälligkeit für das Individuum (s. Sperber/Wilson 2004a, 40).

Sperber/Wilson berücksichtigen nicht nur manifeste Annahmen von Individuen, sondern sie beziehen den Fall mit ein, dass mehrere Personen bestimmte manifeste Annahmen teilen. In diesem Fall entsteht eine gemeinsame kognitive Umgebung, die so definiert ist, dass sie die Schnittmenge der kognitiven Umgebungen der beteiligten Individuen ausmacht. Dies ist allerdings für gelungene Kommunikation und kommunikatives Verstehen noch nicht ausreichend, denn es genügt nicht, dass Personen die gleiche kognitive Umgebung teilen, ohne es zu wissen. Sie sollte vielmehr eine wechselseitige sein, also eine solche, in der die Kommunizierenden voneinander wissen, dass ihre kognitiven Umgebungen eine gemeinsame Schnittmenge haben. In einer wechselseitigen kognitiven Umgebung gilt für jede manifeste Annahme, dass sie für mehrere Teilnehmer manifest ist, und es gilt weiterhin, dass die Tatsache manifest ist, dass genau dies der Fall ist. Kurz gesagt, es muss allen Beteiligten klar sein, dass es einen gemeinsamen Überschneidungsbereich des Manifesten gibt. Auch dies ist allerdings noch nicht genug. Die nächste Stufe in der Explikation ihres Relevanzprinzips verdeutlichen Sperber/Wilson am Beispiel eines Verhaltens, das kommunikativ sein kann oder auch nicht, je nach Betrachtung. An dieser Stelle ist es wichtig zu bemerken, dass in der Relevanztheorie nicht von Kommunikation, sondern von **Ostension** die Rede ist; es geht also an dieser Stelle nicht um kommunikatives, sondern um ostensives, also hinweisendes Verhalten.

Wenn zwei Personen auf einer Parkbank sitzen und sich eine der beiden ruckartig zurücklehnt, dann ist die Vermutung naheliegend, dass diese ihrem Nachbarn den Blick freigeben möchte auf etwas, was er vorher nicht sehen konnte. Das Zurücklehnen geschah also mit einer bestimmten Mitteilungsabsicht. In der eingeführten Terminologie können wir diese Szene so beschreiben, dass durch das Zurücklehnen eine Tatsache manifest gemacht wurde – unter anderem die, dass ein etwas nerviger gemeinsamer Bekannter sich nähert. Dies ist dann Teil der wechselseitigen kognitiven Umgebung der Beiden auf der Parkbank. Gleichzeitig wurde die Tatsache manifest gemacht, dass die Herstellung der wechselseitigen kognitiven Umgebung absichtlich geschah, dass also der Banknachbar bemerken sollte, dass sich der Bekannte nähert. Sind diese Bedingungen erfüllt, also das Manifestmachen der Tatsache selbst sowie das Manifestmachen der Absicht, dass die Tatsache manifest sein soll, dann liegt ein Akt ostensiven Verhaltens oder ein Akt der Ostension vor (s. hierzu Sperber/Wilson 2004a, 49). Die oben schon erwähnte Annahme der Relevanz hilft hierbei, den spezifischen Akt der Ostension zu identifizieren: Durch das Zurücklehnen wird der Blick des Banknachbarn auf eine Menge Dinge frei, von denen in der spezifischen Situation aber nur eines wirklich interessiert: die sich anbahnende soziale Verwicklung durch die Begegnung mit einem nervigen Bekannten. Das Hauptanliegen der Relevanztheorie kann in dieser Begrifflichkeit folgendermaßen beschrieben werden: Ein Akt der Ostension beinhaltet die Garantie dafür, dass er relevant ist, und dies hilft dabei, die Intention zu erkennen, die hinter einem Manifestmachen einer Annahme steht.

Bei der Einführung des Begriffs der Ostension wurde eher implizit deutlich, dass es sich bei der dargestellten Kommunikationssituation um einen Schlussprozess aufseiten des Adressaten handelt: Er fragt sich, warum sein Bekannter sich so abrupt zurücklehnt, und er findet mithilfe der Relevanzannahme eine Erklärung, die auf eine Mitteilungsabsicht hinausläuft. Man kann verallgemeinernd den gesamten Prozess des Manifestmachens einer Annahme als einen **Akt der ostensiv-inferenziellen Kommunikation** bezeichnen. ‚Ostensiv' bezieht sich dabei auf die Perspektive des Kommunikators – er möchte etwas zu erkennen geben – und ‚inferenziell' auf die Seite des Adressaten – er möchte das Verhalten mithilfe eines Schlussprozesses erklären und einen kommunikativen Mehrwert aus diesem ziehen.

Das Ergebnis eines ostensiv-inferenziellen Kommunikationsakts ist eine Explikatur – in diese gehen die kodierte Information der Äußerung und die Kontextpropositionen ein. Dieser Begriff wurde schon eingeführt und als Konkurrenzbegriff zur Griceschen Implikatur gekennzeichnet. Sind damit Implikaturen in der Relevanztheorie abgeschafft? Nein – sie spielen weiterhin eine Rolle, und zwar als kommunikativer Gehalt dessen, was nicht gesagt oder nicht Teil der Explikatur ist. Wenn es für beide Begriffe eine Anwendung gibt, dann muss ein eindeutiges Abgrenzungskriterium angegeben werden können, andernfalls kann man sie nicht getrennt verwenden. Dieses Kriterium bietet die logische Form, anders gesagt der Code. Explikaturen werden als Entwicklungen, also Erweiterungen der logischen Form des Satzes aufgefasst, sie sind systematisch auf die semantische Bedeutung des geäußerten Satzes bezogen. Dies gilt für Implikaturen nicht, sie müssen sich nicht auf irgendein Element in der logischen Form des Satzes zurückführen lassen. Sieht man sich die Beispiele für Implikaturen im Kapitel 4 an, dann ist offenkundig, was gemeint ist. An einem holzschnittartigen Fall gezeigt: Sagt jemand in ironischer Absicht „Er ist ein feiner Freund" und meint damit „Er ist ein Betrüger" (Qualitätsimplikatur), so steht diese Lesart evidentermaßen in keiner Beziehung zur logischen Form des Ausgangssatzes. Dies ist mit Sperber/Wilsons Abgrenzungskriterium von Explikaturen und Implikaturen gemeint.

Nach dieser terminologischen Klärung bezüglich der Grundbegriffe der Relevanztheorie sollen das **Relevanzprinzip** und die entscheidende Vorannahme für dieses Prinzip mit Sperber/Wilson noch einmal zusammenfassend formuliert werden (s. Sperber/Wilson 2004a, 158). Die Vorannahme benennt das interpretatorische Prinzip, das der Verstehensarbeit des Adressaten unterliegt:

> **Unterstellung optimaler Relevanz:**
> Die Menge von Annahmen, die der Kommunizierende seinem Adressaten gegenüber manifest zu machen intendiert, ist hinreichend relevant, so dass es der Mühe wert ist, das entsprechende ostensive Signal zu verarbeiten. Dieses ist auch das relevanteste, das der Kommunizierende für den Akt der Kommunikation wählen konnte.
>
> **Das Relevanzprinzip:**
> Jeder Akt der ostensiven Kommunikation kommuniziert die Unterstellung seiner eigenen optimalen Relevanz.

Es ist wichtig zu sehen, dass das Relevanzprinzip, wie auch schon das Kooperationsprinzip und die Konversationsmaximen von H.P. Grice, keine Normen sind, wie man kommunizieren soll, sondern ein Hilfsmittel, das die Interpretation der Äußerungen, mit denen der Interpretierende konfrontiert ist, überhaupt erst ermöglicht. Die Relevanzannahme hilft dabei, den Äußerungen einen kommunikativen Sinn zuzuschreiben – er besteht in der Interpretation, die in einer gegebenen Situation die relevanteste ist.

Hiermit soll die Darstellung des Relevanzprinzips von Sperber/Wilson abgeschlossen werden. Es gibt einige konzise Zusammenfassungen der Relevanztheorie von den Autoren selbst (z.B. Sperber/Wilson 2004b). Darüber hinaus hat sich an das Buch, das erstmals 1986 erschienen ist, eine ganze Reihe von Publikationen angeschlossen, die die Theorie weiter ausarbeiten (s. u.a. Blakemore 2002, Carston 2002). Schon seit Längerem ist daher von einer eigenständigen Relevanztheorie die Rede, die von sich selbst beansprucht, einige Momente der Griceschen Theorie überwunden zu haben – vor allem die Annahme, das Gesagte oder die wörtliche Bedeutung einer Äußerung sei allein semantisch zu bestimmen, ohne Rückgriff auf die Pragmatik. Die Relevanztheorie mit ihrem zentralen Begriff der Explikatur beansprucht zu zeigen, dass schon innerhalb des Gesagten pragmatische Prinzipien wirksam sind. Aus der Vorstellung, Grice damit überwunden zu haben, leitet sich auch die (Selbst-)Bezeichnung des postgriceschen Ansatzes ab.

7.4 Lexikalische Pragmatik

Es gibt eine weitere Grundannahme der Relevanztheorie, die unter der Bezeichnung der lokalen Pragmatik firmiert. Sie besteht in der Annahme, dass wir als Rezipienten beim Äußerungsverstehen unmittelbar mit den pragmatischen Schlussprozessen einsetzen, sozusagen Wort für Wort, auch wenn die semantische Interpretation des geäußerten Satzes noch nicht vollständig ermittelt wurde. Man sagt auch, wir interpretieren die Äußerung inkrementell, anwachsend. Anders gesagt warten wir mit den Inferenzen nicht solange, bis wir den geäußerten Satz semantisch analysiert haben und dann eventuell zu dem Schluss kommen, dass die wörtliche Interpretation nicht angemessen ist – dies wäre die Idee einer globalen Pragmatik. Wir fangen vielmehr sofort damit an, und das heißt: Wir ziehen sofort die mit der Äußerung verbundenen Explikaturen.

Wenn man eine solche lokale oder auch inkrementelle Sicht auf pragmatische Schlussprozesse einnimmt, dann muss man angeben können, auf welche Weise eine Explikatur nach dem Hören oder Lesen der ersten Wörter im Satz zugewiesen werden kann. Anders gesagt: Man benötigt eine Theorie darüber, wie pragmatische Inferenzen ausgehend von einzelnen Wörtern gezogen werden. Die Teildisziplin der **lexikalischen Pragmatik** versucht auf diese Frage eine Antwort zu geben. Wie sie vorgeht, sei an folgendem Beispiel veranschaulicht:

(9) Er öffnete die Tür.

Was die lexikalische Bedeutung von *öffnen* betrifft, so sieht man sofort, dass hier ein großer Spielraum besteht. Eine angelehnte Tür öffnet man dadurch, dass man sie leicht anstößt; eine abgeschlossene Tür dadurch, dass man den Schlüssel einsteckt und herumdreht (sie kann noch geschlossen bleiben); bei Verlust des Schlüssels baut der Handwerker vom Schlüsseldienst das Schloss aus. Vielleicht schwebt uns angesichts des Satzes (9) eine prototypische Interpretation vor, die ohne weitere Kontextinformation unterstellt wird – etwa am Anfang der Lektüre eines Romans: Herunterdrücken der Klinke und Aufdrücken des Türflügels. Wir sahen aber, dass dies keinesfalls die einzige Interpretation ist, die vorgenommen werden kann. Um das Vorgehen der lexikalischen Pragmatik näher zu erläutern, müssen zwei Begriffe eingeführt werden, die eng miteinander zusammenhängen: Der Begriff des Konzepts und derjenige des ad hoc-Konzepts. Beide Begriffe spielen bei Robin Carston eine zentrale Rolle, wobei sie sich auf die Ergebnisse der Frame-Theorie von L. Barsalou bezieht (Carston 2002, 2010, Barsalou 1992). Ein **Konzept** wird von einem lexikalischen Ausdruck enkodiert, es ist seine Bedeutung. Im Gegensatz zu Semantik-Theorien, die auf Bündel von semantischen Merkmalen zurückgreifen, um die Bedeutung einer lexikalischen Einheit zu beschreiben (wie +/– menschlich, +/– belebt etc.), nimmt die Relevanztheorie (und damit Carston) an, dass enkodierte Konzepte atomar sind, d. h. sie lassen sich nicht weiter zerlegen in Merkmale oder Bündel von Merkmalen. Im Hintergrund dieser Auffassung steht die Theorie der *language of thought*, der Gedankensprache von J. Fodor (s. Fodor 1975). Konzepte werden als atomare Bestandteile eines Gedankens aufgefasst, der wiederum Teil ist der Fodorschen Gedankensprache. Die Gedankensprache ist eine Konstruktion der kognitiven Theorie des Geistes, und sie wird als mentales Korrelat der jeweiligen Einzelsprache verstanden, die wir im Alltag sprechen. In einer gewissen Selbstironie wird diese mentale Sprache auch Mentalesisch genannt; es wird von keinem real, aber mental von allen ‚gesprochen'.

Wie sieht ein solches Konzept aus? Im Wesentlichen enthält es drei Arten von Informationen, die zusammengenommen eine kognitive Adresse im Geist des Sprachbenutzers bilden. Eine kognitive Adresse ist etwas, auf das wir zurückgreifen können, wenn wir ein Wort hören oder bilden wollen. Zunächst ist der **logische Gehalt** zu nennen, der als eine Menge von Schlussregeln aufzufassen ist: So können wir vom Hören des Worts ‚Katze' (in seiner wörtlichen Lesart) darauf schließen, dass es sich um eine bestimmte Art von Tier handeln muss. Die zweite Art von Information ist das enzyklopädische oder **generelle Wissen des Sprachbenutzers**, das sehr verschiedene Arten von Kenntnissen umfasst: Es geht um Alltagserfahrungen, wissenschaftliche Erkenntnisse, kulturspezifische Überzeugungen und individuelle oder ideosynkratische Erfahrungen. Schließlich haben wir noch die **lexikalische Information** im engeren Sinne, die die Form des Lexems sowie seine phonologischen und syntaktischen Eigenschaften umfasst. Wenn wir beim Beispiel der Katze bleiben, so besteht – neben dem logischen Gehalt und der lexikalischen Information – das enzyklopädische Wissen darin, dass man das Aussehen und die Verhaltensweisen von Katzen kennt, für Biologen kommt das Wissen über ihre Anatomie und die genetischen Eigenschaften hinzu. Für die meisten enthält das Konzept hingegen eher persönliche Erfahrungen, die sie mit eigenen oder fremden Katzen gemacht haben (s. hierzu die zusammenfassende Darstellung von Carston 2002, 321 ff.).

Die drei genannten Arten von Informationen machen zusammen das aus, was Fodor und mit ihm Sperber/Wilson und Carston unter einem Konzept verstehen. Sprecher beziehen sich mithilfe dieses Konzepts auf die Gegenstände ihrer Umgebung, die ihrerseits das **Denotat des Konzepts** ausmachen. In der Zusammenschau ergibt sich also eine Dreierkette: Der lexikalische Ausdruck (ein Wort) enkodiert ein mentales Konzept; dieses Konzept denotiert einen Gegenstand in der Welt auf der Basis der in ihm enthaltenen Information. Um Konzepte grafisch von den entsprechenden Wörtern abzuheben, schreibt man sie in Majuskeln. Das Konzept, das von dem Wort ‚Katze' enkodiert wird, ist also: KATZE, das Konzept, das von dem Wort ‚öffnen' enkodiert wird, lautet ÖFFNEN. Dieses Modell der Bedeutung von Wörtern ist klar strukturiert, es ist allerdings

7.4 Lexikalische Pragmatik

für den alltäglichen Sprachgebrauch nur beschränkt gültig, denn es ist ja nicht garantiert, dass wir die Wörter immer im Sinne des enkodierten Konzepts verwenden. So wurden schon einige Fälle des Öffnens einer Tür genannt, die von dem angenommenen prototypischen Fall des Herunterdrückens der Klinke und des Aufdrückens des Türflügels abweichen. Wir wollen in einem solchen Fall sicher nicht sagen, dass es sich nicht um das Öffnen einer Tür handelt, dies wäre unnötig rigide. Der Begriff des **ad-hoc-Konzepts** wurde eingeführt, um diesen Fall der nur teilweisen Erfüllung eines Konzepts erfassen zu können.

Folgendes Beispiel bilde den Ausgangspunkt:

(10) Der Handwerker vom Schlüsseldienst öffnete die Tür, indem er das Schloss ausbaute.

Hier kommt ein ad-hoc-Konzept des Öffnens ins Spiel, und dieses wird grafisch mit einem Sternchen versehen: ÖFFNEN*. Natürlich überlappt sich das ad-hoc-Konzept mit dem zugrundeliegenden Konzept, was seine Denotation betrifft – es wird ja immer noch der Türflügel aufgedrückt, aber vielleicht wird die Klinke nicht heruntergedrückt, sicher aber wird nicht der Schlüssel umgedreht. Ein ad-hoc-Konzept ist also eine Veränderung des zugrundeliegenden Konzepts – F. Récanati (2004) nannte diesen Prozess **Modulation**. Eine solche Veränderung kann in einer Erweiterung oder einer Verengung des Konzepts bestehen. Im vorliegenden Beispielfall haben wir es mit einer Erweiterung zu tun, wenn man die prototypische Art der Türöffnung als grundlegend ansieht. Man kann sich aber auch leicht eine Verengung vorstellen – etwa wenn unter dem Öffnen lediglich das Entriegeln des Schlosses verstanden wird. Hier würde dann ein anderes ad-hoc-Konzept ÖFFNEN* denotiert. R. Blutner (2000) führt ein authentisches Beispiel an, das er in Form eines Hinweisschilds an einem Amsterdamer Café entdeckte: „Please smoke inside." Diese Bitte, die der aktuellen Praxis, nicht in Gaststätten, sondern davor zu rauchen, diametral widerspricht, wird nachvollziehbar, wenn man das ad-hoc-Konzept von RAUCHEN* berücksichtigt. Es geht nicht unbedingt um das Rauchen von Tabak ...

Der Begriff des ad hoc-Konzepts wird nicht nur für die Erweiterung oder Verengung eines Konzepts im wörtlichen Sprachgebrauch verwendet, sondern auch zur Erklärung einiger Arten von nicht-wörtlichem Sprachgebrauch. So können einige Metaphern als Fälle einer solchen konzeptuellen Erweiterung aufgefasst werden. Nehmen wir das folgende Beispiel:

(11) Robert ist ein Bulldozer.

Das Spezifische an Äußerungen wie (11) ist, dass in einer prädikativen Konstruktion der referierende Ausdruck *Robert* und das Prädikat *ist ein Bulldozer* auf den ersten Blick nicht viel miteinander zu tun haben. Dies ist der Reiz von Metaphern, denn sie regen zum Nachdenken darüber an, welches der Sinn der Äußerung trotz des spontanen Nicht-Zusammenpassens sein könnte. Dieses Nachdenken kann man pragmatisch nun so beschreiben, dass von den Adressaten ein ad hoc-Konzept BULLDOZER* ausgebildet wird, das einige Eigenschaften enthält, die wir Bulldozern zuschreiben, aber nicht alle. Es werden nur diejenigen Eigenschaften ausgewählt, die auf Personen passen, und diejenigen weggelassen, die auf Baumaschinen passen. Dies sind beispielsweise Roberts Beharrlichkeit, sein Starrsinn, sein Mangel an Sensibilität und Ähnliches. Es ist offenkundig, dass diese Eigenschaften nicht im strengen Sinn als Eigenschaften von Bulldozern gelten können (sie bekommen ihrerseits etwas Metaphorisches, wenn sie von Bulldozern ausgesagt werden). Bei der prädikativen Konstruktion von *Robert* und *Bull-*

dozer passiert also noch etwas mehr als nur die Kombination der beiden Ausdrücke, es entsteht etwas Neues, das nicht im ursprünglichen Konzept von BULLDOZER enthalten war. Die metaphorischen Lesarten von Ausdrücken sind also emergent, sie enthalten Informationen, die im bildgebenden Ausdruck nicht enthalten sind.

Mit dieser Skizze zu Metaphern soll die Darstellung der lexikalischen Pragmatik abgeschlossen werden. Es handelt sich noch um eine relativ junge Teildisziplin, die – vor allem im Bereich der Metaphernanalyse – in der Entwicklung begriffen ist. Hauptvertreter_innen sind D. Sperber/D. Wilson, R. Carston und R. Blutner, wobei Letzterer nicht Vertreter der Relevanztheorie ist – er arbeitet im Überschneidungsbereich von Optimalitätstheorie und lexikalischer Pragmatik.

Literatur:

Barsalou, L. (1992): Frames, Concepts, and Conceptual Fields. In: A. Lehrer/E. Feder Kittay (Hg.), *Frames, Fields, and Contrasts*. Hillsdale: Lawrence Erlbaum, 21–74.

Blakemore, D. (2002): *Relevance and linguistic meaning: the semantics and pragmatics of discourse markers*. Cambridge: Cambridge University Press.

Blutner, R. (2000): Optimalitätstheoretische Pragmatik und Fossilierung. In: *Linguistische Berichte* 181, 5–33.

Carston, R. (2002): *Thoughts and Utterances. The pragmatics of explicit communication*. Malden (MA): Blackwell.

Carston, R. (2010): Lexical pragmatics, ad hoc concepts and metaphor: A Relevance Theory perspective. In: *Italian Journal of Linguistics* 22.1, 153–180.

Fodor, J. (1975): *The Language of Thought*. Cambridge/Mass.: Harvard University Press.

Grice, H.P. (1993a): Meinen, Bedeuten, Intendieren. In: G. Meggle (Hg.), *Handlung, Kommunikation, Bedeutung*. Frankfurt/M.: Suhrkamp, 2–15.

Récanati, F. (2004): *Literal Meaning*. Cambridge: Cambridge University Press.

Sperber, D./D. Wilson (1986): On defining relevance. In: R. Grandy/R. Warner (Hg.), *Philosophical Grounds of Rationality. Intentions, Categories, and Ends*. Harvard: Harvard University Press.

Sperber, D./D. Wilson (^{2}2004a): *Relevance. Communication and Cognition*. Oxford: Blackwell.

Sperber, D./D. Wilson (2004b): Relevance Theory. In: L.R. Horn/G. Ward (Hg.), *The Handbook of Pragmatics*. Malden (MA): Blackwell, 607–632.

Wilson, D./D. Sperber (2012): *Meaning and Relevance*. Cambridge: Cambridge University Press.

8. Implizituren oder Gesagtes?

8.1 Die Nichtwörtlichkeit von Implizituren: Kent Bach

Beginnen wir mit einem Beispiel, das von Kent Bach stammt (Bach 1994):

(1) Willy hätte fast eine Bank ausgeraubt.

Wir können Äußerungen dieses Satzes auf vielerlei Weise verstehen, was vor allem daran liegt, das *fast* mehrfach interpretierbar ist. Mit (1) könnte man ausdrücken wollen, dass Willy versuchte, eine Bank auszurauben, aber gescheitert ist; oder dass er, in der Schalterhalle stehend, sich mühsam zurückhalten musste, die Bank auszurauben; oder dass er irgendetwas ausrauben wollte und sich widerstrebend gegen die Bank entschied. Offenkundig erhalten wir durch das Hören oder Lesen von (1) keine Informationen darüber, welche Lesart gemeint sein könnte. Dies ist nur zu leisten, wenn uns Informationen aus dem vorhergehenden (bzw. folgenden) Kontext der Äußerung oder aus unabhängigen Informationsquellen vorliegen. So können wir (1) fortsetzen mit ... *Er rang ein Weile mit sich und bekam es dann doch mit der Angst zu tun*. Durch diese Fortsetzung wird klar, dass es um die zweite der genannten Lesarten geht, in der sich *fast* auf *ausrauben* bezieht (und nicht auf *Bank*).

Auch Kent Bach ist der Meinung, dass der Sprecher/die Sprecherin mit (1) nicht vollständig explizit ist, weil er/sie mehr oder etwas anderes gemeint hat, als gesagt wurde. In dem vorliegenden Fall ist nicht klar, worauf sich *fast* bezieht – Bach nennt dies **strukturelle Unterdeterminiertheit.** Es wird keine zusätzliche Komponente benötigt, um die mit (1) ausgedrückte Proposition zu vervollständigen, sondern es muss die interne Struktur der Äußerung geklärt werden, in diesem Fall der Bezug von *fast*. Der Fall einer **konstitutentenbezogenen Unterdeterminiertheit** liegt bei einem anderen Beispiel von Bach vor:

(2) Stahl ist nicht stark genug.

Hier muss eine zusätzliche Komponente eingefügt werden, damit eine vollständige Proposition entsteht. Genauer gesagt muss geklärt werden, wofür Stahl nicht stark genug ist – etwa um ein fünfhundertstöckiges Gebäude zu errichten, oder um von Superman nicht verbogen zu werden. Im Gegensatz zu (1) muss die entsprechende Konstituente (also die *um zu*-Konstruktion) der Proposition hinzugefügt werden als zusätzliches lexikalisches Material. Auch auf der begrifflichen Ebene wird im zweiten Fall etwas hinzugefügt, während im ersten Fall weder lexikalisches noch begriffliches Material hinzugefügt wird; es wird lediglich geklärt, welche Beziehungen zwischen den schon vorhandenen Konstituenten bestehen.

Wenn eine Proposition in der beschriebenen Weise unterdeterminiert oder nicht vollständig ist, dann kann man den Sprechakt, der sie enthält, auch nicht als zutreffend oder unzutreffend beurteilen (wenn es eine Behauptung ist). Es kommt eben darauf an, und das, worauf es ankommt, ist nicht explizit gemacht. Es ist im Gegensatz dazu implizit, und so nennt Bach die nicht expliziten Anteile einer Proposition **Implizituren**. Dieser Begriff ist ebenfalls eine Modifikation des Griceschen Begriffs der Implikatur – so wie es der Begriff der Explikatur von Sperber und Wilson auch schon war. Gemeinsam mit ihnen ist Bach der Auffassung, dass es sich um die pragmatische Anreicherung einer Äußerung handelt, die nicht als Implikatur zu werten ist, also in einem Atemzug genannt werden könnte mit Ironie, Metaphern oder indirekten Sprechakten. Sie liegt gewissermaßen davor, sie ist notwendig, um überhaupt eine Proposition zu erhalten, aus der dann Implikaturen erschlossen werden können. Wollen wir beispielsweise mit (1) zu verstehen geben, dass Willy völlig pleite war oder aber einen extremen globalisierungskritischen Impuls verspürte, so dass die Äußerung nicht wörtlich, sondern hyperbolisch zu interpretieren ist, dann gelingt der Vollzug einer solchen Implikatur erst dann, wenn die betreffende Implizitur ermittelt wurde. Im ersten Fall beziehen wir *fast* auf *ausgeraubt*, im zweiten auf *Bank*.

Durch Bachs terminologische Entscheidung wird der Unterschied seines Ansatzes zu demjenigen von Sperber und Wilson deutlich. Das Hinzugefügte ist nicht Teil des expliziten Gehalts der Äußerung, sondern es bleibt implizit.

> **Konversationelle Implizituren**
> Implizituren unterscheiden sich von Implikaturen dadurch, dass sie aus dem expliziten Gehalt der Äußerung abgeleitet werden, indem sie als **Vervollständigungen** oder als strukturelle **Determinierungen** dieses Gehalts fungieren. Implikaturen hingegen werden aus dem expliziten und dem impliziten Gehalt (mitsamt seinen Anreicherungen) abgeleitet, wobei sie eine andere Proposition ergeben als die ursprünglich geäußerte.

Dass Willy einen extremen globalisierungskritischen Impuls verspürte, ist eine ganz andere Proposition als diejenige, dass er fast eine Bank ausgeraubt hätte. Die betreffende Implikatur wird aus der Tatsache abgeleitet, dass die Äußerung einen Verstoß gegen die Qualitätsmaxime darstellt, aus dem dann die bekannten Schlüsse gezogen werden. Nichts dergleichen gilt für Implizituren.

Neben der Vervollständigung gibt es noch einen zweiten Fall pragmatischer Anreicherung, der für Bachs System konstitutiv ist. Es ist die **Expansion**, deren Merkmal es ist, dass sie als eine Erweiterung einer schon vollständigen Proposition gelten kann. Im Gegensatz zu Vervollständigungen, die – wie der Name schon sagt – notwendige Ergänzungen sind, um überhaupt eine (wahrheitsfähige) Proposition zu bilden, stellen Expansionen eine elaboriertere Version dessen dar, was die Proposition schon beinhaltet. Die Beispiele für Expansionen enthalten einige Klassiker, wie sie an mehreren Orten der pragmatischen Literatur diskutiert werden. Dies sind einige von ihnen:

(3) Eine Mutter sagt zu ihrem Kind, das sich verletzt hat: „Du wirst nicht sterben."

(4) Jemand äußert auf die Frage hin, ob er etwas essen möchte: „Ich habe gefrühstückt."

(5) Ein Schüler sagt in einer Geographie-Prüfung: „Frankreich ist sechseckig."

(6) Der Fitness-Trainer sagt: „André wog 500 Pfund."

Die vorzunehmenden Anreicherungen lauten dann:

(3') „... an dieser Wunde."

(4') „... heute morgen." (beides sind Fälle einer logischen Verstärkung)

(5') „... ungefähr ..." (eine Annäherung)

(6') „... genau ..." (eine Präzisierung)

8.1 Die Nichtwörtlichkeit von Implizituren: Kent Bach

Die genannten Anreicherungen stellen das dar, was wir (bei entsprechenden Kontextbedingungen) angesichts der Äußerungen (3) bis (6) verstehen. Eine von diesen Anreicherungen abweichende Lesart müsste besonders begründet werden, denn sie bildet einen Fall der Tilgung eines pragmatischen Effekts der Äußerung. (3') bis (6') ist also, wenn man so will, der Normalfall des Äußerungsverstehens.

Die Version (3) bis (6) nennt Bach jeweils ein **propositionales Skelett**, es ist die Grundinformation, die zwar trägt, aber noch nicht das Ganze ausmacht. Sie ist auch das, was die Sprecher_innen wörtlich oder explizit gesagt haben. Mit dieser letzteren Festlegung vertritt Bach einen sehr spezifischen Begriff der Wörtlichkeit, denn umgekehrt folgt daraus, dass die angereicherten Versionen (also inklusive 3' bis 6') als implizit oder nicht-wörtlich aufzufassen sind. Zunächst ist diese Auffassung überraschend, denn diese Versionen weisen keine Eigenschaften auf, die ironische, metaphorische oder anderweitig figurative Äußerungen charakterisieren. Dies bestreitet Bach auch nicht, und er spricht deshalb von einer sehr speziellen Art, nämlich der **satzbezogenen Nicht-Wörtlichkeit**. Sie liegt genau darin, dass das Gemeinte etwas anderes ist als das Gesagte, in den meisten Fällen ist es mehr als dieses. Abgegrenzt wird diese von der **wortbezogenen Nicht-Wörtlichkeit**, die die traditionellen Fälle der Metaphorik u.ä. umfasst.

Bachs Auffassung, dass Vervollständigungen und Expansionen Fälle von satzbezogener Nicht-Wörtlichkeit darstellen, ist in einer sehr sprachnahen oder grammatiknahen Idee von Wörtlichkeit, das heißt von dem, was der Sprecher sagt, verankert. Das wörtlich Gesagte ist das, was wir an der Oberfläche sehen, mehr nicht. Bach beruft sich dabei auf die Intuition des Sprachbenutzers, wonach die Konstituenten des Gesagten den Konstituenten der Äußerung entsprechen müssen – dass also keine Elemente des Gesagten angenommen werden sollten, die nicht zum explizit geäußerten Material gehören (s. Bach 1994, 137). Hiermit widerspricht er vielen Ansätzen der modernen Pragmatik, die Anreicherungen unterschiedlicher Art durchaus zum Expliziten, zum Wörtlichen oder zum Gesagten zählen würden, so etwa Sperber und Wilson, die wir im vorigen Kapitel kennen gelernt haben. Vor allem widerspricht er F. Récanati, der – wie wir im nächsten Abschnitt sehen werden – eine liberale Position zum Gesagten vertritt, indem er pragmatische Anreicherungen durchaus zu dem zählt, was jemand gesagt hat. Bevor wir zu Récanatis Ansatz übergehen, schauen wir uns noch ein zusätzliches Argument von Bach für die Nichtwörtlichkeit pragmatischer Anreicherungen an.

Ein Hauptargument von Bach gegen die Auffassung, dass Implizituren zum wörtlich Gesagten gehören, ist folgendes: Die Gricesche Sprecherbedeutung ändert sich durchaus, wenn das implizite begriffliche Material der Äußerung explizit hinzugefügt wird. Nehmen wir dafür folgendes Beispiel:

(7) Berit hat drei Oldtimer.

Nehmen wir weiterhin an, dass Berit in einen Oldtimer-Club aufgenommen werden möchte, in den man nur gelangt, wenn man mindestens drei Oldtimer besitzt. Wenn man vier Oldtimer besitzt, ist (7) nicht falsch, denn es geht um die Mindestanzahl der Oldtimer, egal wie viele man sonst noch hat: Hauptsache es sind drei.

In Bachs Terminologie enthält die Äußerung von (7) eine Implizitur, die sich als Expansion wiedergeben lässt:

(7_{EX}) „Berit hat **mindestens** drei Oldtimer."

Aufgrund der Quantitätsmaxime würde man hier darauf schließen, dass Berit mehr als drei Oldtimer hat, wobei nicht klar ist, wie viele es letztlich sind. Dieser Effekt tritt bei (7) nicht ein; auch im Kontext der Club-Mitgliedschaft ist dies nicht eine Inferenz, die man ziehen muss. Wenn dies so ist, dann hat die Hinzufügung von sprachlichem und damit auch begrifflichem Material auf der Ebene des wörtlich Gesagten zur Folge, dass die pragmatischen Schlussprozesse andere sind als bei der ursprünglichen Version. Wenn man also der Meinung ist (wie Récanati), dass die Bachschen Implizituren eben nicht implizit sind, sondern zum Expliziten, zum Wörtlichen oder zum Gesagten zählen, dann muss man sich mit dem Problem auseinandersetzen, dass diese Anreicherungen selbst wiederum pragmatische Anreicherungen auslösen können – ein tendenziell endloser Prozess. Im nächsten Abschnitt soll Récanatis Auffassung näher erläutert werden. Zuvor soll noch auf einen letzten Punkt eingegangen werden, den Bach gegen die Vorstellung der Wörtlichkeit einbringt, und zwar anhand eines schon eingeführten Beispiels:

(4) Ich habe gefrühstückt.

(8) Ich habe Kaviar gegessen.

Unser kulturelles Wissen sagt uns, dass man in der Regel täglich nach dem Aufstehen frühstückt, aber nicht unbedingt täglich Kaviar isst, ja dass Letzteres eine Speise ist, die viele noch nie gegessen haben. Wir können also mit Recht annehmen, dass (8) zwar ein sogenanntes propositionales Skelett ist, aber keiner Expansion bedarf, um eine vollständige Proposition zu sein. Das Gesagte ist hier auch das Gemeinte. Mit (4) liegt hingegen ein anderer Fall vor: Das Gesagte ist nicht das Gemeinte, denn es kommt die Expansion *gerade/vorhin/heute morgen* noch hinzu (wenn wir dem Äußerer nicht unterstellen wollen, er hätte noch nie gefrühstückt). Folgen wir nun der ‚liberalen' Position, nach der einer der genannten Ausdrücke als Teil des Gesagten akzeptiert wird, dann haben wir trotz der syntaktisch parallelen Struktur zwei unterschiedliche semantische Repräsentationen: In (4) kommt *gerade ...* hinzu, in (8) nicht. Dies ist nicht sehr plausibel, denn es spricht wenig dafür, syntaktisch parallelen Sätzen unterschiedliche semantische Repräsentationen zuzuweisen. Auch dies ist ein Argument gegen die ‚liberale' Auffassung des Gesagten. Bach versteht, um es einmal sprechakttheoretisch auszudrücken, unter dem Gesagten eher die Lokution und bestreitet, dass es etwas mit der Illokution, der aktuell vollzogenen Behauptung, zu tun hat. Récanati fasst das Gesagte eher illokutionär auf. Sehen wir im Folgenden, ob Bach mit seiner Auffassung und seiner Kritik an Récanati richtig liegt, und ob seine Argumente der Grammatiknähe zwingend gegen die liberale Position sprechen. Zuvor sollen seine Kernbegriffe und ihre gegenseitige Abgrenzung noch einmal grafisch verdeutlicht werden.

Tabelle 1: Kent Bachs begriffliche Unterscheidungen

explizit		implizit		implikatiert
Wörtlichkeit		satzbezogene Nichtwörtlichkeit		wortbezogene Nichtwörtlichkeit
strukturell unterdeterminiert	konstituentenbezogen unterdeterminiert	Vervollständigung	Expansion	Metaphern, Metonymien und andere figurative Äußerungen
Propositionales Skelett		**Implizitur**		Konversationelle Implikatur

8.2 Die Vielfalt des Gesagten: François Récanati

Der pragmatische Ansatz von François Récanati bündelt sich in seinem Aufsatz ‚What is said' (2001), in dem er seine weite Auffassung dessen vorträgt, was zum Gesagten zählt. Er nimmt in diesem Aufsatz eine Gegenposition zur **minimalistischen Position** ein, wie er sie nennt. Die minimalistische Position nimmt innerhalb der Domäne der wörtlichen Bedeutung lediglich zwei Komponenten an: die Satzbedeutung, die kontextfrei zu bestimmen ist, und das kontextabhängige Gesagte, das über die Satzbedeutung insoweit hinausgeht, als bestehende Lücken durch das Kontextwissen gefüllt werden müssen. Ein klassisches Beispiel für die Kontextabhängigkeit des Gesagten ist die Indexikalität von Ausdrücken im Satz, also das *Du* im Beispiel (3) oder das *Ich* in Beispiel (4). Weitere Ergänzungen, etwa die angesprochenen Expansionen der Beispielsätze, sind nicht Teil des Gesagten, sondern sie werden, als Resultat pragmatischer Schlussprozesse, der Sprecher-Bedeutung zugewiesen. Dieser Auffassung vom Gesagten stellt Récanati die **maximalistische Position** gegenüber, mit der er sich im Wesentlichen identifiziert. Die wörtliche Bedeutung ist nicht nur zusammengesetzt aus der **Satzbedeutung** und den lückenfüllenden Ergänzungen bzw. **obligatorischen Sättigungen**, die in der Referenzierung indexikalischer Ausdrücke bestehen und somit aus einem Satz zuallererst eine Proposition machen. Neben diesen obligatorischen Sättigungen werden auch die **freien Anreicherungen** zum Gesagten gezählt. Dies sind die klassischen Anreicherungen der besprochenen Beispiele, also ‚an dieser Wunde' in (3) oder ‚heute morgen' in (4). Sättigungen und freie Anreicherungen bilden nach Récanati **das Gesagte**, und das Gesagte wiederum konstituiert mit der kontextfreien Satzbedeutung zusammen die **wörtliche Bedeutung** der Äußerung.

Wir sehen unmittelbar den Unterschied zwischen Récanatis und Bachs Konzeption. Während Bach einen minimalistischen Standpunkt vertritt, nach dem das Gesagte nicht in der Lage ist, eine Proposition zu bilden – denn dazu fehlen die eventuell erforderlichen Vervollständigungen – umfasst das Gesagte nach Récanati nicht nur die obligatorischen Vervollständigungen, sondern auch die freien Anreicherungen. Das Gesagte enthält nach dieser Auffassung also auch das, was nicht im Satz artikuliert, sondern aufgrund von Schlussprozessen mitverstanden wurde. Nun ist die Idee, dass es etwas Gesagtes gibt, das nicht artikuliert wurde, begründungsbedürftig, und Récanati bezieht sich bei seiner Begründung auf die Intuition der Sprachbenutzer. Was jemand gesagt hat, ist oft dasjenige, was wir ihm oder ihr zuschreiben, und dies kann durchaus über das buchstäblich Artikulierte hinausgehen – es kann beispielsweise das sein, was jemand in einem illokutionären Akt behauptet hat. Grundsätzlich muss aber das, was wir jemandem als Gesagtes zuschreiben, diesem selbst auch zugänglich sein – dies beinhaltet das von Récanati eingeführte **Zugänglichkeitsprinzip**. Nach diesem Prinzip ist es ausgeschlossen, dass Lesarten als Gesagtes angenommen werden, die völlig unplausibel sind. Dass ein erwachsener Mensch in seinem Leben zum ersten Mal frühstückt, ist eine solche ziemlich unplausible Annahme. Wir sollten sie deshalb nicht dem Sprecher oder der Sprecherin als etwas unterstellen, was er oder sie gesagt hat. Dies tun allerdings diejenigen Ansätze, die von der semantischen Repräsentation von (4) ausgehen, nach der sich das Frühstücken auf ein einmaliges Erlebnis bezieht, und die Lesart des ‚heute morgen' erst als pragmatische Ergänzung zum Gesagten ins Spiel kommt. Es ist in der Tat relativ fernliegend, dass Hörer von Sätzen wie (4) diesen Umweg machen – sie verstehen die Anreicherung direkt und ohne Umleitung mit.

Ausgehend vom Zugänglichkeitsprinzip formuliert Récanati seine Auffassung, dass es eine semantische Interpretation, die kontextfrei vor der pragmatischen Interpretation liegt, nicht gibt (s. 2001, 85 ff.). Hierbei geht es nicht um indexikalische Ausdrücke, die gesättigt werden müssten, sondern es geht um die generelle semantische Unterdeterminiertheit, die wir schon bei anderen der vorgestellten Ansätze kennengelernt haben. Wenn wir eine Genitiv-NP nehmen wie *Christophs Auto*, dann ist von der semantischen Interpretation her klar, dass es eine Beziehung zwischen dem fraglichen Auto und Christoph gibt, es ist aber völlig offen, um welche Beziehung es sich handelt. Es kann Christophs Eigentum sein, aber auch ein Leihwagen, oder das Auto, das er gerne haben möchte und vieles mehr. Récanatis Argument ist, dass diese Information ohne die Kenntnis des Kontextes nicht zur Verfügung steht. Wir müssen aus dem vorherigen Verlauf des Diskurses erschließen können, um welche Beziehung zwischen Christoph und dem Auto es geht, erst dann können wir den Satz semantisch interpretieren. Auch hier wird also die Idee der präsemantischen Pragmatik vertreten, die wir schon bei Levinson kennen gelernt haben (Kapitel 6). Anders als Levinson, der pragmatische Anreicherungen der Ebene der generalisierten Implikaturen zuweist, zieht Récanati aus diesem Befund eine andere Konsequenz: Der Begriff des Gesagten hat in Bezug auf eine minimale Proposition keine Anwendung, denn diese ist nicht determinierbar, ohne auf den Kontext zurückzugreifen. Das Gesagte kann nur mit der Sprecher-Bedeutung korreliert werden unter Berücksichtigung der Sprecher-Intention und des Diskurs-Kontextes.

Nach Klärung dieser theoretisch-begrifflichen Frage soll im Folgenden das Modell etwas genauer vorgestellt werden, das Récanati für die Schichtung der verschiedenen Bedeutungsebenen einer sprachlichen Äußerung annimmt. Ganz allgemein werden zwei Arten von pragmatischen Prozessen unterschieden, die primären und die sekundären pragmatischen Prozesse. **Sekundäre pragmatische Prozesse** sind gleichzusetzen mit den Griceschen Implikaturen – es sind also Schlussprozesse, die die Klärung der Sprecher-Bedeutung im Sinne der wörtlichen Lesart oder des Gesagten schon voraussetzen. Récanati nennt das Ergebnis dieser Schlussprozesse in seinem Buch ‚Literal Meaning' (2004) **das Kommunizierte**. Eine mögliche partikularisierte Implikatur von (3) wäre, dass man zurzeit keinen Hunger hat und deswegen nichts essen möchte. Im Gegensatz zu den sekundären bestehen **primäre pragmatische Prozesse** darin, zum Gesagten erst hinzuführen. Sie lassen sich unterteilen in die schon genannten obligatorischen (Sättigungen) und die fakultativen freien Anreicherungen. Wie werden diese verschiedenen Typen pragmatischer Prozesse voneinander abgegrenzt? Im Folgenden geht es vor allem um die primären pragmatischen Prozesse, denn von den sekundären, den Implikaturen, können wir uns schon ein Bild machen.

Sättigungen funktionieren auf der sub-propositionalen Ebene, sie führen zu einer vollständigen Proposition erst hin. (*Vollständigkeit* ist natürlich eine Eigenschaft, über die man diskutieren kann; für den Moment können wir eine Proposition vollständig nennen, wenn sie ein geeigneter Input für anschließende – sekundäre – pragmatische Prozesse ist.) Ohne zu wissen, wer *du* (3) oder *ich* (4) ist, können wir keine weiteren Schlüsse aus den Beispielsätzen ziehen, was heißt, dass wir keine Proposition haben. Sättigungen sind darüberhinaus *bottom-up*-Prozesse, sie werden ausgelöst vom vorhandenen sprachlichen Material, also ‚von unten nach oben'. Den Sättigungen stehen die freien Anreicherungen gegenüber, die sich unterschiedlichen Typen zuweisen lassen. Die sogenannten **bridging-Inferenzen** zählen zu diesen. So können wir zwischen den beiden folgenden durch *und* verbundenen Sätzen, den Konjunkten, eine Verbindung, eine „Brücke" herstellen:

(9) Daniela nahm den Schlüssel aus der Tasche und öffnete die Tür.

Es ist klar, dass Daniela die Tür mit dem Schlüssel öffnete, den sie vorher aus ihrer Tasche genommen hatte. Jede andere Lesart, die für das zweite Konjunkt ein anderes Instrument (etwa einen Dietrich) oder gar kein Instrument annimmt, sollte zusätzliches sprachliches Material erfordern, etwa: ... *aber nicht mit dem Schlüssel* o.ä. Wenn ein solcher Zusatz nicht gegeben wird oder aus dem Kontext heraus nicht bekannt ist, werden wir (9) in der angereicherten Weise verstehen. Im Übrigen ist klar, dass unter *der Tasche* natürlich als *Danielas Tasche* verstanden wird – ohne diese Anreicherung könnte es auch irgendeine andere Tasche sein, beispielsweise wenn vorher von Christophs Tasche die Rede war.

Spezifizierung ist ein weiterer Typ einer freien Anreicherung. Récanatis Beispiel ist folgendes (s.Récanati 2001, 24):

(10) Er trägt Kaninchen.

Hier werden die möglichen Lesarten von *Kaninchen* auf das Fell eingeschränkt. Eine andere Spezifizierung erhält man im folgenden Fall:

(11) Heute Abend kocht er Kaninchen.

Hier geht es eher um das Kaninchenfleisch. In noch einem anderen Kontext kann man sich vorstellen, dass mit *Kaninchen* die Nummer eines Zauberers gemeint ist, also neben dem Tier auch die anderen Utensilien auf der Bühne sowie der entscheidende Vorgang des Verbergens und des Zeigens:

(12) Auch das Kaninchen kommt heute Abend wieder vor.

Mit dem Ausdruck *Kaninchen* können sehr unterschiedliche Dinge bezeichnet werden, so dass die Äußerungen, die diesen Ausdruck enthalten, unterschiedlich interpretiert werden. Diese Lesarten-Unterschiede sind aber nicht darauf zurückzuführen, dass das Wort *Kaninchen* jeweils eine andere lexikalische Bedeutung hätte, sondern darauf, dass wir aufgrund unseres Weltwissens jeweils einen anderen Aspekt des Kaninchens als relevant ansehen. In (10) verbinden wir das Verb *tragen* mit Kleidung und entsprechend mit Kaninchenfell (d.h. mit dem Fell mehrerer Kaninchen – es ist ein Masseterm). Formal könnten wir (10) natürlich auch so interpretieren, dass die fragliche

Person mehrere Kaninchen mit sich herumträgt, wobei dann *Kaninchen* pluralisch ist – obwohl diese Lesart mit Sicherheit die markierte ist. In (11) verbinden wir das Verb *kochen* mit dem Fleisch des Kaninchens. In beiden Fällen legt also das Prädikat des Satzes einen Aspekt des Kaninchens fest, der zu diesem Prädikat passt.

Wenn wir uns (12) genauer ansehen, dann müssen wir hier einen anderen Prozess der freien Anreicherung annehmen. Es geht hier nicht um einen Aspekt (oder „Teil") eines Kaninchens, sondern um das Kaninchen und noch einiges mehr; es ist die Nummer in einer Aufführung gemeint. Dieser Prozess wird von Carston (2002), Récanati (2004) und anderen *loosening* genannt, was man mit **Erweiterung** übersetzen kann. Der gegenteilige Prozess des *strenghthening*, der **Verengung** liegt vor, wenn der Bedeutungsumfang eines Ausdrucks eingeschränkt wird. Angesichts von

(13) Er schnitt die Gurke auf dem Tisch

werden wir uns einen Küchentisch vorstellen, nicht aber einen Schreibtisch. Zur Verengung werden auch die Restriktionen von Quantoren gezählt, so dass unter dem Ausdruck *alle Bücher* keinswegs alle existierenden Bücher verstanden werden – sondern nur diejenigen einer bestimmten Teilmenge:

(14) Sie legte alle Bücher auf den Tisch.

Schließlich ist zu den freien Anreicherungen der **Transfer** zu zählen, der solche Fälle abdeckt, die traditionell als Metaphern oder Metonymien aufgefasst werden. Es geht hier nicht um die Erweiterung oder Verengung einer Ausdrucksverwendung, sondern darum, dass ein ganz anderes Konzept übermittelt wird. Ein schönes und häufig zitiertes Beispiel ist folgendes aus dem Sprachgebrauch des Gaststätten-Personals:

(15) Das Jägerschnitzel hat nicht bezahlt.

Der Transfer geht in diesem Fall aus von dem Konzept JÄGERSCHNITZEL hin zum abgeleiteten Konzept GAST, DER DAS JÄGERSCHNITZEL BESTELLT HAT.

Nachdem einige Beispiele für primäre pragmatische Prozesse behandelt wurden, stellt sich nun die Frage, was „zuerst" da war, die Satzbedeutung oder das Ergebnis des pragmatischen Prozesses? Die Frage mag überraschen, denn man unterstellt gewohnheitsmäßig, dass der Startpunkt für die Anreicherung bei der Satzbedeutung liegt und auf ihrer Basis die pragmatisch determinierte Sprecher-Bedeutung kalkuliert wird. Dieses Muster hatten wir bei den Implikaturen kennen gelernt. Récanati argumentiert allerdings dafür, dass sich dies bei primären pragmatischen Prozessen anders verhält. Nicht die Satzbedeutung, sondern die in der betreffenden Situation am meisten **zugängliche Bedeutung** wird zuerst verarbeitet, und danach eventuell und nur bei Bedarf die Satzbedeutung. Um diese Auffassung diskutieren zu können, müssen wir uns mit einem Begriffspaar vertraut machen, das in der modernen Pragmatik eine wichtige Rolle spielt: Es ist der Unterschied zwischen **lokalen** und **globalen pragmatischen Prozessen**. Ein lokaler pragmatischer Prozess richtet sich auf eine Konstituente innerhalb einer Äußerung, z.B. auf *Jägerschnitzel* in (15). Hier findet ein metonymischer Prozess statt, in dessen Verlauf ein Gericht mit dem Gast, der es bestellt hat, in Verbindung gebracht wird. Dieser Prozess kann stattfinden – und das ist das Besondere an diesem Begriff – bevor die gesamte Äußerung verarbeitet wurde. Es kann sein, dass die Äußerung als konversationelle Implikatur zu verstehen ist, also als Ganze eine nichtwörtliche Lesart erhält. Wenn der Gastwirt am Abend zur Kellnerin sagt:

(15a) Heute haben wir viel eingenommen.

dann kann (15) die Implikatur auslösen, dass es hätte mehr sein können. Diese Art von Schlussprozess ist als globaler Prozess zu verstehen, dem nicht ein einzelner Äußerungsanteil, sondern die gesamte Äußerung unterliegt.

Auch bei lokalen Prozessen, die unmittelbar mit einem vorkommenden Wort einsetzen, spielt natürlich der Satzzusammenhang eine Rolle. Im Fall von (15) wird der erwähnte metonymische Prozess von dem Verb *bezahlt* ausgelöst. Hätte man in (15) als Prädikat *... ist kalt geworden*, dann wäre es bei der wörtlichen Lesart von *Jägerschnitzel* geblieben. Der Prozess der lokalen Interpretation wird von Récanati als Wettbewerb aufgefasst zwischen der wörtlichen Lesart, die aufgerufen wird, und weiteren mit dieser assoziierten nicht-wörtlichen Lesarten. Hierzu gehört eben auch die metonymische, die gleichberechtigt im Verlaufe der Satzinterpretation vorgehalten wird, solange bis das Prädikat (oder ein anderes Satzglied) Klarheit schafft. Auch diese Klarheit ist vorläufig, denn es kann sich im weiteren Verlauf des Diskurses herausstellen, dass noch eine andere Lesart angemessen ist, weil sie besser zu dem passt, was folgt. Lokale Interpretationsprozesse sind **inkrementell** (anwachsend) und **präsumptiv** (vorläufig); wir fangen beim Äußerungsverstehen „sofort" mit dem Interpretieren an und revidieren lokale Zwischenergebnisse unter dem Eindruck des weiteren Verlaufs der Äußerung oder des Diskurses. Des Weiteren sind sie geleitet von der Suche nach **Kohärenz**, also einem Zusammenpassen der Bedeutungen der einzelnen Konstituenten. Wie muss man sich einen solchen Interpretationsprozess, also die Suche nach Kohärenz, näher vorstellen? Ist dies eine zufallsgeleitete Suche, ein Ausprobieren nach der Methode Versuch und Irrtum? Möglicherweise ist dies ein Charakterzug einer solchen Suche (das *educated guessing*), aber es spielt noch ein anderer Faktor eine Rolle, der diese Suche etwas gerichteter macht.

Wir ziehen für die Interpretation einer Äußerung ein **abstraktes Schema** heran, das man sich als einen sedimentierten Ausschnitt unserer Alltagserfahrung vorstellen muss. Der Begriff des Schemas wurde von Rumelhart (1978), einem kognitiven Psychologen, auf die Äußerungsinterpretation angewendet. Wenn man vor der Aufgabe steht, innerhalb einer Äußerung oder zwischen mehreren Äußerungen Kohärenz herzustellen, dann stellen abstrakte Schemata eine entscheidende Hilfe dar. Dies kann man an folgender Beispieläußerung besonders klar zeigen:

> (16) Ernest wurde gestern von einem Polizisten verhaftet; er hatte gerade eine Brieftasche gestohlen.

Die interpretative Aufgabe besteht darin, das Pronomen *er* auf einen Antezedenten, einen Vorgängerausdruck zu beziehen. Wir haben die Wahl zwischen *Ernest* und *Polizisten*. An dieser Stelle kommt ein Schema ins Spiel, das einen Zusammenhang herstellt zwischen einem Diebstahl und der nachfolgenden Verhaftung, und dieses sagt uns, dass derjenige, der eine Brieftasche stiehlt, der Verhaftete (und nicht etwa der Verhaftende) ist. Somit ist eine schemagestützte Referenzierung von *er* auf *Ernest* möglich. Schemata spielen, auch wenn sie abstrakt sind, eine entscheidende Rolle bei der Zuweisung einer Interpretation, auch in Fällen, in denen es nicht um die Suche nach einem Antezedenten eines Pronomens geht. Im folgenden Abschnitt werden wir sehen, dass das Verfügen über Schemata grundsätzlich bei der Äußerungsinterpretation hilft, jedenfalls immer dann, wenn es um pragmatische Anreicherungen geht. Zuvor sollen jedoch auch hier noch einmal die wesentlichen begrifflichen Unterscheidungen tabellarisch aufgeführt werden:

Tabelle 2: Begriffliche Differenzierung des Gesagten nach François Récanati

das Artikulierte	das Gesagte		das Kommunizierte
Satzbedeutung	primäre pragmatische Prozesse – lokal		sekundäre pragmatische Prozesse – global
lexikalische Wort-/ kompositionale Satzbedeutung	obligatorische Sättigung ⇩	freie Anreicherung ⇩	konversationelle Implikaturen ⇩
	indexikalische Auflösung	Bridging Spezifizierung Erweiterung Transfer	Angedeutetes Ironisches Hyperbolisches Metaphorisches

8.3 Was man nicht sieht, was aber trotzdem wirkt: Unartikulierte Konstituenten

Im vorigen Abschnitt war von dem **Gesagten** die Rede, was die primären pragmatischen Prozesse und ihre Ergebnisse umfasst. In der Tabelle 2 wird es einerseits abgegrenzt gegenüber dem **Artikulierten**, das die Wort- und Satzbedeutungen enthält, und dem **Kommunizierten**, dem Ergebnis der sekundären pragmatischen Prozesse wie beispielsweise den Implikaturen.

Aus dieser Einteilung folgt, dass man das Gesagte und das Kommunizierte zusammenfassen kann als das Unartikulierte, das dem Artikulierten gegenübergestellt wird. Während man das Artikulierte mit den traditionellen Mitteln der Syntax und der Semantik beschreiben kann, ist der Status des Unartikulierten noch nicht völlig geklärt. Man sollte ja positiv beschreiben können, um was es sich handelt, und nicht nur negativ in Abgrenzung zum Artikulierten. Die Theorie der unartikulierten Konstituenten, die von John Perry (1998) entwickelt wurde und seitdem auch in der Pragmatik eine wichtige Rolle spielt, kann als Versuch angesehen werden, eine solche Beschreibung zu leisten. Schauen wir uns näher an, wie sie funktioniert. Wir werden dabei nicht nur den Ansatz von John Perry kennenlernen, sondern auch seine Weiterentwicklung von François Récanati. Schließlich wird auch dieser Ansatz kritisch diskutiert, und auf diese Weise gehen wir in diesem Kapitel über den gesteckten Rahmen der Darstellung vorgefundener Theorien hinaus und steigen in die Entwicklung eines pragmatischen Beschreibungsmodells ein.

Unartikuliert bedeutet bei Perry, dass die betreffenden Konstituenten nicht ausgesprochen werden, aber auch, dass sie darüber hinaus keine Repräsentation auf einer tiefer liegenden Beschreibungsebene, beispielsweise der ‚Logischen Form' als Träger der Satzbedeutung, haben. Es geht nicht um den bekannten Fall, dass Wissen aus dem Kontext die Entscheidung über eine Lesart eines Ausdrucks im Satz ermöglicht, denn es gibt keinen Ausdruck, der eine Lesart bekommen könnte. Am ehesten kann man unartikulierte Konstituenten mit dem vergleichen, was von Bach Expansion genannt wurde, denn auch sie wurde als Teil der nicht-wörtlichen Information behandelt. Die von Perry gewählten Beispiele sind etwas spezifischer; sie umfassen das, was man als mitverstandene Ortsangabe bezeichnen könnte, nur eben, dass es sich nicht um die Referenzierung eines indexikalischen Ausdrucks handelt. Die Beispiele sind:

(17) Es regnet.

(18) In der örtlichen Bar werden Drinks serviert.

Um (17) oder (18) in vollem Sinne zu verstehen, müssen wir wissen, wo sich der Sprecher befindet oder – im zweiten Fall – welcher Ort gemeint ist. Man könnte die Beispielsätze also paraphrasieren durch

(17') Es regnet *hier*.

(18') In der Bar *hier in der Nähe* werden Drinks serviert.

Hier und *hier in der Nähe* sind **unartikulierte Konstituenten** von (17) und (18). Allerdings sind zwei Dinge wichtig: Es handelt sich nicht um die Angabe von Ausdrücken, die dem Satz einfach hinzugefügt werden, auch wenn die Form von (17') und (18') dies nahelegt. Es wird vielmehr mit ihnen angezeigt, auf welche Weise die Rezipienten einen Satz wie (17) oder (18) verstehen, wie sie ihn in die Situation des Gesprächs integrieren. Zum Zweiten: Die angegebenen Paraphrasen (17') / (18') sind nicht immer gültig, denn es kann sein, dass mit (17) oder (18) ein anderer Ort als derjenige des Sprecherstandpunkts gemeint ist – dann müsste es *dort* heißen oder *in deiner Nähe*. Eine zutreffende Lokalisierung hängt also von der Sprecherintention ab. Dass es Konstituenten geben soll, die im Satz nicht artikuliert sind, erscheint zunächst als Widerspruch, denn Konstituenten sind (syntaktische) Bestandteile eines Satzes. Unartikulierte Konstituenten müssen aber aus dem Kontext heraus ergänzt werden, weil es im Satz kein Morphem gibt, das die erforderliche Information trägt (s. hierzu Perry 1998, 9).

Es geht allerdings nicht nur um *hier* oder *dort*. In manchen Fällen spricht man auch „egozentrisch", weil man nicht immer den eigenen Standort explizit macht, etwa bei

(19) Links ist ein Haus.

vs.

(19') Links *von mir* ist ein Haus.

Wenn man die Beispiele näher betrachtet, dann scheint es noch weitgehend unklar zu sein, welcher Art diese Konstituente ist. Wofür stehen *hier* und *hier in der Nähe* und *von mir*, welchen semiotischen Status haben diese Ausdrücke, wenn sie kein Morphem im Satz sind?

Einen Antwortversuch unternimmt François Récanati, der insofern eine Gegenposition zu Perry einnimmt, als er den Begriff der unartikulierten Konstituente pragmatisch definiert, nämlich als Typ einer freien Anreicherung. Récanati schränkt in seinem Aufsatz *Unarticulated constituents* (2002) diesen Begriff in entscheidender Weise ein. In einem ersten Zugriff unterscheidet er zwischen **metaphysisch und kommunikativ unartikulierten Konstituenten**. Handlungen – wie z.B. die Tatsache, dass Marie tanzt – ereignen sich grundsätzlich in Raum und Zeit, allerdings sind Raum- und Zeitangaben nicht notwendig, um die Äußerung, dass Marie tanzt, verstehen zu können. Auch der Bezug auf eine Zeitzone, der für Perry eine Rolle gespielt hatte, ist für das Verständnis einer Zeitangabe normalerweise nicht notwendig. Dies ist der metaphysische Sinn einer unartikulierten Konstituente. Im Gegenzug ist der kommunikative Sinn dann gegeben, wenn es für das Verständnis einer Äußerung unerlässlich ist, über die nichtartikulierte Information zu verfügen, was in dem Beispiel (17) der Fall ist. Wenn der Adressat keine Informationen über den Ort hat, an dem sich das Ereignis abspielt, dann kann er die Proposition, dass es regnet, nicht vollständig interpretieren – es muss ihm eine entsprechende unartikulierte Konstituente zur Verfügung stehen. Für Récanati ist die kommunikative Lesart der unartikulierten Konstituenten die einzig maßgebliche, denn es geht um eine Theorie des Verstehens sprachlicher Äußerungen, und zu diesem Zweck ist die Annahme unartikulierter Konstituenten im metaphysischen Sinn weder notwendig noch sinnvoll.

Es wird noch eine zweite Unterscheidung innerhalb der kommunikativ unartikulierten Konstituenten getroffen, die sich darauf bezieht, welche Auswirkungen ihre Unartikuliertheit für das Verstehen der Äußerung hat. Entweder ist die Äußerung ungenau, so dass Informationen hinzugefügt werden müssen, um den Sachverhalt zu ermitteln, auf den der Sprecher referiert hatte; oder sie ist unvollständig, so dass man Informationen hinzufügen muss, um den betreffenden Sachverhalt überhaupt identifizieren zu können. Der erste Typ (**der A-Typ**) ist in Fällen gegeben, die Récanati als Fälle unartikulierter Konstituenten zulässt. Er umfasst diejenigen Verwendungs-Typen, die in der pragmatischen Literatur allgemein als Beispiele für Anreicherung angeführt werden und die schon diskutiert wurden, also u.a.:

(4) Jemand äußert auf die Frage hin, ob er etwas essen möchte: „Ich habe gefrühstückt."

oder

(9) Daniela nahm den Schlüssel aus der Tasche und öffnete die Tür.

Als unartikulierte Konstituenten können wir also *heute morgen* und *mit dem Schlüssel* ansetzen.

Der zweite Typ unartikulierter Konstituenten, **der B-Typ**, umfasst Fälle, in denen ein Sachverhalt ohne die unartikulierte Konstituente überhaupt nicht zu identifizieren ist, das heißt also, dass keine Proposition ausgedrückt wurde. Dies ist im Falle des Regen-Beispiels gegeben: Ohne dass die Argumentstelle für den Ort angegeben ist, kann der Proposition kein Wahrheitswert zugewiesen werden. Für Récanatis weitere Argumentation ist es entscheidend, dass unartikulierte Konstituenten des B-Typs nicht weiter berücksichtigt werden – sie sind irrelevant für die Frage, wie viel pragmatische Information eine Proposition enthalten muss, damit ihr ein Wahrheitswert zugewiesen werden kann.

Récanati begrenzt den Begriff der unartikulierten Konstituenten letztlich auf den der freien Anreicherung, also des zweiten Typs der primären pragmatischen Prozesse. Schon der erste Typ, die Sättigung, fällt aus dem Bereich der unartikulierten Konstituenten heraus. Diese Begrenzung wird so begründet, dass es sich nur in diesen Fällen um Unartikuliertheit im strengen Sinn handelt; in den B-Fällen (=Sättigung) sind die fraglichen Konstituenten zwar nicht genannt, aber im schwachen Sinn artikuliert, denn es ist offenkundig, dass Information ergänzt werden muss. Am Beispiel des Ausdrucks *klein* verdeutlicht Récanati, worauf es ankommt. Die Vergleichsklasse, in Bezug auf die ein Mann als klein oder zu klein beschrieben wird, gehört notwendig zur Interpretation dieses Ausdrucks hinzu. Wenn jemand für einen Basketballspieler zu klein ist, muss er im Vergleich mit Nicht-Basketballspielern nicht zu klein sein. Diese Art der Zusatzinformation, die zum Verstehen notwendig ist, wird dadurch artikuliert, dass die Wortgruppe *zu klein* geäußert wird. Sie gilt als Trigger, als auslösendes Element, das die Suche nach einem Vergleichsmaßstab provoziert, und auf diese Weise ist in sehr abstrakter Weise etwas in dem Satz enthalten, das als schwache Form der Artikuliertheit gelten kann. (s. hierzu Récanati 2002, 311 f.)

Im Anschluss an seine definitorische Festlegung führt Récanati ein Argument für die Unterscheidung von unartikulierten Konstituenten im starken und im schwachen Sinne an, indem er den intransitiven Gebrauch von zweiwertigen Verben untersucht. Er macht einen grundsätzlichen Unterschied zwischen der Nicht-Realisierung einer vorhandenen Argumentstelle und der Abwesenheit einer Argumentstelle. Das Verb *essen* können wir so gebrauchen, dass wir von einer Person die Eigenschaft des Essens aussagen, etwa wenn sie lange Zeit nichts gegessen hat:

(20) Sie isst.

Andere Verben können wir nicht in dieser Weise verwenden, etwa:

(21) Sie hat aufgehört.

Damit (21) angemessen gebraucht werden kann, muss aus dem Äußerungskontext eindeutig hervorgehen, womit die Person aufgehört hat, sonst ist (21) nicht möglich. Dies liegt daran, dass mit dem Verb semantisch gesehen eine Relation (zwischen der Person und dem, womit sie aufgehört hat) und nicht eine Eigenschaft denotiert wird. Diese Bedingung gilt für (20) nicht, es kann völlig irrelevant sein, *was* die Person isst, es wird also eine Eigenschaft denotiert. In diesem Falle wird nicht eine Argumentstelle weggelassen, die ein Relatum der zweistelligen Relation enthält, sondern es gibt keine zweite Argumentstelle. Aus dieser Beobachtung folgt: Wenn eine existierende Argumentstelle in der Struktur der Proposition nicht gefüllt ist, dann ist dies ein Zeichen dafür, dass die Konstituente nur in schwachem Sinn unartikuliert ist. Nur im zweiten Fall, wenn kein Element in der Proposition vorkommt, das eine Argumentstelle realisiert (wie *essen* in der habituellen Lesart), liegt der Fall einer Unartikuliertheit vor. Die Angabe, was die Person isst (etwa: Sie isst Nudeln), stellt dann eine freie Anreicherung dar, denn ihr Weglassen führt nicht zu einer irgendwie gearteten Unvollständigkeit der Proposition. *Nudeln* ist somit eine unartikulierte Konstituente im starken Sinne. Als Fazit können wir festhalten, dass Konstituenten nur dann unartikuliert sind, wenn es eine Verwendung des Verbs gibt, die auch ohne Zusatzinformation den Ausdruck einer vollständigen Proposition ermöglicht. *Sie isst* und *Sie isst Nudeln* sind zwei vollständige Propositionen, weil hier zwei Verwendungen des Verbs *essen* vorliegen, eine transitive und eine intransitive, die in der Regel mit einer habituellen Lesart einhergeht (*Sie isst wieder / regelmäßig / ständig ...*). Diese Wahl haben wir bei *aufhören* nicht, denn es ist keine intransitive Lesart vorstellbar, die einen habituellen Aspekt des Aufhörens bezeichnen würde. Kurz gesagt: Unartikulierte Konstituenten in Récanatis Sinn sind freie Anreicherungen, und letztere müssen in der Tat frei sein und dürfen nicht vom Valenzrahmen eines Verbs gefordert werden.

Récanatis Analyse, soweit ich sie hier skizziert habe, hat den Vorteil, dass sie auf einer klaren linguistischen Unterscheidung von zwei Fällen aufbaut, nämlich dem Fall, in dem beispielsweise eine Argumentstelle eines transitiven Verbs nicht realisiert ist (Unartikuliertheit im schwachen Sinne) und dem Fall, in dem ein solches Verb intransitiv gebraucht wird und es außer der Agens-Position keine zweite Argumentstelle gibt, die realisiert werden müsste (Unartikuliertheit im starken Sinne). So klar diese Unterscheidung ist, so hat sie doch eine Schwachstelle: Wenn man die Wahl hat zwischen einer intransitiven Version eines Verbs (*Sie isst*) und einer transitiven (*Sie isst Nudeln*), und man entscheidet sich für die Erstere, dann ist nicht klar, warum man eine freie Anreicherung noch vornehmen soll. Die Wahl der intransitiven oder valenzreduzierten

Version hat ja Gründe, und ein wichtiger Grund dafür, dass man sagt: *Sie isst* und nicht: *Sie isst Nudeln* liegt darin, dass im ersten Fall keine Angabe darüber gemacht werden soll oder kann, was sie ist. Es ist einfach nicht relevant, zu wissen, dass sie ausgerechnet Nudeln isst. Wenn man aber, wie Récanati es tut, das Vorliegen einer unartikulierten Konstituente definitorisch an die valenzreduzierte Form bindet, dann gerät man mit dem Relevanzkriterium in Konflikt. Unartikulierte Konstituenten liegen demnach nur dann vor, wenn man sie eigentlich nicht benötigt oder wenn man sie nicht angeben kann. In ähnlicher Weise argumentiert Luisa Martì (2006) im Zuge ihrer Kritik des Ansatzes von F. Récanati. Es liegt also ein Widerspruch vor zwischen einer wichtigen definitorischen Grundlage des Begriffs der unartikulierten Konstituente und ebenso grundlegenden pragmatischen Annahmen, insbesondere der Relevanzannahme. Was tun angesichts dieses Widerspruchs?

Eine Möglichkeit, mit diesem Problem umzugehen ist diejenige, das Theorieformat zu verändern. Diesen Weg schlägt Récanati auch in einer neueren Publikation ein (Récanati 2007), wobei gesagt werden muss, dass er nicht nur auf das Problem des Relevanzkonflikts reagiert, sondern auch auf andere Einwände gegen sein Konzept der unartikulierten Konstituenten. So wurde immer wieder der Kritikpunkt vorgebracht, dass man auch (21) durchaus in einer valenzreduzierten Weise verstehen kann, etwa so, dass die fragliche Person ständig mit irgendetwas aufgehört hat. Wenn dies ein mögliches Verständnis von (21) ist, dann kann man *aufhören* auch im Sinne einer allgemeinen Gewohnheit verstehen; damit fällt aber der Unterschied zwischen (20) und (21) weg – und somit auch ein zentrales Definitionskriterium. Die Veränderung des Theorieformats besteht darin, dass es nicht mehr darum geht, welchen Status unartikulierte Konstituenten in der Äußerung haben – seien sie obligatorische Sättigungen oder freie Anreicherungen. Vielmehr werden sie als Bestandteile der Umgebung der jeweiligen Äußerung aufgefasst, als etwas, was ihr Verständnis beeinflusst, ohne ihr Bestandteil zu sein. Diese Idee kommt der unsprünglichen Auffassung Perrys und seines Mitstreiters bei der Entwicklung der Situationssemantik, Barwise wieder näher, wonach die Situation, also die Umgebung der Äußerung wesentlich für ihre semantische Interpretation ist, ohne dass sie als Bestandteil der Äußerung selbst gelten würde. Da nun der Begriff der Umgebung sehr vage ist, hat Récanati den von Barwise entwickelten Begriff der **Austinschen Proposition** übernommen, um den Ort genauer zu kennzeichnen, an dem die unartikulierten Konstituenten lokalisiert sind (s. Barwise / Etchemendy 1987). In Austins Wahrheitsdefinition werden nicht einfach Aussagen zu Sachverhalten in Beziehung gesetzt, wobei die jeweilige Aussage dann wahr ist, wenn der entsprechende Sachverhalt besteht; eine Aussage ist vielmehr dann wahr, wenn der entsprechende Sachverhalt einem bestimmten Typ angehört, auf den sich die in der Aussage enthaltenen Wörter konventionsgemäß beziehen (s. Austin 1975). In Übertragung auf die unartikulierten Konstituenten hieße das, dass ein Sachverhalt des Regnens einem Typ zugeordnet werden muss, auf den sich die Wörter der Aussage *Es regnet* konventionell beziehen, erst dann kann die Aussage selbst wahr sein – sofern der Sachverhalt als Einzelexemplar besteht. Dieser Typ könnte dann so beschrieben werden, dass er an einem festzulegenden Ort stattfindet, was für Regen ja in der Tat zutrifft.

Die Austinsche Proposition enthält – so drückt Récanati sich aus – die Umstände, unter denen eine Äußerung bewertet wird, hinsichtlich ihrer Wahrheit beispielsweise. Man kann sie als Bewertungsmaßstab bezeichnen. Der Bewertungsmaßstab für (17) ist der Ort, an dem sich der Sprecher/die Sprecherin befindet („hier"), derjenige für (19) ist die Perspektive des Sprechers/der Sprecherin, von der aus das Haus als linksstehend bezeichnet wird. Der Rest der Äußerung, der nicht den Bewertungsmaßstab enthält,

8.3 Was man nicht sieht, was aber trotzdem wirkt: Unartikulierte Konstituenten

wird als **Lekton** bezeichnet – dieser Begriff stammt aus der stoischen Logik. Das Lekton umfasst also die Satzbedeutung und die obligatorischen Sättigungen, die Austinsche Proposition zusätzlich noch die freien Anreicherungen.

Um den Unterschied zwischen Lekton und der Austinschen Proposition noch anders zu beschreiben, wählt Récanati die Analogie zum Sprechakt. Das Lekton würde in dieser Perspektive den propositionalen Gehalt, die Austinsche Proposition den illokutionären Zweck umfassen. Man kann den illokutionären Zweck eines Sprechakts in der Tat als Bewertungsmaßstab für das Zutreffen des propositionalen Gehalts auffassen – bei einer Behauptung geht es darum, ob der propositionale Gehalt zutrifft, bei einer Aufforderung hingegen darum, ob sie im Anschluss an die Äußerung vom Adressaten befolgt wird etc. Innerhalb der Kategorie der Behauptungssprechakte gibt es Abstufungen der illokutionären Kraft, so dass wir Vermutungen, Annahmen und Versicherungen voneinander unterscheiden können. Jede dieser Abstufungen stellt einen anderen Bewertungsmaßstab für den propositionalen Gehalt auf, er wird einmal hypothetisch, ein anderes Mal kategorisch aufgefasst. Wie auch immer man diese Analogie zwischen dem mit einer Äußerung Ausgedrückten und einem illokutionären Akt bewerten mag – entscheidend für den Ansatz Récanatis ist, dass die unartikulierten Konstituenten nicht als Teil des Lekton, also des propositionalen Gehalts aufgefasst werden, sondern als Teil der Austischen Proposition oder des illokutionären Zwecks eines Sprechakts.

Ich halte diese Strategie, mit unartikulierten Konstituenten umzugehen, grundsätzlich für richtig. Sie werden als etwas behandelt, was außerhalb der Proposition anzusiedeln ist, sie bilden den Bewertungsmaßstab dessen, was man als propositionalen Gehalt kennt. Etwas verwirrend ist freilich der Terminus der Austinschen Proposition, der sich beißt mit der Aussage, unartikulierte Konstituenten seien im Bereich der Illokution eines Sprechakts zu lokalisieren. Es sind hier unterschiedliche Propositionsbegriffe im Spiel (derjenige von Barwise und derjenige von Searle), was die Sache terminologisch sicher nicht erleichtert. Auch ist nicht gesichert, dass die unartikulierten Konstituenten wirklich außerhalb des Satzes mit seiner Bedeutung angesiedelt sind, wie es dem Ansatz zufolge ja beabsichtigt ist. Denn wir wissen, dass der illokutionäre Zweck eines Sprechakts durch Ausdrücke im Satz angezeigt wird, und die Ausdrücke üben ihre Anzeigefunktion aufgrund ihrer Bedeutung aus. Wenn man die unartikulierten Konstituenten also in den illokutionären Zweck verlagert, wird man die Satzbedeutung nicht so leicht los – sie spielt über die illokutionsanzeigenden Mittel eine entscheidende Rolle für den illokutionären Bewertungsmaßstab. Bevor wir diesen neueren Ansatz weiter diskutieren, sollten wir uns die bisher getroffenen Unterscheidungen grafisch noch einmal verdeutlichen:

Tabelle 3: Récanatis Begriff der unartikulierten Konstituente

Satzbedeutung	primäre pragmatische Prozesse		sekundäre pragmatische Prozesse
lexikalische Wort- und kompositionale Satzbedeutung	obligatorische Sättigung; **Lekton**	freie Anreicherung; **Austinsche Proposition**; unartikulierte Konstituenten	partikularisierte und generalisierte Implikaturen

Eine Möglichkeit, aus diesem Dilemma herauszukommen, besteht darin, dass man den Beitrag unartikulierter Konstituenten konsequent darin sieht, Informationen über die sprachliche Umgebung bereitzustellen, in deren Lichte die Äußerung selbst hinsichtlich ihres Zutreffens (bei Behauptungen), ihrer Befolgung (bei Aufforderungen), ihrer Erfüllung (bei Versprechen) oder ihrer Beantwortung (bei Fragen) bewertet wird. Diese Informationen sollten allerdings nicht als Bestandteil des Satzes, der Äußerung oder des Sprechakts aufgefasst werden, sondern als Wissen, das den Gesprächspartnern aufgrund ihrer Kenntnis der physischen Welt, in der sie leben, und der kulturellen Bedingungen, unter denen sie handeln, zur Verfügung steht. Um dieses Wissen näher zu beschreiben, wurde in der kognitiven Psychologie von dem Begriff des **Schemas** Gebrauch gemacht, den wir schon in Kapitel 8.2 kennen gelernt haben. Wendet man diesen Begriff auf den Fall der Äußerungsinterpretation an, dann hat man möglicherweise ein Instrument zur Verfügung, wie verstehenssichernde Anreicherungsprozesse von Adressat_innen in Gang gesetzt werden, ohne dass theoretisch problematische Annahmen über eine Repräsentation dieses standardisierten Wissens innerhalb der Äußerung (oder ihres illokutionären Zwecks) gemacht werden müssen. Um spezifischer auf pragmatische Fragestellungen eingehen zu können, soll der allgemein kognitionspsychologische Begriff des Schemas ersetzt werden durch denjenigen des **pragmatischen Musters**, womit ein Bündel stereotyper Kontextkenntnisse gemeint ist, mit dessen Hilfe Äußerungen interpretiert werden können. Es wird angenommen, dass Kommunizierende bestimmte **abstrakte Äußerungsschemata** einerseits und **stereotype Konstellationen** der Äußerungsumgebung andererseits miteinander verbinden, und dass sie diese Verbindungen als Teil ihrer pragmatischen Kompetenz zur Interpretation von Äußerungsexemplaren einsetzen können.

Machen wir uns am Beispiel (17) klar, wie eine solche Verbindung aussehen könnte. Offenkundig entspricht (17) einem abstrakten Äußerungsschema, das typischerweise Wetterverben aufweisen, aber auch andere Zustandsbeschreibungen. So findet sich (17) in einer Reihe wieder mit *Es schneit; Es hagelt; Es donnert; Es stinkt ...* – es handelt sich also um unpersönliche Konstruktionen. Wir müssen uns nun folgende Frage stellen: Wie kann eine Situation aussehen, in der diese Wendungen benutzt werden? Als stereotype Konstellation kann man sich folgendes Szenario vorstellen: Sprecher_in S

8.3 Was man nicht sieht, was aber trotzdem wirkt: Unartikulierte Konstituenten

und Adressat_in A befinden sich im gleichen Raum; S nimmt ein aktuelles Geschehen wahr, das für S und A unmittelbare Relevanz besitzt bzw. von dem sie ein Teil sind, und A nimmt dieses Geschehen nicht wahr. S vollzieht die Äußerung. Kurz gesagt: S *macht* A auf ein Geschehen im unmittelbaren Umkreis der Interaktion *aufmerksam*. Wenn eine Person eine andere Person auf etwas aufmerksam macht, dann ist vorausgesetzt, dass Sprecher, Adressat und das Ereignis, auf das der Sprecher referiert, kopräsent sind.

Will man ein pragmatisches Muster der genannten Art erstellen, dann nimmt man hypothetisch an, dass ein solches Szenario aufgerufen wird, wenn eine unpersönliche Konstruktion mit einem zustandsbeschreibenden Verb – wie (17) – geäußert wird. Es ist klar, dass es Modifikationen des Musters geben kann, die durch spezifische Kontextinformationen hervorgerufen sind. So kann in einem Gespräch von einem Ort die Rede sein, zu dem der nächste Wochenendtrip gehen soll. (17) erhält dann nicht die Lesart *hier*, sondern *an der Küste* o.ä. Diese Modifikationen sind bei spezifischen Kontextbedingungen möglich; sie werden allerdings als besondere Fälle gegenüber einem Standardwert aufgefasst, der immer dann gilt, wenn eben keine spezifischen Kontextinformationen zur Verfügung stehen, die diesem Wert widersprechen.

Die Kopräsenz von S, A und dem beschriebenen Ereignis als Bestandteile des pragmatischen Musters kann als Erklärung an die Stelle der angenommenen unartikulierten Konstituenten treten. Wenn man diese Strategie einschlägt, dann hat dies zur Folge, dass Äußerungen wie (17) nicht mehr erweitert werden müssen durch eine Konstituente wie *hier* oder *dort*, denn die erforderliche Information ist Teil des pragmatischen Musters, das mit abstrakten Äußerungstypen verbunden ist. Wichtig für den Begriff des pragmatischen Musters ist in diesem Fall, dass eine Lokalisierung des Ereignisses ein Teil dieses Musters ist, und wir beherrschen es, weil wir es im Spracherwerb innerhalb unserer Kultur so gelernt haben. Ebenso wichtig ist es zu sehen, dass über das gegebene Beispiel hinaus die Art und die Zusammensetzung der pragmatischen Muster kulturellen Unterschieden unterworfen ist – dies gilt erst recht bei der Erforschung von Raumbegriffen. So ist es durchaus vorstellbar, dass die Standardwerte in verschiedenen Kulturen anders belegt sind, so dass die Bedingung der Kopräsenz bei Wetterverben möglicherweise nicht gegeben ist. Dafür können bei anderen Verben solche Bedingungen eine Rolle spielen, die sie in unserer eigenen Kultur nicht spielen. Pragmatische Muster sind also grundsätzlich kulturspezifisch.

Mit dem beschriebenen Alternativvorschlag soll die Diskussion über pragmatische Anreicherungen und unartikulierte Konstituenten abgeschlossen werden. Es handelt sich um ein Themenfeld, das aktuell in der Diskussion ist, so dass kein endgültiger Stand der Forschung angegeben werden kann. Zum Begriff des pragmatischen Musters finden sich weitere Erläuterungen in Liedtke (2013). Grafisch sei dieser Vorschlag in der folgenden Tabelle verdeutlicht:

Tabelle 4: Pragmatische Muster

das Artikulierte	das Ausgedrückte (das Gesagte)	stereotype Konstellationen
Satzbedeutung	Auflösung indexikalischer Ausdrücke	**pragmatisches Muster**

8.4 Experimentelle Pragmatik

Die bisher behandelten Ansätze der modernen Pragmatik haben – bei allen Unterschieden in der Begriffsbildung und in den zugrundeliegenden Modellen – eine Grundauffassung gemeinsam: Das mit einer Äußerung Gesagte kann von den Adressat_innen nicht auf der Basis der kontextfreien Satzbedeutung allein ermittelt werden. Notwendig für das Verstehen einer Äußerung sind Schlussprozesse bzw. Inferenzen. Diese wurden ursprünglich – von Grice – nur für Implikaturen angenommen, also für das Nicht-Gesagte. Es stellte sich dann heraus, dass auch das Gesagte auf der Basis von Implikaturen oder implikaturenähnlichen Inferenzen erschlossen wird, um die Information, die von der Satzbedeutung nicht zur Verfügung gestellt wird, zu ergänzen.

Die Schlussprozesse innerhalb des Gesagten wurden, wie wir sahen, unterschiedlich benannt: als GKI's, Explikaturen, Implizituren, Sättigungen/Anreicherungen usw. Wenn man versucht, diese Schlussprozesse oder Inferenzen zu beschreiben, dann ist ein überzeugendes Modell die Grundlage für alle weiteren Überlegungen – wir hatten mehrere davon kennengelernt. Allerdings stellt sich auch die Frage nach der Beschreibungsadäquatheit der ausgearbeiteten Modelle – das heißt man möchte wissen, welche kognitiven Prozesse beim Äußerungsverstehen eine Rolle spielen. Im Rahmen der experimentellen Pragmatik wurde deshalb eine Reihe von Studien durchgeführt, mit denen man ermitteln wollte, in welcher Weise diese angenommenen Prozesse ablaufen. Ein weiterer Grund für die experimentelle Herangehensweise ist einfach der, dass man sich Hinweise darauf erhofft, welches Modell das bessere ist, also welches am ehesten mit den beobachteten kognitiven Prozessen vereinbar ist.

Die dabei gewählten Untersuchungsmethoden leiteten sich vor allem aus der Psycholinguistik ab, aber auch neurolinguistische Verfahren wurden eingesetzt. Bei Ersteren ging es vor allem um **Lesezeitexperimente**: Den Teilnehmer_innen einer Studie wurden an einem Bildschirm Beispielsätze präsentiert, die in einen kleinen Kontext eingebettet waren. Auf dem Schirm erschienen jeweils nur kleine Ausschnitte aus dem jeweiligen Beispielsatz, und durch Klicken wurde der nächste Ausschnitt aufgerufen. Die zeitlichen Abstände zwischen den einzelnen Klicks wurden dann registriert, denn sie sind besonders aufschlussreich. Ist der Abstand zwischen den einzelnen Klicks relativ groß, dann bedeutet dies, dass beim Lesen dieses Ausschnitts die Verarbeitung mehr Zeit benötigt als bei anderen Ausschnitten. Daraus ergibt sich wiederum, dass an dieser Stelle offenbar ein interpretativer Schlussprozess durchgeführt wird, um die Bedeutung des Gesagten zu ermitteln. Ist die Klickzeit wiederum kürzer, dann ist dies ein Hinweis darauf, dass die Satzbedeutung ausreicht, um der Äußerung einen kommunikativen Sinn zu verleihen.

Lesezeitstudien sind allerdings nicht die einzigen Methoden, mit denen man pragmatischen Anreicherungen auf die Spur kommen kann. Eine andere Möglichkeit, die vor allem in den Anfängen der experimentellen Pragmatik bevorzugt wurde, bestand darin, den Proband_innen Beispieläußerungen vorzulegen, denen dann mehrere **Paraphrasen** hinzugefügt wurden. Es sollte dann beurteilt werden, welche der hinzugefügten Paraphrasen zum Gesagten gehörten und welche eher als konversationelle Implikaturen, als Nicht-Gesagtes einzuordnen wären. Gibbs und Moise, die sozusagen als Pioniere experimentelle Methoden in die Pragmatik eingeführt hatten, versuchten auf diese Weise zu ermitteln, was die Sprachbenutzer_innen selbst unter dem Gesagten verstehen und wie sie dieses gegenüber dem nicht-wörtlich Kommunizierten abgrenzen (s. Gibbs/Moise 1997). Den Proband_innen wurden unter anderem folgende Beispielsätze vorgelegt:

(22) Jane hat drei Kinder.

Die Teilnehmer_innen der Studie sollten entscheiden, welche Paraphrase als eine zutreffende Umformulierung von (22) gelten sollte:

(22a) Jane hat mindestens drei Kinder, möglicherweise mehr.

(22b) Jane hat genau drei Kinder.

(22a) ist die Lesart der minimalen Satzbedeutung; von einem wahrheitswert-semantischen Gesichtspunkt aus gesehen ist der Satz auch wahr, wenn Jane mehr als drei Kinder hat. (22b) ist die Lesart, die sich nach einem pragmatischen Prozess der Anreicherung ergibt. Dieser ergibt sich auf der Basis des Q-Prinzips, das wir bei Levinson kennengelernt hatten (s. Kapitel 6.3): Es wird unterstellt, dass die stärkste Information gegeben wurde, die mit dem sprecherseitigen Wissensstand noch vereinbar ist. Wenn Jane also mehr als drei Kinder gehabt hätte, dann hätte dies auch gesagt werden müssen. Daraus kann geschlossen werden, dass Jane nicht mehr als drei Kinder hat – was der Praphrase (22b) entspricht. Wenn Jane weniger als drei Kinder gehabt hätte, dann wäre es einfach gelogen, (22) zu behaupten.

Bei der anschließenden Befragung der Proband_innen stellte sich in der Tat heraus, dass (22b) von 84% der Befragten als die zutreffende Paraphrase angesehen wurde, und nicht (22a). Die überwiegende Mehrheit war also der Ansicht, dass die Interpretation auf der Basis des pragmatischen Q-Prinzips diejenige war, die als Gesagtes gelten konnte. Dies ist ein relativ starker Hinweis darauf, dass pragmatische Anreicherungen als Teil der Äußerungsbedeutung nicht nur im Modell, sondern durchaus auch im Sprecherbewusstsein verankert sind. Was dieses Ergebnis allerdings nicht zeigt ist, wie die Abgrenzung zur partikularisierten konversationellen Implikatur (PKI) geleistet wird. In einer weiteren Studie gingen daher Gibbs und Moise der Frage nach, ob pragmatische Anreicherungen gegenüber konversationellen Implikaturen die bevorzugte Lesart für das Gesagte darstellen. Zu diesem Zweck legten sie den Proband_innen einen weiteren Satz vor, der eine PKI enthielt:

(22c) Jane ist verheiratet.

Eingebettet war dieser Satz wiederum in einen passenden Kontext. Auch hier entschieden sich 86% der Befragten für die Anreicherung in (22b) und gegen (22c) als Gesagtes. Dieses Ergebnis zeigt, dass die Bedeutungsebene der pragmatischen Anreicherung sowohl „nach unten" gegenüber der Satzbedeutung als „nach oben" auch gegenüber der PKI als bevorzugter Ort des Gesagten angesehen wurde. Insofern kann diese dritte Ebene zwischen Satzbedeutung und PKI experimentell als bestätigt gelten – zumindest in dieser Studie.

Die Autoren S. Nicolle und B. Clark wandten allerdings gegen diese Untersuchung ein, dass die Lesart (22a) nicht die minimale Satzbedeutung wiedergibt, sondern auch schon auf einem pragmatischen Schlussprozess beruhe (s. Nicolle/Clark 1999). In dieser Sichtweise hätten die Proband_innen nicht zwischen der minimalen Satzbedeutung und der pragmatischen Anreicherung gewählt, sondern zwischen zwei pragmatischen Anreicherungen. Nicolle/Clark argumentierten weiterhin, dass in manchen Fällen die konversationelle Implikatur durchaus als etwas angesehen wird, was zum Gesagten zählt, und sie unterlegten dies ihrerseits mit Studien, in denen die Proband_innen eine solche Präferenz zu erkennen gaben. Sie vermuteten, dass in den Fällen, in denen die konversationelle Implikatur relativ eindeutig und umgrenzt war, diese als bevorzugte Lesart einer Äußerung gewählt wurde; in Fällen, die eher eine Unbestimmtheit der

Implikatur mit sich bringen, würde dann die pragmatische Anreicherung als Gesagtes gewählt.

Es wird an dieser Kontroverse deutlich, dass die Aussagekraft experimenteller Untersuchungen einerseits von der genauen Fragestellung, andererseits auch sehr stark von den Beispielsätzen abhängt, die den jeweiligen Proband_innen präsentiert werden (s. hierzu wiederum Gibbs 1999). Dies gilt auch für eine weitere Studie, die von I. Noveck und D. Sperber rund zehn Jahre später unternommen wurde (s. Noveck/Sperber 2007). Zur Debatte stand hier die Auffassung, dass viele Schlussprozesse, ob sie nun pragmatische Anreicherungen hervorbringen oder andere Effekte haben, gleichsam routiniert und relativ unabhängig vom Kontext ablaufen. Auch diese Eigenschaft wurde unter dem Stichwort der ***default*-Interpretation** eingeführt. Der Gebrauch eines Ausdrucks oder einer sprachlichen Wendung bringt demnach eine generalisierte konversationelle Implikatur hervor, beispielsweise eine skalare Implikatur (s. hierzu Kapitel 6.1). Befindet man sich nun in einem Gespräch, in dessen Verlauf sich herausstellt, dass dies nicht die intendierte Interpretation war, die mit dem spezifischen Sprechakt verfolgt wurde, dann ist diese zu tilgen und die Lesart der minimalen semantischen Interpretation zu wählen. In diesem Fall entsteht also ein doppelter Schlussprozess: 1. Versuchsweiser Vollzug der GKI und 2. anschließende Tilgung.

Die hierzu konkurrierende Konzeption der pragmatischen Interpretation, die von Noveck/Sperber favorisiert wird, lehnt diesen Doppelschritt ab. Fußend auf der Relevanztheorie vertreten die Autoren die Auffassung, dass interpretative Schlussverfahren nicht kontextfrei auf der Grundlage von *default*-Interpretationen, sondern jeweils neu von den Interpretierenden, also bezogen auf den Einzelfall, durchgeführt werden. Da es keine standardisierten Schlussverfahren gibt, ist auch eine Tilgungsprozedur dieser Schlüsse nicht nötig, falls sie nicht zutreffen. Noveck/Sperber untermauern ihre Hypothese durch Lesezeitstudien, die zeigen, dass ein derartiger Doppelschritt tatsächlich nicht ausgeführt wird. Bevor das experimentelle Design näher dargestellt wird, soll das zur Debatte stehende Problem an einem Beispiel verdeutlicht werden. Es geht um eine klassische skalare Implikatur. Nehmen wir – in Anlehnung an eine von Noveck/Sperber geschilderte Szene – an, ein Ehepaar bereitet eine Party vor, und die Gastgeberin sagt zu ihrem Mann:

(23) Einige Gäste sind schon da.

Dies ist das Signal für den Ehemann, den Auflauf in den Ofen zu schieben. Die übliche Analyse dieses Falles, wie sie zum Beispiel von Levinson (2000) vorgenommen wurde, sieht hier eine skalare Implikatur:

(23a) Nicht alle Gäste sind schon da.

Es handelt sich um einen konversationellen Schlussprozess, der getilgt werden kann, sollte sich herausstellen, dass doch alle Gäste gekommen sind. In diesem Fall entsteht der Dreischritt der Interpretation: Satzbedeutung – Ziehen der skalaren Implikatur – Tilgung der skalaren Implikatur. Noveck/Sperber bestreiten dieses Interpretationsmodell, sie halten es kognitiv für unplausibel, warum jemand zunächst einen Schlussprozess ausführt, um ihn danach wieder zu verwerfen. Dies sei zu viel Aufwand für ein Ergebnis, das auch auf anderem und sparsamerem Wege erreicht werden könnte.

Es sind natürlich Situationen denkbar, in denen die skalare Implikatur nicht gültig ist, etwa wenn die Ehefrau Gäste sieht, ohne zu wissen, ob schon alle da sind oder noch nicht. In diesem Fall könnte man ihr sicher nicht unterstellen, sie habe so etwas wie (23a) gemeint. Wie häufig „skalare" Situationen sind und wie häufig „nicht-skalare", kann niemand vorhersagen. Es ist also nicht ausgeschlossen, dass in vielen Fällen ein zu tilgender Schluss gezogen wird, wobei dann sehr häufig ein unangemessener kognitiver Aufwand entsteht. Entscheidend ist nun, dass sich dieser Einwand nicht auf einer theoretischen Ebene bewegt, sondern mit empirischen Studien unterlegt wird. Noveck/Sperber kontrastieren den GKI-Ansatz Levinsons mit ihrem eigenen relevanztheoretischen Ansatz, demzufolge keine *default*-Schlüsse durchgeführt werden, sondern jeweils ad-hoc-Konzepte für bestimmte Ausdrücke – wie zum Beispiel „einige" – je nach Situationstyp ausgebildet werden (zum Begriff des ad hoc-Konzepts s. Kapitel 7).

Bezogen auf die messbare Verarbeitungsgeschwindigkeit von Sätzen sieht die Gegenüberstellung der beiden Modelle so aus: Die GKI-Theorie prognostiziert, dass die wörtliche Lesart in Übereinstimmung mit der semantischen Satzbedeutung langsamer verarbeitet wird als die angereicherte Lesart in Übereinstimmung mit der skalaren Implikatur. Es wird ja nicht nur die skalare Implikatur gezogen, sondern auch in bestimmten Fällen die *default*-Inferenz wieder getilgt – der beschriebene Dreischritt also. Die Relevanztheorie prognostiziert das Gegenteil, nämlich dass die wörtliche Lesart in Übereinstimmung mit der semantischen Satzbedeutung schneller verarbeitet wird als die angereicherte Lesart in Übereinstimmung mit der skalaren Implikatur, denn es wird im ersten Falle keine pragmatische Inferenz gezogen, im zweiten schon.

Noveck/Sperber referieren sowohl auf Studien mit Kindern als auch auf solche mit Erwachsenen. Was die benötigte Verarbeitungszeit bei Erwachsenen betrifft, so stellte sich in diesen Studien durchweg heraus, dass die Proband_innen mehr Zeit benötigten, wenn es um eine pragmatisch angereicherte Interpretation ging. Die angereicherte Lesart von *einige* im Sinne von *einige aber nicht alle* benötigte signifikant mehr Verarbeitungszeit als die Lesart in Übereinstimmung mit der semantischen Satzbedeutung, *einige und möglicherweise alle*. Dieses und weitere Ergebnisse führen Noveck/Sperber zu der Einsicht, dass die Prognosen der GKI-Theorie, die sich auf die Annahme einer *default*-Interpretation stützen, falsch sind.

Die Experimente selbst und die resultierenden Daten sind plausibel, wenn man sich die Studien von Noveck/Sperber ansieht. Allerdings ist dieses Ergebnis nicht unwidersprochen geblieben. M.F. Garrett und R.M. Harnish gelangten in ihren empirischen Studien, in denen ebenfalls die Verarbeitungszeit gemessen wurde, zu einem anderen Ergebnis (s. Garrett/Harnish 2007, 2009; Dorjee/Garrett/Harnish 2013). Sie untersuchten die Wirksamkeit der Levinsonschen Prinzipien Q und I, und zwar mit der Fragestellung, ob standardisierte Implizituren, die in gewisser Weise den *default*-Interpretationen ähnlich sind, gegenüber den ad-hoc-Inferenzen bevorzugt werden. In ihren Studien kamen Garrett und Harnish unter anderem zu dem Ergebnis, dass die Ausbildung standardisierter Schlussprozesse im Sinne einer *default*-Interpretation vergleichsweise kürzere Lesezeiten in Anspruch nimmt – ein Ergebnis, das demjenigen von Noveck/Sperber genau entgegengesetzt ist. Eine Erklärung für diesen Widerspruch könnte sein, dass die beiden Autorengruppen unterschiedliche Dinge analysiert haben – Noveck/Sperber ging es um skalare Implikaturen, Dorjee/Garrett/Harnish dagegen um die Wirkungen des Q- und I-Prinzips, was ja weit über das Phänomen der Skalarität hinausgeht. Was an dieser Kontroverse deutlich wird, ist die Unabgeschlossenheit der Diskussionen über die Rolle der pragmatischen Anreicherungen im Rahmen der experimentellen Pragmatik. Es handelt sich auch hier um eine pragmatische Subdisziplin, die aktuell sehr stark in der Entwicklung begriffen ist, so dass man noch nicht auf eine allgemeingültige gesicherte „Lehre" zurückgreifen kann.

Literatur:

Austin, J.L. (1975): Wahrheit. In: Ders. *Wort und Bedeutung*. München: List, 37–54.
Bach, K. (1994): Conversational Impliciture. In: *Mind and Language* 9, 124–162.
Barwise, J./J. Etchemendy (1987): *The Liar: An Essay on Truth and Circularity*. New York: Oxford University Press.
Carston, R. (2002): *Thoughts and Utterances. The Pragmatics of Explicit Communication*. Oxford: Blackwell.
Dorjee, D./M.F. Garrett/R.M. Harnish (2013): Mandatory processing of implied content: Lessons from context effects on implicitures. In: *International Review of Pragmatics* 5, 217–232.
Garrett, M.F./R.M. Harnish (2007): Experimental pragmatics: testing for Implicitures. In: *Pragmatics and Cognition* 15, 65–90.
Garrett, M.F./R.M. Harnish (2009): Q-Phenomena, I-Phenomena and Implicitures: some experimental pragmatics. In: *International Review of Pragmatics* 1, 84–117.
Gibbs, R.W./J.F. Moise (1997): Pragmatics in understanding what is said. In: *Cognition* 62, 51–74.
Gibbs, R.W. (1999): Speaker's intuition and pragmatic theory. In: *Cognition* 69, 355–359.
Levinson, S. (2000): *Presumptive Meanings*. Cambridge/Mass.: Cambridge University Press.
Liedtke, F. (2013): Pragmatic templates and free enrichment. In: F. Liedtke/C. Schulze (Hg.), *Beyond Words. Content, context, and inference*. Boston: Mouton de Gruyter, 183–205.
Martì, L. (2006): Unarticulated Constituents revisited. In: *Linguistics and Philosophy* 29, 135–166.
Nicolle, S./B.Clark (1999): Experimental pragmatics and what is said: A response to Gibbs and Moise. In: *Cognition* 69, 337–354.
Noveck, I./D. Sperber (2007): The why and how of experimental pragmatics: The case of scalar inferences. In: N. Burton-Roberts (Hg.), *Pragmatics*, 184–212. Basingstoke: Palgrave.
Perry, J. (1998): Indexicals, Contexts, and Unarticulated Constituents, In: D. Westerstahl/A. Aliseda/R. van Glabbeek (Hg.), *Computing Natural Laguage*, 1–11. (CSLI Publications), Stanford.
Récanati, F. (2001): What is said. In: *Synthese* 128, 75–91.
Récanati, F. (2002): Unarticulated constituents. In: *Linguistics and Philosophy* 25, 299–245.
Récanati, F. (2004): *Literal Meaning*. Cambridge: Cambridge University Press.
Récanati, F. (2007): *Perspectival Thought. A Plea for (Moderate) Relativism*. Oxford: University Press.
Rumelhart, D.E. (1978): *Schemata: The building blocks of cognition*. Center for Human Information Processing, University of California, San Diego.

9. Spracherwerb als kulturelles Lernen

Beobachtet man Kleinkinder im Alter zwischen neun und zwölf Monaten, dann fällt auf, dass sie ihr Verhalten gegenüber Dingen und Personen im Gegensatz zu den Monaten davor grundlegend verändern. Es findet eine **Revolution ihres Weltverständnisses** statt, wie es der Leipziger Entwicklungspsychologe Michael Tomasello beschreibt (s. Tomasello 2006 a). Diese Revolution beeinflusst vor allem den Bezug des Kindes zu seiner sozialen Umwelt, also seine soziale Kognition. Es ist kennzeichnend für diesen Entwicklungsschritt, dass das Kleinkind ein Bewusstsein für Intentionen entwickelt, also dafür, dass die Handlungen der Personen, mit denen es interagiert, auf bestimmte Ziele gerichtet sind, dass sie intentionale Handlungen sind. Dies hat natürlich zur Voraussetzung, dass das Kind auch seine eigenen Verhaltensweisen als zielgerichtet empfindet, und Voraussetzung hierfür ist es wiederum, dass es in der Lage ist, Ziele als solche zu identifizieren und von den dafür geeigneten Verhaltensmitteln zu unterscheiden. So ist es beispielsweise ab einem bestimmten Alter in der Lage, ein Ziel mit verschiedenen Verhaltensmitteln zu erreichen, was zeigt, dass es zu dieser Trennung grundsätzlich imstande ist.

Der Begriff der Intention ist zentral für die Erklärung dessen, wie Sprecher_innen Äußerungen produzieren und verstehen. Wenn Kleinkinder im besagten Alter ein Bewusstsein für Intentionen entwickeln, dann heißt dies, dass sie eben in dieser Zeit auch die ersten Schritte zur Fähigkeit der Kommunikation zurücklegen. Dies tun sie natürlich nicht unbedingt sprachlich, sondern über Zeigegesten, die mit der Intention ausgeführt werden, ihr Gegenüber auf einen bestimmten Gegenstand aufmerksam zu machen. Auch werden entsprechende Zeigegesten des Anderen verstanden. Diese Fähigkeit, Intentionen anderer zu erkennen sowie zu beeinflussen, bildet den Ausgangspunkt dessen, was Tomasello **kulturelles Lernen** nennt, und wir wollen uns im Folgenden näher ansehen, welche Auswirkungen diese spezielle Form des Lernens für die kognitive Entwicklung des Kindes hat (s. Tomasello 2006a, 84–94).

9.1 Gemeinsame Aufmerksamkeit

Von Geburt an entwickeln Kinder ein Verständnis für die sie umgebenden Dinge, die sie in unterschiedlicher Weise manipulieren können, ebenso wie ein Verständnis für andere Personen, mit denen sie in einen Austausch treten. In der frühen und intensiven Interaktion des Säuglings mit seinem erwachsenen Gegenüber kommt es zu unterschiedlichen Formen der Nachahmung. Diese erstreckt sich auch auf Aktivitäten, die der Säugling zunächst nicht beherrscht, sondern erst mühsam entwickeln muss. So wurde von Meltzoff und Gopnik (1993) beobachtet, dass der Säugling nicht nur das Herausstrecken der Zunge nachahmt – was er schon beherrscht und unabhängig von der Interaktion mit Erwachsenen macht. Er ahmt auch die für ihn anstrengende Bewegung der Zunge von einem Mundwinkel zum anderen nach, was er sonst nicht tut – woraus geschlossen werden kann, dass er sich mit seinem Gegenüber geradezu identifiziert.

Neben diesen frühen Interaktionen mit Erwachsenen, die einen ersten Schritt hin zu einem sozialen Selbst beinhalten, dehnen Säuglinge ihren Erfahrungshorizont auch in anderer Weise aus, indem sie etwas über ihre Verhaltensmöglichkeiten und -beschränkungen in der Auseinandersetzung mit ihrer Umwelt erlernen. So vermeiden sie es, nach Gegenständen zu greifen, die zu weit entfernt sind oder das Halten des Gleichgewichts gefährden. Tomasello nennt diesen frühen Entwicklungsschritt die Herausbildung des ‚**ökologischen Selbst**', das heißt eines ‚Wissens', das sich auf die Beziehung des Säuglings zu seiner gegenständlichen Umwelt erstreckt (Tomasello 2006a, 83). Dass Kinder in diesem Alter dyadisch mit ihren Bezugspersonen interagieren, indem sie ihnen gegenüber ihre Gefühle ausdrücken, oder sich auf die umgebenden Gegenstände einstellen, indem sie sie ergreifen und manipulieren, ist in der Entwicklungspsychologie seit langem bekannt. Gegenüber dieser dyadischen Interaktion stellt die **triadische Interaktion**, die mit der kognitiven Revolution einsetzt und sowohl die Bezugsperson als auch die umgebenden Gegenstände umfasst, eine neue Qualität dar.

> **Triadische Interaktion**
> Triadische Interaktion besteht in der Ausbildung eines referenziellen Dreiecks zwischen dem Kind, dem Erwachsenen und dem interessierenden Gegenstand, das so geartet ist, dass sowohl das Kind als auch der Erwachsene ihre Aufmerksamkeit auf diesen Gegenstand richten und wechselseitig voneinander wissen, dass sie dies tun. Der in der Entwicklungspsychologie eingeführte Terminus für diesen Komplex von Fähigkeiten und Interaktionen lautet: **gemeinsame Aufmerksamkeit (joint attention)** (s. Tomasello 2006a, 84).

Gemeinsame Aufmerksamkeit ist für die Frage, wie Kinder pragmatische Fähigkeiten erwerben, besonders relevant, denn man kann sie als eine erste Ausprägung der kleinkindlichen Pragmatik auffassen. Gleichzeitig damit, dass Kind und Erwachsener ihre Aufmerksamkeit auf einen Gegenstand richten, entstehen die ersten deiktischen Gesten des Kindes, mit denen es genau diese Gemeinsamkeit in der Aufmerksamkeit herstellen will. Neben sogenannten **imperativischen Gesten**, mit denen das Kind erreichen möchte, dass der Erwachsene ihm den Gegenstand gibt, auf den es deutet, sind auch **deklarative Gesten** zu beobachten, mittels derer das Kind die Aufmerksamkeit mit dem Erwachsenen teilen möchte – ohne etwas mit ihm zu tun. Hier geht es um eine Frühform von Kommunikation, die nicht in einen weiteren Zweck eingespannt ist, sondern sich auf das Aufmerksam-Machen beschränkt. Unter entwicklungspsychologischem Aspekt ist dies nicht nur eine frühe Form der kindlichen Pragmatik, sondern auch eine spezifisch menschliche: Bei unseren nächsten Verwandten, den nicht-menschlichen Primaten, treten auch imperativische Gesten auf, allerdings nicht deklarative – anders gesagt haben nicht-menschliche Primaten kein Interesse daran, mittels Gesten Informationen zu teilen.

Wir sagten oben, dass die sozio-kognitive Revolution darin besteht, dass Kinder ihre Interaktionspartner als intentionale Akteure zu verstehen beginnen. Versteht man Aufmerksamkeit als einen Typ intentionaler Wahrnehmung, ist man also der Meinung, dass das Richten der Aufmerksamkeit auf einen Gegenstand ein intentionaler Akt ist, dann kommen beide Momente an dieser Stelle zusammen: Intentionalität und Aufmerksamkeit. Das Kind richtet intentional seine Aufmerksamkeit auf einen Gegenstand, und es intendiert ebenfalls, dass der Erwachsene seine Aufmerksamkeit auf diesen Gegenstand richtet, und zwar als Folge der deklarativen Geste. Gemeinsame Aufmerksamkeit als Folge des hinweisenden Zeigens ist somit nicht ein paralleles Wahrnehmen eines Gegenstandes, sondern es besteht in dem gemeinsamen Wissen von Kind und

Erwachsenem, dass es beiden um eben diesen Gegenstand geht. Dies bildet den Kern der triadischen Interaktion.

9.2 Intentionale Angebote von Artefakten

Tomasello ist der Meinung, dass der Erwerb pragmatischer Fähigkeiten im Wesentlichen in Gestalt einer **Simulation der Handlungen anderer durch das Kind** erfolgt. Um einschätzen zu können, welchen Stellenwert diese Art der Simulation hat und auf welchen Voraussetzungen sie beruht, muss man sich über die einzelnen Stufen der Entwicklung des intentionalen Verstehens Klarheit verschaffen. Eine erste Stufe haben wir bereits kennengelernt, nämlich die Erfahrung der **Eigenintentionalität**, wie man sie nennen kann. Die Fähigkeit, das Verhaltensmittel vom Ziel zu trennen, liegt ihr zugrunde. Eigenintentionalität ist notwendig dafür, dass das Kleinkind das Verhalten seines erwachsenen Gegenübers ebenfalls als intentional begreifen kann – und nicht nur als Kraftquelle, die auf äußere Gegenstände einwirkt. Simuliert wird in diesem Fall nicht nur die äußere Bewegung, sondern auch ihre intentionale Gerichtetheit, das heißt die Realisierung eines Ereignisses als Resultat einer Handlungsintention. Das Kleinkind beginnt damit, Handlungen im strengen Sinne zu erkennen und zu simulieren, also Ereignisse, die in ihrer Beschreibung schon die intentionale Dimension enthalten wie ‚eine Schublade schließen' und nicht: ‚den Arm mit der Schublade nach vorne bewegen'.

Das Erkennen und Simulieren der intentionalen Dimension ist Voraussetzung für die dann folgende Stufe der Sozialisation, nämlich das **Erkennen und Nutzen von Artefakten**, die als Resultate intentionaler Handlungen angesehen werden können – und vom Kind auch so kategorisiert werden. Kulturelles Lernen besteht in der Sicht Tomasellos darin, dass die hinter den Artefakten stehenden intentionalen Beziehungen zur Welt langsam entdeckt und ausprobiert, schließlich genutzt werden. Ohne die Dimension der Intentionalität könnte das Kind nicht erkennen, dass beispielsweise ein beliebiges Werkzeug dazu „gemacht" wurde, um bestimmte Weltzustände herzustellen, die ihrerseits das Ziel der werkzeuggebrauchenden Aktivität sind. Diese Einsicht wird in einer zentralen These von M. Tomasello formuliert, in der sich die Theorie des kulturellen Lernens gleichsam kristallisiert:

> Kinder mögen zwar in eine reichhaltige kulturelle Umgebung hineingeboren werden, wenn sie aber andere nicht als intentionale Akteure verstehen [...], dann sind sie nicht in der Lage, die kognitiven Fertigkeiten und das Wissen ihrer Artgenossen zu nutzen, das sich in diesem kulturellen Milieu manifestiert. (Tomasello 2006a, 105)

Wenn man bedenkt, dass auch sprachliches und gestisches Kommunizieren als Handlung aufzufassen ist, dann erstreckt sich diese Einsicht nicht nur auf den Gebrauch von Werkzeugen, sondern auch auf kommunikative Handlungen, für die das Erkennen der intentionalen Dimension eine konstitutive Voraussetzung ist. Einer Zeigegeste kann somit die Intention zugeschrieben werden, auf einen Gegenstand hinzuweisen und gegebenenfalls etwas über ihn mitzuteilen.

Dieser Punkt von Tomasellos Theorie der kulturellen Entwicklung ist für seinen gesamten Ansatz entscheidend. Durch das Erkennen der intentionalen Dimension von Artefakten ist das Kind in der Lage, auf einem schon erreichten kulturellen Plateau der gesellschaftlichen Entwicklung aufzubauen, indem es ihr Funktionieren entweder durch eigene Erfahrung oder durch expliziten Unterricht erlernt. Es bewegt sich gleichsam in einer sozialen Umwelt und es ist in der Lage, den Sinn und Zweck der Bausteine dieser Umwelt zu erkennen und sich zu eigen zu machen. Denkt man diesen Prozess von den konstitutiven Teilen der Umwelt her, so kann man diese als **Träger intentionaler Angebote** auffassen – diesen Begriff übernimmt Tomasello von Gibson (1982), und er bezieht sich auf das jeweilige Handlungspotenzial, das ein Gegenstand seinem Benutzer bietet.

Wenn Kinder das intentionale Angebot eines Kulturwerkzeugs zu ermitteln versuchen, dann versetzen sie sich in den ‚intentionalen Raum' seines Benutzers (s. Tomasello 2006a, 113), um zu erkennen, zu welchem Zweck er dieses Artefakt verwendet. Auf diese Weise erfahren sie nach und nach seine etablierte Verwendung und praktizieren diese dann selbst. Einen Maßstab dafür, dass dieser Prozess gelungen ist, stellt das symbolische Spiel dar: Benutzt ein Kind einen Stift nicht zum Malen, sondern zum Hämmern – wobei es den Erwachsenen dabei anlächelt, um ihm den Spielcharakter zu signalisieren –, dann lässt sich dies auf zweierlei Weise interpretieren: Zum einen kann das Kind das intentionale Angebot eines Stifts erkennen (er dient zum Malen, nicht zum Hämmern), zum anderen wird dieses intentionale Angebot vom Gegenstand spielerisch abgelöst und durch ein anderes Angebot (das eines Hammers) ersetzt, über das das Kind auch schon verfügt. Dieser Vorgang zeigt, dass das Kind in diesem Entwicklungsstadium verschiedene Arten von intentionalen Angeboten erkennen kann, und zwar so, dass sie nicht mehr an die Gegenstände selbst gekoppelt sein müssen – sie können von diesen abgelöst werden. In der relativen Unabhängigkeit der Angebote vom jeweiligen Gegenstand zeigt sich, dass diese sich als jeweils eigene Kategorie herausgebildet haben, die dann zum kognitiven Bestand des Kindes gehört.

Nachdem wir einige Grundbegriffe der Entwicklungstheorie Tomasellos kennen gelernt haben, wollen wir uns den Erwerb kommunikativer und sprachlicher Fähigkeiten genauer anschauen, die beispielsweise darin bestehen, Wörter und Wortverbindungen bis hin zu Sätzen zu gebrauchen.

9.3 Früher Spracherwerb

Wie wir sahen, ist der Begriff des intentionalen Verstehens entscheidend für Tomasellos Konzeption der kulturellen Entwicklung. Sein Stellenwert zeigte sich am Beispiel der ersten gestischen Äußerungen des Kleinkindes, indem diese als intentionale Gesten aufgefasst wurden, die sich auf die Aufmerksamkeit des erwachsenen Gegenübers richteten sowie darauf, dass dieser genau die Aufmerksamkeitsintention erkennt. Wenn wir zum **Wortlernen** übergehen, dann wird dieser Zusammenhang abstrakter: Wie ist die Verwendung eines Wortes in einen Zusammenhang zu bringen mit einer kommunikativen Intention – denn das Lernen des Kindes erfolgt ja über diese Station? (s. hierzu Tomasello 2006a, 127 ff.)

Tomasello bedient sich eines Vergleichs, um die Einbettung des Wortverstehens in einen intentionalen Rahmen zu verdeutlichen. Er nimmt an, ein US-Amerikaner, der des Ungarischen nicht mächtig ist, befinde sich im Hauptbahnhof von Budapest. Als er von einer Person auf Ungarisch angesprochen wird, versteht er nichts und kann demzufolge nicht reagieren. Etwas später kauft er am Schalter eine Fahrkarte nach einer ungarischen Stadt, deren Namen er sagen kann. Als der Schalterbeamte nach Aushändigen der Fahrkarte etwas sagt, „weiß" der Amerikaner, dass er den Fahrpreis entrichten soll, der auf einem Display erscheint. Die Fähigkeit, im zweiten Fall adäquat zu reagieren, ist der Tatsache zu verdanken, dass die entsprechende Äußerung eng in einen Kontext eingebettet ist – Karl Bühler würde sie eine **empraktische Äußerung** nennen. Wenn der amerikanische Tourist aufgepasst hat, kann er sich die ungarische Entsprechung des Fahrpreises merken und hat somit zumindest rudimentär ein Zahlwort gelernt.

Überträgt man diese Geschichte auf das Wortlernen durch das Kind, so wird deutlich, dass auch hier ein Handlungsrahmen benötigt wird, um einen bestimmten Ausdruck in einen Kontext einbetten zu können. So wie der Tourist das entsprechende Wort im Zusammenhang einer intentionalen Szene lernen kann, indem er dem Schalterbeamten die Intention zuschreibt, ihn zum Zahlen des Fahrpreises zu veranlassen, so ist auch das Kind zum Wortlernen in der Lage, wenn die Verwendung in einen **intentionalen Rahmen** eingebettet ist. Dieser intentionale Rahmen ist derjenige der gemeinsamen Aufmerksamkeit. In einer Reihe von Studien konnten Tomasello und seine Mitarbeiter zeigen, dass Kinder im Alter von 18 bis 24 Monaten ein Verständnis von anderen Personen als intentionaler Akteure entwickelt hatten und auf dieser Grundlage die kommunikativen Intentionen der Erwachsenen in einer Vielzahl neuer Kommunikationssituationen, die sich alle als Szenen gemeinsamer Aufmerksamkeit festmachen ließen, zuschreiben konnten (s. Tomasello 2006a, 151 f.). In den Spielanordnungen, die den Gehalt der verschiedenen Studien ausmachten, nahm ein neuartiges Objekt die Rolle des Gegenstandes ein, um den es ging – weil er gesucht wurde, weil er angereicht werden sollte o.ä. Neuartig war nicht nur der Gegenstand, sondern auch die Benennung, die durchweg mit einem Phantasienamen geleistet wurde wie ‚Modi' oder ‚Gruntel'. Es war in diesem Setting den Kindern mühelos möglich, den gesuchten Gegenstand zu idenfizieren, einfach weil sie in der Lage waren, diesen in den intentionalen Rahmen der gemeinsamen Aufmerksamkeit einzubetten.

Verallgemeinert man diesen Befund, dann lassen sich zwei wesentliche Elemente festmachen, die jeweils mit dem Verstehen der kommunikativen Intention zusammenhängen. Das erste Element besteht in der **Zuschreibung der kommunikativen Intention** selbst, wobei nicht nur Zeigegesten interpretiert werden, sondern auch andere Formen der Symbolisierung. In einer anderen Studie, an der Schimpansen einerseits, zwei- bis dreijährige Kinder andererseits teilnahmen, ging es um Behälter, wobei einer dieser Behälter eine Belohnung enthielt. Die Versuchsleiter zeigten entweder auf den entscheidenden Behälter, sie markierten ihn entsprechend, oder sie fertigten ein kleines Modell des Behälters an, der die Belohnung enthielt. Während die Schimpansen auf keines der dargebotenen Mittel reagierten, waren die menschlichen Kinder in allen drei Fällen in der Lage, den lohnenden Behälter zu identifizieren. Sie konnten also unterschiedliche Arten von Symbolen erkennen und einer kommunikativen Absicht zuordnen, von einer Geste bis hin zu einer verkleinerten Darstellung des entscheidenden Behälters.

Die Absichtserkenntnis kommunikativer Handlungen unterscheidet sich von der Absichtserkenntnis nicht-kommunikativer Handlungen in einer wichtigen Hinsicht: Sie ist reflexiv, die intentionalen Zustände des Kindes gehen in diese konstitutiv ein. In Grices Bedeutungsmodell ist diese Reflexivität grundsätzlich angelegt – wir hatten es in Kapitel 2 ausführlicher dargestellt. Kurz gesagt geht es darum, zu erkennen, welche Richtung die eigene Aufmerksamkeit aufgrund des Verhaltens des anderen nehmen soll, aber auch darum zu erkennen, dass es die Absicht des Gestenmachens war, genau diese Aufmerksamkeitssteuerung hervorzurufen. Die Geste selbst geht also in die Reaktion des adressierten Kindes ein, es erkennt, dass es *aufgrund dieser Geste* etwas sehen oder bemerken soll. Damit ist das Kind als Adressat selbst im Spiel, es repräsentiert sich als Teil der triadischen Interaktion zwischen sich selbst, dem erwachsenen Gegenüber und dem gemeinsam gesehenen Gegenstand. In Tomasellos Sicht ist es Merkmal der spezifisch menschlichen Kommunikation, über diese Reflexivität und das Einbringen des Selbst in das kommunikative Arrangement zu verfügen – der Zeichengeber ist Teil des Spiels und sieht sich selbst als einen solchen.

Das zweite wesentliche Element des intentionalen Verstehens besteht in einem systematisch auftretenden **Rollentausch zwischen dem Selbst und dem anderen**. Wenn ein Erwachsener dem Kind gegenüber ein kommunikatives Symbol verwendet – beispielsweise ein Wort, um auf einen neuen Gegenstand zu verweisen –, dann wird das Kind dieses Wort irgendwann aktiv verwenden, um seinerseits auf diesen Gegenstand Bezug zu nehmen. Es kehrt also die kommunikativen Rollen um, und dies auf eine sehr spezifische Weise, die mit der gerade genannten **Reflexivität intentionalen Verstehens** zusammenhängt. Wenn es darum geht, aufgrund von Imitationslernen einen äußeren Gegenstand zu manipulieren, dann versetzt sich das Kind einfach in die Situation des Erwachsenen und ahmt diesen in seiner Handlungsweise nach. Beim Kommunizieren kommt zusätzlich zu diesem Sich-Hineinversetzen ein zweiter Tausch hinzu: Der Erwachsene wird an die Stelle des Kindes gesetzt, er ist nun derjenige, dessen Aufmerksamkeit beeinflusst wird. Würde dieser zweite Tausch fehlen, dann würde das Kind das kommunikative Symbol einfach auf sich selbst beziehen, was nicht der Sinn des Kommunizierens sein kann (s. Tomasello 2006a, 138).

Beide genannten Merkmale, die Zuschreibung der kommunikativen Intention sowie der interaktive Rollentausch sind, wie wir sahen, für den Erwerb kommunikativer Symbole entscheidend. Für das Wortlernen selbst kommen zwei weitere Faktoren hinzu, die mit den Stichworten ,**Perspektivität**' und ,**sprachlicher Kontext**' umrissen werden können. Sie beziehen sich einerseits auf die paradigmatische Ebene, das heißt die Ebene der Ausdrucksalternativen im Satz, andererseits auf die syntagmatische Ebene, also den Satzzusammenhang. Man kann sich – bezüglich der paradigmatischen Ebene – auf ein und denselben Sachverhalt mit unterschiedlichen Ausdrücken beziehen, je nachdem, wie genau oder feinkörnig man ihn bezeichnen möchte, oder auch abhängig davon, aus welchem Blickwinkel die Situation beschrieben werden soll, oder schließlich auch abhängig von der jeweiligen Funktion des Referenten. So kann man in Bezug auf die Granularität von *Möbeln* (grob) oder *Stühlen* (fein) sprechen, in Bezug auf die Perspektive in einer Transaktion von *kaufen* oder *verkaufen*, bezüglich der sozialen Rolle von einer *Mutter* oder einer *Ministerin*.

Tomasello hält es für eine wesentliche Eigenschaft sprachlicher Symbole, dass mit ihrer Wahl immer auch eine Wahl der Perspektive einhergeht, in der der bezeichnete Sachverhalt gesehen wird. Im Zuge des Spracherwerbs bewegt sich das Kind von sehr allgemeinen Beschreibungen, die den betreffenden Sachverhalt eher grob in den Blick nehmen (z.B. ,geben'), immer weiter in Richtung einer stärkeren Perspektivierung und somit einer feineren Beschreibung (z.B. ,ausleihen'). Es lernt damit, dass man zwischen verschiedenen Möglichkeiten der Symbolisierung einer Situation oder eines Sachverhalts wählen kann, indem unterschiedliche paradigmatische Alternativen genutzt werden. E. Clark (1987) sieht darin das Wirken eines pragmatischen Prinzips, das mit der allgemeinen Rationalitätsunterstellung sprachlichen Handelns zusammenhängt. Wenn jemand einen Ausdruck anstatt eines anderen verwandten Ausdrucks gebraucht, dann muss es dafür einen Grund geben, und dieser liegt offenkundig darin, dass eine andere Perspektive auf diesen Sachverhalt eingenommen wird.

Der sprachliche Kontext auf der syntagmatischen Ebene ist insofern relevant, als er eine gute Hilfe für die Zuweisung einer Äußerungsbedeutung darstellt. Die spezifische Hilfestellung manifestiert sich als sogenanntes ***Bootstrapping***, das heißt, der Satzzusammenhang ist wie ein Schuhlöffel, der das Einsteigen in die Stiefel erleichtert. Wenn also das Kind einen Satz wie ‚Dort steht der ...' hört, dann wird das folgende Wort sich wahrscheinlich auf einen Gegenstand beziehen. Aber auch der Wahrnehmungszusammenhang kann eine Rolle spielen, etwa wenn man eine Handlung eines bestimmten Typs im Zuge ihrer Ausführung beschreibt. Zusammengenommen bilden die beiden Prinzipien der Perspektivität und der Kontextbindung wichtige Faktoren, die das Wortlernen und den Erwerb grundlegender syntaktischer Strukturen beeinflussen (s. Tomasello 2006a, 153 ff.).

9.4 Theory of Mind – eine Voraussetzung für Kommunikation

Wir sahen im letzten Abschnitt, dass die Fähigkeit, kommunikative Intentionen zuzuschreiben und interaktiven Rollentausch vorzunehmen, Voraussetzungen für Spracherwerb sind. Diese Fähigkeiten beruhen ihrerseits auf einer sehr grundlegenden Fähigkeit, die allgemein als **Theory of Mind (ToM)** bezeichnet wird und sich im Alter zwischen drei und fünf Jahren herausbildet. Es wird dabei Kindern nicht unterstellt, dass sie eine ausgewachsene Theorie beherrschen, sondern gemeint ist die Fähigkeit, anderen Personen mentale Zustände wie eine Überzeugung, eine Absicht oder einen Wunsch zuzuschreiben (sogenanntes *mind reading*), wobei dies natürlich nur hypothetisch geschehen kann und in diesem Sinne ‚theoretisch' ist. Wir sahen auch, dass die Zuschreibung einer Absicht, gekoppelt an eine Zeigegeste, schon sehr früh – um den ersten Geburtstag herum – einsetzt, so dass Altersangaben in diesem Bereich mit Vorsicht zu genießen sind; die Forschung schiebt die Altersgrenzen immer weiter nach vorne.

Um herauszubekommen, wie weit Kinder in der Zuschreibung mentaler Zustände sind, werden unterschiedliche Methoden verwendet. Eine etablierte Methode ist der sogenannte *false belief test*, der die Fähigkeit des Kindes überprüft, einer anderen Person eine Überzeugung zuzuschreiben, die sie nach Lage der Dinge haben muss, die aber nicht der Realität entspricht. Etabliert hat sich der sogenannte Sally-Ann-Test, in dem die ‚gute' Sally und die ‚böse' Ann die tragenden Rollen spielen. Die Geschichte geht so: Sally kommt auf die Bühne und legt einen Ball in einen Korb. Dann verlässt sie die Bühne. Daraufhin kommt Ann, nimmt den Ball, legt ihn kichernd in eine Kiste und verschwindet. Sobald Sally wiederkommt, wird das Kind gefragt, wo sie wohl den Ball suchen wird. Lautet die Antwort, dass sie den Ball in dem Korb suchen wird, in den sie ihn vorher hineingelegt hat, dann ist dies ein Zeichen für eine funktionierende *Theory of Mind*; lautet die Antwort hingegen, dass sie den Ball in der Kiste sucht, dann ist der Test nicht bestanden und die *Theory of Mind* offenkundig noch nicht ausgebildet. Hierfür mag es unterschiedliche Gründe geben – die dauerhafte Unfähigkeit, die falsche Überzeugung zuzuschreiben, wird in der Regel als Anzeichen für eine autistische Störung gewertet (s. Baron-Cohen et al. 1985).

Wie gesagt ist die Altersbestimmung für die Ausbildung dieser Fähigkeit nicht einheitlich. Aus der Einsicht, dass Kinder nicht erst zwischen dem dritten und fünften Lebensjahr, sondern schon mit neun Monaten zur Zuschreibung einer kommunikativen Intention fähig sind, kann man die Folgerung ziehen, dass offenbar das Erkennen einer Absicht im Zusammenhang mit einer kommunikativen Zeigegeste früher ausgebildet wird als das allgemeine *mind reading* von nicht-kommunikativen Absichten sowie von Überzeugungen und Wünschen. Diese Auffassung vertritt D. Sperber, der infolge dieser Einsicht nicht nur eine, sondern verschiedene **Theory of Mind Mechanisms (ToMMs)** annimmt, die sich jeweils auf verschiedene Aspekte unserer Kognition beziehen – Sperber würde dabei von unterschiedlichen kognitiven Modulen sprechen (s. Sperber 2000). Um zu erfahren, ob und in welcher Weise sich verschiedene ToMMs unabhängig voneinander ausbilden, müssen die Untersuchungsmethoden entsprechend verfeinert werden, damit sich der spezifische TOMM herausfiltern lässt.

Die Entwicklungspsychologinnen Francesca Happé und Eva Loth haben eine Reihe von Studien durchgeführt, mit denen sie zeigen konnten, dass sich in der Tat eine unterschiedliche Situation ergibt, je nachdem, ob kommunikative Absichten im Spiel sind oder nicht. Sie haben dabei die klassischen Studien zur ToM mit Untersuchungsmethoden kombiniert, die sich auf den Worterwerb beziehen (s. Happé/Loth 2002). In ihrer Geschichte legt eine Puppe ein Objekt A in eine Kiste und verlässt dann die Szene. Eine andere Puppe kommt und ersetzt das Objekt A durch das Objekt B. Wenn die erste Puppe zurückkehrt, nimmt sie die Kiste und sagt zum Kind: „Lass' uns das Modi anschauen. Willst du das Modi sehen?" Anschließend nimmt sie beide Objekte und bittet das Kind, ihr das Modi zu zeigen. Weist das Kind auf das Objekt A, dann hat es den Test bestanden; es ist dann in der Lage, das neue Wort ‚Modi' dem gesuchten Objekt zuzuordnen und weiterhin dieses als Objekt A zu identifizieren, das sich nicht in der Kiste befand – entgegen der Überzeugung der Puppe. Angesichts dieser komplexen Aufgabe, die das Kind lösen muss, könnte man der Meinung sein, dass sie erst viel später gelöst wird als der ‚einfache' *false belief test*. Das Gegenteil ist der Fall – die **Worterwerbsaufgabe** zusammen mit der *false belief*-Situation wird wesentlich früher bewältigt als der standardisierte Test ohne gleichzeitig stattfindenden Worterwerb. In den von Happé/Loth durchgeführten Studien konnten 86% der teilnehmenden Kinder die Testfragen richtig beantworten, d.h. sie waren erfolgreich in der Zuschreibung einer falschen Überzeugung und auch im Lernen eines neuen Worts. Den standardisierten *false belief test* ohne Worterwerbsaufgabe bestanden lediglich 36% der getesteten Kinder, also wesentlich weniger. Man kann aus diesem Ergebnis den Schluss ziehen, dass die Ausbildung einer *theory of mind* im Zusammenhang mit dem Erwerb eines neuen Wortes wesentlich leichter zu bewältigen ist als ohne diesen. Die Frage bezüglich dieses überraschenden Befundes ist: Was kann hierfür verantwortlich sein?

Dass die neue Benennung des fraglichen Referenten die Lösung des *false belief test* erleichtert, kann nur heißen, dass die Ablösung von der konkret bestehenden Situation und der Übergang zur Vorstellungswelt der getäuschten Puppe mit einem sprachlichen Referenzausdruck besser gelingt. D. Sperber führt dies innerhalb seines Ansatzes der Metarepräsentation darauf zurück, dass der Entwicklungsverlauf der ToM für kommunikative Handlungen ein ganz anderer ist als derjenige, der eine Korrelation von nichtkommunikativen Handlungen und dahinter stehenden Bewusstseinsprozessen verlangt (s. Sperber 2000). Frühes Verstehen im Rahmen der *Theory of Mind* steht dem kommunikativen System zur Verfügung, bevor andere kognitive Fähigkeiten von ihr profitieren können. Wenn diese Annahme zutrifft, dann haben wir ein starkes Argument für die Auffassung, dass es nicht nur einen einheitlichen ToMM für alle kognitiven Funktionen gibt, sondern mehrere ToMMs, die jeweils auf spezifische kognitive Funktionen spezialisiert sind, so zum Beispiel auf Kommunikation und – als deren Teilfähigkeit – die Identifizierung von Referenten mittels gelernter Wörter. Neben normalem Entwicklungsverlauf ist auch die gestörte Entwicklung von Interesse, hier vor allem das Bild des Asperger-Syndroms. Es gilt als eine schwache Form des Autismus, die mit einer Einschränkung der Fähigkeit zur sozialen Interaktion verbunden ist, ohne Auswirkungen auf die sprachliche Entwicklung des Kindes zu haben. Auch diesen gestörten Verlauf kann man mit der Annahme erklären, dass diese Kinder bei weitgehender ToM für sprachliche Kommunikation eine ToM für soziale Interaktion aufweisen, die gestört ist (s. Happé/Loth 2002, 32).

Wir sehen, dass das Wortlernen nicht nur ein wichtiges Stadium in der sprachlichen Entwicklung des Kindes ist, sondern auch in einer engen Verbindung steht mit der Ausbildung unterschiedlicher ToMMs, die eine gestaffelte kognitive Entwicklung zur Folge haben, wobei die sprachlich-kommunikative ToM stark privilegiert ist.

9.5 Der Erwerb komplexer Strukturen

Über das Wortlernen hinaus fangen Kleinkinder früh an, auch komplexe Sprachkonstruktionen aus den umgebenden Äußerungen herauszuhören und in der Folge selbst zu bilden. Zu Beginn, also etwa im Alter von 14 Monaten, sind dies noch Formen, die aus einem Wort bestehen, aber dazu verwendet werden, jeweils einen vollständigen Sprechakt auszuführen. So steht die Äußerung ‚mehr' für ‚Ich möchte mehr Saft haben'. Äußerungen dieser Art werden **Holophrasen** genannt. Nicht nur Ein-Wort-Äußerungen, sondern auch solche, die aus der „Erwachsenenperspektive" mehrere Wörter umfassen, zählen hierzu, denn sie werden auf dieser Stufe des Erwerbs als Einheit aufgefasst und nicht analysiert, beispielsweise: ‚Lass-mich-sehen'. (s. Tomasello 2006a, 177; Tomasello 2006b).

Die nächste Stufe der Abstraktion bilden **Angelpunktkonstruktionen**, die aus einem Ausdruck wie dem schon genannten ‚mehr' und verschiedenen Ergänzungen bestehen: ‚mehr Saft', ‚mehr Kekse' etc. Kommen Verben ins Spiel, entstehen sogenannte **Verbinselkonstruktionen**, wobei die betreffenden Verben eine feststehende Anzahl von Mitspielern haben. Dies geschieht allerdings noch nicht in Form thematischer Rollen, wie sie von Charles Fillmore unterschieden wurden.

Exkurs: Kasusgrammatik

In dem syntaktischen Beschreibungsformat der Kasusgrammatik, wie sie Charles Fillmore konzipiert hat, werden für jeden Satz bestimmte **Kasusrelationen** angenommen. Dies sind syntaktische Beziehungen, die für die Satzbedeutung relevant sind und alle im Satz vorkommenden Ausdrücke betreffen, die potenziell kasustragend sind. Sie werden allerdings nicht nur in den Kasusendungen der betreffenden Nomina oder ihrer Begleiter realisiert; das Besondere ist vielmehr, dass sie „zum Großteil verborgen, trotzdem aber empirisch auffindbar sind." (Fillmore 1971, 6) Betrachten wir dazu die Objektkonstituente im folgenden Beispielsatz:

(1) David Copperfield zauberte einen lebendigen Hamster aus dem Hut.

Der Objektausdruck ‚einen lebendigen Hamster' denotiert entweder ein effiziertes oder ein affiziertes Objekt, also eines, das im Laufe der Handlung erst entsteht oder eines, das vorher schon existierte und durch die Handlung nur modifiziert wurde. Er enthält aber einheitlich die akkusativischen Kasusendungen *-en* am Artikel und Attribut. Im Falle (1) ist es effiziert (oder etwa nicht?). Wenn es so ist, dann ist folgende syntaktische Umformung in einen Spalt-Satz nicht möglich:

(1') Was David Copperfield mit einem lebendigen Hamster tat war, dass er ihn aus dem Hut zauberte.

Hierdurch wird der Zaubereffekt zunichte gemacht, denn es wird unterstellt, dass der Hamster vorher schon im Hut war. Wir sehen also, dass das Objekt im Satz (1) mit der entsprechenden Kasusmarkierung in einer unterschiedlichen Relation zum Verb steht, je nach Lesart im Sinne eines effizierten oder affizierten Objekts. Aus diesem und aus anderen Beispielen zieht Fillmore den Schluss, dass man zwischen zwei Ebenen im Satz unterscheiden muss, der Ebene des zugrundeliegenden Kasus einerseits, der Ebene des ausgedrückten Kasus (in Form von Endungen, aber auch durch Präpositionalgruppen etc.) andererseits. Die letztere nennt er **Kasusform,** die erstere **Tiefenkasus.** Mit der Annahme einer zugrundeliegenden Ebene eines Tiefenkasus, die unterschieden werden muss von der Ebene der ausgedrückten Kasusform, nimmt er eine Idee auf, die schon der dänische Sprachforscher Hjelmslev (1935) formuliert hatte.

In neueren Versionen seiner Kasusgrammatik definiert Fillmore die Tiefenkasus als thematische Rollen im Satz, wobei im Hintergrund die Idee steht, dass wir mit einer sprachlichen Äußerung nicht nur einen Einzelsachverhalt, sondern eine ganze Szene beschreiben, die in einer bestimmten Weise perspektiviert wird (s. Fillmore 1981). Die einzelnen Mitspieler der Szene sind als Ergänzungen zum Verb realisiert und hinsichtlich der Rolle spezifiziert, die sie in der gesamten Szene spielen. So werden die Rolle des *Agens* (der Handelnde), die Rolle des *Patiens* (derjenige oder dasjenige, worauf sich die Handlung richtet), des *Instruments* (dasjenige, womit die Handlung ausgeführt wird) und eine Reihe weiterer thematischer Rollen unterschieden.

Wir sagten zwar, dass die Ebene der Kasusform und diejenige des Tiefenkasus unterschieden werden müssen, doch ganz unabhängig voneinander sind sie nicht. Ein *Agens* wird, sofern es im Satz vorkommt, grundsätzlich als Subjekt – in der Regel als nominativisches Nomen – realisiert. Nur wenn es fehlt, kann ein anderer Tiefenkasus – oder eine andere thematische Rolle – als Subjekt fungieren, zum Beispiel *Instrument* (*Der Schlagstock traf Harry am Bein*). Eine Weiterentwicklung der Kasusgrammatik besteht in der *scenes-and-frames*-Semantik, innerhalb derer die anfänglich aufgestellte Idee einer perspektivierten Szene ausgearbeitet wird zu einer allgemeinen Auffassung über die menschliche Sprachkompetenz, die als ein Verfügen über eine Reihe prototypischer Szenen und Ereignisrahmen gelten kann (s. Fillmore 1977). So gehört zum Verständnis des Beispielsatzes (1) auch das Wissen über die typische Szene, innerhalb derer ein Zauberereignis stattfindet; auf Elemente der Zauberszene (Bühne, Zuschauer, Assistentin ...) können wir innnerhalb von Anschluss-Sätzen referieren, ohne sie eigens einführen zu müssen. Sie sind offenbar kognitiv präsent oder – wie Fillmore sagt – empirisch vorhanden. Wir sehen an diesem Punkt die Nähe zur Sprachauffassung von M. Tomasello und seinen Mitarbeiter_innen, zu denen wir nach diesem Exkurs nun zurückkehren wollen.

In dem Stadium der Verbinselkonstruktionen geht es wie gesagt (noch) nicht um das Verfügen über thematische Rollen im Sinne abstrakter Schemata für Satzbildungen, sondern um konkrete Verben, die in verschiedener Weise durch Mitspieler ergänzt werden; mit anderen Worten verfügen die Kinder auf dieser Stufe nicht über die Kategorie der Transitivität (Verb, *Agens*-Ergänzung im Nominativ, *Patiens*-Ergänzung im Akkusativ), sondern über eine Kategorie wie die folgende: Das Verb ‚malen' kann ich mit den-und-den Mitspielern in verschiedenen Rollen verwenden, so dass ich denjenigen nenne, der malt, oder aber dasjenige, was er malt, oder das, womit gemalt wird. Die sprachliche Kompetenz des Kindes auf dieser Entwicklungsstufe kann als ein Re-

9.5 Der Erwerb komplexer Strukturen

servoir von konkreten Verben mit Mitspielern in der Art von thematischen Rollen aufgefasst werden. Die folgende Graphik veranschaulicht einige Beispiele für Verben mit Platzhaltern für Mitspieler der Verbszene, wobei man festhalten muss, dass dies die Gesamtheit der syntaktischen Kompetenz des Kleinkindes ausmacht (Tomasello 2006a, 180).

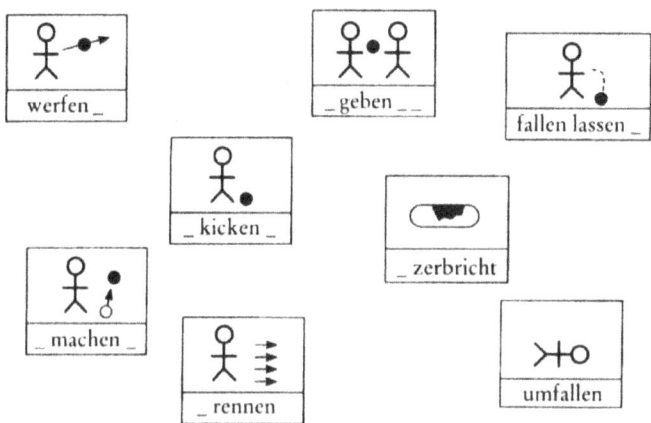

Das Verb ‚geben' enthält beispielsweise drei Mitspieler, den Gebenden, den Empfangenden und den Gegenstand, der übergeben wird. Entsprechend sind die anderen Bilder zu lesen. Es kommt hier darauf an, dass nicht „Ditransitivität" als abstrakte Kategorie für ein beliebiges Verb mit einem Subjekt, einem Akkusativ- und einem Dativobjekt erfasst wird, sondern die konkrete verbbezogene Tatsache, dass ‚geben' ein Verb ist, das drei Mitspieler erfordert mit einer Person, die gibt, einer Person, die etwas bekommt, und der übergebenen Sache. Die Grundlage für diese Art verbbezogener Kategorisierung liegt in der Besonderheit kindlicher Kognition. Erfahrungen werden auf dieser frühen Entwicklungsstufe in Szenarien verarbeitet, also in kohärenten konzeptuellen Bündeln, die aus einem Ereignis oder einem Zustand mit einem oder mehreren Beteiligten bestehen (s. Tomasello 2006b, 23). Die entsprechenden Äußerungsformen, die um ein bestimmtes Verb herum gruppiert sind, spiegeln den Aufbau dieser Szenarien in ihrer Struktur wieder.

Die darauffolgende Stufe, die diese recht konkrete Phase übersteigt, ist genau durch die Fähigkeit gekennzeichnet, **abstrakte Konstruktionen** im eben skizzierten Sinne einer Verbszene mit thematischen Rollen aufzubauen. Hier entstehen die ersten grammatischen Kategorien wie Transitiv und Intransitiv. Die Kategorie der Transitivität ergibt sich der Annahme gemäß aus einer Ansammlung von Verbinselkonstruktionen und dadurch, dass das Kind aus diesen allmählich in einem Abstraktionsprozess die spezifische Konstruktion ausbildet. Diese wird dabei durchaus so behandelt wie die Einzelwörter, die schon erworben wurden und weiterhin erworben werden, das heißt sie ist ein Symbol mit einer feststehenden Bedeutung. Der Unterschied zu einem Einzelwort besteht lediglich in der Komplexität der erworbenen Struktur, das heißt darin, dass die Konstruktionsbedeutung unabhängig ist von der Bedeutung der Wörter, die in ihr vorkommen. Man kann die abstrakten Konstruktionen auf dieser Entwicklungsstufe vergleichen mit feststehenden Redewendungen oder Phraseologismen, aber auch freieren Mustern wie Kollokationen oder eher individuellen Ausdruckspräferenzen. Wichtig für den Spracherwerb in Tomasellos Sicht ist die grundsätzliche Auffassung, dass die verschiedenen Inventare von Wörtern, Verbinseln oder abstrakten Konstruktionen dasjenige sind, was der kindlichen Kognition im sprachlichen Bereich zur Verfügung steht – es gibt, wie schon gesagt, keine abstrakten syntaktischen Prinzipien, die je nach Einzelsprache parametrisiert werden, so wie es in der Spracherwerbstheorie von N. Chomsky angenommen wird. Es liegt also mit dem gebrauchsbasierten Ansatz von Tomasello und seinen Mitarbeiter_innen ein elaborierter und einflussreicher Entwurf vor, der bewusst keine Annahmen über angeborene universalgrammatische Prinzipien macht.

Der Prozess, der den Erwerb von Einzelwörtern sowie von komplexeren Strukturen stützt, ist derjenige des kulturellen Lernens. Wir hatten ihn schon zu Beginn dieses Kapitels kennen gelernt, und der Erwerb sprachlicher Einheiten und Strukturen funktioniert nach dem gleichen Prinzip: Die intentionalen Angebote von sprachlichen Artefakten werden aufgrund der Fähigkeit zur Zuschreibung von (kommunikativen) Intentionen erkannt und selbst genutzt. Diese Nutzung beruht darauf, dass Kinder beispielsweise die Verbinselkonstruktionen, die sie in einem bestimmten intentionalen Zusammenhang gehört haben, auch mit diesem Ziel verwenden, und zwar im Sinn eines verbbezogenen Musters mit einigen offenen Anschlussstellen für seine Mitspieler. Es hieße allerdings die Komplexität des Spracherwerbs zu unterschätzen, wenn man dies für die ganze Geschichte hielte. In der Tat ist für das Kind ein weiterer Schritt konstitutiv, der die interne Struktur von Äußerungen berücksichtigt: Es muss lernen, dass eine Äußerung aus konstitutiven Teilen besteht, so wie die Szene der Referenz, also der Wirklichkeitsausschnitt, auf den sich die Äußerung bezieht, auch.

Die Äußerungsstruktur und die Struktur des Wirklichkeitsausschnitts miteinander in Beziehung zu setzen, ist eine anspruchsvolle Aufgabe. Das von Tomasello entwickelte Beschreibungsinstrument, mit dem diese Leistung erfasst werden kann, ist die **funktionsbasierte Distributionsanalyse**. Gemeint ist damit die Fähigkeit des Kindes, den spezifischen Beitrag zu bestimmen, den eine sprachliche Struktur zur kommunikativen Intention des erwachsenen Sprechers leistet, wobei dies sowohl Wörter als auch komplexe Konstruktionen sein können. Innerhalb komplexer Konstruktionen muss natürlich der Beitrag der Komponenten einer Äußerung als ‚Teilleistung' bestimmt werden, so dass klar wird, wie die vorkommenden, um das Verb gruppierten Nomen auf dieses bezogen sind und welche (thematische) Rolle sie jeweils spielen. Wenn also die referenzielle Szene dargestellt wird, in der Sam einen Ball zu Mary wirft, so muss der Beitrag des Verbs ‚werfen', der Nomen ‚Sam' (Agens/Handelnder) ‚Mary' (Rezipient/Empfängerin), ‚Ball' (Patiens/geworfener Gegenstand) und der Präposition ‚zu' zur gesamten Botschaft erkannt werden sowie die Beziehung dieser zur kommunikativen Intention, die der Sprecher mit der Äußerung verfolgt (s. Tomasello 2006a, 188 f.). Eine komplexe Aufgabe, der sich das Kind im Zuge seines Spracherwerbs in Schritten und über einzelne Entwicklungsstufen nähert. Hilfreich bei diesem Prozess ist die Fähigkeit des Kindes zur Schematisierung, wobei die Ausbildung sprachlicher Schemata im Sinne komplexer Konstruktionen analog zur Ausbildung von Ereignisschemata zur Kategorisierung von Ereignisstrukturen gesehen wird.

Wie kann man sich diesen Prozess vorstellen? Nehmen wir an, ein Kind hört eine Reihe von Verbinselkonstruktionen des Typs *X kickt Y, X liebt Y, X findet Y*. Sobald eine kritische Masse solcher konkreter Konstruktionen erreicht ist, beginnt die Ausbildung eines **abstrakten Konstruktionsschemas**, das in diesem Fall transitive Konstruktionen umfasst. Es kommt dann auch zu Übergeneralisierungen, die etwa im Zuge der Entdeckerfreude ein intransitives Verb in einer transitiven Konstruktion auftauchen lassen. In den weiteren Entwicklungsschritten pendelt sich der Gebrauch der Formen dann ein auf das konventionelle Maß, das etwa nur transitive Verben innerhalb der entsprechenden Konstruktion zulässt (s. Tomasello 2006a, 189 f.). Wie der Erwerb von komplexen Konstruktionen im Einzelnen verläuft, so dass das Kind zu ihrer Produktion in der Lage ist, haben Lieven et al. (2003) in einer detaillierten Studie aufgezeigt, die die einzelnen Erwerbsschritte dokumentiert.

In ihrer Studie wurde die Sprachproduktion eines zweijährigen englischsprachigen Kindes in sehr dichten Intervallen aufgezeichnet – fünf Stunden pro Woche über einen Zeitraum von sechs Wochen –, wodurch etwa 10 % aller Äußerungen des Kindes erfasst wurden. Methodisch gingen die Autoren so vor, dass die Äußerungen des letzten Tages des Untersuchungszeitraums als Zielmuster definiert wurden und dann nach ähnlichen Äußerungen – den Vorläufern – in den vorgängigen Zeitintervallen gesucht wurde. Dabei war es wichtig zu rekonstruieren, in welcher Weise die identifizierten Vorläuferäußerungen modifiziert werden mussten, um zum Zielmuster des letzten Tages zu gelangen. Damit konnte der Weg rekonstruiert werden, den die „fertige" Äußerung über ihre Zwischenstadien nehmen musste. Es stellte sich heraus, dass von den Mehrwortäußerungen die überwiegende Mehrheit so schon vorher geäußert wurde (63%), und dass von den restlichen 37% wiederum die Mehrheit (74%) aus einem schon bekannten und einem neuen Teil bestand – also nach der Art der Angelpunktkonstruktionen. Die restlichen 26% der neuen Äußerungen bestanden wiederum aus Modifikationen, die mehr als ein Element veränderten, auch dadurch, dass etwas Neues angehängt wurde (s. Lieven et al. 2003, Tomasello 2006b, 33 f.). Wir sehen an den Ergebnissen dieser Studie, dass der Erwerb komplexer Strukturen das Ergebnis einer fortschreitenden Entwicklung bereits erworbener Strukturen ist, wobei die einzelnen Etappen miteinander eng verzahnt sind in Form von Angelpunktkonstruktionen oder anderer offener Formen, die dann unterschiedlich gefüllt und erweitert werden. Im Folgenden werden wir sehen, auf welche Weise Kinder ein abstraktes Konstruktionsschema erwerben, das noch ein wenig komplexer ist als ein einfacher Satz: Es geht um den Erwerb eingebetteter Strukturen, genauer um Relativsätze.

9.6 Relativsätze und ihr Erwerb

In einer ausführlichen Studie untersuchten Holger Diessel und Michael Tomasello den Erwerb von Relativsätzen bei englisch- und deutschsprachigen Kindern im Alter von drei Jahren (Diessel/Tomasello 2005). Das experimentelle Setting bestand jeweils darin, dass es um einen Spielzeugbauernhof ging mit verschiedenen Menschen- und Tierfiguren. Über diese Figuren wurden Beschreibungen in Form von Relativsätzen gegeben, die die Kinder „wie ein Papagei" nachsprechen sollten. Um sich dem kindlichen Sprachgebrauch so weit wie möglich anzunähern, wurden zwei Typen von Relativsatzkonstruktionen ausgewählt: Kopulakonstruktionen und Konstruktionen mit einem isolierten Kopfnomen, also beispielsweise:

(2) Hier ist der Tiger, der ihn erschreckt.

(3) Das Mädchen, das mitkommt.

Diese Formen machen ca. 90% der Relativsätze aus, die bei Kindern zuerst entstehen. Eine Hypothese über den frühen Gebrauch von Relativsätzen ist, dass die ca. vierjährigen Sprecher keine komplexe syntaktische Konstruktion realisieren, sondern die syntaktische Form einfach als Koordination interpretieren (s. Tavakolian 1977). Getestet wurden allerdings komplexere Beispielsätze, die aus einem voll ausgeprägten Matrixsatz mit einem Relativsatz bestanden. Da die Sätze mit englischsprachigen Kindern getestet wurden, seien sie hier auch auf Englisch wiedergegeben:

(4) The horse that pushed the goat stands on the lion.

Die Interpretation als Koordination hat zur Folge, dass beide Teilsätze nicht als untergeordnet, sondern – syntaktisch einfacher – als nebengeordnet aufgefasst werden, also in folgender Weise:

(4') The horse [...] pushed the goat and △ stands on the lion.

Das Zeichen △ steht für das ausgelassene Element 'it', den *gap*. Diese Interpretation ist auf den ersten Blick plausibel, denn die Formen der beiden Sätze (4) und (4') ähneln sich sehr. Sie ist allerdings aus mehreren Gründen auch problematisch: Wie schon gesagt sind Relativsätze in der Art von (4) nicht gerade diejenigen, die am Anfang des Relativsatzerwerbs von Kindern stehen; außerdem funktioniert die Analogie zu Koordinationen nur im Englischen reibungslos, wo es keine von der Konstituentensatzwortstellung abweichende Matrixsatzwortstellung gibt. (Zur verwendeten Terminologie: ‚Matrixsatz' steht für das, was traditionell als Hauptsatz bezeichnet wird, ‚Konstituentensatz' für den Nebensatz, in diesem Fall für den Relativsatz). Im Deutschen unterscheiden sich beide Satzarten durch die Stellung des finiten Verbs. Aus diesen und anderen Gründen entschieden sich Diessel und Tomasello für das in (2) und (3) dargestellte Muster.

Die präsentierten nachzusprechenden Relativsätze wurden verschiedenen Typen zugeordnet, abhängig vom Status, den das Nomen des Matrixsatzes (das Kopfnomen) im Relativsatz hat, also ob es das Subjekt, das Objekt oder eine andere kasusdeterminierte Konstituente ist. Es geht um folgende Beispiele (s. Diessel/Tomasello 2005, 892):

(4a) Da ist die Katze, die auf den Baum geklettert ist.	S-Relativsatz
(4b) Da ist der Junge, der den Mann im Garten gesucht hat.	A-Relativsatz
(4c) Da ist der Mann, den das Mädchen im Stall gesehen hat.	P-Relativsatz
(4d) Da ist der Junge, dem Paul die Mütze weggenommen hat.	IO-Relativsatz
(4e) Da ist das Pferd, auf dem Gabi vorhin geritten ist.	OBL-Relativsatz
(4f) Da ist die Frau, deren Katze eine Maus gefangen hat.	GEN-Relativsatz

Die Bezeichnungen für die Relativsätze lesen sich folgendermaßen: Ein S-Relativsatz enthält ein intransitives Verb mit einem Subjektspronomen (*die*), ein A-Relativsatz hingegen ein transitives Verb ebenfalls mit einem Subjektspronomen (*der*). Im P-Relativsatz ist das Relativpronomen das direkte Objekt des Verbs (*den*), im IO-Relativsatz das indirekte Objekt (*dem*). Im obliquen Relativsatz OBL ist es das Präposi-

9.6 Relativsätze und ihr Erwerb

tionalobjekt (*auf dem*), im GEN-Relativsatz bezieht es sich auf den attributiven Genitiv (*deren*).

Mit ihrer Untersuchung verfolgen die Autoren zwei Hypothesen: Einerseits versuchten sie die Annahme zu bestätigen, dass auch der Kopulasatz syntaktisch vom Kind vereinfacht wird, und zwar so, dass er nur eine Proposition ausdrückt. (2) würde dann so analysiert, dass der Matrixsatz ‚Hier ist der Tiger' lediglich den Diskursreferenten (= Tiger) einführt und der Relativsatz dann dasjenige enthält, was über den Tiger ausgesagt wird, also die Prädikation. Diese Struktur ist viel einfacher zu verarbeiten als eine Struktur mit zwei getrennten Propositionen. Die zweite Hypothese war, dass die Produktion eines Relativsatzes unterschiedlich schwierig ist, je nachdem, um welchen Typ in der Reihe (4 a–f) es sich handelt.

Das Design der Studien bestand darin, dass den Kindern die oben genannten Kopulasätze präsentiert wurden. Zusätzlich wurden ihnen Fragesätze mit einer Kopula vorgesprochen (‚Ist das die Katze, die ...?') und schließlich Sätze, die aus einem voll ausgeprägten Matrixsatz mit einem direkten Objekt bestanden sowie einem Relativsatz, der sich auf dieses Objekt bezog – denn es ging ja auch um den Vergleich der Verarbeitung von Kopula- und transitiven Sätzen. Es gab zwei Testgruppen: Die erste bestand aus Kindern mit der Muttersprache Englisch im Alter von durchschnittlich 4 Jahren und 7 Monaten, die zweite aus deutschsprachigen Kindern von durchschnittlich 4 Jahren und 5 Monaten. Die Studien mussten mit zwei verschiedenen Gruppen durchgeführt werden, weil sich Englisch und Deutsch in den Wortstellungsregularitäten für Konstituentensätze unterscheiden und darüber hinaus das Relativpronomen im Deutschen hinsichtlich Kasus, Numerus und Genus markiert ist, also auch wichtige syntaktische Informationen bereithält.

Für die englischsprachigen Kinder konnten beide Hypothesen bestätigt werden. Es waren die Kopulasätze mit Relativsatz leichter nachzusprechen als die voll ausgeführten transitiven Matrixsätze, das heißt, es unterliefen den Kindern signifikant weniger Fehler; andererseits spielte der Unterschied im Satzmodus (Aussage- vs. Fragesatz) keine entscheidende Rolle für die Sprachproduktion (s. Diessel/Tomasello 2005, 887). Auch gab es die erwarteten Unterschiede in der Performanz bei den präsentierten Sätzen, abhängig davon, ob es sich um S, A, P, IO, OBL oder GEN-Relativsätze handelte. Die besten Ergebnisse erzielten die Kinder bei der Wiederholung der S- und A-Relativsätze (4 a, b), in denen das Relativpronomen jeweils die Subjektfunktion einnimmt – im intransitiven oder transitiven Fall gleichermaßen. Der GEN-Relativsatz (4 f) wurde so gut wie gar nicht reproduziert, die anderen Sätze (4 c, d und e) wurden entweder mehrheitlich fehlerhaft wiedergegeben oder den Sätzen (4 a, b) in der Wortstellung angeglichen.

Für die deutschsprachigen Kinder ergab sich ein vergleichbares Bild: Die Kopulasätze mit Relativsatz wurden erheblich leichter verarbeitet als die transitiven Matrixsätze; bezüglich der Fragesätze ergab sich kein gravierender Unterschied im Vergleich zu den Aussagesätzen. Bei den oben aufgeführten Testsätzen lagen die richtigen Antworten bei S- und A-Relativsätzen ebenfalls an der Spitze, worauf mit großem Abstand die anderen Formen folgten – wobei diese anderen Formen jedoch in sich stärker differenziert waren als im Englischen. Auch ergab sich die Tendenz der Angleichung an die S- und A-Relativsätze, wobei hier nicht die Wortstellung, sondern die Markierung am Relativpronomen und an den flektierten Elementen der Nominalgruppe betroffen war. Ein Beispielsatz mit Umformung lautete:

(5) Hier ist der Junge, dem die Frau ein Buch vorgelesen hat.

der wiedergegeben wurde als:

(5') Hier ist der Junge, der der Frau ein Buch vorgelesen hat.

Es wurde also das indirekte Objektspronomen im Relativsatz (Dativ Singular Maskulinum ‚dem') zu einem Subjektspronomen verändert (Nominativ Singular Maskulinum ‚der'), und das nachfolgende Nomen bekam die Markierung als indirektes Objekt (Dativ Singular Femininum: ‚der Frau'). Diese grammatische Markierung am Relativpronomen, wie sie für das Deutsche charakteristisch ist, hat auch zur Folge, dass eine bestimmte Erklärungsstrategie für die Präferenz zugunsten von S- oder A-Relativsätzen nicht gelten kann: die *filler-gap-hypothesis*. Sie besagt, dass der Abstand zwischen dem Kopfnomen im Matrixsatz und der Position im Relativsatz, an der das komplette Nomen sonst stünde, relevant ist für die leichte oder schwierige Verarbeitung der Struktur: je weiter der Abstand, desto aufwändiger die Verarbeitung. So ist

(6) The boy who __ kissed Mary.

leichter verarbeitbar als

(6') The boy (who) Mary __ kissed.

Das Kopfnomen im Matrixsatz ist 'the boy' (*filler*), der Unterstrich kennzeichnet die syntaktische Position im Relativsatz, an der das Nomen stünde, wenn es ein Matrixsatz wäre (*gap*). In (6') ist der Abstand zwischen beiden erkennbar größer als in (6), und deswegen ist (6') schwieriger zu verarbeiten (s. Hawkins 1999). Was für das Englische erkennbar gilt, ist für das Deutsche nicht nachweisbar, weil eben die grammatischen Beziehungen im Satz nicht (primär) durch die Wortstellung, sondern durch die morphologische Markierung gekennzeichnet werden – wie wir in Falle des Relativpronomens sahen. Es muss also eine andere Erklärung gesucht werden für die Präferenzen, die hinter den Umwandlungen der Kinder stecken.

Der Ansatz von Diessel/Tomasello beinhaltete allerdings, wie wir sahen, zwei Hypothesen, die in den Studien bestätigt wurden. Die erste bezog sich auf die gute Zugänglichkeit von Kopulasätzen mit einem Relativsatz gegenüber beispielsweise transitiven Sätzen; die zweite auf die Umwandlungs-Präferenzen in Richtung der S- oder A-Relativsätze. Die Erklärung für das erste Ergebnis ist eine pragmatische, und damit kommen wir nach dem Ausflug in die Syntax komplexer Sätze zu unserem Hauptthema zurück. Die untersuchten Kopulasätze enthalten ausnahmslos einen deiktischen Ausdruck, der in der Regel mit einer Zeigegeste verbunden ist. Dies ist, wie wir eingangs in diesem Kapitel sahen, die Szene, mit der der Sprach- und Zeichenerwerb beginnt. Insofern ist die Form der Sätze (4 a–f) den Kindern vertraut, weil sie sie mit einer ihnen bekannten Verwendungsweise deiktischer Ausdrücke verbinden können. Zusammen mit der Annahme, dass die Kopulasätze mit dem relativischen Anschluss als eine einzige Proposition aufgefasst werden können, ergibt sich eine plausible Erklärung dafür, dass diese Satzformen zuerst auftreten und gegenüber transitiven Konstruktionen präferiert werden.

Die Erklärung für das zweite Ergebnis ist semantischer Art, denn die oben eingeführten thematischen Rollen können wir als semantischen Aspekt eines Satzes auffassen. Von diesen bildet die *Agens*-Rolle die wichtigste, denn sie wird – wie wir sahen – zuerst für die Subjekt-Funktion in Betracht gezogen. Offensichtlich präferiert das Kind im Erwerbsprozess eine Struktur, in der die *Agens*-Rolle als erstes Nomen im Satz vorkommt, so dass als Weiterführung im Relativsatz nur eine S- oder A-Struktur in Frage kommt. Im Satz (4') ist dies der Fall: ‚Der Junge' ist der Handelnde, wie es durch den nominativischen Anschluss im Relativsatz verdeutlicht wird; in (5) ist ‚der Junge' der Antezedent für das Relativpronomen, das indirekte Objekt und – als thematische Rolle – der Rezipient, eine weiter unten rangierende Rolle in der Präferenz-Hierarchie. Der *Agens* kommt erst später zum Zuge, genauer in Form des zweiten Nomens ‚die Frau', und dies entspricht nicht der präferierten Struktur. Wir sehen also, dass die Umwandlungen zugunsten einer bestimmten Struktur zurückführbar sind auf eine Präferenz, die den Handelnden, die *Agens*-Rolle, als erstes Nomen oder erste Nominalgruppe im Satz erscheinen lässt, und gegenüber der die anderen Strukturen, in denen die *Agens*-Rolle erst später realisiert ist, die Oberhand gewinnen lässt.

Wir sehen also, dass der Erwerb von Relativsätzen durch Kinder im Vorschulalter gesteuert ist durch pragmatische Prozesse einerseits mit einer Wurzel in der deiktischen ‚Urszene', andererseits durch Präferenzen in Richtung einer möglichst prominenten Besetzung des ersten Nomens im Satz, und dies ist der Handelnde oder *Agens*. Auf diese Weise kann der Verlauf im Erwerb dieser komplexen Struktur zurückgeführt werden auf grundlegende semantisch-pragmatische Prinzipien und Präferenzen des Kindes.

Literatur:

Baron-Cohen, S./A.M. Leslie, U. Frith (1985): Does the autistic child have a 'theory of mind'? In: *Cognition* 21, 37–46.
Clark, E. (1987): The principle of contrast: A constraint in language acquisition. In: B. McWhinney (Hg.), *Mechanisms of Language Acquisition*. Hillsdale: Lawrence Earlbaum Associates, 1–33.
Croft, W. (2001): *Radical Construction Grammar*. Oxford: Oxford University Press.
Diessel, H./M. Tomasello (2005): A new look at the acquisition of relative clauses. In: *Language* 81/4, 882–906.
Fillmore, Ch. (1971): Plädoyer für Kasus. In: W. Abraham (Hg.), *Kasustheorie*. Frankfurt: Athenäum, 1–118. [Engl.: The case for case. In: E. Bach/R.T. Harms (Hg.), *Universals in linguistic theory*. Winston: Holt-Rinehart, 1968, 1–90.]
Fillmore, Ch. (1977): Scenes-and-frames semantics. In: A. Zampolli (Hg.), *Linguistic Structures Processing*. Amsterdam: North Holland, 55–81.
Fillmore, Ch. (1981): Die Wiedereröffnung des Plädoyers für Kasus. In: J. Pleines (Hg.), *Beiträge zum Stand der Kasustheorie*. Tübingen: Narr, 13–43. [Engl.: The case for case reopened. In: P. Cole/J.M. Sadock (Hg.), *Syntax and Semantics 8: Grammatical Relations*. New York: Academic Press, 1977, 59–82.]
Gibson, J. (1982): *Wahrnehmung und Umwelt: Der ökologische Ansatz in der visuellen Wahrnehmung*. München u.a.: Urban & Schwarzenberg.
Happé, F./E. Loth (2002): 'Theory of Mind' and Tracking Speaker's Intentions. In: *Cognition* 17, 24–36.
Hawkins, J.A. (1999): Processing complexity and filler-gap dependencies across grammars. In: *Language* 75, 244–285.
Hjelmslev, L. (1935): *La catégorie des cas: étude de grammaire générale*. Aarhus: Universitetsforlaget.
Lieven, E./H. Behrens/J. Speares/M. Tomasello (2003): Early syntactic creativity: a usage based approach. In: *Journal of Child Language* 30, 333–370.
Meltzoff, A.N./A. Gopnik (1993): The role of imitation in understanding persons and developing a theory of mind. In: S. Baron-Cohen/H. Tager-Flusberg/D.J. Cohen (Hg.), *Under-*

standing other minds. Perspectives from autism. New York: Oxford University Press, 335–366.

Sperber, D. (2000): Metarepresentation in an evolutionary perspective. In: Ders. (Hg.), *Metarepresentations: A Multidisciplinary Perspective*. New York: Oxford University Press, 117–137.

Tavakolian, S.L. (1977): *Structural principles in the acquisition of complex sentences*. Amherst: University of Massachusetts Dissertation.

Tomasello, M. (2006a): *Die kulturelle Entwicklung des menschlichen Denkens*. Frankfurt: Suhrkamp.

Tomasello, M. (2006b): Konstruktionsgrammatik und früher Erstsprachenerwerb. In: K. Fischer/A. Stefanowitsch (Hg.), *Konstruktionsgrammatik – Von der Anwendung zur Theorie*. Tübingen: Stauffenburg, 19–38.

10. Brücken bauen und Texte verstehen

Schauen wir uns zum Einstieg folgenden Text an:

> (1) Ende vergangener Woche war bekannt geworden, dass die Bundesanwaltschaft gegen zwei Journalisten von Netzpolitik.org ermittelt. (2) Seitdem steht vor allem Generalbundesanwalt Harald Range in der Kritik. (3) Politiker von SPD, Grünen und Linkspartei forderten seinen Rücktritt. (4) Range hatte das Ermittlungsverfahren am 13. Mai dieses Jahres eingeleitet. (5) Zwei Wochen später war das Bundesjustizministerium schriftlich darüber informiert worden.
> (tagesschau.de, 02.08.2015)

Es handelt sich um einen Ausschnitt aus einem Bericht, in dem es um ein Ermittlungsverfahren wegen Landesverrats gegen zwei Netzjournalisten geht. Diese hatten einen als vertraulich eingestuften Bericht des Verfassungsschutzes über die Bildung einer Unterabteilung zur Ausforschung der Internetkommunikation auf ihrer Seite veröffentlicht. Dies ist der Hintergrund des zitierten Ausschnitts der Meldung.

Warum ist der Ausschnitt ein Text und nicht eine beliebige Aneinanderreihung von Einzelsätzen? Diese Frage zu beantworten ist Aufgabe der **Textlinguistik**; sie formuliert Kriterien dafür, wann wir von einem Text sprechen können. In der Regel fällt die Entscheidung nicht schwer. Man lese versuchsweise den zitierten Ausschnitt satzweise rückwärts, und man wird schnell erkennen, dass kein sinnvoller Zusammenhang hergestellt werden kann – positiv gesehen ist also der Zusammenhang der Einzelsätze ein erstes wichtiges Kriterium dafür, dass man eine Satzfolge einen Text nennen kann. Das Ziel textlinguistischer Untersuchungen ist es, die unterschiedlichen Mittel zu identifizieren, mit denen dieser Zusammenhang hergestellt wird, aber auch, die verschiedenen Formen und Grade des Zusammenhangs zwischen Einzelsätzen, die verschiedenen Textsorten oder -mustern eigen sind, festzumachen. Am zitierten Ausschnitt soll gezeigt werden, welches die textkonstituierenden Zusammenhänge zwischen den Einzelsätzen sind.

10.1 Kohäsion und Kohärenz

Das Zeitadverbial im Vorfeld von Satz (1) situiert den beschriebenen Sachverhalt deiktisch, mit Bezug auf den Erscheinungstermin, auf einen bestimmten Zeitraum (*Ende vergangener Woche*). Im Vorfeld des Satzes (2), also ebenfalls in Topik-Position, steht ein Konjunktionaladverb (*seitdem*), das an die zeitliche Situierung des Vorgängersatzes anknüpft. *Seitdem* beziehen wir auf einen Zeitraum seit dem Ende der vergangenen Woche. Das Nominal *Generalbundesanwalt Harald Range* weist die typische Form auf, mittels derer Personen als Diskursreferenten neu eingeführt werden, nämlich die Funktion und den Namen der betreffenden Person. Die Funktionsbezeichnung *Generalbundesanwalt* steht in einer semantischen Beziehung zum Nomen *Bundesanwaltschaft* in (1); es liegt eine Teil-Ganzes-Beziehung vor, eine semantische Meronymie.

In (3) liegt mit dem Possessivartikel *seinen* ein anaphorisches Element vor, das an den in (2) eingeführten Diskursreferenten anknüpft. Es geht um den Rücktritt des Generalbundesanwalts. In (4) erscheint lediglich der Nachname *Range*, und es ist klar, dass es auch hier um denselben Diskursreferenten geht. *Das Ermittlungsverfahren* greift die gesamte Proposition in (1) wieder auf, die Nominalisierung der Proposition ist eine verdichtete Form der Wiederaufnahme der Sachverhaltsbeschreibung. In (5) schließlich verweist das Präpositionaladverb *darüber* auf die Proposition in (4), nämlich den Sachverhalt, dass Range das Ermittlungsverfahren eingeleitet hatte. Im Vorfeld von (5) leistet wiederum das deiktische Zeitadverbial *zwei Wochen später* die Anknüpfung an das Geschehen, hier die Einleitung des Ermittlungsverfahrens. Auf lexikalischer Ebene sind *die Bundesanwaltschaft* und *das Bundesjustizministerium* zu erwähnen: Sie werden mit einem definiten Artikel eingeführt, was signalisiert, dass die Diskursreferenten den Rezipienten schon bekannt sind. Der Autor kann davon ausgehen, dass die betreffenden Institutionen im Weltwissen der Rezipienten repräsentiert sind, also nicht eigens eingeführt werden müssen. Allerdings können auch Referenten, die im (unterstellten) Weltwissen der Rezipienten verankert sind, nicht ohne weiteres in einem Text erwähnt werden, denn hierfür muss es eine gewisse Relevanz geben. Durch die Nomina *Bundesanwaltschaft*, *Generalbundesanwalt*, *Ermittlungsverfahren* und *Bundesjustizministerium* ist ein semantisches Netz aufgespannt, das sich über den ganzen Text zieht. Hier liegt also auf semantischer Ebene ein enger Zusammenhang vor, der die Einzelsätze zu einer textuellen Einheit verbindet. A. Greimas nannte die Beziehungen, die zwischen den Teilen dieses semantischen Netzes bestehen, **Isotopierelationen** (s. Greimas 1971).

Der Zusammenhang zwischen den Einzelsätzen, der durch die in den letzten beiden Abschnitten genannten Ausdrücke entsteht, wird als **Kohäsion** bezeichnet. Dieser Begriff wurde von Halliday und Hasan (1976) geprägt und bezieht sich auf die jeweils verwendeten sprachlichen Mittel. Bei genauerem Hinsehen liegen zwei verschiedene Ausdrucksarten vor: Einerseits geht es um die Mittel, die den Zusammenhang der Einzelsätze herstellen, ihre **Konnexität**. Hier sind das Konjunktionaladverb *seitdem* und das Adverbial *zwei Wochen später* zu nennen. Eine andere Art der Kohäsion entsteht durch **Rekurrenz**, also durch die verschiedenen Formen der Wiederaufnahme von Diskursreferenten, die in dem Text eingeführt worden sind. Man kann sagen, dass es in dem Text um Generalbundesanwalt Range geht. Er wird im zweiten Satz in der schon genannten ausführlichen Form eingeführt und dann im Satz (3) durch das Possessivpronomen und in (4) mit dem Eigennamen wieder aufgenommen.

Kohäsion ist allerdings weder eine hinreichende noch eine notwendige Bedingung dafür, dass aus einer Satzfolge ein Text entsteht. So können wir auch Folgen als Texte interpretieren, die wenige oder sogar keine Kohäsionsmittel aufweisen, etwa wenn durch einen übergeordneten argumentativen Zusammenhang die Einheit gestiftet wird. Andererseits können Satzfolgen eine Menge von Kohäsionsanzeigern aufweisen, und doch würden wir zögern, dem Ganzen die Eigenschaft eines Textes zuzuschreiben, weil unter inhaltlichem Aspekt kein übergreifendes Thema erkennbar wird. Ein argumentativer Zusammenhang oder ein übergreifendes Thema sind Kriterien, die auf der inhaltlichen Ebene operieren, und die zu den sprachlichen Merkmalen der Kohäsion hinzukommen. Für diesen inhaltlichen Zusammenhang hat sich die Bezeichnung **Kohärenz** etabliert (s. Fritz 1982). So kann man sich Schilderungen verschiedener Sachverhalte vorstellen, die auf den ersten Blick isoliert nebeneinander stehen, und erst der äußere Rahmen einer Zeugenaussage verleiht dem Ganzen eine Einheit, die die Einzelschilderungen als Text aufzufassen erlaubt.

Im Beispieltext ist der Übergang von Satz (4) zu (5) kohäsions- und kohärenzgestützt. Im Vorfeld von (5) liegt ein Zeitadverbial vor (*Zwei Wochen später* ...), das eine explizite Anknüpfung an das Ereignis leistet, das in (4) geschildert wurde: Ein Fall von Konnexität. Das Pronominaladverb *darüber* ist ein Fall von Rekurrenz, es bezieht sich auf *Ermittlungsverfahren*. Um den Textzusammenhang an dieser Stelle vollständig zu erfassen, muss man aber wissen, in welcher Beziehung die genannten Institutionen jeweils zueinander stehen, denn der Grund dafür, dass das Bundesjustizministerium über die Ermittlungen informiert wurde, ist nicht unmittelbar ersichtlich. In diesem Fall liegt eine Beziehung der institutionellen Hierarchie vor, der Generalbundesanwalt ist dem Bundesjustizministerium unterstellt, und das Wissen darüber stellt Kohärenz her. Es sind allerdings auch andere Fälle vorstellbar, in denen der ‚Abstand' zwischen den Einzelsätzen erheblich größer ist. Wir müssen dann erklären können, warum auch in diesem Fall eine textuelle Einheit hergestellt werden kann. Darüber hinaus haben wir mit dem Begriff der Kohärenz lediglich eine Benennung des Phänomens erreicht, aber eine Erklärung der Stiftung eines inhaltlichen Zusammenhangs zwischen Einzelsätzen muss noch geleistet werden. Ein pragmatischer Kernbegriff, der im Zuge einer solchen Erklärungsstrategie geprägt wurde, ist derjenige der Überbrückung, des Bridging.

10.2 Bridging

H. Clark und S. Haviland, von denen der Begriff des Bridging stammt, beobachteten, dass ein Sinnzusammenhang zwischen zwei geäußerten Sätzen hergestellt werden kann, auch wenn keinerlei Kohäsionsmittel vorliegen und die Kohärenz alles andere als offensichtlich ist (s. Clark/Haviland 1977, Clark 1975). Verstehensleitend ist für die Leser_innen die Hintergrundannahme, dass die Sätze auf der Basis einer quasi-vertraglichen Vereinbarung geäußert wurden, die sicherstellt, dass sie inhaltlich zusammengehören. Diese Vereinbarung zwischen Produzent_in und Leser_in ist der **given-new-contract.** Die Begriffe *given* (bekannt) und *new* (neu) beziehen sich auf die Informationsstruktur eines geäußerten Satzes, und sie werden im nächsten Kapitel eingehender erläutert. Für den gegenwärtigen Zusammenhang lässt sich festhalten, dass in Sätzen jeweils ein Teil eine Anknüpfung an den Vorgängersatz leistet, damit klar wird, worum es überhaupt geht, und ein ander Teil die neue Information übermittelt. Wir kennen dieses Muster aus dem Figur-Hintergrund-Schema: In unserer Wahrnehmung wird eine Figur immer vor einem Hintergrund gesehen, und wenn sich der Hintergrund verändert, kann auch die Figur anders wahrgenommen werden. Ähnlich ist es bei der informationsstrukturellen Aufteilung eines geäußerten Satzes in *given* und *new*: *Given* ist der Hintergrund, vor dem eine Information als *new* erst erkannt werden kann. Nehmen wir das obige Beispiel (4):

(4) Range hatte das Ermittlungsverfahren am 13. Mai dieses Jahres eingeleitet.

Range und *das Ermittlungsverfahren* signalisieren bekannte Information, beide Entitäten sind in den Vorgängersätzen eingeführt worden. Man kann sagen, dass beide Ausdrücke einen **Antezedenten** im Text haben: Für *Range* ist dies *Generalbundesanwalt Harald Range* aus Satz (2), eine um die Funktion erweiterte Nennung des Namens inklusive Vornamen. Für *das Ermittlungsverfahren* ist dies *dass die Bundesanwaltschaft gegen zwei Journalisten von Netzpolitik.org ermittelt* aus Satz (1). Es ist wichtig zu sehen, dass Leser_innen tolerant sind bezüglich der sprachlichen Form, die der Antezedent hat, denn *das Ermittlungsverfahren* ist die verkürzte nominalisierte Fassung des *dass*-Satzes. Gegenüber der bekannten Information ist die Mitteilung, dass die Einleitung des Verfahrens am 13. Mai stattgefunden hat, die neue Information. Der *given-new-contract*, auf den nach Clark/Haviland diese Struktur zurückzuführen ist, lautet:

> **Given-new-contract**
> Versuche die bekannte und die neue Information innerhalb einer Äußerung so zu verteilen, dass (a) Leser_innen in der Lage sind, den genauen Antezendenten, der als bekannte Information intendiert war, aus ihrem Gedächtnis heraus zu rekonstruieren und dass sie (b) die neue Information nicht schon mit dem Antezendenten verbunden haben. (s. Clark/Haviland 1977, 9)

Man könnte das zitierte Prinzip so zusammenfassen: ‚Nimm Rücksicht auf den Wissensstand der Leser_innen' oder noch kürzer: ‚Sei kooperativ in der Textgestaltung'. In dieser Fassung scheint das Kooperationsprinzip auf, das H.P. Grice jeglichem Gesprächsaustausch zugrunde gelegt hatte – es wurde im Kapitel 4 eingeführt. In der Tat fassen Clark/Haviland den *given-new-contract* als eine Ausprägung des Kooperationsprinzips auf. Es wird allerdings nicht wie dieses von vier Gruppen von Konversationsmaximen gestützt, sondern nur von einer einzigen. Es ist die **Maxime der Antezedenz**, und sie lautet:

> **Maxime der Antezedenz**
> Versuche die Äußerung so zu konstruieren, dass die Leser_innen für jede bekannte Information einen einzigen Antezedenten auffinden und dass dieser der intendierte Antezedent ist.

Wie wir sehen, deckt die Maxime der Antezedenz den Teil des *given-new-contract* ab, der sich auf die bekannte Information bezieht. Ein offener Bruch dieser Maxime stellt indes den *given-new-contract* nicht infrage, sondern produziert einen besonderen textuellen Effekt: Es entsteht eine Implikatur, in gleicher Weise, in der der Bruch einer konversationellen Maxime bei Grice unter Rückgriff auf das Kooperationsprinzip eine konversationelle Implikatur erzeugt – wir werden in diesem Fall von einer **Bridging-Implikatur** (B-Implikatur) sprechen. Die Maxime der Antezedenz wird dabei der Griceschen Maxime der Modalität analogisiert. Die Bridging-Implikatur ist ein spezifisches textuelles Verfahren, das kohärenzstiftend wirkt, wenn im geäußerten Satz offenkundige Kohärenzanzeiger fehlen und ein Antezedent der bekannten Information spontan nicht auffindbar ist.

Sehen wir uns die Funktionsweise dieses Verfahrens genauer an, zunächst an folgendem Beispiel:

(6) (a) Sie betrat den Raum. (b) Die Kronleuchter strahlten hell.

Es geht zunächst um (6b): Der Referenzausdruck *die Kronleuchter* ist durch den bestimmten Artikel als definites Nominal gekennzeichnet. Es wird somit ausgedrückt, dass es sich um bekannte Information handelt (*given*), dass man also weiß, um welche Kronleuchter es geht. Aufgrund der einschlägigen Maxime begeben wir uns auf die Suche nach einer entsprechenden Vorgängerinformation, einem Antezedenten. Alles, was wir finden, ist die Nennung eines Raums in (6a), was zunächst der Antezedenz-Maxime widerspricht. Als Leser_innen unterstellen wir allerdings, dass der grundsätzliche *contract* eingehalten wird, und wir versuchen, die Lücke zwischen bekannter Information (*die Kronleuchter*) und vorerwähntem Referenzausdruck (*den Raum*) zu überbrücken. Dies gelingt relativ leicht, denn die semantische Beziehung zwischen *Kronleuchter* und *Raum* ist in diesem Fall meronymisch, eine Teil-Ganzes-Beziehung.

10.2 Bridging

Das Szenario, das wir uns vorstellen, besteht aus einem großen Raum mit einer ziemlich hohen Decke, an der einige Kronleuchter hängen – also einem Festsaal. Die kohärente Lesart, die wir in einem maximengeleiteten Prozess auf der Suche nach einem Antezedenten herstellen, besteht darin, dass die Kronleuchter des Raums, den sie betrat, hell strahlten. Dies ist die B-Implikatur, die aus einem offenkundigen Bruch der Antezedenz-Maxime und der Wirkung des *given-new-contract* entsteht. Was an diesem Beispiel auch deutlich wird, ist die rückwirkende Interpretation des Nominals *den Raum*. Bei der Lektüre des ersten Satzes wird dieser nicht gerade als Festsaal konzeptualisiert; dies geschieht erst retrospektiv im zweiten Satz, nachdem die Kronleuchter ins Spiel gekommen sind. Textverstehen verläuft somit über weite Strecken als ein dynamischer Prozess, der immer wieder nach der Rezeption nachfolgender Sätze modifiziert und revidiert werden kann. Genauer gesagt ist ein Text nichts, was irgendwo unveränderlich steht, sondern er ist als Resultat eines textuellen Verfahrens aufzufassen, das darin besteht, dass wir als Leser_innen auf der Grundlage unseres Vorwissen, der sprachlichen Information sowie des *given-new-contracts* mit der Antezedenz-Maxime zwischen Sätzen, die räumlich oder zeitlich adjazent (= benachbart) sind, Kohärenzbeziehungen stiften. Wo dieses Verfahren funktioniert, entsteht ein Text, wo es nicht funktioniert, werden wir als Leser_innen keinen Text erkennen können.

Wenn es am Ende des Abschnitts 10.1 hieß, dass mit der Beschreibung von Satzgruppen als kohärente Satzfolgen noch keine Erklärung der Stiftung eines solchen Zusammenhangs geleistet ist, dann liegt mit Clark/Havilands Modell der Kohärenzschaffung in der Tat der Ansatz zu einer solchen Erklärung vor. Betrachen wir einige Beispiele, um die Struktur der Erklärung deutlich zu machen. Nehmen wir an, Florian ist auf einer Party und sieht, dass eine Besucherin die Party verlässt, von der er gerne wüsste, wer es ist. Seinen Wissensstand (= *given*) kann man so beschreiben: ‚X hat die Party verlassen'. Der *given-new-contract* beinhaltet, dass eine Äußerung so aufgebaut sein sollte, dass die sprachliche Markierung von Informationen als bekannt oder neu den Wissensstand bei A (= Adressat_in) tatsächlich trifft. Für das Beispiel heißt dies, dass die Information ‚X hat die Party verlassen' im Satz als bekannt gekennzeichnet werden sollte, und die Information, wer es war, als neu. Wenn man diesen *contract* als interpretatives Prinzip liest, dann folgt aus der Signalisierung einer Information als bekannt, dass A im episodischen Gedächtnis nach ihr suchen sollte. Welche Äußerung würde im vorliegenden Fall angemessen sein?

Das englische Original bei Clark erlaubt die Konstruktion eines Spalt-Satzes:

(7a) It was Mary who left.

Hier ist der Träger der bekannten Information *who left*, der neuen *It was Mary* ... Im Deutschen sind Spalt-Sätze ebenfalls möglich, üblicherweise operiert man allerdings mit der Wortstellung: Die Träger der neuen Information sind eher am Satzende lokalisiert, die Träger der bekannten Information am Satzanfang:

(7b) Die Party verlassen hat Maria.

oder auch

(7b') Gegangen ist gerade Maria.

Die Konstruktionen von (7a–b') signalisieren, dass man auf ein Ereignis im Gedächtnis zurückgreifen muss, dass X die Party verlassen hat, denn dies wird – durch den Spalt-Satz oder durch die Wortstellung am Satzanfang – als bekannte Information gekennzeichnet. Das Element im Spalt-Satz resp. am Satzende signalisiert wiederum, dass es sich um die neue Information handelt, nämlich dass es Mary/Maria war.

Von diesem Grundmodell ausgehend können dann die komplexeren Fälle analysiert werden, wobei sukkzessive ein immer größerer Abstand zwischen unterstelltem Vorwissen und Antezedenten angenommen wird. Der Gebrauch von Pronomina ist der geläufigste Fall, auf Antezedenten zu verweisen:

(8) (a) Gestern begegnete ich einem Bekannten. (b) Er erzählte mir einige Neuigkeiten.

Das Pronomen *er* signalisiert bekannte Information, die auf den Antezedenten *einen Bekannten* verweist. Ein weiterer Fall sind Umschreibungen wie die folgende:

(9) (a) Gestern begegnete ich einem Bekannten. (b) Der Typ pumpte mich sofort an.

Als Antezedent von *der Typ* lässt sich *einem Bekannten* festmachen. Im Gegensatz zur Pronominalisierung in (8b), bei der verglichen mit dem Antezedenten in (8a) sparsamere Information gegeben wird, fügt *der Typ* in (9b) dem Referenzausdruck in (9a) Informationen hinzu, nämlich eine negative Bewertung. Schlussprozesse, die auf Umschreibungen beruhen, sind allerdings begrenzt, denn nicht jede Kennzeichnung erlaubt Bridging:

(10) (a) Gestern begegnete ich einem Bekannten. (b) Der Bauer verkaufte Erdbeeren.

Es ist nicht ganz einfach, *der Bauer* in (b) als Träger bekannter Information aufzufassen, denn eine Anknüpfung an einen Antezedenten dieses definiten Nominals in (a), hier etwa *einem Bekannten*, ist nicht die präferierte Interpretation. Wenn nicht der Kontext spezifische Informationen dafür bereithält, dass es um dieselbe Person geht, ist es naheliegend, dass die beiden Nominale nicht so interpretiert werden, dass sie auf denselben Diskursreferenten beogen werden – nicht als **korreferent** – sondern auf verschiedene Diskursreferenten – als **disjunkt**. Diese Präferenz entsteht dadurch, dass *der Bauer* nicht als bewertendes Attribut für einen eingeführten Referenten gelten kann, so wie es bei *der Typ* möglich ist.

Dass B-Implikaturen komplexer sein können, zeigt auch folgendes Beispiel, in dem aus mehreren Möglichkeiten für Antezedenten eines ausgewählt wird:

(11) (a) Die Tür war geöffnet worden. (b) Der Dietrich lag auf dem Boden.

Eine Tür kann man mit mehreren Instrumenten öffnen, der Dietrich ist nur eine Möglichkeit. Die entsprechende Implikatur lautet: Der Dietrich ist das Instrument, mit dem die Tür geöffnet wurde. Da in (11a) von einer Türöffnung die Rede ist, handelt es sich um bekannte Information. Die Verwendung des bestimmten Artikels (**der Dietrich**) in (11b) signalisiert diese Bekanntheit, so dass die Anknüpfung an den Antezedenten gegeben ist.

Hat man einmal den Begriff der B-Implikatur zur Verfügung, dann lässt sich eine Vielzahl von Relationen angeben, die den Schluss auf Antezedenten erlauben. Ein Beispiel von H. Clark (1975) sei in leichter Abwandlung hier genannt:

(12) (a) Hans wählt die Alternative für Deutschland. (b) Maria ist auch leicht blöd.

Die gegebene Information in (12b), die durch *auch* signalisiert wird, bezieht sich auf einen Antezedenten in (12a). Die Implikatur verläuft über folgende Prämissen: Alle AfD-Wähler sind leicht blöd. Hans wählt die AfD, also ist er leicht blöd. Die durch *auch* signalisierte Information, dass andere Personen als Maria leicht blöd sind, bezieht sich auf den Antezedenten *Hans*.

10.2 Bridging

Bei den bisher diskutierten Beispielen haben wir uns mit Satzpaaren beschäftigt, die im ersten Teil einen leicht zu identifizierbaren Antezedenten aufwiesen, so dass die B-Implikatur leicht auszuführen war. In Alltagstexten ist die Situation oft mehrdeutig, so dass mehrere B-Implikaturen in Frage kommen. Um nicht in der Beliebigkeit zu landen, führt Clark ein Auswahlkriterium ein, das die Länge und Komplexität des Brückenschlags betrifft. Es lautet: Bilde die kürzestmögliche Brücke, die mit dem *given-new-contract* vereinbar ist. Dieses Ökonomieprinzip stellt sicher, dass nicht endlose Ketten von Einzelschritten unternommen werden, die letztlich bei einem Antezedenten enden, den S nicht im Geringsten vorhersehen kann. So ist im Beispiel (11) die Annahme, dass die Tür mit dem Dietrich geöffnet wurde, der naheliegende Kandidat für eine B-Implikatur. Man kann sich natürlich alle möglichen Szenarien vorstellen, die in eine andere Richtung gehen: Die Tür mag mit einem Schlüssel geöffnet worden sein, der Eintretende war ein zerstreuter Mensch, der immer einen Dietrich bei sich führte, den er aus der Tasche nahm und augenblicklich verlor etc. etc. ... Nach dem eingeführten Ökonomieprinzip scheidet eine solche Kette von Annahmen aus, weil sie mit der ersten B-Implikatur hinsichtlich der Kürze offenkundig nicht konkurrieren kann.

Clark berücksichtigt in seinem Aufsatz eine Reihe von B-Implikaturen, die wir teilweise schon kennengelernt haben. Es sind folgende:

Klasse-Element-Beziehung:

(13) (a) Ich traf gestern zwei Leute. (b) Die Frau erzählte mir eine Begebenheit.

B-Implikatur: Die Frau ist Teil der Gruppe, die aus zwei Leuten besteht. Die andere Person ist keine Frau.

Teil-Ganzes-Beziehung: s. Beispiel (6)

Ereignis-Aspekt-Beziehung:

(14) (a) Jost ging mittags spazieren. (b) Der Park war sehr gepflegt.

B-Implikatur: Ein bevorzugter Ort zum Spazierengehen ist ein Park. Jost ging in einem solchen Park spazieren.

Handlung-Grund-Beziehung:

(15) (a) Thomas zog seinen guten Anzug an. (b) Er wollte Beate beeindrucken.

B-Implikatur: Beate zu beeindrucken stellt einen Grund für die Handlung dar, die im ersten Satz beschrieben wird.

Ereignis-Ursache-Beziehung:

(16) (a) Matthias hat sich den Knöchel gebrochen. (b) Er war über einen Stein gestolpert.

B-Implikatur: Das Stolpern ist die Ursache für den Knöchelbruch.

Ereignis-Konsequenz-Beziehung:

(17) (a) Matthias fiel hin. (b) Er brach sich den Arm.

B-Implikatur: Ein Armbruch war die Folge des Hinfallens.

Koinzidenz zweier Eigenschaften: s. Beispiel (12)

10.3 Die Rolle von Wissensrahmen

Wie schon aus dem Beispielmaterial ersichtlich ist, kann man beim Vollzug von B-Implikaturen auf einen weiten Bereich von Alltagswissen und stereotypen Kenntnissen zurückgreifen. Nomina und auch Verben, also kategorematische Ausdrücke mit einer lexikalischen Bedeutung, sind in ihrer Verwendung systematisch in einen solchen Wissensrahmen eingebettet. Deshalb sind die Möglichkeiten des Vollzugs einer B-Implikatur ausgesprochen vielfältig. Sehen wir ein solches Paar an wie:

(18) (a) Sie fuhren nach München. (b) Die Felder waren abgeerntet.

Zu dem Wissensrahmen, der mit einer Fahrt verbunden ist, gehört auch, dass man sich durch eine Landschaft mit Feldern bewegt. Auf diese Felder als Antezedent bezieht sich das definite Nominal in (18b), das bekannte Information signalisiert (s. hierzu Rickheit 1991; s.a. Sanford/Garrod 1981). Bekannt ist die Information deshalb, weil sie durch den Wissensrahmen, der mit einer Fahrt verbunden ist, schon eingeführt wurde.

Man sieht hier wie auch in den vorangegangenen Fällen, dass implizite, erst zu erschließende Information den gleichen Stellenwert haben kann wie Information, die explizit mittels sprachlicher Ausdrücke eingeführt wurde: Sie wird im Folgesatz als bekannt vorausgesetzt. Monika Schwarz spricht daher in Ihrer Untersuchung von **Indirekten Anaphern** (Schwarz 2000, Sanford/Garrod 1981). Da der Bezugsausdruck im Vorgängertext erschlossen werden muss, vermeidet sie den Begriff des Antezedenten und setzt an seine Stelle den Begriff des **Ankers**. Indirekte Anaphern sind somit Referenzausdrücke, die sich auf einen erschließbaren Vorgängerausdruck beziehen, den Anker. Dieser Anker kann eine Nominalphrase sein, eine Verbalphrase, ein ganzer Satz oder eine Folge von Sätzen (s. Schwarz 2000, 3). Die inferenzbasierte Beziehung zwischen Anapher und Ankerausdruck ist aber nur einer von vier möglichen Beziehungstypen. Die Beziehung kann auch lexikalisch-semantisch gestützt sein, indem die Anapher ein semantisches Merkmal des Ankers benennt (Anker: *Tisch* – Anapher: *Beine*); bei Verben kann die Anapher die semantische Rolle eines Mitspielers thematisieren (Anker: *gießen* – Anapher: *Blumen*); schließlich sind schemabasierte Beziehungen möglich, indem der Anker einen bestimmten Wert eines Schemas bestimmt. Solche Schemata sind auch als Scripts oder Frames untersucht worden, also als Wissensrahmen.

Systematisch ist die Rolle derartiger Wissensrahmen innerhalb der Frame-Semantik analysiert worden, eine im Kapitel 9. schon erwähnte Teildisziplin, die von Fillmore begründet und in der Folge von Barsalou weiter ausgebaut wurde. Semantisch ist diese Teildisziplin deshalb, weil die mit einem Ausdruck verbundenen Wissensrahmen (Frames) als lexikalische Eigenschaften verstanden werden, gekoppelt an die Verwendung des jeweiligen Ausdrucks. So kann man aus der Tatsache, dass ein Verb wie *fahren* verwendet wird, sowie aus der Tatsache, dass im Folgesatz von Feldern die Rede ist und diese als bekannte Information behandelt werden, schließen, dass die Felder in diesem Kontext(typ) in dem durch das Verb eingeführten Wissensrahmen schon eine Rolle spielen. Es handelt sich um einen Prozess der rückwirkenden Interpretation des Verbs: Wenn im Folgesatz von Feldern im Sinne gegebener Information die Rede ist, dann wird die vorerwähnte Fahrt nach München durch Felder geführt haben. Es liegt also eine *backward inference* vor, wie Clark sie nennt, und diese zeichnet sich (im Gegensatz zu *forward inferences*) dadurch aus, dass sie voll determiniert ist, die erschlossene Information also punktgenau liefert.

Wenn man davon ausgeht, dass ein referierender Nominalausdruck bei seiner Interpretation auf einen Anker im Vorgängertext angewiesen ist, dann sind Sätze, mit denen

10.3 Die Rolle von Wissensrahmen

ein Text beginnt, nicht erfasst, denn bei ihnen gibt es keinen Antezedenten. Trotzdem können die ‚ersten Sätze' eines Textes solche Antezedenten signalisieren. Schauen wir uns den Beginn des Romans ‚Die Jugend des Königs Henri VI' von Heinrich Mann an:

> Der Knabe war klein, die Berge waren ungeheuer. Von einem der schmalen Wege zum anderen kletterte er durch eine Wildnis von Farren, die besonnt dufteten oder im Schatten ihn abkühlten, wenn er sich hineinlegte. Der Fels sprang vor, und jenseits toste der Wasserfall, er stürzte herab aus Himmelshöhe. Die ganz bewaldeten Berge mit den Augen messen, scharfe Augen, sie fanden auf einem weit entfernten Stein zwischen den Bäumen die kleine graue Gemse! Den Blick verlieren in der Tiefe des blauschwebenden Himmels! Hinaufrufen mit heller Stimme aus Lebenslust! Laufen, auf bloßen Füßen immer in Bewegung! Atmen, den Körper baden innen und außen mit warmer, leichter Luft! Dies waren die ersten Mühen und Freuden des Knaben, er hieß Henri. (Mann 1976, 5)

Die überwiegende Anzahl der nominalen Ausdrücke in diesem Auszug ist definit, verwendet wird der bestimmte Artikel, der bekannte Information signalisiert. Es liegt also ein ganzes Szenario vor, das in seiner Anschaulichkeit kein Verständnisproblem bereitet, obwohl die Suche nach Antezedenten erfolglos ist. *Der Knabe, die Berge, der Fels, der Wasserfall, (zwischen) den Bäumen, die ...Gemse* usw. – alles wird neu eingeführt im Gewand des Bekannten. Erst am Schluss des Ausschnitts wird die Identität des Knaben benannt (*er hieß Henri*), und vom Titel des Romans her ist sofort deutlich, dass es sich um den zukünftigen König von Frankreich handelt. Etwas später im Text findet sich noch folgende Angabe:

> Das Land hieß Béarn. Die Berge waren die Pyrenäen (Mann 1976, 6).

Clark/Haviland ordnen einen solchen Fall als explizite Verletzung der Antezedenz-Maxime ein, die eine Implikatur folgender Art generiert: Als Leser_in kenne ich die Antezedenten noch nicht, ich weiß lediglich, dass es solche geben muss. Der Grund für das Fehlen der Antezedenten ist der, dass ich mitten ins Geschehen gesprungen bin, und dass die referenzielle Auflösung erst zu einem späteren Zeitpunkt erfolgt (s. Clark/Haviland 1977, 37).

Das Ziel einer solchen literarischen Technik ist das Schaffen einer Erwartungshaltung, die die Leser_innen für den Text vereinnahmt; auch wird das Geschehen dynamisiert, die Lektüre wirkt so, als ob man buchstäblich in eine nur teilweise bekannte Situation hineinversetzt wird. Man sieht dies an den ersten referierenden Ausdrücken (*der Knabe; die Berge*), die früher oder später referenziert werden, nicht jedoch bei ihrem ersten Auftreten. Relevant ist in diesem Stadium der jeweilige Wissensrahmen, der mit einem Knaben und mit Bergen verbunden ist. *Der Knabe* wird mehrmals pronominal wiederaufgenommen (*kletterte er; ihn abkühlten; wenn er sich hinlegte*). Bridging-Implikaturen kommen auf der Basis des noch nicht vollständig eingeführten Referenten vor: *mit den Augen messen; den Blick verlieren; mit heller Stimme; den Körper baden*. Es ist von den Augen, dem Blick, der Stimme, dem Körper des Knaben die Rede. Die Berge kommen immer wieder zur Sprache, auch hier über den entsprechenden Wissensrahmen: *die schmalen Wege; der Fels; der Wasserfall; die kleine graue Gemse*. So wie wir wissen, dass kleine Knaben klettern oder sich hinlegen, so wissen wir auch, dass zu Bergen Felsen, Wasserfälle und Gemsen gehören. Auf diese Weise baut sich das verstehensrelevante Wissen im Text selbst auf, das entstehende Szenario ist in sich vollständig, es fehlt nur noch die Auflösung der, wenn man so will, schwebenden Referenz der beiden Ausdrücke *Knabe* und *Berge*. Sie erfahren ihre Referenzierung im Laufe des Textes.

10.4 Aufwand und Ergebnis

Aus der Sicht der Relevanztheorie werden Bridging-Phänomene von Matsui (2000) und Wilson/Matsui (1998) in den Blick genommen. Wie wir im Kapitel 7.1 sahen, wird innerhalb dieses Paradigmas die Relevanz einer Äußerung als das Ergebnis zweier Faktoren definiert, die bei ihrem Verstehen zusammenspielen. Es geht einerseits um den kommunikativen Effekt, den die betreffende Äußerung hat, andererseits um den kognitiven Aufwand, den die Adressat_innen zu ihrem Verständnis leisten müssen. Je größer der kommunikative Effekt und je geringer der kognitive Aufwand, desto relevanter die Äußerung. Verstehensleitend ist die Relevanz einer Äußerung insofern, als die relevanteste Interpretation, also diejenige mit dem größten kommunikativen Effekt und dem geringsten kognitiven Aufwand, als offenkundig intendierte unterstellt wird.

Die Relevanzannahme hilft auch dabei, so der Anspruch von Matsui und Wilson, Brücken zwischen Einzelsätzen im Text aufzubauen. Schauen wir uns an, wie dieser Anspruch eingelöst wird. Zunächst sei dies an einer Gruppe von Beispielsätzen veranschaulicht, die einen relativ hohen kognitiven Aufwand, allerdings mit abnehmender Tendenz erfordern:

> (19) (a) Ich verbrachte den ganzen Tag in London. (b) Das fehlende Ohr stimmte mich traurig.

Es ist an dieser Stelle naheliegend, eine Brücke zu schlagen zwischen *Ohr* und *ich*, was eine makabre Lesart ergibt. Sie schwindet erst mit den folgenden Versionen:

> (19') (a) Ich ging gestern in eine Ausstellung. (b) Das fehlende Ohr stimmte mich traurig.
>
> (19") (a) Ich habe mir einige impressionistische Bilder angesehen. (b) Das fehlende Ohr stimmte mich traurig.
>
> (19"') (a) Ich habe mir van Goghs Selbstporträt angeschaut. (b) Das fehlende Ohr stimmte mich traurig.

Ahnt man möglicherweise schon bei (19'), dass ein anderer Antezedent (oder mit Schwarz: Anker) als *ich* naheliegt, so steigt die Gewissheit erst bei (19"), wo als Antezedent *impressionistische Bilder* angenommen werden kann. Hier sind weitere konversationelle Schlüsse notwendig: Ein impressionistischer Maler war van Gogh; er schnitt sich im Wahn ein Ohr ab; es gibt ein Selbstporträt, auf dem er mit einem Verband zu sehen ist. Am geringsten ist der Aufwand bei (19"'); die Inferenz auf *van Goghs Selbstporträt* ist leicht möglich. In einem experimentellen Setting präsentierte Matsui ihren Proband_innen diese Satzfolgen zusammen mit der Aufgabe, auf einer Skala von 1 – 7 den Akzeptabilitäts-Wert zu markieren, den die Folgen erreichen. Den relativ höchsten Wert erreichte (19"'), den geringsten (19). Hieraus kann man schließen, dass die jeweilige Zugänglichkeit der Annahmen, die das Bridging stützen, die Akzeptabilität der Satzfolge beeinflusst (s. Matsui 2000).

In einer weiteren Beispielgruppe ging es darum, herauszufinden, auf welchen von mehreren möglichen Antezedenten der anaphorische Ausdruck bezogen werden kann (Matsui 2000). Hier ging es um Satzpaare des folgenden Typs:

(20) (a) Ich bin lieber in England als in Italien. (b) Ich mag keine Pasta.

Ein syntaktischer Ansatz zur Identifikation von Antezedenten ist der sogenannte **Expected Focus Algorithm** von C. Sidner (1983), wonach diejenige Konstituente die Rolle des Antezedenten einnimmt, die den Fokus des Satzes bildet – also dasjenige Element, um das es geht und das eine syntaktisch höhere Position einnimmt (zum Begriff des Fokus s. das folgende Kapitel 11). In dem vorliegenden Beispiel ist dies *England*, denn es ist diejenige Konstituente, die syntaktisch höher rangiert als das im als-Satz eingebettete Nominal *Italien*. Dieses syntaktische Kriterium steht allerdings in Konflikt mit unserem Weltwissen, das uns sagt, dass als fokustragender Antezedent in (20) nur *Italien* in Frage kommt, denn keine Pasta zu mögen ist ein Grund, einen Aufenthalt in Italien zu vermeiden, nicht aber in England. Von den befragten Probanden wurde diese Lesart ausnahmslos präferiert, und dies heißt, dass ein pragmatisches Kriterium als höherrangig gewichtet wurde gegenüber dem syntaktischen Expected Focus Algorithm, der auf die syntaktische Form abhebt. Die Satzfolge (20) (a) und (b) wurde so interpretiert, dass die in (b) ausgedrückte Proposition einen Grund ausmacht für die in (a) ausgedrückte, und diese Beziehung zwischen (a) und (b) ist nur aufrecht zu erhalten, wenn die Fokuszuweisung in Übereinstimmung mit dem Weltwissen interpretiert wird. Abgesehen davon ist es wenig rational, einen Aufenthaltsort zu bevorzugen (England) und gleichzeitig einen Gegengrund zu nennen, warum es dort nicht schön ist.

Die Identifikation von Antezedenten muss sich also in Übereinstimmung mit unserem Weltwissen bzw. allgemeinen Rationalitätsannahmen befinden, auch wenn der syntaktisch geleitete Algorithmus nach Sidner etwas anderes sagt. Neben der Zugänglichkeit, die wir im vorigen Abschnitt behandelten, sind also auch Weltwissen und Rationalitätsannahmen leitende Kriterien für die Suche nach einem Antezedenten.

Darüber hinaus ist die unterstellte Kohärenz im Sinne der Definition, die wir zu Beginn dieses Kapitels gegeben haben, ein wichtiges Kriterium für die Antezedenten-Suche. Bei mehreren möglichen Antezedenten ist derjenige zu bevorzugen, der einen höheren Grad an Kohärenz erlaubt als die jeweilige Alternative. Allerdings liefert dieses Kriterium nicht immer das gewünschte Ergebnis, denn der Kohärenzgrad kann in etwa gleich hoch sein. Dies kann man an folgendem Beispiel zeigen (s. Wilson/Matsui 2012):

(21) (a) Ich lief aus dem Klassenzimmer auf den Spielplatz. (b) Die Kinder waren mir zu laut.

Eine Entscheidung, welcher Antezedent in Frage kommt, ist nicht zu treffen. Sie ist nur dann möglich, wenn man über reiche Kontextinformationen aus dem Vorgängertext verfügt, aber auch dann ist es nicht sicher, welcher Antezedent zu wählen ist. Beide Lesarten, ob man nun das Klassenzimmer oder den Spielplatz als Ort des Lärms festmacht, sind gleich kohärent.

Wilson/Matsui (2012) stellen auf der Basis der schon erwähnten Relevanztheorie einen eigenen Erklärungsansatz vor, mit dem die Wahl eines Antezendenten, auch wenn mehrere gleich gute Alternativen vorliegen, vereindeutigt werden soll. Sie beziehen sich dabei u.a. auf eine Arbeit von F. Erkü und J. Gundel (1987), die sich ebenfalls auf das Relevanzkriterium berufen. Dieses besagt, dass bei einem Bridging-Phänomen derjenige Antezedent zu wählen ist, der die Satzfolge insgesamt, vor allem aber den Fortsetzungssatz als relevant im Sinne der obigen Relevanzdefinition erscheinen lässt. Wie man sich dies vorstellen kann, soll an folgendem Satzpaar gezeigt werden:

(22) (a) Sarah ist von Australien nach England gezogen. (b) Sie mag keine Sandstrände.

Natürlich gehen wir bei der Antezedentensuche von unserem Weltwissen aus, dass es in England – im Gegensatz zu Australien – nur wenige Sandstrände gibt. Dies ist aber nicht alles. Was die Äußerung des Satzes (b) relevant macht, ist die Tatsache, dass er eine Antwort enthält auf eine implizite Frage, die in (a) aufscheint. Sie lautet: Warum ist Sarah nach England gezogen? Diese implizite Frage in (a) bewirkt, dass ein Kontext geschaffen wird, in dem nachfolgende Satzäußerungen, die eine Antwort auf diese Frage darstellen, als relevanter gelten als diejenigen, die an der Frage mehr oder weniger vorbeigehen. Ein Antezedent für (b), der England enthielte, widerspricht damit nicht nur unserem Weltwissen, sondern erlaubt es auch nicht, (b) als Antwort auf die implizite Frage in (a) aufzufassen – er scheidet also aus.

Das Relevanzkriterium erlaubt eine elegante Beschreibung von Bridging-Phänomenen, indem diejenigen Antezedenten, die eine im definierten Sinne relevante Fortsetzung erlauben, als präferiert anzusehen sind. Allerdings stellt sich bei einem Ansatz, der auf einen möglichst geringen Grad an Verarbeitungsaufwand abhebt (bei einem möglichst hohen Grad an kommunikativem Effekt), das Problem, ob es nicht auch einen Verarbeitungsaufwand darstellt, die in den (a)-Sätzen enthaltene Frage zu identifizieren. Wenn dies so ist, dann schlägt dies auf der Verarbeitungsseite zu Buche und beeinflusst die Aufwand-Ergebnis-Bilanz negativ. Mit diesem Problem muss sich der relevanztheoretische Ansatz von Wilson und Matsui auseinandersetzen, was so bisher nicht geschehen ist. Ein Vorteil dieser Herangehensweise liegt allerdings auf der Hand: Sie kann sehr flexibel verschiedenste Fälle von Bridging erfassen und ist nicht auf solche Fälle angewiesen, in denen uns das Weltwissen eindeutige Hinweise auf den gesuchten Antezedenten liefert – denn es ist oft vage und mehrdeutig. Insofern liegt ein erklärungsstarker Ansatz vor – vorausgesetzt, das Problem des Verarbeitungsaufwandes wird gelöst ...

Literatur:

Clark, H.H. (1975): Bridging. In: R.C. Schank/B.L. Nash-Webber (Hg.), *Theoretical issues in natural language processing.* New York: Association for Computing Machinery, 188–193.

Clark, H.H./S. Haviland (1977): Comprehension and the given-new contract. In: R.O. Freedle (Hg.), *Discourse production and comprehension.* Hillsdale, NJ: Erlbaum, 1–40.

Erkü, F./J. Gundel (1987): The pragmatics of indirect anaphors. In: J. Verschueren & M. Bertuccelli-Papi (Hg.), *The pragmatic perspective.* Amsterdam: Benjamins, 533–545.

Fritz, G. (1982): *Kohärenz. Grundfragen der linguistischen Kommunikationsanalyse.* Tübingen: Narr.

Greimas, A. (1971): *Strukturale Semantik.* Braunschweig: Vieweg.

Halliday, M.A.K./R. Hasan (1976): *Cohesion in English.* London: Longman.

Hobbs, J.R. (1983): Why is discourse coherent? In: F. Neubauer (Hg.), *Coherence in natural language texts.* Hamburg: Buske, 29–70.

Irmer, M. (2011): *Bridging Inferences: constraining and resolving underspecification in discourse interpretation.* Berlin/Boston: de Gruyter.

Matsui, T. (2000): *Bridging and relevance.* Amsterdam: Benjamins.

Rickheit, G. (Hg.) (1991): *Kohärenzprozesse. Modellierung von Sprachverarbeitung in Texten und Diskursen.* Opladen: Westdeutscher Verlag.

Sanford, A./S. Garrod (1981): *Understanding written language.* Chichester: Wiley.

Schwarz, M. (2000): *Indirekte Anaphern in Texten*. Tübingen: Niemeyer.

Sidner, C. (1983): Focusing in the comprehension of definite anaphora. In: M. Brady/R. Berwick (Hg.) *Computational models of discourse*. Cambridge, MA: MIT Press, 267–330.

Wilson, D./T. Matsui (2012): Recent approaches to bridging: Truth, coherence, relevance. In: D. Wilson/D. Sperber (Hg.), *Meaning and Relevance*. Cambridge: Cambridge University Press, 187–209.

Literarische Quelle:

Mann, Heinrich (1976): *Die Jugend des Königs Henri IV*. Düsseldorf: Claassen.

11. Kommunikative Gewichtung: Wie wir Informationen verteilen

Unter der Überschrift „Geplantes Affentheater" wird in einem Artikel in der Online-Ausgabe der Zeit über Folgendes berichtet:

> **Der Zoo-Schimpanse Santino bewirft die Besucher gerne mit Steinen. Die sammelt er, Stunden bevor der Tierpark öffnet. Kann er die Zukunft planen?**
>
> Er spielt gerne den Proleten. Dann türmt sich Santino zu seiner vollen Größe auf, und seine Haare sträuben sich. Schließlich schiebt der Schimpanse die Schultern nach vorne und setzt einen fiesen Blick auf. Fertig ist das bedrohliche Schauspiel. Bis auf eine Kleinigkeit: Der durchtriebene Affe wirft auch noch mit Steinen. Und die sammelt er vorher. […] (zeit online, 10.03.2009)

Der Artikel, der noch sehr viel länger ist als der wiedergegebene Teil, ist ein populärwissenschaftlicher Text, in dem den Leser_innen Informationen über einen forschungsrelevanten Sachverhalt gegeben werden. Hier geht es um planerische Fähigkeiten von nicht-menschlichen Primaten. Gerade bei etwas anspruchsvolleren Texten ist es wichtig, auf welche Weise die gegebenen Informationen eingeführt und im Text weitergeführt werden, denn daran hängt die Verständlichkeit. Wir lernen in diesem Kapitel einige Regeln kennen, deren Befolgung den Zusammenhang (die Kohärenz) eines Textes sichert und damit seine Verständlichkeit gewährleistet.

Schauen wir uns den Einleitungsteil näher an. Hier werden im ersten Satz schon drei Diskursreferenten eingeführt: der Zoo-Schimpanse Santino, die Besucher und die Steine. Wie im vorangehenden Kapitel schon gesagt, ist es ist für Textanfänge kennzeichnend, dass Personen (oder hier eben Primaten) mit dem Eigennamen und einer charakterisierenden Eigenschaft identifiziert werden. Damit verfügen die Leser_innen über hinreichendes Wissen, um den Diskursreferenten als eingeführt zu behandeln. Gleichzeitig wissen sie auch, wo die ganze Geschichte spielt, so dass die folgenden Diskursreferenten mühelos zugeordnet werden können: Es sind die Besucher des Zoos, die darüber hinaus vor dem Affengehege stehen. Weitere Erläuterungen müssen nicht gegeben werden. Der dritte Referent (oder die Menge von Referenten) ist nicht näher spezifiziert, aber auch hier kann man sich aufgrund des Weltwissens denken, dass es Steine aus dem Gehege sind.

Betrachten wir den zweiten Satz genauer, dann sehen wir, dass er mit dem demonstrativ verwendeten Artikel *die*, dem Ausdruck für das direkte Objekt beginnt. Der Subjektsausdruck *er* findet sich nach dem finiten Verb *sammelt*, also im Mittelfeld des Satzes. Diese Reihenfolge ist ungewöhnlich – üblicherweise steht der Subjektsausdruck vor dem finiten Verb, also im Vorfeld, wenn es nicht gerade durch eine adverbiale Angabe besetzt ist. Der Satz hieße dann: *Er sammelt sie, Stunden bevor der Tierpark öffnet.* Die erste Option mit dem Demonstrativartikel im Vorfeld erscheint lexikalisch und syntaktisch als die bessere Wahl, denn der Zusammenhang wird deutlicher. Wie kommt dieser Effekt zustande? Um diese Frage zu beantworten, müssen wir uns klar darüber werden, wovon der zweite Satz handelt. Durch die Wahl des *die* wird signalisiert, dass von den drei eingeführten Diskursreferenten der dritte im Text weitergeführt wird, also die Steine. Über sie wird etwas ausgesagt, nämlich dass Satino sie sammelt, um sie als Wurfgeschosse zur Verfügung zu haben. Für Elemente, die Träger einer weiterführenden Information im Folgesatz sind, ist die Position am Satzanfang, topologisch gesprochen die Vorfeldposition, die angemessene, denn so wird das Leseverstehen erleichtert. Die nachfolgenden Elemente, in diesem Fall das Prädikat sowie die temporale Angabe, enthalten weiterführende Information, deren Funktion es nicht mehr ist, an den Vorgängersatz anzuschließen. Das Subjektspronomen er führt natürlich auch Information weiter, allerdings geht es in diesem Satz nicht primär um Santino, sondern um die Steine. In einer eingeführten Terminologie kann man sagen, dass das erste Element im zweiten Satz (*Die*) das **Topik** enthält, also das, worüber man etwas aussagen möchte. Die folgenden Elemente enthalten dann die neue, weiterführende Information, um derentwillen man den Satz hinzufügt, den **Kommentar**. Wie sieht die Verteilung von Topik und Kommentar im ersten Satz aus? Hier scheint es keine im Text eingeführte, also alte Information zu geben, denn es wurde vorher nichts genannt. Die Antwort lautet: So ist es; es gibt ausschließlich neue Information, die Mitspieler der Szene werden hier erst eingeführt – es handelt sich um einen *all new sentence*.

Im fortlaufenden Textabschnitt nach dem Einleitungsteil können wir das Topik des Satzes jeweils gut identifizieren. Wir haben im ersten Satz ein Pronomen *er*, das sich auf ein Element im Folgesatz bezieht (und nicht wie üblich auf ein Element im vorhergehenden); dies ist eine Katapher. Dann treten die Elemente *Santino, der Schimpanse, der durchtriebene Affe* nacheinander auf – sämtlich topikale Elemente, die entweder am Satzanfang auftreten (wie im vorletzten Satz) oder im Mittelfeld, wie in den vorhergehenden Sätzen. Dass sich die Topiks im Mittelfeld befinden, hat seinen Grund darin, dass das Vorfeld jeweils schon durch eine adverbiale Angabe besetzt ist (*dann, schließlich*). Der Topik-Ausdruck folgt dann an der ersten Stelle des Mittelfelds. Von der Wortwahl her fällt vor allem auf, dass die referierenden Ausdrücke immer allgemeiner werden – dies ist typisch für Topik-Ketten. So kommen wir von dem Einzelexemplar *Santino* zu *Schimpanse* und danach zu *Affe* – die Elemente stehen in einer aufsteigenden Hyperonymie-Relation zueinander.

11.1 Neu und bekannt

Am Beispiel dieses populärwissenschaftlichen Textes sieht man, dass weder die Form noch die Anordnung referierender Ausdrücke in einem Text zufällig ist. Sie folgt vielmehr bestimmten und bestimmbaren Regeln, die aus allgemeinen Eigenschaften wie der Neuheit oder Bekanntheit des Textgegenstandes oder auch der Hervorhebung eines Gegenstandes, der schon bekannt sein kann, herleitbar sind. Wir wollen uns im Folgenden damit beschäftigen, wie die Form und die Anordnung von Ausdrücken mit diesen allgemeinen Eigenschaften zusammenhängen. Dies ist der Gegenstand der Theorie der Informationsstruktur. Es werden dabei unterschiedliche Begriffe und Dichotomien eine Rolle spielen, die jeweils verschiedene Aspekte der Informationsstruktur betreffen, aber doch einen gemeinsamen Kern haben. Diesen hatte schon der Prager Linguist Vilèm Mathesius angesprochen, als er in seiner Schrift ‚Die funktionale Linguistik' von 1929 beide Aspekte einer – wie er sie nennt – zweigliedrigen Mitteilung folgendermaßen thematisierte: Er unterschied einen Teil, „der etwas verhälnismäßiges Neues ausdrückt und in dem das konzentriert ist, was man in dem Satz behauptet", den Mitteilungskern, von einem zweiten Teil, der „Basis der Mitteilung oder Thema", also „die verhältnismäßig bekannten oder auf der Hand liegenden Dinge, von denen

11.1 Neu und bekannt

der Sprecher ausgeht" (1929, 6 f.). Hier erkennt man schon eine gewisse Entsprechung zur eingangs vorgenommenen Analyse: Die Topik-Ausdrücke beziehen sich jeweils auf die Basis der Mitteilung, also auf ihren Ausgangspunkt, während der Kommentar das enthält, was Mathesius als Mitteilungskern bezeichnet hatte. Die Vertreter der Prager Linguistenschule, und hier nicht nur Mathesius, sondern auch spätere Vertreter wie F. Daneš oder F. Firbas, können als Begründer der Theorie der Informationsstruktur gelten, weil sie sich aus einer konsequent funktionalen Perspektive für die kommunikative Wirkung der spezifischen Form oder Anordnung referierender Ausdrücke interessierten.

Die lange Tradition der Theorie der Informationsstruktur, die in ihren Anfängen auf Georg von der Gabelentz und Hermann Paul zurückgeht, hat naturgemäß eine wechselnde Terminologie zur Folge. Im 19. Jahrhundert hießen die beiden informationsstrukturellen Aspekte eines Satzes noch **psychologisches Subjekt** und **psychologisches Prädikat**, die von ihren grammatischen Gegenstücken klar abgegrenzt wurden. Das psychologische Subjekt, das als erstes im Bewusstsein auftritt, also im Sinne von Mathesius den Ausgangspunkt der Mitteilung bildet, kann auch eine adverbiale Angabe sein, es ist also ganz unabhängig von Wortarten oder Satzteilen definiert. Das psychologische Prädikat ist dann mit dem zu analogisieren, was bei Mathesius der Mitteilungskern war (s. v.d. Gabelentz 1891, 354, Paul 1920, 124). Bei den Autoren der Prager Schule etablierte sich dann die Unterscheidung zwischen dem **Thema** und dem **Rhema** der Aussage; das Thema wurde bei Mathesius ja als Basis der Mitteilung eingeführt, also als Träger der bekannten Information. Der Mitteilungskern, der etwas verhältnismäßig Neues einführt, wurde im Folgenden das Rhema genannt, wobei diese Terminologie letztlich auf den Freiburger Sprachphilosophen Hans Ammann zurückgeht (s. Ammann 1928). Die Dichotomie von **Topik** und **Kommentar** haben wir schon kennen gelernt. Sie stammt von Charles Hockett (1958) und wurde weitergeführt von Tanja Reinhart (1982). Tanja Reinhart unterscheidet zwischen einem **Satztopik** und einem **Diskurstopik**; in einem Text mit zwei oder mehreren Sätzen kann das Diskurstopik von den einzelnen Satztopiks verschieden sein, es muss in diesen nicht unbedingt vorkommen. So könnte man in unserem Beispieltext ein Diskurstopik einführen, z.B. Intelligenzleistungen von nicht-menschlichen Primaten. Dies ginge über die Topiks der einzelnen Sätze hinaus.

Das Besondere an der Informationsstruktur und generell auch an Texten ist ihr dynamischer Charakter. Das, was im ersten Satz als neue Information eingeführt wurde, ist im Folgesatz bekannte Information, der wiederum neue Information beigegeben wird. Ein Textautor, der dieses Geben und Nehmen der Information gut beherrscht und ausdrucksseitig konsequent umsetzt, wird seinen Leser_innen das Leben, das heißt die Rezeption, leicht machen. Es ist allerdings nicht so, dass es nur eine mögliche Form der Textentwicklung gäbe. Der schon erwähnte Prager Linguist F. Daneš unterschied in seinem Aufsatz „Zur linguistischen Analyse der Textstruktur" (1970) fünf mögliche Formen der von ihm so genannten thematischen Progression, je nachdem, wie das Verhältnis zwischen der bekannten und der neuen Information im Verlauf des Textes gestaltet ist. So gibt es den schon erwähnten Fall, dass der erste Satz aus einem Element besteht, das bekannte, und einem Element, das neue Information enthält, wobei der Folgesatz an die neue Information des ersten anknüpft (die dann natürlich zur bekannten Information geworden ist). Die ersten beiden Sätze des Beispieltextes sind diesem Muster zuzuordnen: *mit Steinen* führt einen neuen Diskursreferenten ein, der im Folgesatz mit *Die* als bekannte Information wieder aufgenommen wird. Der dann folgende Textausschnitt folgt einem anderen Muster: Einem so genannten Hyperthema werden verschiedene Träger neuer Information hinzugefügt; es ist jeweils von Santino die Rede (bekannte Information), dem unterschiedliche Aktivitäten als neue Information zugeschrieben werden: Er spielt den Proleten, türmt sich auf, schiebt die Schultern nach vorne, setzt einen fiesen Blick auf etc. Ein weiterer Fall ist gegeben, wenn von einem übergeordneten Thema verschiedene Aspekte ausgeführt werden, wobei diese einzelnen Aspekte nicht unbedingt eng zusammengehören wie beim durchlaufenden Thema. Dies ist in Gesetzestexten oder Verordnungen häufig gegeben. Auch können sich Texte, die von einem übergeordneten Thema ausgehen, aufspalten, wobei dann auf jeder Route eine eigene thematische Progression starten kann. Schließlich wird noch ein thematischer Sprung berücksichtigt, der etwa dem entspricht, was wir als *bridge* schon kennen gelernt hatten (s. Kapitel 10).

Daneš verwendete für die Unterscheidung von bekannter und neuer Information das schon eingeführte Begriffspaar Topik – Kommentar, er bezog sich aber in seinem genannten Aufsatz auch auf das ältere und traditionsreichere Begriffspaar Thema – Rhema. Der Begriff des Topiks und derjenige des Themas sind, wie wir sahen, verwandt, aber sie sind (wie bei Verwandten üblich) nicht ganz gleich; dasjenige, worüber der Satz geht (Topik), ist oft, aber nicht immer bekannte Information (Thema), denn manchmal möchten wir uns auf etwas als Ausgangspunkt beziehen, was nicht unbedingt bekannt ist, und über dieses etwas aussagen (Kommentar). Um zu sehen, dass man auch neue Information als Ausgangspunkt der Mitteilung wählen kann, wollen wir den Beispieltext ein wenig variieren: *Der durchtriebene Affe wirft auch noch mit Steinen. Einen Wärter traf er neulich damit an dem Kopf.* Der Ausdruck *Einen Wärter* bezieht sich im gegebenen Kontext auf ein Stück neuer Information, ist aber zugleich der Ausgangspunkt des folgenden Satzes, also das, worüber er handelt. Hier ist also Topik nicht gleich Thema, sondern Rhema, neue Information.

Nachdem wir uns mit zwei Dichotomien auseinandergesetzt haben mit ihren Übereinstimmungen und Unterschieden, müssen wir noch ein drittes Mitglied der Verwandtschaft einführen, nämlich die Unterscheidung von **Hintergrund** und **Fokus**. Die Familienähnlichkeit dieser dritten Dichotomie mit ihren Vorgängern besteht darin, dass der Hintergrund oft die bekannte Information ist, die den Gegenstand des Satzes ausmacht, und Fokus die neue Information, die über diesen Gegenstand ausgesagt wird. Soweit die Ähnlichkeit. Das Besondere an der Hintergrund-Fokus-Unterscheidung ist aber, dass es hier um die Hervorhebung eines Satzglieds geht. Wenn wir darüber nachdenken, wer im Zoo mit Steinen wirft, und mehrere Werfer in Frage kommen, dann kann ein Pfleger die Eingebung haben: *Santino wirft mit Steinen*. Die Hervorhebung erfolgt hier mittels eines Akzents, des sogenannten **Fokusakzents**. Wir stellen uns vor, dass als Steinewerfer eine Menge von Alternativen zur Verfügung steht – im aktuellen Fall vielleicht einer aus der Schülergruppe, die den Zoo besichtigt; oder ein kürzlich entlassener Zoo-Mitarbeiter; oder ein Mitglied der Aktionsgruppe „Befreit die Zoo-Tiere!"; oder Santino. Die Erkenntnis des Pflegers, dass Santino mit Steinen wirft, markiert also eine Auswahl aus dieser Alternativenmenge in dem Sinne, dass die anderen Genannten nicht in Frage kommen. *Fokus* bedeutet hier Alternativenausschluss, nur die genannte Möglichkeit kommt in Betracht – in diesem Sinne trägt die Fokuskonstituente den Akzent.

Die Vielfalt an Unterscheidungen ist auf den ersten Blick und beim ersten Kennenlernen verwirrend. Wenn man sie übereinanderlegt, dann ergibt sich: Der Ausgangspunkt der Mitteilung (Topik) besteht in bekannter Information (Thema) und bildet den Hintergrund, während die weiterführende Information (Kommentar) auch die neue Information ist (Rhema) und als Fokus hervorgehoben wird. Nicht immer ist die Lage allerdings so übersichtlich – dies sahen wir an unserem obigen Beispiel, in dem die Fokuskonstituente (*Santino*) im Vorfeld steht und damit die Topik-Position einnimmt. Auch ist sie nicht neu, denn als mögliche Alternative kam sie schon in Betracht. Es macht also Sinn, über unterschiedliche Dichotomien zu verfügen, damit die verschiedenen Möglichkeiten der Gruppierung von Information im Satz erfasst werden können. Terminologische Unterscheidungen sind immer auch begriffliche, also inhaltliche Unterscheidungen, auch wenn es manchmal nur um Nuancen geht. Zur Unterscheidung der unterschiedlichen Dichotomien sei auf den Aufsatz von V. Molnàr verwiesen (s. Molnàr 1993).

11.2 Die Vertrautheits-Skala

Während die bisher dargestellten Ansätze im Wesentlichen von der Informationsstruktur zur Ausdrucksstruktur gingen, also fragten, wie beispielsweise neue Information im gegebenen Kontext durch lexikalische oder syntaktische Mittel aufseiten des Textproduzenten signalisiert wird, entstanden parallel dazu eine Reihe von Theorieansätzen, die den umgekehrten Weg gingen. Sie fragten, welche informationsstrukturellen Effekte der Gebrauch bestimmter Ausdruckstypen für die Adressat_innen hat, wobei diese Effekte kognitiver Art sind. Es ging dabei nicht mehr um die bekannten Dichotomien wie bekannt vs. neu oder hervorgehoben vs. im Hintergrund, sondern um Skalen, auf denen Werte angeordnet sind, die sich auf die relative Vertrautheit mit dem **Diskursreferenten** beziehen. Die verwendeten Ausdrücke haben die Aufgabe, den Adressaten zu signalisieren, ob der gesuchte Diskursreferent im Bereich der vertrauten, zugänglichen Information zu suchen ist, oder ob er sich als unvertrauter, nur als Typ identifizierbarer Gegenstand erweist. Die Linguistin Ellen Prince war eine der ersten, die eine solche **Skala der Vertrautheit** aufstellte (Prince 1981).

Die kognitiv-pragmatische Sicht spiegelt sich darin wieder, dass ein Text nicht (nur) als eine gegebene Struktur aufgefasst wird, die für die Leser ‚vorhanden' ist, sondern als eine Menge von Anweisungen. Diese **Anweisungen oder Instruktionen** führen die Leser dazu, ein **Diskursmodell** im Kopf aufzubauen. Man kann sich ein solches Diskursmodell wie ein Film-Skript vorstellen, das eine bestimmte Szene beschreibt. In diesem kommen unter anderem Personen und/oder Gegenstände vor, die in bestimmten Beziehungen zueinander stehen. Die referierenden Ausdrücke im Text haben dabei die Aufgabe, die Leser zu befähigen, das Skript zu bevölkern oder zu möblieren – und auf diese (Teil-)Aufgabe beschränkt sich Prince in ihrem Ansatz. Es werden also Nomina, Eigennamen oder Pronomina daraufhin untersucht, auf welche Weise sie Personen oder Gegenstände in das mentale Diskursmodell einführen, wobei es wichtig ist, dass die Genauigkeit der Identifizierung nicht immer gleich sein muss. Manche Personen oder Gegenstände müssen wir ziemlich genau kennen, um etwas mit ihnen anfangen zu können, bei anderen reicht es, wenn wir wissen, dass sie da sind, ohne dass ihre Eigenschaften uns in jeder Einzelheit bekannt sind. In diesem Sinne sind die referierenden Ausdrücke auf der schon erwähnten Skala angeordnet. Der Zweck dieser Skala besteht darin, die Leser bei der Aufgabe des Bevölkerns oder der Möblierung der Szene zu unterstützen, und zwar insofern, als die verwendeten Ausdrücke Hilfestellungen bei der Suche nach geeigneten Referenten für die Szene geben – beim Casting, um im Bild zu bleiben. Wenn uns der gesuchte Diskursreferent aus der Gesprächssituation heraus bekannt ist, weil er ein Teil von ihr ist, dann genügt ein kurzer, semantisch ‚leichter' pronominaler Ausdruck, und wir können ihn mühelos identifizieren. Unvertraute Personen oder Gegenstände, die wir nicht weiter kennen und die im Gespräch auch nicht näher identifiziert werden müssen, können allgemein und unkonkret in das Diskursmodell eingeführt werden. Wenn wir die Perspektive umkehren, so dass der Text-Rezipient betrachtet wird, dann können wir sagen: Ein pronominaler Ausdruck signalisiert, dass die Person oder der Gegenstand vertraut ist und genau identifiziert werden kann; eine Nominalgruppe mit einem unbestimmten Artikel beispielsweise zeigt an, dass wir uns um weitere Einzelheiten nicht kümmern müssen, weil sie für den kommunikativen Erfolg keine Rolle spielen.

> **Vertrautheitsskala**
> Die Skala für referierende Ausdrücke ist hypothetisch. Ob ein Gegenstand für einen Adressaten vertraut oder unvertraut ist, kann nur unterstellt werden. Man spricht von einer **Skala der angenommenen Vertrautheit (assumed familiarity)**. Gegenstände, die unvertraut sind, weil sie völlig neu in den Diskurs eingeführt werden, stehen am unteren Ende der Skala; Gegenstände, die dem Adressaten (unterstelltermaßen) aus der Situation heraus oder aufgrund eigener Kenntnis vertraut sind, am oberen Ende.

Im Folgenden wird die Skala eingeführt, wobei für jeden skalaren Wert ein Beispielsatz angegeben wird, so wie er sich bei Prince (1981, 235 ff.) findet. Die Werte der Skala stehen jeweils vor dem Doppelpunkt:

- Brandneu: *Gestern bin ich in* **einen Bus** *gestiegen. Der Fahrer war betrunken.*
- Brandneu verankert: **Ein Typ, mit dem ich zusammenarbeite**, *behauptet, dass er deine Schwester kennt.*
- Nicht aktualisiert: **Noam Chomsky** *hält in der Uni Hamburg einen Vortrag.*

Alle drei nominalen Ausdrücke (fett gedruckt) referieren auf Diskursgegenstände, die in die Situation neu eingeführt werden – darauf verweist der Gebrauch des unbestimmten Artikels in den ersten beiden Fällen. Im ersten Beispielsatz wird der fragliche Bus als brandneu in den Diskurs eingeführt, wobei dieser Status aus der Form des referierenden Ausdrucks erschließbar ist – eben eines Nomens mit einem unbestimmten Artikel. Wir wissen nicht, um welchen Bus es sich handelt, noch wie er aussieht, wohin er fährt etc. Dies ist für den gegebenen Zweck der Äußerung auch nicht relevant, es geht nur darum, die Szene für den zweiten Satz vorzubereiten. Auch der zweite Fall enthält eine solche Nominalgruppe, allerdings wirft sie noch einen Anker aus in Form eines Relativsatzes. Die Verankerung besteht darin, dass der in Rede stehende ‚Typ' in einer bestimmten Beziehung zum – anwesenden – Sprecher oder zur Sprecherin präsentiert wird, nämlich als Arbeitskollege. Somit ist der fragliche Diskursreferent leichter zugänglich und besser zu identifizieren. Im dritten Fall kann man annehmen, dass – zumindest unter Linguist_innen – Noam Chomsky ein Begriff ist. Allerdings ist diese Kenntnis nicht immer aktualisiert, denn auch Linguist_innen denken nicht ständig an ihn. Bei Nennung des Namens ist allerdings ohne weitere Erläuterung klar, wer gemeint ist (nämlich der bekannteste Syntaxtheoretiker des 20. Jahrhunderts). Dieses Phänomen ist weit verbreitet; jeder hat in seinem Weltwissen eine Reihe von Namen gespeichert, die wie Namenschildchen am Revers der Trägers oder der Trägerin fungieren. Bei Nennung des Namens wissen wir dasjenige, was die Person für uns relevant macht, aber mehr auch nicht – und dies ist auch nicht nötig. Auf diese Weise ist die

Person Noam Chomsky für die meisten Linguist_innen wenig vertraut, auch wenn sie seine Bücher (teilweise) kennen.

Schauen wir uns die zweite Gruppe von Werten an:

- Erschließbar: *Gestern bin ich in einen Bus gestiegen.* **Der Fahrer** *war betrunken.*
- Als Bestandteil erschließbar: **Eines** *von diesen Eiern ist zerbrochen.*

‚Erschließbar' bedeutet in diesem Fall, dass der Diskursreferent aus der vorher (oder nachher) gegebenen Information heraus erschlossen werden kann. Im ersten Fall haben wir das gleiche Satzpaar, allerdings geht es hier um den zweiten der beiden Sätze. Der referierende Ausdruck *der Fahrer* hat die Form eines Nomens mit dem bestimmten Artikel, was bekannte Information signalisiert. Dass vorher nicht von dem Fahrer die Rede war, macht insofern nichts, als wir Informationen über einen Bus haben und das Wissen über Busse auch einen Fahrer beinhaltet. Aus diesem allgemeinen, enzyklopädischen Wissen heraus können wir vom Bus auf den Fahrer schließen und somit die Äußerung verstehen. Im zweiten Fall dieser Gruppe ist der spezifische Diskursreferent auf andere Weise erschließbar: In der Gesprächssituation gibt es eine Menge von Eiern, und diese bilden die Bezugsmenge, von der eine Teilmenge zerbrochen ist. Es liegt somit ein Schluss vom Ganzen auf den Teil vor.

Die dritte Gruppe enthält folgende Fälle:

- Aufgerufen: *Ein Typ, mit dem ich zusammenarbeite, behauptet, dass* **er** *deine Schwester kennt.*
- Situativ aufgerufen: *Entschuldigung, können* **Sie** *mir einen Euro wechseln?*

Im ersten Beispiel dieser Gruppe geht es nun um den *dass*-Satz. Er enthält eine Anapher, nämlich *er*. Mit Bezug auf den vorherigen Abschnitt kann man dieses Pronomen als Träger thematischer Information bestimmen, denn man bezieht sich damit auf eine Person, die im übergeordneten Satz schon eingeführt wurde. Prince nennt diesen Wert ‚aufgerufen', weil der Antezedent ‚ein Typ' schon im Bewusstsein des Adressaten repräsentiert ist – oder wie sich Prince ausdrückt: der Diskursreferent befindet sich auf der Ladentheke, *on the counter*. Im zweiten Fall, der ‚situativ aufgerufen' heißt, haben wir einen deiktischen Ausdruck, der sich auf eine angesprochene, also in der Situation anwesende Person bezieht. Für das erste Beispiel ist somit der textuelle, für das zweite der situative Zusammenhang einschlägig. Wie an den Beispielen ersichtlich, kommt der dritten Gruppe der höchste Grad an Vertrautheit zu. Die Ausdrücke *er* und *Sie* signalisieren, dass die Leser oder Hörer den Diskursreferenten kennen und identifizieren können, so dass ein ‚leichter' Ausdruck genügt: Der Referent ist präsent und muss nur noch aufgerufen werden. Schaut man sich die anderen beiden Gruppen an, dann sieht man, dass der Grad der Vertrautheit immer weiter abnimmt, und das heißt, dass man sich auf der Skala der angenommenen Vertrautheit immer weiter nach unten bewegt.

11.3 Aktivierungsgrad und referierende Ausdrücke

Mit dem Ansatz der angenommenen Vertrautheit ist es Ellen Prince gelungen, die herkömmlichen Dichotomien des jeweiligen Informationsstatus aufzubrechen und ein differenzierteres Bild der Verwendung referierender Ausdrücke zu zeichnen. Ihr kommt das Verdienst zu, eine skalare Perspektive eingeführt zu haben, ausgehend von dem Vertrautheitgrad des Diskursreferenten – also einer kognitiven Kategorie. Princes Skala ist nicht die einzige geblieben, es hat im Anschluss daran eine Reihe von Weiterentwicklungen und Alternativvorschlägen gegeben. Mira Ariel stellt in ihrer zusammenfassenden Darstellung „Pragmatics and Grammar" (2008) eine allgemeine Skala von referierenden Ausdrücken auf, die den verschiedenen Ansätzen unterliegt (s. Ariel 2008, 44). Es ist wichtig zu sehen, dass ihre Skala nach einem anderen Maßstab aufgebaut ist (der allerdings mit dem Vertrautheitsgrad zusammenhängt). Am oberen Ende der Skala sind diejenigen Ausdrücke angesiedelt, die das niedrigste Maß an Aktivierung des Referenten anzeigen, an ihrem unteren Ende diejenigen Ausdrücke, die Indikatoren des höchsten Aktivierungsgrads sind. Mit **Aktivierung** ist gemeint, dass ein Diskursreferent in unterschiedlichem Grade präsent ist, also im Arbeitsgedächtnis zur Verfügung steht. Ist er in dem vorhergehenden Satz genannt und wird er im Folgesatz lediglich wieder aufgenommen (beispielsweise als Topik-Ausdruck), dann genügt ein unbetontes Personalpronomen, denn man sollte sich gut an ihn erinnern. Ein sehr ausführlicher Ausdruck, der neben dem Eigennamen auch noch eine charakteristische Eigenschaft nennt (wie ‚der Zoo-Schimpanse Santino'), signalisiert dagegen, dass der Diskursreferent nur gering aktiviert ist, also im Arbeitsgedächtnis nicht zur Verfügung steht.

Schauen wir uns die Skala von Ariel an, wobei wir annehmen, der einschlägige Schimpanse hätte auch einen Nachnamen und hieße folglich *Santino Stromboli*.

Vor- und Nachname (Santino Stromboli) >

ausführliche definite Kennzeichnung (der Zoo-Schimpanse im Tierpark von Furuvik, der mit Steinen wirft) >

kurze definite Kennzeichnung (der Schimpanse von Furuvik) >

Nachname (Stromboli) >

Vorname (Santino) >

distales Demonstrativpronomen (jener [dort]) >

proximales Demonstrativpronomen (dieser [hier]) >

betontes Pronomen (dèr) >

unbetontes Pronomen (er) >

klitisiertes Pronomen ('n) >

Flexionsmorphem (wir**ft**) >

Nulloption (Ø)

11.3 Aktivierungsgrad und referierende Ausdrücke

Diese Skala wurde von Ariel bewusst übereinzelsprachlich angelegt, und es gibt keine reibungslose Anwendung auf eine Einzelsprache, wie z.B. das Deutsche. So ist das distale Demonstrativpronomen *jener* im Deutschen nur in bestimmten Verwendungen angemessen, im mündlichen Sprachgebrauch wirkt es antiquiert (*Jener Gebrauchtwagen dort gefällt mir nicht*); möglicherweise tritt *dèr da* an seine Stelle. Damit ergibt sich eine Überlappung mit dem betonten Pronomen *dèr*; der einzige Unterschied ist die fehlende deiktische Partikel *da*. Das klitisierte Pronomen ist in dieser Skala im Akkusativ realisiert (statt *ihn*), im Nominativ tritt es im Deutschen als Neutrum auf (*Mir gefällt's*). Dass ein Flexionsmorphem wie –*t* mit der Veränderung des Stammvokals zu **i** als Ausdruckstyp genannt wird, überrascht auf den ersten Blick, denn bisher haben wir Lexeme als Träger des Vertrautheits- oder Aktivierungsgrades kennengelernt. Aber natürlich ist die Markierung eines Diskursreferenten in der Konjugation des Verbs als dritte Person Singular (vor allem in Sprachen, die das Pronomen ersparen, wie dem Italienischen) genauso ein Signal für seinen Aktivierungsgrad wie ein lexikalischer Ausdruck. Die Nulloption tritt vor allem bei Sätzen auf, die koordiniert sind („Der Schimpanse kommt ins Freigehege und Ø setzt sich').

Wie kommen nun die genannten Ausdrücke zu ihrem Platz auf der Skala der Aktivierungsgrade? Was kann hier die Funktion des Platzanweisers übernehmen? Ariel nimmt drei Prinzipien an, auf denen die Skala aufruht: das Prinzip der **Informativität [informativity]**, der **Genauigkeit [rigidity]** und der **Abschwächung [attenuation]** (s. Ariel 2008, 46) Es handelt sich um Kodierungsprinzipien, weil sie die sprachliche Kodierung der Aktivierungsgrade regeln. Ein Ausdruck mit einem hohen Informativitätsgrad ist geeignet, einen niedrigen Aktivierungsgrad zu kodieren, ein wenig informativer Ausdruck kodiert dementsprechend einen hohen Aktivierungsgrad. So ist ‚der Schimpanse von Furuvik' informativer als ‚Santino', und infolgedessen wird ein geringerer Aktivitätsgrad kodiert. Das Prinzip der Genauigkeit bezieht sich auf die Eigenschaft eines Ausdrucks, einen bestimmten Referenten auszeichnen zu können, wobei auch hier wieder geeignetere und weniger geeignete Ausdrücke zur Verfügung stehen. Ein Eigenname (z.B. *Santino*) ist in diesem Sinne genauer als ein Pronomen (*er*). Beide Prinzipien haben ähnliche Auswirkungen, es ist aber sinnvoll, beide zu trennen, denn das Prinzip der Genauigkeit ist beispielsweise in der Lage, den Gebrauch von Vor- und Nachnamen hinsichtlich des Aktivierungsgrades zu unterscheiden: Vornamen sind weniger genau als Nachnamen, eine Unterscheidung, die allein aufgrund des Prinzips der Informativität nicht möglich ist – beide sind gleich informativ.

Kommen wir zum dritten Prinzip, dem der Abschwächung: Hier werden längere oder phonetisch hervorgehobene Ausdrücke abgegrenzt von kürzeren oder phonetisch schwächeren. So kodiert ein unbetontes Pronomen wiederum einen höheren Grad an Aktivierung als ein betontes – dies spiegelt sich in der angegebenen Skala wieder. Auch dieses Prinzip überlappt sich mit dem Prinzip der Informativität, denn kürzere oder unbetonte Ausdrücke sind natürlich auch weniger informativ, aber gerade im Fall der Pronomen lassen sich beide Prinzipien gut voneinander differenzieren: Wir haben den gleichen Grad an Informativität, aber unterschiedlich abgeschwächte Varianten. Dies gilt auch für Ausdrücke wie ‚Bundesrepublik Deutschland' versus ‚Deutschland' oder ‚BRD' – die Ausdrücke sind gleichermaßen informativ, aber in unterschiedlicher Weise abgeschwächt.

11.4 Kognitiver Status und Quantitätsimplikaturen

Wir sahen, dass die Rangfolge auf der Skala referierender Ausdrücke durch die angenommene Vertrautheit, die Zugänglichkeit oder den Aktivierungsgrad des Referenten bestimmt werden. Das heißt, dass man vom Gebrauch eines Ausdruckstyps auf den jeweiligen kognitiven Status des Referenten schließen kann – er wird beispielsweise in einer vertrauten oder eher unvertrauten Domäne zu suchen sein. Offen ist allerdings noch die Frage, wie dieses Schließen genauer aussieht und auch, welches der spezifische Beitrag dieser Schlussprozesse ist, wenn der in Frage stehende Diskursreferent identifiziert werden soll. In den Beiträgen von Gundel/Hedberg/Zacharski (1993) (= GHZ) wird der Versuch einer Antwort auf diese offenen Fragen unternommen, und dies in Rückgriff auf die Gricesche Maxime der Quantität. Wie sieht diese Antwort aus?

Auch GHZ stellen eine Skala von referierenden Ausdrücken auf, und sie nehmen an, dass das Ordnungsprinzip dieser Skala mit der Rolle zusammenhängt, die der intendierte Referent in der Kommunikationssituation spielt. Die entscheidende Größe ist für sie der **angenommene kognitive Status** des Referenten (eine Entprechung zum angenommenen Vertrautheitsgrad oder Aktivierungsgrad der vorhergehenden Abschnitte). Grundsätzlich gehen auch sie davon aus, dass durch die Wahl eines referierenden Ausdrucks signalisiert wird, welcher kognitive Status dem Referenten auf der Skala zukommt. Man kann also andersherum der Tatsache, dass ein bestimmter Ausdruck gewählt wurde, entnehmen, dass der Referent in einer bestimmten Domäne der gemeinsamen Umgebung lokalisiert werden muss – es ist diejenige Domäne, die dem signalisierten kognitiven Status entspricht. Die verschiedenen Werte auf der Skala bilden eine **implikationale Hierarchie**, so dass der höchste (oder anspruchsvollste) Wert alle darunterliegenden Werte einschließt. Die Skala sieht folgendermaßen aus (s. GHZ 1993, 275):

The Givenness Hierarchy:

in focus	> activated	> familiar	> uniquely identifiable	> referential	> type identifiable
{it}	{ that, this, this N }	{that N}	{the N}	{indef this N}	{a N}

Zu lesen ist auch diese Skala so, dass jedem gewählten Ausdruckstyp ein bestimmter kognitiver Status entspricht, der signalisiert wird. Um die Extrempunkte zu verdeutlichen, seien die Werte „type identifiable" und „in focus" kurz erläutert, so wie GHZ sie verstehen: Die Wahl eines Nominals mit einem unbestimmten Artikel signalisiert, dass der Referent nur als Typ identifizierbar ist und nicht näher bestimmt werden muss. GHZ wählen folgendes Beispiel, das hier übertragen lautet: *Ich konnte letzte Nacht nicht schlafen. Ein Hund nebenan hielt mich wach.* Die Wahl der NP *ein Hund nebenan* signalisiert H, dass er sich nicht weiter bemühen muss, diesen Hund näher zu identifizieren, weil es im gegebenen Kontext nicht relevant ist. Mit Prince würden wir sagen, dass der Ausdruck ‚brandneu verankert' ist, denn *nebenan* wirft einen Anker in Richtung der Gesprächssituation. Es fällt allerdings auf, dass sich GHZ nicht mehr der zeitlichen Dimension („neu" etc.) bedienen, hier ist der Schritt zur kognitiven Zugänglichkeit gemacht. Der andere Extrempunkt der Hierarchie, „in focus" deckt die Fälle ab, in

11.4 Kognitiver Status und Quantitätsimplikaturen

denen der Referent nicht nur in irgendeiner Weise präsent ist (also „activated"), sondern auch das Zentrum der Aufmerksamkeit von S und H bildet – sei es, dass im Vorgängersatz über den Hund gesprochen wurde, sei es, dass er leibhaftig vor ihnen steht. Entsprechend hieße es dann: *Ich konnte letzte Nacht nicht schlafen. Der/Er hielt mich wach.* Prince würde diesen Fall als ‚aufgerufen' bezeichnen.

Die Hierarchie wurde oben im englischen Original zitiert. Es ist klar, dass die zugeordneten Ausdrücke nicht eins-zu-eins ins Deutsche übersetzt werden können, denn es würde an mehreren Stellen nicht gut passen. Wir sahen schon, dass in dem letzten Beispiel der Ausdruck *it* für den nervigen Hund im Deutschen nicht gut mit *er* oder gar *es* wiedergegeben werden kann, denn *er* wird eher mit Personen korreliert, *es* nicht mit Hunden. *Der* wäre im Deutschen angemessen, gehört aber auf der englischsprachigen Skala schon einem anderen Status an: ‚activated'. Die Belegung der einzelnen Werte ist also sprachspezifisch vorzunehmen.

Die zitierte Skala enthält Korrelationen zwischen Ausdruckstyp und kognitivem Status. Es gibt aber auch eine syntaktische Komponente in der Hierarchie, die sich folgendermaßen auswirkt: Diskursreferenten, denen der höchste kognitive Status „in focus" zukommt, bilden in der Regel das Satztopik, also den Gegenstand, von dem die Rede ist, und sie bilden in folgenden Sätzen bevorzugt ebenfalls das Topik (s. GHZ 1993, 279). Diese Eigenschaft hat Konsequenzen auf der syntaktischen Ebene, denn Topik-Eigenschaften werden allgemein Konstituenten am Satzanfang zugesprochen – wir hatten es im Einleitungsabschnitt dieses Kapitels gesehen. Dies heißt wiederum, dass der Status „in focus" Konstituenten beispielsweise in einer eingebetteten syntaktischen Position nicht zugesprochen werden kann: **Ikea hat meinem Nachbarn mit dem Bullterrier eine Einbauküche geliefert. Er hat wieder gebellt.* Er soll sich natürlich auf *Bullterrier* beziehen, was aber nicht gut gelingt, denn der Ausdruck ist Teil des Attributs des direkten Objekts und steht im Mittelfeld. Nur wenn die Topik-Position relevant ist, funktioniert der Anschluss: *Der Bullterrier meines Nachbarn hat Auslauf. Er hat wieder gebellt.*

Die einzelnen Werte der zitierten Skala stehen jeweils in einer genau definierten Beziehung zueinander. Die „unteren" Werte (also „type identifiable", „referential") sind in den „oberen" Werten semantisch enthalten. Das hat zur Folge, dass die Wahl eines Ausdrucks wie {a N} (= ein + Nomen) mit einem geringen Grad an Gegebenheit nicht nur den Status „type identifiable" signalisiert, sondern auch möglich ist, wenn ein stärkerer Gegebenheitsgrad vorliegt, denn er ist ja in ihnen enthalten. An einem Beispiel veranschaulicht: Eine Wegbeschreibung, die für einen völlig Ortsunkundigen verfasst ist, kann natürlich auch gegeben werden, wenn ein Einheimischer kurz den Weg vergessen hat und an die Topologie der Stadt erinnert werden muss. Natürlich ist die Information im letzteren Falle redundant, sie sagt zuviel, aber sie ist nicht im strengen Sinne falsch.

So kann man, auch wenn der Referent beispielsweise „in focus" ist, in manchen Kontexten den unbestimmten Artikel mit Nomen verwenden: *Ich ging mit meinen Beschwerden zu Dr. Müller. Ich dachte, ich sollte damit einen Arzt aufsuchen.* (s. GHZ 1993, 296) Hier muss der Adressat lediglich den Typ der Person – hier ihren Beruf – zuordnen, aber er könnte aufgrund des vorhergehenden Satzes wesentlich mehr leisten, nämlich die konkrete Person identifizieren. Der verwendete Ausdruck leistet beides.

Allerdings haben wir außerhalb dieser spezifischen Beispiele durchaus die Präferenz, die entsprechenden Ausdruckstypen einigermaßen punktgenau zu verwenden, das heißt wir verhalten uns oft irreführend, wenn wir für einen „hohen" kognitiven Status einen Ausdruck verwenden, der einen „unteren" Status signalisiert. Um diese Präferenz der punktgenauen Korrelation im Modell abbilden zu können, rekurrieren

GHZ auf die **Konversationsmaxime der Quantität**: „1. Mache deinen Beitrag so informativ wie (für die angegebenen Gesprächszwecke) nötig. 2. Mache Deinen Beitrag nicht informativer als nötig" (Grice 1993d, 249). Die „punktgenaue" Korrelation von Ausdruckstyp und kognitivem Status innerhalb der Hierarchie wird nach Auffassung von GHZ durch diese beiden Untermaximen gesteuert. Genauer gesagt ist diese Korrelation das Ergebnis eines pragmatischen Schlussprozesses, einer Implikatur auf der Basis der Quantitätsmaxime. Sehen wir uns an, welche Aufgabe die Quantitätsmaxime in diesem Zusammenhang übernimmt (wobei sich die folgende Darstellung auf die erste Untermaxime – Q 1 – beschränkt).

Bevor wir an diese Darstellung gehen, müssen wir uns kurz an die pragmatischen Eigenschaften von Skalen erinnern. Von Larry Horn (1984) wurden die **skalaren Implikaturen** eingeführt, also Schlussprozesse, die die Wahl eines bestimmten Wertes auf einer Skala steuern (Genaueres wurde hierzu im Kapitel 6.1. ausgeführt). Allgemein gesagt lautet das Prinzip, das skalaren Implikaturen unterliegt, von adressatenseitiger Perspektive aus formuliert: Wenn auf einer Skala mit einem starken und einem schwachen Wert der schwächere benannt wird, so lässt sich daraus schließen, dass der stärkere nicht gemeint war.

Wenden wir dieses Prinzip auf die Hierarchie der referierenden Ausdrücke an, so erhalten wir folgende Regel: Wird ein Ausdruck am unteren Ende der Skala gewählt (beispielsweise ein Nomen mit dem unbestimmten Artikel *ein*), dann ergibt sich auf der Basis einer Quantitätsimplikatur, dass die darüber liegenden Ausdrücke keine Anwendung finden. Wäre nämlich der kognitive Status nicht „type identifiable", sondern etwa „uniquely identifiable" (signalisiert durch den bestimmten Artikel *der*), dann wäre die Wahl des unbestimmten Artikels nicht hinreichend informativ gewesen – also ein Verstoß gegen die Quantitätsmaxime. Wir hatten die Wirkung der Quantitätsmaxime wiederum im Kapitel 4.4 beschrieben und dort am Beispiel (9) verdeutlicht:

(9) Sie ging in ein Haus und fand darin eine Schildkröte.

Hier legt der Gebrauch des unbestimmten Artikels in beiden Fällen nahe, dass es sich nicht um ihr Haus und auch nicht um ihre Schildkröte handelt. Wir können in Analogie zur *givenness hierarchy* sagen, dass die Wahl des unbestimmten Artikels nicht hinreichend informativ gewesen wäre, wenn der Referent ‚uniquely identifiable' gewesen wäre, wenn es sich also um ihr Haus und ihre Schildkröte gehandelt hätte. In diesem Fall leistet der Possessivartikel die Zuordnung zum betreffenden kognitiven Status *type identifiable*. Es ergibt sich also, dass semantisch gesehen die Wahl eines Ausdrucks am unteren Ende der Skala für einen höheren kognitiven Status in Ordnung ist, pragmatisch gesehen aber durch eine skalare Implikatur geblockt wird. Hier sieht man recht deutlich, wie das Zusammenspiel semantischer und pragmatischer Faktoren funktioniert – und an welcher Stelle pragmatische Faktoren einsetzen.

Mithilfe des Begriffs der skalaren Implikatur gelingt es GHZ, Sprachverhalten angemessen zu beschreiben, wenn es um die Wahl referierender Ausdrücke geht. Ein möglicher Einwand ist allerdings, dass es sich mit der implikationalen Hierarchie um eine recht große Skala handelt, die das übliche Format von skalaren Implikaturen mit zwei bis drei Werten überschreitet. Es ist die Frage, ob die pragmatische Kompetenz über solch große Distanzen Quantitätsimplikaturen durchzuführen erlaubt. Auch ist es nicht sicher, ob es sich um eine Skala oder, wie es den Anschein hat, um mehrere Skalen handelt, die ineinander geschoben wurden. Unabhängig von Einwänden dieser Art bietet eine Skala, die Typen referierender Ausdrücke mit Vertrautheit, Aktivierung oder einem ähnlichen kognitiven Status verbindet, ein gutes Instrument, um den Zu-

11.4 Kognitiver Status und Quantitätsimplikaturen

sammenhang zwischen der Wahl eines bestimmten referierenden Ausdrucks und dem Status des Referenten im Gedächtnis der Adressaten zu beschreiben.

Sprachvergleichende Studien wie diejenige von GHZ zeigen, dass ein solcher Zusammenhang zwischen Ausdruckstyp und kognitivem Status in sehr verschiedenen Sprachen nachzuweisen ist. Sie vergleichen in ihrer Arbeit das Chinesische, das moderne Hebräisch, das Russische und das Englische miteinander, und es zeigt sich, dass zwar nicht jeder einzelne kognitive Status mit einem eigenen Ausdruck belegt ist; so weisen das Chinesische und das Russische einen ganz anderen Artikelgebrauch auf als das Englische. Dennoch können die in diesen Sprachen vorkommenden referierenden Ausdrücke in einer Skala gereiht werden, die eine Korrelation zum kognitiven Status entsprechend ihrer Stärke oder Ausprägung erlauben.

Insgesamt ist den Ansätzen, die in diesem Kapitel dargestellt wurden, ihre **kognitive Orientierung** gemeinsam. Der Unterschied zwischen einem unbetonten Pronomen (*er*) und einem ausformulierten Nomial (*Artikel + Attribut + Eigenname*) besteht in den kognitiven Ansprüchen, die mit ihrem Gebrauch verbunden sind. Im ersten Fall muss der Adressat Einiges wissen, entweder aus seinem Gedächtnis heraus oder aus der aktuellen Gesprächssituation, was ihn in die Lage versetzt, den gemeinten Diskursreferenten zu identifizieren. Bei der Verwendung des ausformulierten Nominals sind die Voraussetzungen wesentlich bescheidener. Mit einem Ausdruck von E. Prince kann man die vorausgesetzte Kenntnis als *type identifiable* charakterisieren, also als eine solche, die nur den Typ des gemeinten Gegenstandes umfasst, noch nicht einmal seine Identität selbst. Ob man diesen Unterschied als einen der (angenommenen) Vertrautheit (*assumed familiarity*, Prince 1981) auffasst, als einen der kognitiven Zugänglichkeit (*accessibility*, Ariel 1988) oder der Gegebenheit (*givenness*, Gundel/Hedberg/Zacharski 1993), ist eine Frage der Theorienwahl; auch der Charakter der jeweiligen Skala und die Art der Beziehung zwischen den Werten werden unterschiedlich definiert. Was mit den vorgestellten Ansätzen unabhängig von begrifflichen oder kategorialen Unterschieden geleistet wird, ist eine differenzierte Erklärung des Gebrauchs referierender Ausdrücke in ihrer ganzen Vielfalt. Der Grund für die Verwendung eines spezifischen Ausdrucks liegt sprecherseitig in bestimmten Annahmen über die kognitiven Möglichkeiten der Adressat_innen in der konkreten Gesprächssituation; für die Adressat_innen beinhaltet eine spezifische Ausdrucksverwendung die Anweisung, den gesuchten Referenten in einem bestimmten kognitiven Bereich zu lokalisieren, der mit dem Ausdruck korreliert ist. Aus diesen sprecherseitigen und adressatenseitigen kognitiven Funktionen heraus lässt sich eine einheitliche Gebrauchstheorie für referierende Ausdrücke ableiten.

Literatur:

Ammann, H. (1929): *Die menschliche Rede. Sprachphilosophische Untersuchungen, Bd. II: Der Satz.* Lahr i.Br.

Ariel, M. (1988): Referring and accessibility. In: *Journal of Linguistics* 24, 67–87.

Ariel, M. (2008): *Pragmatics and Grammar.* Cambridge: Cambridge University Press.

Daneš, F. (197): Zur linguistischen Analyse der Textstruktur. In: *Folia Linguistica* 4, 72–78.

Firbas, F. (1992): *Functional sentence perspective in written and spoken communication.* Cambridge: Cambridge University Press.

von der Gabelentz, G. (1891): *Die Sprachwissenschaft. Ihre Aufgaben, Methoden und bisherigen Ergebnisse.* Leipzig: Weigel.

Grice, H.P. (1993d): Logik und Konversation. In: G. Meggle (Hg.), *Handlung, Kommunikation, Bedeutung.* Frankfurt/M.: Suhrkamp, 243–269. [engl.: Logic and Conversation, In: P. Cole/J. Morgan (Hg.), *Syntax and Semantics, Volume 3: Speech acts.* New York: Academic Press, 1975, 41–58.]

Gundel, J.K./N. Hedberg/R. Zacharski (1993): Cognitive status and the form of referring expressions in discourse. In: *Language* 69, 274–307.

Hockett, Ch. (1958): Two models of grammatical description. In: M. Joos/E.P. Hamp (Hg.), *Readings in Linguistics,* Chicago: University of Chicago Press, 386–399.

Horn, L. (1984): Towards a new taxonomy for pragmatic inference: Q-based and R-based implicature. In: D. Shiffrin (Hg.), *Meaning, form and use in context.* Washington: Georgetown UP, 11–42.

Mathesius, V. (1929): Die funktionale Linguistik. In: *Traveaux du cercle linguistique de Prague* 1. Prag. [Nendeln: Krauss Reprint, 1968.]

Molnàr, V. (1993): Zur Pragmatik und Grammatik des TOPIK-Begriffes. In: M. Reis (Hg.), *Wortstellung und Informationsstruktur.* Tübingen: Niemeyer, 155–202.

Paul, H. (^{4}1920): *Prinzipien der Sprachgeschichte.* Halle/Saale: Niemeyer.

Prince, E. (1981): Toward a taxonomy of given-new information. In: P. Cole (Hg.), *Radical Pragmatics.* New York: Academic Press, 223–256.

Reinhardt, T. (1982): *Pragmatics and linguistics: An analysis of sentence topics.* Bloomington, Indiana: Indiana University Linguistics Club.

12. Arbeitsteilung zwischen Sprache und Welt: Deiktische Äußerungen

Im Foyer des Instituts, in dem ich arbeite, stellen hin und wieder Posterverkäufer ihre Bilder aus. Auf einem Ständer ist ein Schild befestigt mit folgener Aufschrift:

(1) Wir sind nur noch heute und morgen hier.

Theoretisch könnte das Schild mehrere Tage lang stehen bleiben, ohne dass man die Verkäufer der Unwahrheit bezichtigen könnte. Es läuft gleichsam mit der Zeit mit und bleibt immer aktuell. Doch nicht nur dies: Es könnte laufend das Personal gewechselt werden (was vielleicht tatsächlich der Fall ist), und sogar der Ort könnte (jeden zweiten Tag) gewechselt werden. Das Schild träfe immer noch zu.

Der Grund für diese Flexibilität liegt darin, dass in der Aufschrift eine Reihe von **deiktischen Ausdrücken** vorkommt: *wir, heute, morgen, hier*. Ihr Kennzeichen ist, dass die von ihnen geleistete Bezugnahme davon abhängt, von wem, aber auch wann und wo sie geäußert werden. So bezieht sich *heute* beispielsweise auf den Tag, an dem das Schild von den potenziellen Kunden gelesen wird, *morgen* auf den dann folgenden Tag. Mit *hier* ist der Ort der Ausstellung gemeint, wo auch immer sie stattfindet, und mit *wir* die jeweiligen Verkäufer, wer auch immer sie sind. Die Interpretation deiktischer Ausdrücke, dies zeigt das kurze Beispiel deutlich, ist von Eigenschaften der Äußerung abhängig, deren Teil sie sind (dem Ort und/oder Zeitpunkt ihres Vollzugs, ihrem Autor ...). Zu ihrem Verständnis gehört wesentlich die Kenntnis der Äußerungssituation. Bei ihrer Interpretation findet also eine Arbeitsteilung zwischen Sprache und Welt statt, die so in keiner anderen Ausdrucksklasse vorzufinden ist, und die ihre definitorische Eigenschaft ausmacht. Von einigen Autoren, vor allem im Rahmen sprachphilosophischer Untersuchungen, werden Ausdrücke dieses Typs auch als **indexikalisch** bezeichnet, in Anlehnung an die Terminologie des Zeichentheoretikers Charles Sanders Peirce. Wir werden im Folgenden weiterhin von deiktischen Ausdrücken sprechen, weil dies in linguistischen Arbeiten verbreiteter ist.

Die linguistische Untersuchung deiktischer Ausdrücke führt aufgrund dieses Welt- oder Situationsbezugs *per se* zu einer pragmatischen Ausrichtung. Man kommt gar nicht umhin, den Anteil der Äußerungssituation an ihrer Interpretation zu berücksichtigen, wenn man ihren Gebrauch beschreibt. Und so ist schon in den frühen Untersuchungen der Deixis, beispielsweise durch den Junggrammatiker Karl Brugmann, die Einbettung in den Zusammenhang der Rede hervorgehoben worden (s. Brugmann 1904, 1917). Der Psychologe und Sprachforscher Karl Bühler widmet einen großen Abschnitt seiner 1934 erschienenen Sprachtheorie dem Zeigfeld der Sprache, das im Wesentlichen den Gebrauch deiktischer Ausdrücke umfasst. In den siebziger Jahren des 20. Jh. hat D. Wunderlich die linguistische Pragmatik im deutschen Sprachraum durch einen Aufsatz zur sprachlichen Deixis angestoßen (1971), und so darf die sprachliche Deixis in keiner größeren pragmatischen Untersuchung fehlen. Auch semantische Arbeiten, die sich nicht primär mit dem Gebrauch sprachlicher Ausdrücke befassen, sondern eher mit ihrer (zeitunabhängigen) Bedeutung, fühlen sich durch die Analyse deiktischer Ausdrücke herausgefordert. Die aus dieser Beschäftigung entstandene Situationssemantik von John Perry und John Barwise betrachtet Deixis als einen ihrer wichtigsten Untersuchungsgegenstände (s. Perry/Barwise 1986).

Sprachliche Deixis ist deswegen ein so umfassendes Phänomen, weil sie nicht nur in leicht erkennbaren Wörtern wie den eben genannten vorkommt, sondern auch etwas verborgener wie in Flexionsendungen von Verben. So wird die Markierung von Zeitverhältnissen beim Verb (Präsens, Präteritum, Futur) als deiktisches Merkmal aufgefasst, eben weil ihr Zeitbezug auch davon abhängt, wann sie geäußert – oder geschrieben – werden. Nehmen wir an, wir erhalten eine Postkarte eines urlaubenden Freundes aus Übersee, der schreibt, er werde eine Fotosafari machen, dann tun wir gut daran, beim Lesen diese Safari nicht mehr in der Zukunft zu verorten, sondern in der Vergangenheit – die allerdings beim Schreiben der Karte die Zukunft war. Wir versetzen uns also beim Lesen in die Situation des Schreibenden und seine zeitlichen Koordinaten, in gleicher Weise, in der statt des Tempus Futur ein Zeitadverb gewählt worden wäre (,morgen'). Im Laufe dieses Kapitels werden wir diese Zeitverhältnisse genauer kennenlernen, wobei es um den Unterschied zwischen der Kodierungszeit und der Rezeptionszeit geht. Grammatische Merkmale von Verben können also in gleicher Weise deiktisch sein wie lexikalische Ausdrücke.

12.1 Allgemeines zur Deixis

Sprachliche Deixis wird traditionell auf den Ort, die Zeit und die Person bezogen, als **Lokal-, Temporal-** und **Personaldeixis**. Karl Bühler definiert den Ursprung, von dem aus wir deiktisch kommunizieren, als die **Origo des Zeigfeldes**. Diese Origo wird als Schnittpunkt der Koordinaten *hier*, *jetzt* und *ich* eingeführt (s. Bühler 1934, 102). Im weiteren Verlauf der Deixisforschung stellte sich heraus, dass auch in anderen Bereichen des Sprachsystems die Interpretation der Ausdrücke situationsabhängig ist. So ist das Lexikon von Einzelsprachen unterschiedlich stark differenziert in Bezug auf die Ausdrücke, mit denen man seinem Gegenüber Respekt erweist. Da der Gebrauch solcher Ausdrücke davon abhängt, wer dem Sprecher oder der Sprecherin gegenübersteht und wie sich die wechselseitige soziale Beziehung zwischen S und H gestaltet, wurde die entsprechende Ausdruckswahl der **sozialen Deixis** zugeordnet (s. hierzu Haase 1994). Schließlich werden wir die **Text- oder Diskursdeixis** behandeln im Sinne eines sprachlichen Zeigens mittels solcher Ausdrücke wie ,weiter unten' oder ,wie oben gesagt'. Man kann darüber streiten, ob es sich um eine zentrale Form von Deixis handelt, denn es geht um die Beziehung eines sprachlichen Elements zu einem anderen im gleichen Text bzw. Diskurs und nicht um die Beziehung zwischen Sprache und Welt. Textdeiktische Elemente müssen gegen die Anapher abgegrenzt werden, also beispielsweise ein Pronomen, das auf ein vorhergehendes Nomen verweist, das seinerseits dann die Beziehung zwischen Sprache und Welt herstellt. Weiter unten werden wir diese Abgrenzung vornehmen.

Der prototypische Fall der Verwendung deiktischer Ausdrücke besteht darin, dass jemand seinem Gegenüber etwas zeigt, wobei neben der **Zeigegeste** ein entsprechender Ausdruck geäußert wird, etwa: ,dort' oder ,dieses' oder ,der da'. Beides, die Ausdrucksverwendung und die Geste, sind zu einer Einheit verwoben und bilden die Gesamtäußerung. Es ergibt m.E. kein zutreffendes Bild, wenn man deiktische Ausdrücke in dieser Verwendung isoliert betrachtet und sodann ihren Bezug zu einer begleitenden Geste untersucht. Dies hieße den Stellenwert der Geste völlig zu unterschätzen – in manchen Situationen hat man den Eindruck, dass die Geste das Primäre ist und der sprachliche Ausdruck die Funktion hat, diese zu vereindeutigen und zu kommentieren. Wenn wir eine Zeigegeste mit ,dort', dieses', ,der da' oder ,so' begleiten, dann machen wir klar, dass auf einen Ort, einen Gegenstand, eine Person oder einen Prozess gezeigt wird: Wir machen also die Funktion der Geste deutlich. Vielleicht ist die abschließende Frage, was zuerst da war, die Geste oder der deiktische Ausdruck, ein Henne-Ei-Problem, aber zumindest in manchen Fällen scheint doch die Geste dasjenige zu sein, was kommunikativ den größeren Stellenwert hat.

Die Interpretation des sprachlichen Teils des deiktischen Kommunikationsakts, also des deiktischen Ausdrucks im engeren Sinne, ist nur zu leisten in Bezug auf den nichtsprachlichen Anteil, die Geste. Dieser Befund ist allerdings insofern einzuschränken, als es auch rein sprachliche, im Sinne von Fillmore (1975) **symbolische Verwendungen** deiktischer Ausdrücke gibt. Angenommen, wir erhalten eine Urlaubskarte aus der Karibik, und der Urlauber beschreibt das Klima mit den Worten: ‚Hier sind es immer 85% Luftfeuchtigkeit'. Alleine schon wegen des medialen Formats der Postkarte ist die Annahme einer Zeigegeste fernliegend. Die Bezugnahme gelingt in diesem Fall mithilfe von Annahmen über den Ort, an dem die Karte vermutlich geschrieben wurde – etwa weil er vorher erwähnt wurde; oder weil wir wissen, wo der Schreiber sich aufhält; oder weil es auf der Postkarte steht. ‚Hier' ist derjenige Ort, an dem sich der Schreiber aufhält zum Zeitpunkt des Schreibens. Im folgenden Abschnitt werden wir näher darauf eingehen, dass der mit ‚hier' abgesteckte Bereich sehr unterschiedlich ausfallen kann, denn es kommt darauf an, wie der Kontrast zum ‚dort' oder ‚da' gestaltet ist. So kann dieser Bereich die nähere Umgebung des Sprechers/der Sprecherin umfassen, aber auch die Stadt, das Land oder den Kontinent, wenn danach kontrastierend von einer anderen Stadt, einem anderen Land oder Kontinent die Rede ist.

Mit Bühler wurde der Ursprung, von dem aus wir deiktisch kommunizieren, als Origo eingeführt. Ein weiterer Begriff ist derjenige des **deiktischen Zentrums** (s. Levinson 2000), der für die genannten Deixisarten Person, Zeit, Raum, soziale Beziehung und Text/Diskurs prototypische Eigenschaften annimmt. Die prototypische Person ist der Sprecher/die Sprecherin, die prototypische Zeit ist die Zeit des aktuellen Sprachvollzugs und der prototypische Ort derjenige, an dem sich der Sprecher/die Sprecherin zum Zeitpunkt des Sprechens aufhält. Der soziale Status ist ebenso sprecherzentriert wie der Diskursabschnitt – er ist der gerade produzierte. Dieses Bündel der prototypischen Eigenschaften der Kommunikationssituation ist der Ausgangspunkt, von dem aus deiktisch gezeigt wird. Natürlich gibt es auch deiktische Verschiebungen, etwa wenn man den Standpunkt des Hörers/der Hörerin einnimmt: ‚Von dir aus gesehen links'. Diese müssen aber eigens markiert werden (‚von dir aus gesehen', ‚aus seiner Lage heraus', ‚im vorigen Kapitel argumentierten wir' …).

Nachdem wir einige wichtige Begriffe eingeführt haben, die sich auf alle Deixis-Arten – wenn auch in unterschiedlicher Weise – beziehen, wollen wir nun auf die spezifischen Formen der Deixis näher eingehen – zunächst auf die lokale Deixis und die mit ihr verwandte Text-/Diskursdeixis.

12.2 Hier und da, oben und unten

Lokal-deiktische Ausdrücke kann man nicht verstehen, wenn man den Sprecherort nicht kennt. Unsere Zwischenüberschrift enthält wohl die bekanntesten lokal-deiktischen Ausdrücke, wobei der erste – *hier* – auf etwas am Sprecherort hinzuweisen erlaubt (oder wenigstens in seiner Nähe), während der zweite – *da* – auf etwas verweist, was sich nicht am Sprecherort oder in seiner Nähe befindet. Der in Klammern befindliche Ausdruck *dort* ist für Objekte gedacht, die sich weder in der Nähe von S noch von H befinden. Für den Unterschied zwischen *hier* und *da/dort* wurde das Begriffspaar **proximal – distal** geprägt. Der Kontrast zwischen *da* und *dort* ist schwieriger zu beschreiben, weil die Verwendungsregeln sehr ähnlich sind. Er wird mithilfe des Begriffs des **Zugriffsbereichs** beschrieben. Mit *da* beziehen wir uns auf ein Objekt, das sich – in welcher Weise auch immer – in unserem Zugriffsbereich befindet, mit *dort* auf ein Objekt außerhalb dieses Bereichs (s. Ehrich 1992, 14). Wenn jemand beispielsweise an seiner Arbeitsstelle den Fremdenführer spielt, kann er sagen:

> (2) Hier ist der Eingang zum Institut. Da befindet sich mein Arbeitszimmer und dort ist die Caféteria.

Dass sich das Arbeitszimmer im Zugriffsbereich von S befindet, heißt in diesem Fall, dass S mit seinen Besuchern leicht hineingehen kann; wenn sich die Caféteria außerhalb des Zugriffsbereichs befindet, dann heißt dies, dass man sie nicht unmittelbar aufsuchen kann, sondern zunächst einen gewissen Weg um ein paar Ecken herum, vielleicht in ein anderes Gebäude zurücklegen muss.

Wenn man Festlegungen dieser Art trifft, muss man sich allerdings immer bewusst machen, dass dialektal andere Verwendungsregeln für diese Ausdrücke bestehen. So wird in süddeutschen Dialekten *hier* und *da* nahezu synonym verwendet; im Norddeutschen ist der Kontrast zwischen *da* und *dort* gering. Wir können also sagen, dass der Kontrast zwischen *hier* und *dort* stark ist, es gibt keine überlappenden Verwendungen. *Da* wird von Ehrich als neutraler Ausdruck eingeordnet, d.h. er steht zu *hier* einerseits und zu *dort* andererseits lediglich in einem schwachen Kontrast. Anders gesagt: Aus *hier* folgt (logisch) *nicht-dort*, aus *dort* folgt *nicht-hier* (= starker Kontrast). Die Beziehung von *da* zu seinen beiden Nachbarn gestaltet sich anders, sie beruht auf einem pragmatischen Schlussprozess, genauer gesagt einer **generalisierten konversationellen Implikatur**. Diese Art von Schlussverfahren wurde im Kapitel 4 eingeführt, im Kapitel 6 behandelten wir die skalaren Implikaturen als einen Untertyp der generalisierten.

Wenden wir dieses Schlussverfahren auf die lokaldeiktischen Ausdrücke an, dann schauen wir zunächst auf die proximale Seite: auf das Ausdruckspaar *hier* und *da*. Auf einer Skala ist *hier* ist der höhere, *da* der niedrigere Wert. Das heißt, dass die Verwendung des niedrigeren *da* implikatiert, dass das höhere *hier* nicht angewendet werden kann: *da* +> *nicht-hier*. Gleiches gilt für die distale Seite, den schwachen Kontrast zwischen *da* und *dort*. Auch hier ist *da* der niedrigere Wert, so dass die Verwendung von *da* implikatiert, dass das höhere *dort* nicht angewendet werden kann: *da* +> *nicht-dort*. Indem man, Ehrich (1992) folgend, zwischen starkem Kontrast (zwischen *hier* und *dort*) und schwachem Kontrast (zwischen *hier/da* sowie zwischen *da/dort*) unterscheidet, kann man die wechselseitigen Beziehungen der drei Ausdrücke zueinander differenziert beschreiben (s. Ehrich 1992, 22 ff.). Der starke Kontrast ist semantisch, also in der Wortbedeutung verankert. Der schwache Kontrast ist – wie gesagt – mithilfe des pragmatischen Begriffs der generalisierten konversationellen Implikatur (GKI) beschreibbar. GKIs sind im Gegensatz zu semantisch verankerten Beziehungen tilgbar. Wir können also den Schluss von *da* auf *nicht-hier* tilgen, indem wir – im Süddeutschen – sagen: *Da, also genauer gesagt hier*. Auch können wir sagen *Da, genauer gesagt dort* und so den Schluss von *da* auf *nicht-dort* tilgen. Die Implikaturen *da* +> *nicht-hier* und und *da* +> *nicht-dort* sind also durch eine explizite Wendung wie ‚besser gesagt' o.ä. aufhebbar. Dies geht für den Kontrast zwischen *hier* und *dort* nicht in gleicher Weise. Wir verstricken uns in einen Widerspruch, wenn wir sagen: *Hier, genauer gesagt dort*.

12.2 Hier und da, oben und unten

Wenn wir das Erkärungsschema anwenden, das in Ehrich (1992) entwickelt wurde, dann sind wir in der Lage, die teils sehr feinen Bedeutungsunterschiede zwischen den Ausdrücken *hier*, *da* und *dort* zu beschreiben. Allerdings decken sie nur einen Teilbereich der Lokaldeiktika ab, sie werden als **positionale Deiktika** eingeordnet. Wir identifizieren aber nicht nur bestimmte Orte in unserer Umgebung, sondern auch bestimmte Richtungen, in denen sich ein Gegenstand befindet. Hier sind die Adverbien *vorn, hinten, vor, hinter, links (von), rechts (von), oben, unten, über, unter* etc. zu nennen. Ihre Verwendung ist deiktisch, weil sie nicht nur vom Sprecherort abhängt, sondern auch von der jeweiligen Orientierung. Einer rasanten Autofahrerin, die gerade einen Schokoriegel auspackt, kann der Beifahrer zurufen:

(3) Schau' lieber nach vorn.

Gemeint ist eine Blickrichtung, die mit der Fahrtrichtung des Autos übereinstimmt, und auch mit derjenigen des Sprechers. Ein solcher Gleichlauf ist für **dimensionale Deiktika** üblich. Sitzen Sprecher und Hörerin einander gegenüber, beispielsweise im Zug, dann wird die Interpretation von (3) schon schwieriger – es kann um ‚vorne' im Sinne der Blickrichtung der Hörerin gehen, oder aber um ‚vorne' im Sinne der Zugspitze. Der Gebrauch dimensionaler Ausdrücke hängt davon ab, welche Perspektive der Sprecher einnimmt. Ein klassisches Beispiel für Veränderungen oder Verschiebungen von Perspektiven ist folgender Gesprächswechsel zwischen Sherlock Holmes und Watson, die einander gegenüber am Frühstückstisch sitzen (s. Récanati 2007):

(4) Holmes: Der Salzstreuer steht links vom Pfefferstreuer.
    Watson: Stimmt.

Die Antwort von Watson ist nur dann korrekt, wenn Holmes **egozentrisch** spricht (d.h. von seiner Perspektive aus) und Watson selbst **alterozentrisch** spricht (nicht von seiner eigenen, sondern von Holmes Perspektive aus). Es muss also einen Gleichlauf in den Perspektiven geben, sonst ist die Zustimmung von Watson falsch.

Dimensionen können auch im dynamischen Sinne eine Rolle spielen. Hier geht es um die Adverbien *hinein* oder *herein*, die auch als Präfixe vor Verben vorkommen: *hineingehen, hereinkommen, hineinschauen, hereinplatzen, ... Hinein-* benennt dabei eine Bewegungsrichtung vom Sprecherort weg, *herein-* eine solche zum Sprecherort hin. Vor diesem Hintergrund ist es zunächst überraschend, dass die berühmte Frage von Kollegen an der Zimmertür lautet:

(5) Dürfen wir hereinkommen?

Man würde dies aufgrund der eben aufgestellten Regel für die Kombination von Präfix und Verb nicht erwarten. Eine Erklärung für dieses Sprachverhalten kann sein, dass eine alterozentrische Perspektivenübernahme des Hörerorts stattfindet, etwa im Sinne der erwarteten Antwort durch H, der im Zimmer sitzt:

(5') Kommen Sie herein.

Eine Frage wie:

(6) Dürfen wir hineingehen?

impliziert im Gegenzug einen Sprecherort sowie einen Hörerort außerhalb des Zimmers, eine Antwort:

(6') Gehen Sie hinein.

ebenfalls. Entscheidend für die Ausdruckswahl der Präfixe *hinein-* und *herein-* in Verbindung mit den Verben *kommen* und *gehen* ist also der Hörerort mit seiner Perspektive.

In unserem Beispiel (3) und seiner Diskussion steckt noch etwas mehr als die Dimension des deiktischen Verweises. Wird der Ausdruck *vorne* im Sinne der Zugspitze gebraucht, dann handelt es sich um eine nicht-deiktische Verwendung. Sie ist unabhängig von der Sprecher- oder Hörerposition, es geht um **intrinsische Eigenschaften** eines Objekts oder der Umgebung, in der sich S und H befinden: Ein Zug hat eine Spitze und ein Ende, unabhängig davon, in welcher Richtung die Gesprächspartner sitzen. Ist es vom Kontext her nicht klar, ob die deiktische oder die intrinsische Verwendung gelten soll, dann kann es zu Missverständnissen kommen.

(7) Die Katze sitzt vor dem Auto

kann deiktisch interpretiert werden als Lokalisierung der Katze zwischen dem Sprecher-/Hörerort und dem Auto, oder aber intrinsisch als Lokalisierung der Katze vor dem Kühlergrill des Autos, unabhängig davon, wo Sprecher_in und/oder Hörer_in sich befinden. Die intrinsische Lokalisierung gelingt nur dann, wenn das betreffende Objekt auch ein Vorne und Hinten hat. Bei Bäumen wird die intrinsische Lokalisierung daher nicht gelingen. Bei modernen Hochgeschwindigkeitszügen mit zwei Cockpits am Anfang und am Ende wird die intrinsische Lokalisierung abhängig von der Fahrtrichtung sein, die von beiden Gesprächspartnern wahrgenommen wird.

Positionale Deiktika wie *hier* oder dimensionale Deiktika wie *oben* werden noch in einem anderen Zusammenhang verwendet, der auf den ersten Blick nichts mit einer Arbeitsteilung zwischen Sprache und Welt zu tun hat. Gemeint sind solche Verwendungen wie:

(8) Was ich hier darlege, soll weiter unten ausführlich begründet werden.

Mit *hier* und *weiter unten* referiert der Schreiber nicht auf Elemente der Umgebung, sondern auf Stellen im Text. Das deiktische Zentrum ist die Textstelle, von der der Schreiber annimmt, dass sie gerade gelesen wird – sie wird mit *hier* angezeigt. *Unten* und *oben* verweisen dann jeweils auf eine Stelle im späteren Verlauf des Textes resp. auf eine Stelle, die sich vor dem deiktischen Zentrum befindet. Der rezipierte Text wird also als eine räumliche, vertikal orientierte Entität konzeptualisiert, bei der es ein Hier, aber auch ein Oben und Unten gibt. Man mag sich dabei eine Textrolle vorstellen, die von oben nach unten gelesen wird. Möglich ist auch eine zeitliche Konzeptualisierung, die auf den Verlauf der Rezeption abhebt:

(9) Was ich jetzt sage, soll später noch ausführlich begründet werden.

Das deiktische Zentrum ist der Moment der Produktion, das Jetzt, und auf einem zweidimensionalen Zeitstrahl gibt es ein Vorher und ein Später. Der Tendenz nach wird die räumliche Konzeptualisierung auf medial schriftliche Produkte, die zeitliche auf medial mündliche Produkte bezogen, aber hier gibt es keine strenge Abgrenzung. *Später* ist auch durchaus in schriftlichen Produkten anzutreffen. Ich möchte daher die gängige Unterteilung in Text- und Diskursdeixis vermeiden, die eine strenge Trennung zwischen schriftlichen (=Text) und mündlichen Produkten (=Diskurs) unterstellt, und stattdessen von **codeinterner Deixis** sprechen. Damit ist gemeint, dass mittels eines sprachlichen Elements auf ein anderes sprachliches Element gezeigt wird. Das Referenzobjekt ist also nicht extern in der beschriebenen Welt, sondern intern im beschreibenden Code. Handelt es sich dann noch um Deixis?

Man könnte einwenden, dass der klassische Fall eines sprachlichen Rückverweises im Text als **Anapher** zu klassifizieren ist, und man Anapher von Deixis dadurch abzugrenzen habe, dass Erstere intern verweist, also innerhalb des Codes, und Letztere extern, also nach außen auf die Welt veweist. Als typische Anapher hatten wir im Kapitel 11 folgenden Fall kennen gelernt:

(10) Ein Typ, mit dem ich zusammenarbeite, behauptet, dass **er** deine Schwester kennt.

Das Pronomen *er* signalisiert, dass der Referent im dass-Satz der gleiche ist wie der Referent von *ein Typ* im Hauptsatz, dass also von derselben Person die Rede ist. Es liegt ein Verweis des Pronomens auf den Referenten der NP im Hauptsatz vor, ohne den wir als Leser nicht wissen, worauf *er* zu beziehen ist. Folgt hieraus nicht, dass auch die Fälle in (8) und (9) als Anaphern aufzufassen sind, denn auch hier findet ja ein Verweis auf andere sprachliche Ausdrücke im Text statt?

Die Anwort fällt negativ aus; der sprachliche Verweis in (8) und (9) ist anderer Natur als derjenige in (10). Beim anaphorischen Verweis wird der Text oder Diskurs nicht als Raum oder zeitlich ablaufender Prozess konzeptualisiert, innerhalb dessen wir von einem deiktischen Zentrum aus bestimmte Referenzpunkte identifizieren, sondern es wird mittels der Anapher signalisiert, dass von demselben Referenten die Rede ist, der vorher durch ein ausführlicheres Mittel, beispielsweise ein Nomen mit einem Artikel, eingeführt worden war. Im Zuge der codeinternen Deixis wird dagegen der Text/Diskurs als ein Raumausschnitt oder Zeitabschnitt behandelt, auf den man zeigen kann, so wie man auf nicht-textuelle Gegenstände in Raum und Zeit zeigt. Der Code wird, wenn man so will, vergegenständlicht, um auf Bestandteile von ihm verweisen zu können. Insofern ist die Unterscheidung zwischen Anaphern und Text-/Diskursdeixis nicht nur gerechtfertigt, sondern unverzichtbar, wenn man den unterschiedlichen Funktionen der Sprachverwendung, insbesondere des sprachlichen Verweises, gerecht werden will.

Nachdem wir einige grundsätzliche Dinge zur lokalen Deixis und der Abgrenzung zu nicht-deiktischen Verwendungen wie der intrinsischen Deixis sowie der Anapher gesagt haben, kommen wir noch einmal auf die deiktische „Urszene" zurück, nämlich den Ausdrucksgebrauch in Verbindung mit einer hinweisenden oder veranschaulichenden Geste. Wir werden im nächsten Abschnitt einen Ansatz kennenlernen, der nicht nur den gestischen Verweis auf Gegenstände der Umgebung untersucht, sondern auch den gestischen Verweis auf Zeichen, beispielsweise andere Gesten.

12.3 Das Zeigen auf Zeichen und Nicht-Zeichen

Ellen Fricke untersucht in einer Reihe von Publikationen (s. 2009, 2012) die Art und Weise, wie Gesprächspartner_innen sprachlich und gestisch miteinander kommunizieren, wobei es in dem untersuchten Setting jeweils um Ortsbeschreibungen sowie um die Identifizierung von Gebäuden und anderen Gegebenheiten geht. K. Bühler (1934, §§ 7 und 8, 102 ff.) hatte in seiner Erläuterung des Zeigfelds noch unterschieden zwischen der **demonstratio ad oculos**, also dem Zeigen auf Gegenstände im Wahrnehmungsraum, und der **Deixis am Phantasma**, dem Zeigen auf imaginierte Gegenstände im Vorstellungsraum. Als dritte Zeigart führte er die **Anapher** ein, die mittlerweile nicht mehr als Form der Deixis, sondern als textlinguistischer Begriff verwendet wird. Die Unterscheidung zwischen der Deixis im Wahrnehmungsraum einerseits und der Deixis im Vorstellungsraum andererseits ist bei Bühler in Frickes Sicht nicht konsequent umgesetzt, und dies kann man an einem bekannten, von ihm selbst gewählten

Beispiel leicht zeigen: Möchte ein Sprecher die Schlacht zwischen Cäsar und Pompeius, die durch die Überschreitung des Rubicon ausgelöst wurde, anschaulich darstellen, dann kann man die lokalen Gegebenheiten durch eigene Körperhaltungen darstellen. Die Schlachtlinien der beiden Gegner kann man durch ausgestreckte Arme wiedergeben usw. Diese Art der Wiedergabe ist allerdings keine reine Deixis im Vorstellungsraum, denn die Schlachtlinie wird zwar vorgestellt, aber die ausgestreckten Arme sind ja durchaus im Wahrnehmungsraum vorhanden. Die Abgrenzung des Vorstellungsraums zum Wahrnehmungsraum ist somit nicht gegeben, beide „Räume" gehen ineinander über.

Fricke ersetzt nun die Bühlersche Unterscheidung des ersten und des zweiten Deixis-Typs durch eine alternative Unterscheidung, nämlich diejenige zwischen dem **Zeigen auf Nicht-Zeichen** (Objekte) einerseits und dem **Zeigen auf Zeichen** andererseits (Fricke 2009, 172). An dem gegebenen Beispiel kann man das Zeigen auf den Fluss Rubicon selbst als Zeigen auf Nicht-Zeichen, das Zeigen auf die ausgestreckten Arme im Sinne der Schlachtlinie als Zeigen auf Zeichen klassifizieren. Beim Zeigen auf Zeichen kann man nun unterschiedliche Fälle unterscheiden, was Fricke (2009) anhand von Ortsbeschreibungen des Potsdamer Platzes und der dort vorkommenden Gebäude demonstriert. Sitzt ein Gesprächsteilnehmer einem anderen gegenüber und signalisiert mit beiden erhobenen Armen, dass links und rechts von ihm Hochhäuser stehen, dann handelt es sich um einen Verweis im Umraum, etwas, was auch in der nicht-zeichenhaften Deixis vorkommt. Nur ist das Verweisobjekt eine Geste und kein Gegenstand in der näheren Umgebung der Gesprächspartner (ebd., 179).

Ein Verweis am Modell liegt dann vor, wenn der Körper des Sprechers nicht Teil des Verweisraums ist. Vielmehr wird der Raum wie eine Karte behandelt, die auf dem Tisch liegt, oder wie ein Bildschirm, der vor beiden Gesprächspartnern steht. Auf der imaginären Karte oder dem imaginären Bildschirm werden dann räumliche Verhältnisse gestisch dargestellt, wobei Sprecher wie Hörer nicht als Teil dieses Raums, sondern als Betrachter des Raums konzeptualisiert werden. Unterschiede in der Nutzung des deiktischen Verweisraums können auch hinsichtlich seiner Erzeugungsweisen vorgenommen werden. So kann ein Sprecher mit seinen Händen eine Infobox auf dem Potsdamer Platz gestisch darstellen und ein zweiter Sprecher mit seinen Händen ebenfalls; auf diese Weise wird in zwei getrennten Verweisräumen auf eine einzige Infobox referiert. Allerdings können die Gesprächspartner auch gemeinsam einen einzigen Verweisraum erzeugen, innerhalb dessen sie dann während ihrer Gesprächsschritte jeweils auf die gleichen Gegebenheiten referieren. Dies kann entweder nacheinander – wie in unterschiedlichen Gesprächszügen – oder simultan geschehen. So kann ein Sprecher eine örtliche Gegebenheit mit den Händen nachbilden, wobei ein zweiter Sprecher innerhalb dieses Verweisraumes eine gestische Position oder Bewegung darstellt. So bilden beide Gesprächspartner kooperativ einen Verweisraum und agieren auch innerhalb dieses Raums.

Gegenüber der Bühlerschen Unterscheidung zwischen einem Wahrnehmungsraum (demonstratio ad oculos) und einem Vorstellungsraum (Deixis am Phantasma) ist Frickes Begriff des Zeigens auf Zeichen wesentlich konturierter. Es zeigt sich überdies, dass die Ebene des erwähnenden Gebrauchs von Ausdrücken („was du gerade gesagt hast ...', ‚sie sagte, dass ...') nicht nur auf lautsprachliche Performanz beschränkt ist, sondern auch beim Gebrauch von Gesten auftritt. Das Zeigen auf einen ausgestreckten Finger, der eine Straße darstellt, ist ein Zeigen auf Zeichen und bildet daher eine doppelte Verweisebene, die dem Zitieren in der Lautsprache ähnlich ist.

12.4 Jetzt bald

Wir haben im Deutschen eine Reihe von Zeitadverbien zur Verfügung, mit denen wir auf Zeitpunkte abhängig von der Sprechzeit Bezug nehmen können. Von *jetzt* ausgehend haben wir im vorzeitigen Sinne *gerade, vorhin, jüngst, neulich, seinerzeit, früher, ...*, im nachzeitigen Sinne *sofort, gleich, bald, zeitnah, demnächst, zukünftig ...* Als Zeitangaben stehen uns *vor einer Stunde/in einer Stunde* zur Verfügung, als Tagesbezeichnungen *heute, gestern, vorgestern* sowie *morgen, übermorgen*. Die zeitliche Origo, der Jetzt-Zeitpunkt ist genauso variabel und kontextabhängig wie die räumliche Origo des Hier-Ortes. Seine Interpretation hängt davon ab, welcher Zeitrahmen für den gegebenen Gesprächszweck relevant ist und wie der Kontrast zum Nicht-Jetzt gegeben ist. *Jetzt* kann sich nur auf den Äußerungszeitpunkt beziehen („Jetzt geht's los"); es kann aber auch den Tag umfassen, in dem der Äußerungszeitpunkt liegt („Gestern wussten wir es noch nicht, aber jetzt sind wir schlauer."); es kann um sehr viel längere Zeiträume gehen („Jetzt wissen wir, dass es keinen Äther gibt.') Die Größenordnung des Jetzt hängt von der Granularität der Zeitbetrachtung ab, also davon, wie grob- oder feinkörnig wir die ablaufende Zeit strukturieren. Einige Autoren vertreten die Meinung, dass *jetzt* tokenreflexiv verwendet wird – *jetzt* bezieht sich auf den Zeitpunkt oder -raum, an dem ich *jetzt* sage. Bei größeren Zeiträumen muss man diese Annahme modifizieren, es gibt dann oft ein Jetzt und ein Nicht-Jetzt: So wurde die Auffassung, es gebe einen substanziellen Äther, zu Beginn des 20. Jahrhunderts aufgegeben; infolgedessen bezieht sich die genannte Aussage auf den gesamten folgenden Zeitraum bis zur Gegenwart. Dass *jetzt* tokenreflexiv ist, stößt damit an die Grenzen der Plausibilität; natürlich wurde *jetzt* im 20. Jahrhundert geäußert, aber der Zeitraum des Aussprechens von *jetzt* und der Zeitraum seit der Verwerfung des Ätherauffassung sind von ziemlich unterschiedlicher Größe.

Signifikant ist, dass *jetzt* mit anderen Zeitadverbien kombinierbar ist, was die Annahme nahelegt, dass es einen Hof um das Jetzt herum gibt, der Zeitpunkte kurz vor oder nach dem Jetzt mit umfassen kann, auch wenn es mit dem Sprechzeitpunkt zusammenfällt: „Jetzt gerade ...', ‚jetzt gleich ...' ‚jetzt bald ...' Möglich ist auch, dass *jetzt* in einigen Kontexten modal verstanden wird, etwa im Sinne von ‚Das habe ich jetzt nicht verstanden.' Eine abschließende Entscheidung in der Frage temporal vs. modal ist nur unter Berücksichtigung des jeweiligen Kontextes möglich.

Bei einigen Zeitadverbien ist der Status als deiktischer Ausdruck nicht von vorneherein gegeben. Nehmen wir *später* in den beiden möglichen Kontexten (11a) und (11b):

(11a) Wann kommt Avi? – Er kommt später.

(11b) Avi kommt um acht Uhr, Judith kommt später.

Der Gebrauch von *später* in (11a) ist deiktisch, er ist auf den Sprechzeitpunkt bezogen. In (11b) wird eine Beziehung zwischen einem gegebenen Zeitpunkt (*acht Uhr*) und Judiths Kommen hergestellt, die relativ unabhängig vom Sprechzeitpunkt ist. Relativ unabhängig ist die Beziehung deshalb, weil die Zeitangabe *acht Uhr* auf den Tag referenziert ist, der den Sprechzeitpunkt enthält. Man kann sich das Beispiel (11b) allerdings modifiziert vorstellen, indem eine Zeitangabe wie *am 17.06.1953 um acht Uhr* gemacht wird – dann ist *später* ganz unabhängig vom Sprechzeitpunkt und somit nichtdeiktisch.

Bei der Betrachtung der zeitlichen Deixis haben wir es grundsätzlich mit mindestens zwei Zeitebenen zu tun – dem zeitlichen Ablauf des berichteten Ereignisses einerseits, dem Ablauf des Berichts als sich zeitlich erstreckender Sprachproduktion andererseits. Bei schriftlichen Sprachprodukten – ich verwende hierfür den Ausdruck *Inskription* – ist darüber hinaus das zeitliche Auseinanderfallen von Produktion und Rezeption zu beachten. Eine abends auf den Küchentisch gelegte Notiz wird erst am nächsten Morgen gelesen, der Weg einer Urlaubskarte kann zwischen Produktions- und Rezeptionszeit eine beträchtliche Spanne aufweisen, eine Meldung in einer Tageszeitung wird abends gedruckt und am nächsten Morgen gelesen. Auch wenn bestimmte Formen der elektronischen Kommunikaton, vor allem in den ‚sozialen Medien', die Zeitspanne zwischen Produktion und Rezeption dramatisch verkürzen, so sind in anderen Formen (z.B. E-Mail) auch längere Spannen möglich und üblich. Das Auseinanderfallen von Sprachproduktion und -rezeption führt zu komplexen Verhältnissen innerhalb der Zeitdeixis. Die Frage ist, wo die zeitliche Origo platziert wird: in der Produktionszeit, der Rezeptionszeit – oder in keiner von beiden? Die Antwort ist: Es kommt auf den Kontext an, und: Die Origo kann verschoben werden. Betrachten wir den Fall einer Karte, mit der die Schreibende ihrem studierenden Enkel in Australien Mut für das bevorstehende Examen zuspricht. Hier gibt es zwei Möglichkeiten:

(12a) produktionsorientiert: ‚Bald legst du dein Examen ab, dann bist du ein gemachter Mann.'

(12b) rezeptionsorientiert: ‚Du hast inzwischen dein Examen abgelegt. Nun bist du ein gemachter Mann.'

Unter der Kontextbedingung, dass das Examen des Enkels zwischen dem Produzieren der Karte in Mitteleuropa und dem Eintreffen der Karte in Australien liegt, können wir folgende zeitliche Verhältnisse zwischen den Ebenen der Inskription und des Weltverlaufs feststellen: Zum Zeitpunkt der Inskription von (12a) liegt das Examen für die Großmutter wie für den Enkel in der Zukunft. Liest der Enkel die Karte drei Wochen später, liegt für ihn und die Großmutter das Examen in der Vergangenheit. Da er seine Großmutter für einen rationalen Menschen hält, wird er unterstellen, dass sie produktionsorientiert geschrieben hat – sonst hat der Gebrauch von *bald* und das futurisch gebrauchte Präsens keinen Sinn. Auch zum Zeitpunkt der Inskription von (12b) liegt für beide das Examen in der Zukunft. Hier ist allerdings die Rezeption in der Formulierung vorweggenommen, die Origo ist auf den Zeitpunkt des Eintreffens und Lesens der Karte in Australien verschoben, was an dem Tempusgebrauch (Perfekt) abzulesen ist. Die Großmutter hat also den Weltzustand zum Rezeptionszeitpunkt berücksichtigt und die Inskription entsprechend angepasst. Als spezifisches Tempus ist das Futur II möglich, das die Origo-Verschiebung in die Zukunft exakt kodiert:

(12c) Bald wirst du dein Examen abgelegt haben, dann bis du ein gemachter Mann.

Viele Arten der zeitlichen Bezugnahme, seien sie produktions- oder rezeptionsorientiert, beinhalten nicht nur die Möglichkeit der deiktischen Bezugnahme wie in (12 a–c). Alternativ dazu kann die schon erwähnte **kalendarische Bezugnahme** gewählt werden, wie im folgenden Fall:

(13a) *Am 24. Oktober 2015* findet die Prüfung statt.

Die deiktische Version lautet:

(13b) *Am Mittwoch* findet die Prüfung statt.

In (13b) liegt der Sprechzeitpunkt vor der Prüfung – die Frage ist allerdings, wie lange vorher? In bestimmten Kontexten stehen die Wochentagsbezeichnungen in Konkurrenz zu den Adverbien *morgen* oder *gestern* (s. hierzu Levinson 2000, Fillmore 1975). Wird die Äußerung von (13b) am Dienstag vollzogen, dann entsteht eine Konkurrenz der Wochentagsbezeichnung zu *morgen*. Aus dem Gebrauch von *Mittwoch* folgt, dass es sich nicht um den morgigen Mittwoch handeln kann: Ist (13b) eine Antwort auf die am Dienstag geäußerte Frage, wann die Prüfung stattfindet, dann kann damit nur die Folgewoche gemeint sein und nicht der nächste Tag. Man kann die zeitliche Bezugnahme eindeutiger gestalten, indem man ein proximales Demonstrativum oder ein Attribut hinzufügt wie *an diesem/diesen Mittwoch, (am) kommenden Mittwoch, (am) nächsten Mittwoch*. Ersteres kann sich auf den nächsten Tag beziehen, die Letzteren beziehen sich auf die Folgewoche.

Wir haben bis hierher die lexikalischen Möglichkeiten der zeitlichen Bezugnahme kennen gelernt. In Folgenden soll auf die morphologischen eingegangen werden, genauer gesagt auf die Tempusmorpheme von Verben (ausführlich hierzu Lyons 1980/83). Klar ist, dass die Tempusmorpheme der Verben im Deutschen nicht nur Zeitverhältnisse kodieren, sondern auch Ausdruck von Modalität und Aktionsarten sind. So ist der Unterschied zwischen dem Präteritum (*Sie aß*) und dem Perfekt (*Sie hat gegessen*) auch einer der ausgedrückten Aktionsart, nämlich in Bezug auf die Unabgeschlossenheit oder Abgeschlossenheit der beschriebenen Handlung. Weiterhin wird der Gebrauch des Futurs mittels des Hilfsverbs *werden* als Ausdruck der Modalität der ‚Gewissheit' angesehen (*Wir kommen gleich an* vs. *Wir werden gleich ankommen*). Natürlich werden aber auch durch den Kontrast zwischen dem Präsens- und dem Präteritum-/Perfektgebrauch (‚Sie isst'/‚Sie aß', ‚Sie hat gegessen') bzw. dem Präsens- und dem Futurgebrauch (‚Sie isst'/‚Sie wird essen') zeitliche Verhältnisse ausgedrückt. Um diese näher zu beschreiben, sollen drei zeitlogische Begriffe eingeführt werden, die von Hans Reichenbach (1947) stammen – die beiden ersten sprechen für sich, der dritte bedarf der Erläuterung. Es geht zunächst um den **Ereigniszeitpunkt** (= **E**), also um den Zeitpunkt des berichteten Ereignisses; sodann um den **Sprechzeitpunkt** (= **S**), den Zeitpunkt der Äußerung; schließlich geht es um den **Betrachtzeitpunkt** (= **B**), der nicht mit **E** oder **S** zusammenfallen muss. Den Betrachtzeitpunkt nehmen Sprecher_innen ein, wenn sie von diesem aus das Ereignis perspektivieren, wobei beispielsweise das Ereignis vom Betrachtzeitpunkt aus in der Vergangenheit liegen kann, vom Sprechzeitpunkt aus aber in der Zukunft. Betrachten wir einige Beispiele:

Im Präteritum und Perfekt liegt der Ereigniszeitpunkt **E** jeweils vor dem Sprechzeitpunkt **S**, im Futur liegt **E** nach **S**. Oft wird angenommen, dass das Präsens ein unmarkiertes Tempus ist, das sowohl Gleichzeitigkeit, Vorzeitigkeit (**E** vor **S**) als auch Nachzeitigkeit (**E** nach **S**) ausdrücken kann.

Während die Tempora Präsens und Präteritum durch entsprechende Tempusmorpheme markiert sind, so werden die Tempora Perfekt, Plusquamperfekt, Futur I und II mittels Hilfsverben plus Partizip oder Infinitiv gebildet – sie sind periphrastische Bildungen. Dabei zeichnen sich das Plusquamperfekt und das Futur II dadurch aus, dass sie eine komplexe Zeitstruktur kodieren. Auch wenn sie deiktisch sind, weil sie wie andere Tempora Zeitverhältnisse in Bezug auf den Sprechzeitpunkt festlegen, so haben sie auch einen nicht-deiktischen Anteil. Dieser liegt genau darin, dass der Bezugszeitpunkt **B** nicht der Sprechzeitpunkt **S** ist (s. hierzu auch Ehrich 1992). Nehmen wir das Beispiel (14):

(14) Sie ging ins Kino, nachdem sie die Hausarbeit abgetippt hatte.

Das Plusquamperfekt *abgetippt hatte* kodiert zusammen mit der Konjunktion *nachdem* die Beziehung der Vorzeitigkeit zum Kinobesuch (= **B**), vor dem das Abtippen stattfand; es geht also um eine Beziehung zwischen zwei Zeitpunkten, etwa in dem Sinne, in dem eine intrinsische lokale Beziehung zwischen der Katze und dem Kühlergrill bestand (s. Abschnitt 12.3). Gleiches gilt für unser obiges Beispiel (12c):

(12c) Bald wirst du dein Examen abgelegt haben, dann bist du ein gemachter Mann.

Mit dem Futur II wird ebenfalls die Beziehung der Vorzeitigkeit des Examens (**E**) zu **B** kodiert, auch hier besteht eine Beziehung zwischen zwei Ereignissen ohne primären Bezug zu **S**. Die spezifische Funktion der Tempora Plusquamperfekt und Futur II ist diejenige einer Relationierung von vorzeitigen bzw. nachzeitigen Ereignissen bezüglich eines Bezugszeitpunktes. Dieser liegt in der Vergangenheit später als das beschriebene Ereignis, in der Zukunft liegt er ebenfalls nach dem Ereigniszeitpunkt.

Fassen wir die Funktion der Tempora in Bezug auf ihre zeitliche Dimension noch einmal mithilfe von Reichenbachs Terminologie zusammen: Im Präsens fallen **S** und **E** zusammen, im Präteritum und Perfekt liegt **E** vor **S**, im Futur liegt **E** nach **S**. Im Plusquamperfekt liegt **B** nach **E**, und beide liegen vor **S**; im Futur II liegt **B** ebenfalls nach **E**, und beide liegen nach **S**. Schließlich ist die Beziehung zwischen **S** und **E** deiktisch, die Beziehung zwischen **B** und **E** nicht, denn sie ist unabhängig von **S**.

12.5 *ich* und *du*

Wir können nicht nur auf Orte und Zeitpunkte, sondern auch auf Personen referieren. Der deiktische Charakter einiger Formen von Personenreferenz kommt dadurch zustande, dass wir selbst Personen sind. So können wir die uns Umgebenden entweder als Teil eines größeren Verbundes empfinden, dem wir selbst angehören oder dem wir selbst nicht angehören, oder wir nehmen unsere Mitmenschen (wie sie der Soziologe und Philosoph Alfred Schütz einmal genannt hat) wie uns selbst als Einzelpersonen wahr, also nicht als Teil eines größeren Verbundes. Im ersten Fall bedienen wir uns des Gegensatzes zwischen *wir* und *ihr*, im zweiten Fall des Gegensatzes von *ich* und *du*. Die Verwendung dieser Personalpronomen wird als Form der **Personaldeixis** beschrieben.

Der zweitgenannte Gegensatz von *ich* und *du* ist ein relativer, bezogen auf die Sprecherrolle. Der kleine Dialog

(15) A: Gehst du mit ins Kino?

B: Ja, ich komme mit.

verdeutlicht, dass mit dem Wechsel der Sprecherrolle auch ein Perspektivenwechsel verbunden ist. A bezieht sich mit seiner Frage auf B, und B mit seiner Antwort auch auf B, sich selbst. Im Deutschen und sehr vielen anderen Sprachen ist der Gegensatz zwischen Selbstbezug umd Fremdbezug in Form unterschiedlicher Personalpronomina kodiert, darüber hinaus auch in unterschiedlichen Possessivpronomina (*mein, dein*). Würde B seinen Gesprächszug weiterführen („… Wann gehst du los?'), gäbe es wiederum einen Wechsel der Perspektive auf A.

Wenn wir die Regel formulieren, dass Sprecher_innen mit *ich* auf sich selbst referieren, mit *du* auf ihr Gegenüber, dann haben wir die Sachlage noch nicht ganz erfasst. So ist es möglich, *du* zu verwenden und gar nicht zu referieren – dies ist der Fall, wenn

12.5 ich und du

die Pronomen generisch gebraucht werden. Die *du*-Verwendung ist geläufiger, sie ersetzt *man*:

(16) Heutzutage läufst du stundenlang durch die Stadt und siehst keine Telefonzelle mehr.

Eine analoge Bildung ist aber auch mit *ich* möglich, etwa in einem konditionalen Kontext, in dem man jemanden für sein leichtes Gepäck kritisiert:

(17) Wenn ich nach Island reise, dann nehme ich doch eine warme Jacke mit.

Es wird weder auf H in (16) noch auf S in (17) referiert, sondern es wird jeweils eine allgemeine Aussage getroffen, unabhängig vom Einzelfall.

Für das Pronomen *wir* gibt es unterschiedliche Verwendungen; so kann man zwischen dem inklusiven und dem exklusiven *wir* unterscheiden. Der Name sagt es schon: Das inklusive *wir* schließt die Adressat_innen mit ein (*Wir alle*), das exklusive nicht, es wird im Sinne von *Wir, aber nicht ihr* verwendet. Es tritt allerdings auch eine adressatenbezogene Form des *wir* auf (*Haben wir denn auch unsere Hausaufgaben gemacht?*, geäußert von der Erziehungsperson). Diesem *wir* ist eine gewisse Geringschätzung eigen, denn es spricht A eine eigene Individualität ab und lässt ihn / sie nur als Teil der S/A-Konstellation zu. Im Kapitel 13 werden noch weitere Verwendungsweisen des *wir* genannt, die sich auf die Sprachverwendung in der Politik beziehen. Hier wird oft offengelassen, auf wen sich das *wir* bezieht, oder aber der Bezug verändert sich in einem Text mehrmals, was durchaus in Kauf genommen wird.

Der referierende Gebrauch von Personalpronomina ist nicht nur auf die Gesprächsrollen bezogen, welche die am Gespräch Beteiligten jeweils einnehmen, sondern auch auf ihre soziale Beziehung, die sie zueinander haben. Die Höflichkeitsform *Sie* ist insofern deiktisch, als sie diese Beziehung kodiert. Üblicherweise wird der Unterschied zwischen den Anredeformen *du* + 2. Pers. Sg. vs. *Sie* + 3. Pers. Pl. als einer zwischen **Nähe und Distanz** beschrieben (s. Haase 1994, Watts 2004), wobei die Distanzform als höflicher gilt. Bei der Verwendung der Distanzform *Sie* wird kein Unterschied gemacht zwischen der Referenz auf eine Einzelperson und derjenigen auf eine Gruppe. Worin besteht nun der Höflichkeitseffekt, der sich durch die Wahl von *Sie* einstellt? Zunächst kann man eine Verbindung zwischen Distanz und Höflichkeit feststellen, die sich im Bereich der Interaktion als ‚Abstandhalten' manifestiert. Dieses sprachliche Abstandhalten besteht darin, dass eine direkte Adressierung des Einzelnen (*du*) oder der Gruppe (*ihr*) vermieden wird. Stattdessen wird das Pronomen der 3. Pers. Pl. verwendet, das urprünglich nicht personaldeiktisch ist. Durch die Großschreibung in der Graphie wird die spezielle personaldeiktische Eigenschaft markiert. Wir erhalten dann:

(18) A: Gehen Sie mit ins Kino?

Weil *Sie* in der Höflichkeitsform hinsichtlich Numerus unmarkiert ist, gibt es zwei mögliche Antworten:

(18a) B: Ja, ich komme mit.

(18b) [B, C, …]: Ja, wir kommen mit.

Der Gebrauch der Distanzform und ihres Gegenstücks, der Näheform, wird auch als ein Fall der **sozialen Deixis** beschrieben. Im Deutschen ist soziale Deixis weitgehend adressatenbezogen: A wird je nach sozialer Beziehung unterschiedlich adressiert, entweder mit der Nähe- oder mit der Distanzform. S wird nicht sozialdeiktisch markiert, es heißt *ich* oder – als Teil einer inklusiven Gruppe – *wir*.

Vokativische Verwendungen von Eigennamen oder Titeln werden ebenfalls als sozialdeiktisch aufgefasst (s. Levinson 2000). Auch hier gibt es eine Nähe- (Vorname) und eine Distanzform (Nachname, evtl. mit Titel). So ergeben sich folgende Korrelationen (der Index $_{vok}$ steht für vokativische Verwendung):

(15_{vok}) A: Tobias, gehst du mit ins Kino?

(18_{vok}) A: Herr Mindernickel, gehen Sie mit ins Kino?

($18_{vok'}$) A: Herr Doktor, gehen Sie mit ins Kino?

Kreuzungen der hier unterschiedenen Formen sind möglich, allerdings ist es offen, ob sie dem Standard angehören.

($15_{vok''}$) A: Tobias, gehen Sie mit ins Kino?

($18_{vok''}$) A: Herr Mindernickel, gehst du mit ins Kino?

($18_{vok'''}$) A: Herr Doktor, gehst du mit ins Kino?

Für Titel und Berufsbezeichnungen, die vokativisch verwendet werden, ist der deiktische Charakter fraglich, denn es existiert keine Konkurrenz der Formen, so wie dies bei Vor- vs. Nachnamen der Fall ist. Den Botschafter sollte man immer mit *Seine Exzellenz* ansprechen, es gibt keine Näheform für diesen Berufsstand. Man kann dafür plädieren, dass eine Opposition zwischen der Verwendung des Titels und derjenigen des Eigennamens (ohne Titel) besteht, wobei die Titelverwendung bezüglich Höflichkeit markiert ist. Hier befinden wir uns dann auf einer anderen Ebene, auf der man zwischen verschiedenen vokativischen Formen wählen kann, die auch verschiedenen Wortarten angehören, wobei mit der einen Form Nähe, mit der anderen Distanz ausgedrückt wird.

12.6   Deixis und Sprechakte

Wir haben bisher den Deixis-Begriff auf die Verwendung spezifischer Ausdrücke bezogen, auf Zeit- und Ortsadverbiale sowie Pronomen, auch auf gebundene grammatische Morpheme wie die Tempusmarkierungen am Verb. Ich möchte in diesem Abschnitt über den Gebrauch spezifischer, deiktisch genannter **Ausdrücke** hinausgehen. Es soll für die Auffassung argumentiert werden, dass deiktische Verweise durch den Vollzug bestimmter **Sprechakte**, unabhängig von ihrer sprachlichen Form, zustande kommen, und zwar als konstitutive Eigenschaft dieser Sprechakte. Es geht genauer gesagt um die Klassen der direktiven und der kommissiven Sprechakte. Die These ist, dass mit dem Vollzug von Direktiva und Kommissiva ein deiktischer Verweis besonderer Art verbunden ist. Ich nenne ihn Sprecher/Adressaten-Deixis.

Die **Charakterisierung von Direktiva** nach Searle/Vanderveken (2009) ist wie folgt – ich gehe hier nur auf den illokutionären Zweck und den propositionalen Gehalt ein, weitere Angaben sind im Kapitel 3.6 aufgeführt:

- Illokutionärer Zweck von Direktiva: Der Zweck besteht darin, den Adressaten / die Adressatin dazu zu bekommen, etwas zu tun.

12.6 Deixis und Sprechakte

- Regel des propositionalen Gehalts: Der Adressat/die Adressatin muss in der Lage sein, die erwünschte Handlung auszuführen.
- Illokutionärer Zweck von Kommissiva: Der Sprecher/die Sprecherin legt sich darauf fest, dass der Äußerung ein bestimmtes Verhalten folgt.
- Regel des propositionalen Gehalts: Der Sprecher/die Sprecherin muss in der Lage sein, die zugesagte Handlung auszuführen.

Wir sehen schon auf den ersten Blick, dass in der Charakterisierung des illokutionären Zwecks von Direktiva der Adressat/die Adressatin (= A) vorkommt, er/sie ist es, der/die die erwünschte Handlung ausführen soll. Für kommissive Sprechakte ergibt sich ein paralleler Befund: Hier ist es der Sprecher/die Sprecherin (=S), der/die sich zur Ausführung der versprochenen Handlung verpflichtet. A und S sind diejenigen Gesprächsrollen, die wir zu Beginn dieses Kapitels als die zentralen Kategorien der personalen Deixis definiert hatten. Wenn A bzw. S in der Charakterisierung der betreffenden Sprechakte vorkommen, dann heißt dies also, dass direktiven Sprechakten Adressatendeixis, kommissiven Sprechakten Sprecherdeixis zukommt. Es werden die für Personaldeixis genannten Kriterien eindeutig erfüllt, denn die Personenreferenz von Direktiva richtet sich danach, wer aktuell Adressat_in ist, diejenige von Kommissiva danach, wer aktuell Sprecher_in ist. Sehen wir uns ein Beispiel für Direktiva an:

(19) Bitte lies das Buch.

Die Angabe des propositionalen Gehalts beinhaltet, dass jemand das Buch liest. Wer das Buch lesen soll, ist abhängig davon, wer mit dem Sprechakt adressiert wird. In anderer Terminologie: Der Referenzakt als Teilakt des propositionalen Aktes richtet sich auf den jeweiligen Adressaten/die jeweilige Adressatin des ganzen Sprechakts. Adressatenreferenz ist also dem propositionalen Gehalt eingeschrieben.

Wenn wir uns das Verhältnis von propositionalem Gehalt und illokutionärem Zweck näher ansehen, dann bemerken wir eine sehr spezielle Reflexivität in der Architektur des Direktivs: Der Begriff des ganzen Sprechakts kommt in der Beschreibung des propositionalen Gehalts vor, denn A ist ja derjenige/diejenige, auf den der Sprechakt gerichtet ist. Was für die begriffliche Ebene der Charakterisierung des Direktivs gilt, gilt erst recht für die Interpretation des Sprechakts durch die Beteiligten im Gesprächsverlauf: Will A den propositionalen Gehalt identifizieren, dann muss er/sie schon wissen, auf wen sich der gesamte Sprechakt richtet. Er/sie kann also nicht auf der Grundlage seines/ihres semantischen Wissens ‚zuerst' den propositionalen Gehalt interpretieren und ‚dann' mithilfe des pragmatischen Wissens den illokutionären Zweck, sondern beides ist miteinander verschränkt und passiert in einem Zug. Dieser Fakt ist erneut eine Bestätigung dafür, dass die sematische Repräsentation des propositionalen Gehalts nicht vorgängig zur und unabhängig von der pragmatischen Interpretation des Sprechakts erfolgen kann – ein weiteres Argument für die kontextualistische Auffassung, die wir in den Kapiteln 6 bis 8 kennengelernt haben.

Betrachtet man (19) unter einem Formaspekt, so fällt auf, dass kein Personalpronomen vorkommt. Dies ist für Imperativsätze charakteristisch, die Verwendung von ‚… du …', in der Regel betont, ist der markierte Fall und macht ein kontrastives Verhältnis auf zwischen zwei möglichen A's, zwischen denen S eine Entscheidung trifft (‚Du, nicht du'). Dass man sich in Imperativsätzen die Anzeige des jeweiligen A durch ein Pronomen ersparen kann, ist mit der Adressatendeixis von direktiven Sprechakten erklärbar. Imperativsätze sind das klassische Mittel zum Vollzug von Direktiva. Durch den Sprechakt selbst und weitere Mittel, entweder durch Gesten, durch Blicke oder die situative Kontextkenntnis ist in der aktuellen Gesprächssituation schon geklärt, wer der/die Angesprochene ist. Eine weitere pronominale Identifizierung ist nicht notwendig.

Die Adressatendeixis von Direktiva ist allerdings unabhängig von der spezifischen Form der Äußerung, sie hängt allein von der Zuschreibung des illokutionären Zwecks ab. So kann man sich für (19) eine ganz andere Realisierungsform vorstellen, der ebenfalls Adressatendeixis zukommt:

(19$_{alt}$) *S hält ein Buch hoch*: Unbedingt lesen!

Auch hier ist A der-/diejenige, der/die das Buch unbedingt lesen soll, ohne dass ein identifizierendes Pronomen vorkommt. Adressatendeixis ist also eine relativ formunabhängige Eigenschaft direktiver Sprechakte insofern, als alternative Realisierungsformen diese spezielle Art der Deixis ebenfalls aufweisen.

Wenn wir zu **kommissiven Sprechakten** übergehen, so sehen wir, dass sie Sprecherdeixis aufweisen, die ebenso unabhängig von einer ganz bestimmten Realisierungsform ist. Sprecherdeixis heißt hier, dass der Referenzakt als Teilakt des propositionalen Akts sich auf den Sprecher/die Sprecherin des gesamten Sprechakts richtet. Auch hier ist die schon für Direktive festgestellte Reflexivität des propositionalen Gehalts gegeben. Die Standardform von Kommissiva unterscheidet sich allerdings von Direktiva dadurch, dass ein Personalpronomen mit Sprecherdeixis obligatorisch ist:

(20) Ich werde das Buch ganz bestimmt lesen.

Wird das Pronomen nicht realisiert, dann handelt es sich um einen Fall von Valenz-Reduktion, die Subjekt-Ergänzung entfällt und das Ergebnis ist ein Telegrammstil (,Werde das Buch ganz bestimmt lesen'). Dies ist bei (19) nicht der Fall, der Valenzrahmen enthält keine Subjekts-Konstituente, die irgendwie weggefallen wäre. Dass Sprecherreferenz im propositionalen Gehalt von Kommissiva für diese Kategorie definitorisch ist, zeigt sich darin, dass es eines ziemlichen kontextuellen Aufwandes bedarf, um Nicht-Sprecherreferenz hinzubekommen:

(20$_{alt}$) Lisa wird das Buch ganz bestimmt lesen.

ist am ehesten als sichere Vorhersage zu verstehen, dass Lisa das Buch liest – also nicht als Kommissiv, sondern als Assertiv. Intendiert man mit (20$_{alt}$) eine kommissive Lesart, dann wird dies nur funktionieren, wenn der Äußerung der folgende propositionale Gehalt zuschrieben wird: *S wird dafür sorgen*, dass Lisa das Buch liest. Hier ist es wieder S, der/die verspricht, in bestimmter Weise zu handeln, also Lisa zu beeinflussen, zu überreden, zu überzeugen ... Es geht darum, dass S etwas tut, und wir würden sagen, dass er/sie das Versprechen eingehalten hat, selbst wenn es letztlich nicht gelingt, Lisa zum Lesen des Buches zu veranlassen. Hieraus ergibt sich, dass die kommissive Lesart von (20$_{alt}$) Sprecherdeixis aufweist.

Die Adressatendeixis von Direktiva ist allerdings auch nicht ein so klarer Fall, wie es aufgrund der Pronomen-Ersparung von Imperativsätzen scheint. Wir müssen uns mit dem Problem der *chain-of-commands* auseinandersetzen, die bei folgendem Beispiel vorliegt:

(19$_{alt1}$) *S an A*: Lorenz soll das Buch lesen.

Der Referenzakt dieses Direktivs ist auf den ersten Blick nicht auf A gerichtet, sondern auf eine dritte Person, nämlich Lorenz, von dem die Handlung des Lesens prädiziert wird. Wenn das Verhältnis von A und dem Referenten des propositionalen Gehalts näher ausbuchstabiert wird, dann ergibt sich auch hier die A-Referenzierung als die naheliegendste Interpretation: A soll dafür sorgen, dass Lorenz das Buch liest, oder ihm zumindest die Aufforderung weiterleiten – ganz im Sinne einer *chain-of-commands*. Eine Antwort von A *Mache ich* wird sich nicht darauf beziehen können, dass Lorenz das Buch liest – das wäre eine recht autoritäre Lesart. *Ich sag's ihm* ist da schon freundlicher.

Wir können also festhalten, dass direktive und kommissive Sprechakte eine besondere Form der Adressaten- resp. Sprecherdeixis aufweisen, die allein auf der Zuordnung der Äußerung zu einer bestimmten pragmatischen Kategorie beruht. Sie ist insofern pragmatisch motiviert, als sie nicht auf eine bestimmte Realisierungsform angewiesen ist, ja im direktiven Fall muss noch nicht einmal ein deiktisches Personalpronomen auftreten. Eine solche spezifische S/A-Deixis weisen andere Sprechaktkategorien nicht auf – Assertive beispielsweise sind in der Gerichtetheit des Referenzakts völlig unbestimmt. Schaut man sich die Klassifikationskriterien für Sprechakte genauer an, so fällt auf, dass Direktiva und Kommissiva eine gemeinsame Ausrichtung haben – sie ist ‚Welt-auf-Wort'. Assertiva sind hingegen durch eine ‚Wort-auf-Welt'-Ausrichtung gekennzeichnet. Die S/A-Deixis von Direktiva und Kommissiva hängt also mit der für diese Kategorien spezifischen Ausrichtung zusammen: Die Anpassung der Welt an die Worte muss schließlich von jemandem bewerkstelligt werden, und dieser Jemand ist zu spezifizieren. Insofern ist es kein Zufall, dass S/A-Deixis mit der Welt-auf-Wort-Ausrichtung zusammenfällt, sondern in der Ausrichtung des Sprechakts ist ein wesentlicher Grund gegeben für den pragmatisch bedingten, deiktischen Charakter der Äußerung.

Literatur:

Bühler, K. (1934): *Sprachtheorie. Die Darstellungsfunktion der Sprache*. Fischer: Jena. [Neuausg. Lucius und Höhne, 1999]

Brugmann, K. (1904): *Die Demonstrativpronomina der indogermanischen Sprachen*. Leipzig: Teubner.

Brugmann, K. (1917): *Zu den Wörtern für ‚heute', ‚gestern', ‚morgen' in den indogermanischen Sprachen*. Leipzig: Teubner.

Ehrich, V. (1992): *Hier und Jetzt. Studien zur lokalen und temporalen Deixis im Deutschen*. Tübingen: Niemeyer.

Fillmore, C.J. (1975): *Santa Cruz Lectures on Deixis*, Mimeo.

Fricke, E. (2009): Deixis, Geste und Raum: Das Bühlersche Zeigfeld als Bühne. In: M. Buss u.a. (Hg.), *Theatralität des sprachlichen Handelns. Eine Metaphorik zwischen Linguistik und Kulturwissenschaften*. München: Fink, 165–186.

Fricke, E. (2012): *Grammatik multimodal – wie Wörter und Gesten zusammenwirken*. Berlin: de Gruyter.

Haase, M. (1994): *Respekt: Die Grammatikalisierung von Höflichkeit*. München u.a.: Lincom.

Levinson, S. (^{3}2000): *Pragmatik*. Tübingen: Niemeyer. [Engl.: *Pragmatics*. Cambridge: Cambridge University Press, 1983.]

Lyons, J. (1980/1983): *Semantik*. München: Beck.

Perry, J./J. Barwise (1986): *Situations and Attitudes*. Cambridge: MIT Press.

Récanati, F. (2007): *Perspectival Thought. A Plea for (Moderate) Relativism*. Oxford: University Press.

Reichenbach, H. (1947): *Elements of Symbolic Logic*. New York: Macmillan Co.

Searle, J.R./D. Vanderveken (2009): *Foundations of Illocutionary Logic*. Cambridge: Cambridge University Press.
Watts, R. J. (2004): *Politeness*. Cambridge: Cambridge University Press.
Wunderlich, D. (1971): Pragmatik, Sprechsituation, Deixis. In: *LiLi* 1/2, 153–190.

13. Ein Anwendungsbeispiel: Sprache in der Politik

13.1 Überblick

In den zurückliegenden Kapiteln wurde aufgezeigt, dass die Pragmatik als Wissenschaft vom sprachlichen Handeln vielfältige begriffliche Instrumente bereitstellt, um die Regeln und Prinzipien der Sprachverwendung zu beschreiben. Diese sollen nun auf einen Teilbereich sprachlichen Handelns angewendet werden, der sich durch eine große Öffentlichkeitswirkung, bisweilen durch hohe Brisanz und manchmal auch durch ein gewisses Risiko für den jeweiligen Kommunikator auszeichnet: die Sprache der Politik. Vorwegnehmend kann man schon sagen, dass alle bisher behandelten Teilbereiche der modernen Pragmatik in der einen oder anderen Weise relevant sind für die Analyse der Politiksprache, denn Letztere besteht zu einem wesentlichen Teil aus Bündeln sprachlicher Strategien, die politische Akteure einsetzen, um bei ihren Adressat_innen Zustimmung zu den von ihnen vertretenen Positionen zu erreichen. Es sollen in diesem Kapitel exemplarisch einige Grundbegriffe ausgewählt werden, um an ihnen zu aufzeigen, wie politische Texte und Diskurse analysiert werden können.

Wir werden also auf einige der eingeführten Grundbegriffe zurückkommen wie denjenigen der **Sprecher-Intention** (im Sinne des kommunikativen Ziels, mit dem eine Äußerung vollzogen wird) und der **Illokution** (als konventionell bestimmter kommunikativer Zweck einer sprachlichen Äußerung). Noch stärker auf die impliziten Aspekte des Sprachgebrauchs heben die Begriffe der **Präsupposition** und der **Implikatur** ab (die, wie wir sahen, jeweils unterschiedliche Arten beleuchten, wie Nicht-Gesagtes als kommunikativer Gehalt einer Äußerung fungieren kann). Des Weiteren erweist sich ein ebenfalls schon eingeführter Begriff als relevant, der in der modernen Pragmatik eine wichtige Rolle spielt, in der Politikprachenforschung jedoch noch keinen Niederschlag gefunden hat: derjenige der **pragmatischen Anreicherung** (als einer Ebene der wörtlichen oder direkten Bedeutung von Äußerungen, die jedoch nicht explizit im Satz auftaucht). Auch werden wir uns mit der **personalen Deixis** als einem Verfahren des Verweisens auf umgebende Personen und Sachverhalte auseinandersetzen, vor allem mit dem Gebrauch von Personalpronomen wie *ich* und *wir* in politischen Stellungnahmen. Um das Thema von hinten aufzurollen, soll mit der Funktion der personalen Deixis begonnen werden, um dann auf den Fall der pragmatischen Anreicherung zu sprechen zu kommen. Schließlich sollen die verschiedenen Formen der Nichtwörtlichkeit sowie die Begriffe der Illokution und der Sprecher-Intention auf ihre politolinguistische Relevanz hin befragt werden.

13.2 Personale Deixis

Von den vielfältigen Formen der sprachlichen Deixis ist die Verwendung der Personal- und Possessivpronomina, und hier die der ersten Person Singular und Plural, besonders signifikant. Um die pragmatische Dimension der Verwendung von Pronomina einzuordnen, sehen wir uns folgenden Ausschnitt aus der Neujahrsansprache der Bundeskanzlerin 2014 an:

[...]
Es gibt viel zu tun, damit Deutschland auch in Zukunft stark bleibt. Besonders wichtig ist **mir**, dass **wir unsere** Finanzen der nächsten Generation geordnet übergeben, dass **wir** die Energiewende zum Erfolg führen, dass **wir** gute Arbeit und ein gutes Miteinander in **unserem** Land haben – gerade auch weil **unsere** Gesellschaft älter und vielfältiger wird.
Wir wollen die Familien unterstützen – sie sind das Herzstück **unserer** Gesellschaft. **Wir** wollen, dass alle Kinder und Jugendlichen die bestmögliche Bildung und damit die bestmögliche Chance auf ein gutes Leben erhalten können.
Dabei wissen **wir,** dass die Fortschritte **unseres** Landes stets davon abhängig sind, dass **wir** auch in Europa vorankommen und die Staatsschuldenkrise tatsächlich dauerhaft überwinden.
[...]
Angela Merkel: Die Neujahrsansprache 2014 im Wortlaut
www.general-anzeiger-bonn.de Zugriff 30.11.2014

In seiner Untersuchung des Pronomengebrauchs in politischer Kommunikation hält John Wilson fest, dass Skalen der **Involviertheit** eine wichtige Rolle spielen; am oberen Ende der maximalen Involviertheit stehen die Pronomen *ich* und *wir*, danach folgt dann die dritte Person *er/sie/es*, aber auch das indefinite *man*, schließlich treten *sie* oder auch *die*, manchmal auch *jene* oder *solche* auf, die am anderen Ende der Skala, nämlich der maximalen **Distanziertheit** stehen (s. Wilson 1990, 45 ff.). Diese Skalen werden nicht einheitlich verwendet, sondern sie variieren von Sprecher_in zu Sprecher_in. Gemeinsam ist allen Skalen, dass die Pronomen *ich* und *wir* starke Involviertheit der Sprecher_innen signalisieren, wobei allerdings *wir* sich in Richtung des Distanzpols bewegen kann – beispielsweise in Gestalt des die Adressat_innen ausschließenden *wir*. Überdies wird *wir* häufig mehrdeutig verwendet, nicht nur im Sinne des einschließenden oder ausschließenden Gebrauchs, sondern auch in der Hinsicht, dass unterschiedliche Gruppen der Adressat_innen einbezogen werden oder eben nicht. Diese Variation spielt sich auf der pragmatischen Ebene ab.

Unmittelbar im zweiten Satz des Auszugs finden sich gleich mehrere Pronomina: ‚Besonders wichtig ist **mir**, dass **wir unsere** Finanzen der nächsten Generation geordnet übergeben ...'. Die Dativform der ersten Person (*mir*) signalisiert eine starke persönliche Involviertheit von Angela Merkel, es wird sozusagen ein Herzensanliegen formuliert. Im darauf folgenden Konstituentensatz ‚dass ...' wird der Inhalt des Anliegens in *wir*-Form vorgebracht, zusammen mit dem Possessivpronomen *unsere*. Hier geht es natürlich nicht mehr um die persönlichen Finanzen der Sprecherin, sondern um den Staatshaushalt. Es ist allerdings unklar, auf wen sich die Pronomina beziehen, wie sie referenziert werden. Es liegt vielleicht nahe, die Regierung als Agens anzunehmen; dann stellt sich sofort die Frage, ob es die ganze Regierung ist oder nur der für die Finanzen zuständige Teil, ob es die beteiligten Regierungsparteien sind, ob es die Abgeordneten der Regierungsparteien sind oder sogar – im Sinne eines partei- und fraktionsübergreifenden Vorhabens – alle Abgeordneten, die Ministerpräsidenten der Länder, die für die Finanzen zuständigen Minister der Länder, die Landtagsabgeordneten ... Es wird deutlich, dass der Umfang der mit *wir* gemeinten Personen sehr unterschiedlich ausgelegt werden kann, und es gibt im Text kein explizites Signal, auf welchen Personenkreis sich dieses Pronomen bezieht. Klar scheint zu sein, dass das *wir* als inklusives *wir* intendiert ist, so dass die Adressat_innen sich mit angesprochen fühlen. Allerdings haben die angesprochenen Bürger_innen keinen direkten Einfluss auf den

Umgang mit den Staatsfinanzen, so dass die Inklusivität eher als Einvernahme erscheint, die sich real nicht umsetzt.

Stärker noch wird dies beim Gebrauch des Possessivums deutlich. Der Vorsatz ‚... **unsere** Finanzen der nächsten Generation geordnet übergeben' kann sich nur auf das Handeln der Regierung beziehen, nicht auf dasjenige der Adressat_innen, denn es geht auch hier nicht um die Finanzen der einzelnen bürgerlichen Haushalte. Es wird jedoch der Versuch gemacht, die exklusive Lesart (‚unsere Finanzen, nicht eure') zur inklusiven umzuwandeln, indem die ‚nächste Generation' thematisiert wird – und diese besteht nun einmal aus den Kindern der Adressat_innen.

Die beiden folgenden *wir*-Verwendungen erweisen sich im Spannungsfeld von Regierenden und Regierten als sehr heterogen. Im ersten Fall ist das *wir* exklusiv, es geht lediglich um die Regierung: ‚... dass **wir** die Energiewende zum Erfolg führen' ist ein Vorhaben, für das das Umweltministerium und weitere Akteure allein die Verantwortung tragen. Dies sieht im folgenden *dass*-Satz anders aus: ‚... dass **wir** gute Arbeit und ein gutes Miteinander in **unserem** Land haben' bezieht sich natürlich nicht allein auf die Regierenden, sondern auch und vor allem auf die Bürger_innen im Land, die letztlich die Träger von Arbeit und die Subjekte des Miteinander sind. Auch würde man sagen, dass die Letztgenannten sich angesprochen fühlen, wenn es um *unser Land* geht. Hier liegt klar ein inklusives *wir* vor. Im Ergebnis treten in zwei benachbarten Gliedsätzen zwei pragmatisch zu unterscheidende Verwendungen des Personalpronomens *wir* auf, wobei nur aus dem Weltwissen der Adressat_innen und dem Kontextwissen heraus entschieden werden kann, um welchen Verwendungstyp es sich handelt.

Mehrfach kommt *unsere Gesellschaft* zur Sprache, einmal auch *unser Land*. In einer Umformulierung würde man vielleicht sagen: ‚die Gesellschaft, in der wir leben'; ‚das Land, in dem wir leben', wobei *wir* die Sprecherin und die Adressat_innen sind. Dies ist ein anderes *unser* als in der Wendung ‚unsere Finanzen', deren Gestaltung nicht den Adressat_innen obliegt. Sie sind sicherlich von den Finanzen betroffen und insofern auch zum Teil involviert, aber diese Involviertheit ist doch von ganz anderer Art als diejenige der Gesellschaft oder des Landes: Es ist eine einflusslose Involviertheit.

Bei den *wir*-Verwendungen dieser Passage findet wieder ein Wechsel zu einer rein exklusiven Verwendung statt: ‚**Wir** wollen die Familien unterstützen ...'; ‚**Wir** wollen, dass alle Kinder und Jugendlichen ...'. Hier meint Merkel sich selbst und das Kabinett, möglicherweise noch die Abgeordneten der Regierungsparteien, die eine familien- und kinderfreundliche Politik konzipieren. Dieser Wechsel erfolgt relativ abrupt, war doch vorher in inklusiver Weise von *unserer Gesellschaft* die Rede. Auch nach dem Gedankenstrich des erstgenannten Satzes kommt sie wieder zur Sprache: ‚[Familien] sind das Herzstück **unserer** Gesellschaft' – um im darauffolgenden Satz wieder zur exklusiven Lesart zurück zu kehren: ‚**Wir** wollen ...'.

Der letzte Abschnitt dieses Auszugs beginnt mit einem Regierungs-*wir*: ‚Dabei wissen **wir**...', unmittelbar gefolgt von einem inklusiven Possessivum: ‚... die Fortschritte **unseres** Landes'. Kann man das erste *wir* auch noch inklusiv verstehen, so dass das einschlägige Wissen auch von den Adressat_innen geteilt wird oder werden sollte, so ist das zweite Vorkommnis anders referenziert: ‚... dass **wir** auch in Europa vorankommen ...' kann sich nur auf die Regierenden auch der anderen europäischen Länder (allerdings nur der EU-Mitglieder) beziehen, nicht aber auf die Adressat_innen, die wohl keine Einflussmöglichkeiten auf die Überwindung der Staatsschuldenkrise haben.

Der Wechsel in der Referenzierung der Personal- und Possessivpronomen ist nicht in jedem Fall manipulativ, dahinter steht oft der Wunsch nach einem rhetorischen Einbezug der Adressat_innen, auch wenn der abrupte Wechsel zwischen inklusiver und exklusiver Lesart verwirrend und die Referenzierung auf diese Weise nicht einfach ist. Es kann darin aber auch der Versuch gesehen werden, die Verantwortlichkeit für die verfolgte Politik auf die Adressat_innen zu projizieren und sich damit ein Stück weit dieser zu entziehen. ‚Wir alle' sind verantwortlich für die Folgen von Maßnahmen, auf die ‚wir' als Bürger nur geringen Einfluss haben und die im Wesentlichen von den Regierenden allein initiiert werden. In dieser Streuung von Verantwortung ist das moralische Recht zum Protest dann suspendiert, denn es hätte wenig Sinn, gegen die selbst verantwortete Politik zu agieren. Insofern gibt es dann doch ein manipulatives Element in der Pronomenverwendung, sie ist nicht nur freundlich einvernehmend.

Eine weitere Strategie der Einvernahme stellt die Proximisierung dar, die von Pjotr Cap näher beschrieben wurde. Die von ihm entwickelte *proximazation theory* geht davon aus, dass physisch oder ideologisch fernliegende Ereignisse im politischen Diskurs so dargestellt werden, dass sie die Adressat_innen unmittelbar betreffen, entweder positiv oder negativ. So werden diese Ereignisse rhetorisch in den Aktionsradius der Angesprochenen verlegt, um so eine größere Plausibilität von Entscheidungen zu erreichen, die sich auf diese Ereignisse beziehen (s. Cap 2013).

13.3 Pragmatische Anreicherungen

In den Kapiteln 6 und 7 hatten wir den Prozess der pragmatischen Anreicherung kennen gelernt. Wir sahen auch, dass die begriffliche Fassung dieser Sinn-Ebene theorieabhängig und daher noch uneinheitlich ist. Gemeinsam ist den unterschiedlichen Ansätzen jedoch die Annahme, dass es sich nicht um eine Bedeutungsebene im semantischen Sinne handelt, sondern um das Ergebnis eines spezifischen Schlussprozesses, in den neben der lexikalischen und syntaktischen Ebene des geäußerten Satzes auch Elemente des Kontextwissens eingehen.

Pragmatische Anreicherungen können unterschiedlichen Typen zugeordnet werden. Ein häufig vorkommender Typ, der in einer kurzen Skizze vorgestellt werden soll, ist derjenige der Negationsverstärkung (s. Kapitel 6.3). Wenn also jemand sagt:

(1) Ich bin nicht unzufrieden.

dann signalisiert er nicht, dass er zufrieden ist, sondern er ist weder ganz zufrieden noch unzufrieden, also irgendetwas dazwischen. Streng genommen ergibt sich dies jedoch nicht aus dem semantischen Gehalt des Gesagten, denn dass jemand nicht unzufrieden ist, umfasst zumindest auch die Tatsache, dass er zufrieden ist – dies ist aber nicht gemeint. Der kontradiktorische Gegensatz ist also ausgeschlossen. Es findet eine pragmatische Anreicherung statt, die eine spezifischere Lesart der Negation nahelegt, im Sinne eines konträren Gegensatzes.

Ein erhellendes Beispiel für diesen Spezifizierungsprozess findet sich im öffentlichen Diskurs im Umfeld des Falls der Mauer 1989 in Berlin. Im Zuge des Besuchs des damaligen Ministerpräsidenten von Nordrhein-Westfalen, Johannes Rau, in Berlin (DDR) traten Rau und sein Gastgeber, der damalige Generalsekretär der SED, Egon Krenz, gemeinsam vor die Presse. Auf die Frage eines Journalisten, ob er sich freie Wahlen in der DDR vorstellen könne, antwortete Krenz, dass ein neues Wahlgesetz ausgearbeitet würde. Er schloss die Bemerkung an: „Überhaupt ist die Frage ‚Können Sie sich das vorstellen ...' vielleicht gar nicht so exakt gewählt, denn ich gehe davon aus, dass wir auch bisher keine unfreien Wahlen hatten" (tagesschau extra, 09. 11. 1989).

In bewusster Setzung seiner Worte verwendet Krenz nicht die naheliegende Version: ‚... dass wir auch bisher freie Wahlen hatten', sondern die Negation des Gegenteils, ‚keine unfreien Wahlen'. Er vermeidet damit eine provokative Ausdruckswahl, die wohl einen weiteren Aufschrei ausgelöst und die bestehende Unruhe in der Bevölkerung – seiner Befürchtung gemäß – weiter gesteigert hätte. Die Wendung ‚keine unfreien Wahlen' schließt semantisch nicht das Gegenteil ‚freie Wahlen' aus, allerdings ist diese Lesart als Resultat der pragmatisch motivierten Spezifizierung nicht aktualisiert. Genau diesen Mechanismus hat sich Krenz in der zitierten Äußerung zunutze gemacht.

13.4 Implikaturen

Im Kapitel 4.1 hatten wir konversationelle Implikaturen, um die es hier geht, kennengelernt. Sie entstehen im Wesentlichen dadurch, dass die Adressat_innen einer Äußerung einen kommunikativen Sinn rekonstruieren, der sich aus dem wörtlich Gesagten nicht unmittelbar ergibt. Wie wir sahen, kommen die Adressat_innen zur Zuschreibung eines Sinns, der über das Gesagte systematisch hinausgeht. Dies gelingt ihnen dadurch, dass sie eine Reihe von konversationellen Schlussprozessen durchlaufen. John Wilson hebt in seinem schon erwähnten Buch ‚Politically Speaking' hervor, dass diese Art der Sinnzuschreibung für politische Kommunikation charakteristisch ist. Da Implikaturen die Eigenschaft der Tilgbarkeit besitzen, eigenen sie sich sehr gut dafür, Botschaften zu vermitteln, für die sprecherseitig nur eine begrenzte Verantwortung übernommen werden muss (s. Wilson 1990, 21). Das, was in der Sprechakttheorie in Gestalt der wesentlichen Regel die Obligation des Sprechers beinhaltete, für die Folgen der Äußerung einzustehen (‚X gilt als Y im Kontext C'), ist im Falle von Implikaturen mindestens zum Teil suspendiert – denn der zugeschriebene kommunikative Sinn kann grundsätzlich getilgt werden.

Betrachtet man konversationelle Implikaturen im Rahmen politischer Kommunikation, so lassen sich zwei unterschiedliche Anwendungsfelder ausmachen: Zum einen geht es um die verdeckte Übermittlung von Positionen oder Auffassungen, die als solche nicht explizit gemacht werden sollen oder können. Diesen Fällen stehen solche gegenüber, die als Verletzung einer Maxime gelten müssen, ohne dass eine kooperationswahrende Interpretation möglich ist – sie sind als unkooperatives Sprachverhalten zu werten. Dies ist beispielsweise der Fall, wenn ein Sachverhalt bestritten wird, der auch nicht besteht, wobei allerdings ein anderer Sachverhalt durchaus besteht, der zum ersten in einer sehr engen Beziehung steht. Hier würde man sagen, es wurde nicht die ganze Wahrheit gesagt. Setzt man diesen Fall zu den Griceschen Konversationsmaximen in Bezug, dann wird hier die Maxime der Quantität relevant. Sie lautet mit ihren beiden Teilmaximen: „1. Mache deinen Beitrag so informativ wie (für die gegebenen Gesprächszwecke) nötig. 2. Mache deinen Beitrag nicht informativer als nötig." (Grice 1993d, 243) Ein Sprachverhalten im beschriebenen Sinne würde als Verletzung der ersten Quantitätsmaxime gelten.

Sehen wir uns dazu ein Beispiel an, das einer dpa-Meldung entnommen wurde. Sie wird in der Fassung der Wochenzeitschrift *Hintergrund* zitiert:

Drohnen-Affäre: De Maizière räumt unklare Aussagen ein.

Verteidigungsminister Thomas de Maizière (CDU) hat vor dem Drohnen-Untersuchungsausschuss eingeräumt, in der „Euro Hawk"-Affäre zunächst unklare Angaben zu seiner Einbindung in das Rüstungsprojekt gemacht zu haben. ‚Im Rückblick sage ich heute: Ich bedauere, dass ich mich am 5. Juni nicht klarer ausgedrückt habe', sagte er am Mittwoch in Berlin. Er wollte bei der damaligen Aussage vor dem Verteidigungsausschuss nicht den Eindruck vermitteln, er habe von nichts gewusst.

De Maizière hatte am 5. Juni gesagt, er habe auf einer Rüstungsklausur am 1. März 2012 erstmals von Problemen beim „Euro Hawk" erfahren und sei dann am 13. Mai 2013 über den Stopp der Beschaffung der Aufklärungsdrohne unterrichtet worden. In der Zwischenzeit habe es keine Vorlage mit einer Gesamtdarstellung der Probleme gegeben. Nach dieser Aussage sei in der Öffentlichkeit der unzutreffende Eindruck entstanden, er sei nie zwischen den Terminen über Probleme unterrichtet worden, sagte der Minister am Mittwoch. Das sei nicht der Fall. Die Probleme seien ihm aber immer mit dem Hinweis beschrieben worden, es werde an einer Lösung gearbeitet. Zuvor hatte bereits Stéphane Beemelmans, de Maizières Rüstungsstaatssekretär versucht, seinen Chef zu entlasten. Er habe de Maizière zu spät informiert, er sehe „auch in der Rückschau keinerlei Holschuld des Ministers".

(31.07.2013/hg/dpa) aus: Hintergrund – das Nachrichtenmagazin, 26.11.2014 (www.hintergrund.de/201307312730/kurzmeldungen/aktuell/drohnen-affaire-demaizière-raumt-unklare-aussagen-ein.html)

Es liegt hier ein Fall politischer Kommunikation vor, in dem der beteiligte Politiker, der ehemalige Verteidigungsminister de Maizière, einen implikativen Effekt seiner Äußerung bemerkt und zurücknimmt, weil er ihn selbst für irreführend hält. Fragen wir uns zunächst, wie dieser Effekt entstehen konnte: Die entscheidende Passage der Meldung berichtet über eine Stellungnahme de Maizières: „In der Zwischenzeit (zwischen dem 1. März und dem 13. Mai 2013, F.L.) habe es keine Vorlage mit einer Gesamtdarstellung der Probleme gegeben." Hieraus schließen wir als Adressaten der Äußerung aufgrund der ersten Maxime der Quantität, dass der damalige Verteidigungsminister maximal informativ war; insofern verstärken wir das Gesagte zu der Aussage, es habe keine Unterrichtung des Ministers im fraglichen Zeitraum gegeben, denn wenn dies der Fall gewesen wäre, dann hätte er es in seiner Verlautbarung gesagt. Wie de Maizière selbst zugibt, war dies anders, er ist sehr wohl über die Probleme unterrichtet worden, nur nicht in endgültiger Form und nicht in einer Gesamtdarstellung. Es liegt also ein Fall der Irreführung vor, wie es der Minister auch selbst zugibt, denn es werden Vorgänge unterschlagen, die die Adressaten als Ergebnis eines pragmatischen Schlussprozesses, einer Implikatur, für ausgeschlossen halten mussten.

De Maizière thematisiert im Verlaufe seiner Stellungnahme diesen Schlussprozess selbst und nimmt ihn explizit zurück. Allerdings leugnet er ihn nicht, sondern er gibt zu, dass adressatenseitig dieser Schluss gezogen werden musste – ein Moment der Redlichkeit eines in Bedrängnis geratenen Politikers. Ein weiteres Beispiel zeigt, dass in Interviewsituationen unangenehme oder schwierige Fragen oft mittels eines ähnlichen Verfahrens pariert werden. Im Folgenden geht es um ein Interview der tagesthemen.de mit dem politischen Geschäftsführer von Bündnis 90/die Grünen, Michael Kellner:

tagesschau.de: Bei vielen Rednern klang bereits das Thema Bundestagswahl 2017 an. Wie realistisch ist dann ein schwarz-grünes Bündnis?

Kellner: Wir sind heute im Jahr 2014 – und ich kriege weder graue Haare, wenn ich über Schwarz-Grün in Hessen noch wenn ich über Rot-Rot-Grün in Thüringen rede. Diese Beispiele zeigen unsere Stärke und Eigenständigkeit. Klar ist für uns vor allem: Wir können keine Option ausschließen. Wir werden nach unseren Inhalten gehen und ausloten, was möglich ist, und danach entscheiden wir.

tagesschau.de, 22.11.2014

Schauen wir uns den letzten Satz an: ‚Wir werden nach unseren Inhalten gehen und ausloten, was möglich ist, und danach entscheiden wir'. An dieser Stelle liegt ein offenkundiger Verstoß gegen die Relevanzmaxime vor, denn es handelt sich um Selbstverständlichkeiten, die eigentlich keiner Erwähnung bedürften. Die konversationelle Implikatur dieses Auszugs könnte man etwa so wiedergeben: Es ist noch zu früh, um Festlegungen für mögliche Koalitionen im Jahr 2017 abzugeben, aber auszuschließen ist ein schwarz-grünes Bündnis nicht. Da es sich um einen pragmatischen Schlussprozess handelt, ist auch dieser grundsätzlich tilgbar; der kommunikationsstrategische Vorteil der Implikatur besteht also in der Streichbarkeit des Effekts. Stellt man sich vor, tagesschau.de würde nachhaken und fragen, ob damit ein schwarz-grünes Bündnis als möglich erscheint, könnte dies leicht verneint werden – ohne sich einen Widerspruch zum Gesagten einzuhandeln.

13.5 Präsuppositionen

Im Kapitel 5.2 hatten wir Präsuppositionen kennengelernt. Im Bereich der Politolinguistik zählt es zu den wichtigen Verfahren, mögliche Präsuppositionen zu identifizieren. Auf diese Weise lassen sich Voraussetzungen von Behauptungen und anderen Sprechakten, die nicht Teil ihres kommunikativen Sinns sind, explizit machen. Präsuppositionen nehmen deswegen oft den Charakter von Unterstellungen an, auf die man nicht unmittelbar eingehen kann. Will man eine Präsupposition anzweifeln oder zurückweisen, so ist dies nur möglich, wenn zunächst auf die Äußerung selbst Bezug genommen wird, um in einem zweiten Schritt die Präsupposition dieser Äußerung zu thematisieren. Dies ist in der Regel argumentativ aufwändiger als die präsuppositionshaltige Behauptung selbst, was einen diskurs-strategischen Nachteil darstellen kann.

Stellt beispielsweise ein Sprecher die Forderung auf, es müsse die Ungerechtigkeit beseitigt werden, dass Ausländer kostenlos deutsche Autobahnen benutzen, so kann man dieser Forderung nicht dadurch widersprechen, dass man sagt, diese Ungerechtigkeit müsse nicht beseitigt werden. Mit einem solchen Widerspruch akzeptiert man, dass die Ungerechtigkeit überhaupt existiert. Die Existenzpräsupposition der Forderung lässt sich nur bestreiten, wenn sie explizit thematisiert wird, etwa durch den Hinweis, dass die Behauptung der Ungerechtigkeit unzutreffend sei, denn auch Deutsche würden im Ausland Autobahnen kostenlos benutzen, und insofern gebe es nichts zu beseitigen. Existenzpräsuppositionen entstehen oft im Zusammenhang mit dem Gebrauch von nominalen Ausdrücken, aber auch der Gebrauch von Verben kann Präsuppositionen auslösen. Im Kapitel 5.2 wurden implikative Verben wie *gelingen* oder *aufhören* behandelt, deren Gebrauch präsupponiert, dass dem Gelingen ein Versuch, dem Aufhören eine Handlung vorausgegangen ist. Als Beispiel aus der Politiksprache lässt sich ein

Wahlplakat der Linken im Rahmen der letzten Bundestagswahl (2013) anführen, das neben dem Parteilogo aus folgendem Text besteht:

(2) Waffenexporte verbieten! Auslandseinsätze beenden!

Mit dem Gebrauch des Verbs ‚verbieten' wird präsupponiert, dass Waffenexporte bis jetzt erlaubt sind – und es wird weiterhin unterstellt, dass sie schädlich sind, auch wenn dies nicht im strengen Sinne zur Präsupposition gehört. Der zweite Satz enthält die Präsupposition, dass zur Zeit des Wahlkampfs Auslandseinsätze durchgeführt werden – und weiterhin wird unterstellt, dass es Gründe gibt, diese zu beenden.

Ein Slogan auf einem Wahlplakat der CDU lautet:

(3) Gute Arbeit und neue Ideen. So bleibt Deutschland stark.

Der erste Satz ist elliptisch, er enthält kein Verb, so dass man es in der Lektüre ergänzen muss – man kann vermuten, dass beides benötigt wird, damit sich der im zweiten Satz beschriebene Zustand ergibt. Für diese Lesart spricht das Konjunktionaladverb *so*, das den ersten Satz als Voraussetzung des zweiten situiert. Das implikative Verb *bleiben* im zweiten Satz beinhaltet nun die Präsupposition, dass Deutschland bisher auch stark war, denn anders ergibt seine Verwendung keinen Sinn. Es steht allerdings die Frage im Raum, wie Deutschland ohne gute Arbeit und neue Ideen stark sein konnte, denn dies wird ja erst gefordert (s. ausführlicher hierzu Liedtke ersch.).

13.6 Illokutionäre Akte

In den Teilkapiteln 3.3 und 3.4 dieses Buches hatten wir den Begriff des illokutionären Aktes und seiner Teilakte kennengelernt. Wie wir sahen, ist ein **illokutionärer Akt** gelungen, wenn die Adressat_innen die Sprecherintention erkennen, die mit dem Sprechakt verfolgt wird. Sie müssen also beispielsweise wissen, dass sich der Sprecher/die Sprecherin mit einem assertiven Sprechakt darauf festgelegt hat, dass das Gesagte wahr ist; oder dass sie in der Folge eines direktiven Sprechakts zur Ausführung einer Handlung verpflichtet sind.

Es ist klar, dass sämtliche Sprechaktklassen eine Rolle im politischen Sprachgebrauch spielen. Im Zuge einer sprach- und kommunikationskritischen Analyse ist die Zuordnung zu einem Sprechakttyp ein wichtiger Schritt, denn die in der Äußerung enthaltenen Indikatoren für die Illokution sind nicht immer gut erkennbar. Bewertungen eines Sachverhalts, also Expressiva, werden oftmals in Gestalt von reinen Tatsachenbeschreibungen, d.h. Assertiva übermittelt, etwa in der Art: *Es ist doch für jeden ersichtlich, dass wir es hier mit einer unerträglichen Fehlentscheidung zu tun haben.*

Auch die spezifische illokutionäre Kraft, also die Stärke, mit der ein Sprechakt hervorgebracht wird, kann von Sprecher_innen und Adressat_innen unterschiedlich interpretiert werden. Hier spielt die Tatsache, dass politische Sprechakte in der Regel mehrfach adressiert sind, eine wichtige Rolle. So können die Einschätzungen bei der Zuschreibung der illokutionären Kraft ziemlich auseinandergehen. In der öffentlichen Kommunikation findet sich häufig ein Effekt, der als **illokutionäre Verstärkung** bezeichnet werden kann: Wenn ein Politiker eine vage Ankündigung äußert, dann wird dies oft verstärkt zu einem Versprechen, die Äußerung einer bloßen Vermutung wird als unumstößliche Feststellung aufgefasst, eine verhaltene Wunschäußerung als fordernder Aufruf, eine reine Frotzelei als schlimme Verunglimpfung interpretiert. Will man politisch erfolgreich kommunizieren, dann muss man mit diesem Verstärkungseffekt jederzeit rechnen. Ist beispielsweise eine vage Ankündigung einmal zu einem gegebenen Versprechen illokutionär verstärkt worden, dann nützt es nichts mehr, sich auf die illokutionär schwächere Sprechaktzuordnung, wie sie in der face-to-face-Kommunikation erlaubt wäre, zurückzuziehen. Die verstärkte Lesart wird faktisch als intendierte illokutionäre Kraft des Sprechakts zugeschrieben. Schauen wir uns ein Beispiel an, in dem ein prominenter Politiker sich mit diesem Interpretationseffekt auseinandersetzen muss. Es ist in der folgenden Meldung der tagesschau.de geschildert:

Es war kein offizielles Interview, betont das Amt des französischen Premierministers mit Blick auf ein Gespräch mehrerer Zeitungen über die Flüchtlingspolitik. Ob Valls einen Aufnahmestopp von Flüchtlingen in Europa gefordert hat, darüber herrscht Verwirrung. Es steht Aussage gegen Aussage.

Von Caroline Ebner, tagesschau.de

Hat der französische Premierminister Manuel Valls einen Aufnahmestopp für Flüchtlinge gefordert – oder nicht? In dieser Frage gab es am Morgen Verwirrung.

Offiziell heißt der Wortlaut, den das Amt des französischen Premierministers *tagesschau.de* mitteilte: „Die Europäische Union muss sagen, dass sie nicht mehr so viele Flüchtlinge aufnehmen kann."

Das ist ein Unterschied zu dem, was *tagesschau.de* zunächst unter Berufung auf die „Süddeutsche Zeitung" berichtet hatte. Die Zeitung hatte nach einem Gespräch beim Premierminister Valls mit den Worten zitiert: „Wir können nicht noch mehr Flüchtlinge in Europa aufnehmen – das ist nicht möglich." Daraus hatte die Zeitung die Schlagzeile gemacht „Europa muss Grenzen schließen" und geschrieben, Valls habe einen Aufnahmestopp für Flüchtlinge aus dem Nahen Osten gefordert.

Doch bei dem Treffen Valls mit mehreren ausländischen Zeitungen, unter ihnen auch die „Süddeutsche Zeitung", habe es sich um ein Gespräch und nicht um ein offizielles Interview gehandelt, betont das Amt des Premierministers. Über diese Klarstellung und das offizielle Statement des Amtes zur Flüchtlingspolitik hat *tagesschau.de* wiederum kurze Zeit später in einem Text des Pariser *ARD-Korrespondenten Andreas Teska* berichtet – und den Unterschied in den Versionen mit einem Übersetzungsfehler begründet.

Doch der scheint nicht zwangsläufig vorhanden zu sein – vielmehr geht es möglicherweise um den Unterschied zwischen dem offenbar tatsächlich Gesagten und der offiziellen Position des Premierministers, wie es sein Büro mitteilte.

Insofern steht Aussage gegen Aussage: Laut dem Amt des Premierministers hat Valls also nur gesagt, dass Europa nicht ebenso viele Flüchtlinge wie bisher aufnehmen kann – und deshalb zugleich hervorgehoben, dass es um eine bessere Sicherung der Außengrenzen der EU gehen muss. Für die Menschen, die das Bürgerkriegsland Syrien verlassen würden, müssten andere Lösungen wie beispielsweise die Aufnahme in Nachbarstaaten gefunden werden. Das ist die seit Wochen bekannte französische Position in der Flüchtlingspolitik.

Die „Süddeutsche Zeitung" bezieht sich dagegen auf das im Gespräch Gesagte und Gehörte – nicht auf die Stellungnahme des Amtes des Premierministers zum Gespräch – und schlussfolgerte die Forderung nach einem Aufnahmestopp daraus.

Ob Premierminister Valls in dem Gespräch indirekt einen Aufnahmestopp für Flüchtlinge gefordert hat, ist weiterhin fraglich. Das wissen nur die, die dabei waren. Eine offizielle Position der französischen Regierung ist es aber definitiv nicht.

www.tagesschau.de/ausland/frankreich-valls-fluechtlinge-aufnahmestopp-103.html, 25.11.2015

Hier stehen offenbar zwei Sprechaktinterpretationen im Konflikt miteinander. Nach der einen hat der französische Premierminister die Einschätzung vertreten, dass „Europa" - also die europäische Union mit ihren Institutionen - die Botschaft aussenden müsse, dass nicht mehr so viele Flüchtlinge wie bisher aufgenommen werden können. Daraus folgt nicht zwangsläufig ein Aufnahmestopp. Genau dies hatte aber die Süddeutsche Zeitung nach dem Gespräch mit dem Premierminister in ihrer Meldung verbreitet, zusammen mit der Aussage, dass nicht mehr Flüchtlinge in Europa aufgenommen werden können. Der Kernsprechakt in der Version I ist eine Aussage darüber, was die Europäische Union kommunizieren sollte - nämlich dass die Aufnahme von Flüchtlingen nicht unbegrenzt ist; der Kernsprechakt in der Version II ist eine Forderung, was zu tun sei - nämlich die Grenzen zu schließen. Letztlich ist es nicht entscheidbar, ob Valls im Gespräch die von der Süddeutschen Zeitung wiedergegebene Position II tatsächlich vertreten hat, sich also in Widerspruch zu der offiziellen Version I seines eigenen Amtes begeben hat - oder aber ob die Zeitung für diese Verschärfung verantwortlich ist. Im Ergebnis ist das, was wir illokutionäre Verstärkung genannt haben, in Reinkultur zu beobachten, nämlich der Übergang von der eher vorsichtig formulierten Version I zur weitaus schärferen Version II.

Wie kommt es zu dieser Verstärkung oder Verschärfung? Diese Frage ist nicht leicht zu beantworten. Vieles verdankt sich der schon erwähnten Tatsache, dass es sich bei der ursprünglichen Version I um ein Gespräch zwischen Einzelpersonen handelt, auch wenn sie für ein politisches Amt oder eine Zeitung stehen. Die Version II entsteht in einer gänzlich anderen Kommunikationssituation, die durch eine unbegrenzte Anzahl von Adressat_innen gekennzeichnet ist. Auch der Faktor der holzschnittartigen Wiedergabe von Stellungnahmen in der Massenkommunikation spielt sicher eine Rolle, denn eine Meldung über ein notwendiges Kommunikationsverhalten der europäischen Institutionen ist nicht so eingängig wie eine einfache Forderung nach Grezschließung. Festzuhalten ist, dass der Verstärkungseffekt von jedem politisch Sprechhandelnden in Rechnung gestellt werden muss - oft genug ist dies aber nicht der Fall, was zu kommunikativen Verwicklungen wie in dem angegebenen Beispiel führt.

Bei der Illokutionsanalyse müssen jedoch nicht nur die Zuordnung des identifizierten Sprechakts zu einer spezifischen Kategorie oder die Bestimmung der speziellen illokutionären Kraft, sondern auch die konstitutiven Regeln für ihren Vollzug beachtet werden. Gerade in der Wahlkampfkommunikation begegnet man häufig kommissiven Sprechakten, entweder in Form von Ankündigungen oder auch in Gestalt expliziter Wahlversprechen. Die Einleitungsregel für kommissive Sprechakte lautet, dass die Handlung oder die Reihe von Handlungen, zu deren Ausführung sich jemand verpflichtet, von diesem auch ausgeführt werden kann. Es kommt in der öffentlichen Kommunikaiton allerdings vor, dass diese Regel nicht erfüllt ist. Dies ist vor allem darauf zurückzuführen, dass der Erfolg der versprochenen Handlungen weder von einer Person noch von einem ganzen Team garantiert werden kann, weil der Sachverhalt einfach zu komplex ist, um ihn einfach versprechen zu können. So sind Ankündigungen, innerhalb einer begrenzten Frist eine bestimmte Zahl von Arbeitsplätzen zu schaffen, zwar grundsätzlich möglich, jedoch ist die Einleitungsregel damit nicht zu erfüllen: Kein einzelner Politiker kann Millionen von Arbeitsplätzen schaffen. Sie ist nur dann erfüllbar, wenn die versprochenen Handlungen aufgrund der Fähigkeiten und Einflussmöglichkeiten der Akteure auch durchgeführt werden können. Man kann beispielsweise versprechen, sich ständig für eine solche Politik einzusetzen, die zu einer Steigerung der Arbeitsplatzzahlen führt. Eine solch differenzierte Ausdrucksweise steht aber wiederum im Konflikt mit dem Zwang, beispielsweise auf einem Wahlplakat holzschnittartig Dinge zu fordern oder zu versprechen.

13.7 Sprecher-Intention

Im Kapitel 2 hatten wir die Bedeutungsexplikation von H.P. Grice kennengelernt. Sie beruht zentral auf dem Begriff der Intention. Eine etwas gestraffte Version lautet:

> Ein Sprecher / eine Sprecherin meint etwas mit einer Äußerung x, wenn er / sie beabsichtigt, dass x bei einem Adressaten / einer Adressatin zu einem Glauben führt mittels der Erkenntnis dieser Absicht. (s. Grice 1993a, 11)

Im Folgenden soll ein Beispiel diskutiert werden, das zeigt, welche Rolle die Identifizierung der Sprecherintention im Rahmen einer Analyse der politischen Sprachverwendung spielt. Im ersten Beispiel geht es darum zu illustrieren, dass eine Identifizierung der Sprecher-Intention notwendig ist, um zu verstehen, was der Sprecher gemeint hat. Im zweiten zeigt sich, dass der Sprecher nicht der alleinige Souverän ist, wenn es um die Zuschreibung der kommunikativen Intention geht, sondern dass dies durchaus ein Fall für kommunikative Aushandlung oder sogar eine Frage der adressatenseitigen Interpretationsmacht ist.

Nehmen wir an, ein Politiker gerät aufgrund einer als skandalös empfundenen Äußerung in eine Situation, in der sein Rücktritt gefordert wird. Eines Tages tritt er vor die Presse und sagt im Zusammenhang einer längeren Erklärung:

(1) Ich hänge nicht an diesem Amt.

Diese Äußerung lässt mehrere Interpretationen zu: Man kann einerseits zur Lesart kommen, dass der bedrängte Politiker über seine grundsätzliche Haltung gegenüber Ämtern oder gegenüber diesem Amt Auskunft gibt, ohne dass etwas daraus folgt. Er kann weitergehend so verstanden werden, dass er dieses Amt nicht unter allen Umständen ausüben muss, sondern sich auch andere Optionen vorstellen kann – mit einem leicht drohenden Unterton also, der einen Rücktritt als Verlust erscheinen lässt. Schließlich kann diese Äußerung als Rücktrittsankündigung verstanden werden, so dass als nächster Schritt der Rücktritt vom besagten Amt selbst erwartet werden muss. Wenn wir uns als Rezipienten auf die Lesarten-Suche begeben, dann überlegen wir, welche Intention der Sprecher damit verfolgt haben könnte – will er nur etwas über seinen Gemütszustand sagen, sollen wir uns vorstellen, es gäbe ihn nicht mehr, oder will er tatsächlich zurücktreten?

Bei der Bestimmung der intendierten Wirkung – um mit Grice zu sprechen – bezieht man sich im Wesentlichen auf die einschlägigen **Kontextinformationen**. Man macht sich Gedanken über den Sprecher (Ist er jemand, der schnell das Handtuch wirft oder nicht?); man rekonstruiert die Situation, die zu dem Skandal geführt hat (War der Anlass wirklich so gravierend?); vielleicht reflektiert man auch die allgemeine Stimmung (Gilt sein Verhalten tatsächlich als skandalös?). Nach der Berücksichtigung dieser Faktoren gelangt man als Rezipient zu einem versuchsweisen Ergebnis, das dem Sprecher eine bestimmte Intention unterstellt – bis zum Erweis des Gegenteils. Man nimmt zum Beispiel aufgrund der genannten Kontextinformationen an, dass der Sprecher bei seinen Rezipienten die Befürchtung wecken wollte, dass es ihn in diesem Amt nicht mehr gibt – so dass ihm eine entsprechende Intention unterstellt werden kann. Ist diese Lesart einmal angenommen worden, so kann man für sich überlegen, wie man darauf reagiert – je nachdem, ob man einen Rücktritt für angebracht hält oder nicht. Was allerdings in einer Analyse der Politiksprache berücksichtigt werden muss, ist ihre **Mehrfachadressiertheit**. Eine öffentlich geäußerte Ankündigung unterliegt wie schon gesagt anderen Einflussgrößen als eine Äußerung, die wir in einem face-to-face-Gespräch vollziehen. Die Reaktionen sind nicht immer berechenbar, und auch die interpretativen Strategien sind möglicherweise breit gestreut. So kann es vorkommen, dass ein und dieselbe Äußerung in völlig entgegengesetzter Weise interpretiert wird, und diese schwierige Vorhersagbarkeit macht politische Kommunikation bisweilen zu einem riskanten Unternehmen.

Wir hatten schon im zweiten Kapitel gesehen, dass Intentionszuschreibungen nicht immer in der alleinigen Verfügungsgewalt des/der Äußernden liegen. Sie sind vielmehr abhängig von **kontextuellen Gegebenheiten** und **allgemeinen Verstehensvoraussetzungen**, denen Sprecher_innen unterliegen. Der gerade erwähnte Faktor der Mehrfachadressiertheit kommt hinzu. Im folgenden, abschließenden Beispiel gelingt es dem Sprecher nicht, seine kommunikative Intention als Lesart dessen, was er gesagt hat, durchzusetzen. Eine beabsichtigte Ironie wurde als ernst gemeinte Äußerung – gegen den Sprecher – aufgefasst:

Als der ehemalige Bundesumweltminister Norbert Röttgen zum Spitzenkandidaten der CDU für die NRW-Landtagswahl 2012 gewählt wurde, stand ihm eine schwierige Aufgabe bevor. Er trat gegen die beliebte SPD-Ministerpräsidentin Hannelore Kraft an, die in Wahlumfragen sowohl persönlich als auch mit ihrer Partei weit vor dem CDU-Kandidaten lag. In einer Talkshow wurde ihm, wie auch schon oft vorher, eine Gretchenfrage gestellt, nämlich ob er auch als Oppositionsführer nach Nordrhein-Westfalen wechseln und somit auf seinen Ministerposten in Berlin verzichten würde – eine Frage nach der Glaubwürdigkeit also, die ihn regelmäßig in Verlegenheit brachte. Röttgen griff auch hier wieder auf seine Standardantwort zurück, die lautete, er werde als Ministerpräsident nach Nordrhein-Westfalen wechseln, und fügte dann folgenden Satz hinzu: *Bedauerlicherweise entscheidet nicht alleine die CDU darüber, sondern die Wähler entscheiden darüber.*

Mit seiner Bemerkung bedauerte Röttgen auf ironische Weise, dass seine Partei keine grenzenlose Macht habe, um beispielsweise den Ministerpräsidenten des bevölkerungsreichsten Bundeslandes zu wählen. Diese Ironie war offensichtlich misslungen, denn in den Presseberichten wurde die Bemerkung als Patzer, Freud'scher Versprecher oder Ausrutscher verbucht. Der Misserfolg war sicher auch darauf zurückzuführen, dass man mit einer Ein-Parteien-Herrschaft in Deutschland nur wenige gute Vorstellungen verbinden konnte.

Wir können also festhalten, dass die kontextuellen Bedingungen – hier die Verstehensvoraussetzungen der Adressat_innen, d.h. die Sensibilität gegenüber Herrschaftsansprüchen einer Partei – eine entscheidende Rolle spielten bei der Zuschreibung der kommunikativen Intention. An dem gewählten Beispiel wird deutlich, dass solche Zuschreibungen zumal in politischer Kommunikation eingewoben sind in Determinationsgefüge, die das subjektiv Intendierte überlagern können bis hin zu einer Gegeninterpretation, der sich der Sprecher im Nachhinein stellen muss.

Literatur:

Cap, P. (2013): *Proximization. The Pragmatics of Symbolic Distance Crossing*. Amsterdam: Benjamins.
Girnth, H. /K. Spieß (Hg.) (2006): *Strategien politischer Kommunikation. Pragmatische Analysen*. Berlin: Erich Schmidt.
Grice, H. P. (1993a): Meinen, Bedeuten, Intendieren. In: G. Meggle (Hg.), *Handlung, Kommunikation, Bedeutung*. Frankfurt: Suhrkamp, 2–15.
Grice, H. P. (1993d): Logik und Konversation. In: G. Meggle (Hg.), *Handlung, Kommunikation, Bedeutung*. Frankfurt: Suhrkamp, 243–265.
Liedtke, F. (ersch.): Sprachliches Handeln und Politolinguistik. In: Th. Niehr/J. Kilian/M. Wengeler/ (Hg.), *Handbuch Sprache und Politik*. Bremen: Hempen.
Wilson, J. (1990): *Politically speaking. The pragmatic analysis of political language*. Oxford: Blackwell.

14. Ausblick: Kommunizieren als kultureller Habitus

Nachdem in diesem Buch eine Vielzahl von Aspekten der modernen Pragmatik – auch mit Blick auf Nachbardisziplinen wie Syntax und Semantik – vorgestellt wurde, stellt sich abschließend die Frage, ob es eine einheitliche Sicht auf die verschiedenen Erscheinungsformen sprachlichen Kommunizierens geben kann. Ich bin der Meinung, dass man in der Tat aus den hier vorgestellten Beschreibungs- und Erklärungsansätzen eine gemeinsame Grundauffassung herausdestillieren kann, die manchmal implizit, bisweilen aber auch explizit vertreten wird. Sie lässt sich wenigstens zum Teil mit dem Begriff des **Habitus** beschreiben, der von P. Bourdieu und vor ihm von M. Mauss geprägt wurde. Unter Habitus versteht Bourdieu den Niederschlag gesellschaftlicher Werte, Normen und Praktiken – des Feldes, wie er es nennt – in den Denk-, Handlungs- und Wahrnehmungsstrukturen eines Individuums (s. Bourdieu 1976). Habitus manifestiert sich als ein System dauerhafter Dispositionen, wie Bourdieu sich ausdrückt, also als eine Bereitschaft, in bestimmter Weise zu handeln, so wie es die ‚anderen' auch tun, entweder durch Nachahmung oder explizite Unterweisung. Dies kann die Art betreffen, wie man geht, isst, sich kleidet, wie und worüber man spricht, wie man etwas wahrnimmt oder bewertet, und welche Schlüsse man daraus für sein Verhalten zieht.

Wir haben im Verlaufe der Einführung zwei Ansätze kennengelernt, die sich gut mit der Vorstellung des Habitus verbinden lassen, denn in gewisser Weise – in eher kurzen Nebenbemerkungen – haben sie diese Verbindung selbst hergestellt. Dies ist einerseits die Theorie der pragmatischen Standardbedeutung, die von S. Levinson entwickelt wurde, und andererseits die Theorie der kulturellen Evolution von M. Tomasello, die auf den Begriffen der geteilten Intentionalität und der Kooperation aufbaut. Im Folgenden sollen diese beiden Ansätze noch einmal aus der Perspektive der Kulturalität und ihrer Entwicklung vorgestellt werden, nicht ohne auch die vorhergehenden und benachbarten Ansätze angesprochen zu haben (s. hierzu auch Liedtke 2016).

In der Nachfolge des phänomenologischen Soziologen Alfred Schütz entwickelte sich in den vierziger und fünfziger Jahren des letzten Jahrhunderts das sozialwissenschaftliche Paradigma der **Ethnomethodologie**, wie es von Harold Garfinkel begründet worden war (s. Schütz 1932, Garfinkel 1967). Garfinkels Anspruch war es, die weitgehend unbemerkten Hintergrundannahmen des alltäglichen Handelns freizulegen und aus der Perspektive der Handelnden selbst beschreibbar zu machen. Die Ethnomethodologie hat, ebenso wie die Ethnographie des Sprechens (Hymes 1962), wesentlich dazu beigetragen, Fragen zur kulturellen Bedingtheit sprachlichen Handelns in den Mittelpunkt des Interesses zu stellen. Zu Beginn der siebziger Jahre (s. Gumperz/Hymes 1972) entstanden Arbeiten, die das Gesprächsverhalten sowohl im angelsächsischen Kulturbereich als auch in anderen Kulturen in vergleichender Perspektive untersuchten und somit wichtige Einsichten in die Spezifik kommunikativ-kultureller Muster ermöglichten.

Die Teildisziplin der **interkulturellen Pragmatik** hat die vergleichende Perspektive zum Programm erhoben. Hier geht es um den Vergleich pragmatischer Prinzipien, die sich beispielsweise darin zeigen, wie Höflichkeit sprachlich realisiert wird. In der Annahme, dass es neben kulturspezifischen Formen auch kulturübergreifende Konstanten gibt, haben vor allem G. Leech (1983, 2014) sowie P. Brown und S. Levinson (2007) sprachliche Höflichkeit untersucht. Im Vordergrund standen die Techniken der Gesichtswahrung in der Interaktion, was zunächst die Frage einschloss, wie das eigene

Gesicht (*face*) sowie dasjenige des Interaktionspartners durch angemessenes Kommunizieren gewahrt wird. Es ging aber auch darum, wie bei Bedrohung des Gesichts kompensierende Maßnahmen zur Beseitigung der Gefahrenquelle ergriffen werden. An diese grundlegenden Arbeiten hat sich eine **interkulturelle Höflichkeitsforschung** angeschlossen, die sich für den Ausdruck von Nähe, aber auch von Distanz und Ehrerbietung über verschiedene Kulturen hinweg interessiert (s. hierzu die Sammelbände von Bargiela-Chiappini 2011 sowie von Ehrhard, Neuland und Yamashita 2011). Viele dieser Ansätze beziehen sich explizit auf das Gricesche Kooperationsprinzip und die Konversationsmaximen. Entweder werden die ursprünglichen Maximen auf Höflichkeitsphänomene angewandt, oder aber es werden eigene, dem Gegenstand angemessene Prinzipien formuliert, die dem Kooperationsprinzip an die Seite gestellt werden. Leech nimmt in seinem Ansatz ein Höflichkeitsprinzip an, das mit dem Kooperationsprinzip teilweise konkurriert. So kann beispielsweise die Qualitätsmaxime (der Wahrheit) nicht immer erfüllt werden, wenn man höflich sein will. Daraus folgt, dass die Wirksamkeit des Kooperationsprinzips durch das Höflichkeitsprinzip an dieser Stelle gekappt wird.

Kommunizieren zwischen Angehörigen unterschiedlicher Kulturen wird infolge dieser Ansätze als die Suche nach einer gemeinsamen Grundlage (*common ground*) aufgefasst, auf der die Kommunizierenden sich verständigen können. Eine alternative Erklärungsstrategie verfolgt I. Kecskes in seinen Arbeiten. Gerade Situationen interkultureller Kommunikation zeigen seiner Meinung nach deutlich, dass nicht von einem festen, für alle Beteiligten gemeinsamen Hintergrundwissen ausgegangen werden kann. Vorherrschend ist vielmehr eine eher **egozentrische Sicht** der beteiligten Kommunikationspartner, die zunächst von ihren eigenen Maßstäben höflicher Kommunikation oder Kooperation ausgehen, auch wenn dies nicht unbedingt die Maßstäbe ihres Interaktionspartners sind. Auf dem Wege eines *Trial-and-Error*-Verfahrens werden diese Maßstäbe im Laufe der Kommunikation wechselseitig angepasst. Kooperation ist also das Ergebnis eines solchen dynamischen Anpassungsprozesses (s. Kecskes/Mey 2008).

Pragmatische Prinzipien als Teil der kulturellen Ressource einer Gesellschaft kann man unter zwei Gesichtspunkten betrachten: Entweder geht man, wie Leech oder Brown/Levinson, von kulturübergreifenden Prinzipien aus und bricht sie dann bei der Betrachtung von Einzelphänomenen (wie Höflichkeit) herunter auf die Ebene der Einzelkultur. Andererseits kann man auch den umgekehrten Weg gehen und eine *bottom-up*-Strategie verfolgen, indem man von kulturspezifischen Sprechhandlungsmustern ausgeht, die dann im Kulturvergleich verallgemeinert werden. So entgeht man der Gefahr, auf ethnozentristische Weise die Kategorien der eigenen Kultur auf andere zu übertragen und die so gefundenen Ergebnisse nur in den Begriffen dieser eigenen Kultur zu formulieren. Es ist klar, dass dies ein wenig angemessenes Verfahren ist. Die Konzeption des *cultural scripts* von A. Wierzbicka vermeidet diesen Zirkelschluss (s. Wierzbicka 2003, 2010). Ein *cultural script* bezieht sich auf stillschweigend akzeptierte Normen, Werte und Praktiken, die in einer bestimmten Gesellschaft etabliert sind – und es hat insofern eine große Ähnlichkeit zum Begriff des Habitus von Bourdieu. *Scripts* werden dokumentiert in einer natürlichen semantischen Metasprache, deren Funktion es ist, diese Normen u.a. auf den Begriff zu bringen. Es geht dabei zunächst um die sprachspezifische semantische Beschreibung von Ausdrücken, in denen der jeweilige kulturelle Kernbestand kodiert ist, aber es wird auch auf Redensarten, Kollokationen bis hin zu konversationellen Routinen und Anredeformen zurückgegriffen. Diese Analyse ist zunächst sprach- und kulturspezifisch.

In einem weiteren Schritt wird dann der Vergleich zwischen Einzelsprachen und Kulturen vorgenommen, und so wird nach und nach, auf der Basis des Vergleichs der einzelsprachlichen Befunde, das allen natürlichen Sprachen gemeinsame Grundvokabular ermittelt, das in Form **konzeptueller Primes** auftritt. Diese Primes bilden in ihrer Gesamtheit ein System, das letztlich eine „universelle Grammatik" der *script*-bezeichnenden Ausdrücke ergibt – allerdings gewonnen aus den sprach- und kulturspezifischen Einzeluntersuchungen. Eine Weiterentwicklung dieses Ansatzes mit Blick auf sprachliches Handeln ist die Verallgemeinerung zum Paradigma der Ethnopragmatik durch Goddard (2006). Goddard gesteht zu, dass nicht alle Mitglieder einer Kultur immer ein bestimmtes *script* teilen. Es reicht, wenn alle Mitglieder damit rechnen, dass die anderen diese Denkweise einnehmen oder einnehmen können.

Die Interaktionsmaschine
Das Bourdieusche Habitus-Konzept wird von S. Levinson und N.J. Enfield auf andere Weise umgesetzt, indem es nicht explizit *bottom-up* hergeleitet wird. Vielmehr spielen die Griceschen Prinzipien und Maximen, die von Goddard noch als universalistisch abgelehnt wurden, eine tragende Rolle für die Konzeption – ähnlich wie wir es schon beim Höflichkeitskonzept von Brown/Levinson kennen gelernt haben. Dies heißt allerdings nicht, dass es sich bei Levinson und Enfield um Lehnstuhlphilosophen handelte – beide betreiben ausführliche Feldstudien in unterschiedlichen Ethnien von Naturvölkern.

Ihre grundsätzliche Idee ist es, dass Sprache eine Ausformung des sozialen Lebens einer Gesellschaft ist. Sie stellen daher die Untersuchung der **Vergesellschaftung des Menschen** in den Vordergrund (*human sociality*). Sie besteht in der Fähigkeit, in einen strukturierten interaktiven Austausch mit anderen zu treten. Diese Fähigkeit beruht vor allem darauf, dass die Mitglieder einer Gesellschaft an einer gemeinsamen mentalen Welt teilhaben, wobei dies zum Beispiel gemeinsame Glaubenseinstellungen umfasst, also das, was übereinstimmend für wahr gehalten wird. Aber auch hinsichtlich des Verhaltens der Mitglieder bestehen wechselseitige Erwartungen, das heißt, dass eine Person erwartet, dass sich ihr Gegenüber in einer bestimmten Situation so- und-so verhält und diese Erwartung dem Gegenüber wiederum bewusst ist. Diese Art der kooperativen, mental vermittelten Interaktion führt, wenn sie sich wiederholt, zu sich verfestigenden Strukturen; Enfield/Levinson bezeichnen diese verfestigten Strukturen der mentalen Welt, die den Kern der *human sociality* ausmachen, wiederum mit einem Begriff Bourdieus: Es ist die Ausbildung **kulturellen Kapitals** (s. Enfield/ Levinson 2006, 1).

Die Grundthese des von Enfield/Levinson entwickelten Forschungsprogramms lautet, dass die Weitergabe einer Welt von sozialen Organisationen und Werten von Generation zu Generation eine Entlastungsfunktion hat, die es nicht mehr notwendig macht, die gesellschaftlichen Konstruktionsleistungen immer wieder aufs Neue zu erbringen (s. Enfield/Levinson 2006, 1). Kultur wird dabei als ein interdependentes Netzwerk von Fähigkeiten und Praktiken aufgefasst, die als spezifisch menschlich gelten können, wie Kooperation, die Fähigkeit zur Zuschreibung von Intentionen, geplante Täuschung u.a. Insofern liegt hier ein Gegenentwurf zum dynamischen Kulturmodell von Kecskes vor, der genau diese Voraussetzungen nicht macht. Allen Ansätzen des Enfield- Levinsonschen Forschungsparadigmas, die sich in den Aufsätzen des erwähnten Sammelbandes von 2006 finden, ist gemeinsam, dass sie Kulturentstehung und -entwicklung auf eine zentrale Fähigkeit der Kulturträger zurückführen. Ihre Mitglieder können sich gegenseitig Handlungen, Motive, Intentionen und Glaubenseinstellungen zuschreiben und sind darauf aufbauend in der Lage, innerhalb einer Interaktion das Verhalten der jeweils anderen zu interpretieren.

Eine Teilhabe an einer gemeinsamen mentalen Welt ist den Einzelnen allerdings nur möglich, wenn eine zentrale Voraussetzung erfüllt ist. Sie besteht in der Fähigkeit, eine *Theory of Mind* auszubilden. **Theory of Mind** ist die Bezeichnung für die Fähigkeit eines Individuums, anderen Individuen mentale Zustände (wie Glauben) zuzuschreiben. Diese Zuschreibung ist völlig unabhängig davon, was man selbst glaubt oder nicht, das heißt sie ist unabhängig vom Wahrheitsgehalt des zugeschriebenen Glaubens. Um dies leisten zu können, muss man fähig sein, von den eigenen Überzeugungen zu abstrahieren: Auch wenn man glaubt, dass etwas nicht der Fall ist, so kann man annehmen, dass jemand anderes glaubt, dass dies der Fall ist. Diese Fähigkeit wird im Kindesalter erst relativ spät entwickelt, und wenn sie nicht auftritt, dann wird dies allgemein als Kriterium für Entwicklungsstörungen wie Autismus zugrundegelegt (s. Baron-Cohen 1995). Bei der Darstellung der Griceschen Bedeutungstheorie im Kapitel 2 hatten wir gesehen, dass die Erkenntnis der Intention des/der Sprechenden maßgeblich dafür ist, was er/sie gemeint hat, und somit auch dafür, was die Äußerung bedeutet. Es wird vor diesem Hintergrund klar, welche wichtige Rolle die Ausbildung einer *Theory of Mind* hat – sie stellt die Grundlage dar für die Fähigkeit, überhaupt mit seinen Mitmenschen zu kommunizieren.

In dem Forschungsprogramm von S. Levinson, das er mit Enfield zusammen entwickelt, geht es um die menschliche Fähigkeit zu sozialer Interaktion und damit zur Ausbildung kultureller Muster. Diese Fähigkeit wird auf eine universelle **human interaction engine** zurückgeführt, eine Interaktionsmaschine, die den Menschen in die Lage versetzt, in einen sozialen Austausch mit seinen Mitmenschen zu treten (s. Levinson 2006). *Theory of Mind*, das Gricesche Kommunikationsmodell, aber auch die als universell angesehen Regeln des *turn taking* innerhalb von Konversationen, die wir im Kapitel 1 angesprochen hatten, werden als Teilaspekte dieser Maschinerie aufgefasst. Interaktion ist das Vehikel für Kultur (Levinson 2006, 55), wobei die dabei wirksame Interaktionsmaschine nicht als starres Formgebilde zu verstehen ist, sondern als ein Bündel allgemeiner Prinzipien. Diese globalen Prinzipien der Interaktionsmaschine erhalten dann innerhalb einer lokalen Kultur ihre spezifische Ausprägung. Daraus folgt: Sprachliche Kommunikation ist erst erklärbar, wenn man die Wirksamkeit der allgemeinen Prinzipien der Interaktion auf den Sprachgebrauch zur Kenntnis nimmt. Pragmatik als die Untersuchung sprachlicher Kommunikation ist somit nichts, was der Analyse sprachlicher Formen nachgeordnet ist als optionale Zusatzdisziplin, sondern sie ist grundlegend insofern, als erst aus ihr heraus Überlegungen zum Sprachgebrauch und zur Sprachstruktur möglich sind.

Gemeinsame Aufmerksamkeit

Das einflussreiche Paradigma der evolutionären Anthropologie, das u.a. von M. Tomasello vertreten wird, hatten wir im Kapitel 9 schon kennengelernt. Kulturalität wird von Tomasello von den Voraussetzungen her gedacht, die handelnde und kommunizierende Individuen im frühen Kindesalter erwerben und auf deren Grundlage sie **kulturelle Artefakte** als solche erkennen und handelnd beeinflussen können. In Übereinstimmung mit der Griceschen Sprach- und Kommunikationstheorie ist – wie gezeigt wurde – eine wesentliche Voraussetzung hierfür das Erkennen und Zu-Erkennen-Geben von Intentionen im Zuge der Interaktion mit Erwachsenen, wobei der sich herausbildende Begriff von Intentionalität die Möglichkeit eröffnet, Gegenstände der alltäglichen Umwelt als Resultat intentionalen Handelns auf unterschiedlichen Ebenen aufzufassen. Auf diese Weise wird kulturelles Verstehen rückgebunden an seinen Ursprung in der Ontogenese, nämlich an die Kompetenz, Intentionen zu erkennen zu geben und bei anderen zuschreiben zu können.

> **Evolutionäre Anthropologie**
> Die Grundthese des Ansatzes der evolutionären Anthropologie lautet: Die Fähigkeit zum intentionalen Verstehen der Handlungen und der Äußerungen anderer Mitglieder der eigenen Spezies ist dem Menschen angeboren.

In vielfältigen experimentellen Studien konnten Tomasello et al. zeigen, dass Kleinkinder schon ab einem Alter von ca. 9 Monaten beginnen, ein soziales Selbst herauszubilden (s. Tomasello, Carpenter und Liszkowski 2007). Sie zeigen eine Reihe von Verhaltensweisen, die auf das Ziel der gemeinsamen Aufmerksamkeit (*joint attention*) mit ihrem Interaktionspartner ausgerichtet sind. Die Entwicklung dieser Fähigkeit wiederum ist nur möglich, wenn andere Personen als intentionale Akteure verstanden werden, deren Beziehungen zu äußeren Gegenständen dann verfolgt werden können (s. Tomasello 2011, 84). Intentionales Verstehen erschließt so dem Kind die spezifisch menschlichen Formen kultureller Vererbung, denn es kann – wie schon erwähnt – die intentionsgeprägte Dimension der Verhaltensmittel erkennen, die andere zur Erreichung ihrer Ziele einsetzen. Wie wir sahen, lassen sich an der Praxis des kooperativen Informierens von Interaktionspartnern im Kindesalter in verdichteter Form die Kernelemente der Kulturentstehung aufzeigen, und zwar sowohl ontogenetisch im Sinne einer früh einsetzenden Fähigkeit der Intentionszuschreibung als auch phylogenetisch im Sinne einer gegenüber Primaten spezifisch menschlichen Fähigkeit (s. Tomasello 2010).

Möglich wird Kulturentwicklung durch den sogenannten **Wagenhebereffekt**. Mit dieser Metapher soll deutlich gemacht werden, dass die kulturelle Entwicklung kumulativ verläuft, als Anhäufung kulturellen Wissens und kultureller Praktiken. Wenn von einem Individuum eine Veränderung vorgenommen wird, dann bleibt es nicht einfach dabei, sondern durch das kulturelle Lernen des Kindes wird die veränderte Praxis an die nächste Generation weitergegeben. Die folgende Generation kann dann auf dieser Errungenschaft aufbauen und somit weitere Innovationen an dem Gegenstand vornehmen, die ihrerseits weitergegeben werden. Das kulturelle Lernen des Kindes, das für diesen Prozess der kumulativen kulturellen Evolution verantwortlich ist, beruht dabei auf seiner Fähigkeit zum Imitationslernen. Dadurch, dass es die intentionale Dimension der Innovation seiner Eltern erkennt, kann es sie nachahmen. Es wird dadurch in einen neuen kognitiven Raum überführt, in dem es über diese Neuerung verfügt und in seiner Problemlösungsstrategie anwenden kann. So muss es in der Aneignung seiner Umwelt nicht immer wieder von vorne anfangen, sondern es kann aufbauen auf den schon entwickelten kulturellen Fertigkeiten seiner Vorgängergeneration (s. Tomasello 2011, 57)

Die kulturelle Entwicklung einer Gesellschaft, die als **kumulative Evolution** beschreibbar ist, kann auf zweierlei Weise vor sich gehen. Sie kann als virtuelle oder aber als reale Zusammenarbeit bzw. Kooperation auftreten. Die virtuelle Kooperation ist eine über die Zeit, indem ein Individuum im Zuge einer bestimmten Problemlösungsstrategie eine Innovation vornimmt und ein anderes Individuum eine Generation später diese Innovation übernimmt und in seiner Problemlösungsstrategie einsetzt. Dies gilt sowohl für materielle Werkzeuge (wie beispielsweise einen Hammer, der technisch immer weiter entwickelt wurde), aber auch für sprachliche Symbole, denn auch diese verändern sich in der Zeit aufgrund von teilweise individuellen Innovationen. Virtuelle Kooperation ist also Kooperation über einen historischen Zeitraum hinweg. Der Typus der realen Kooperation zeichnet sich demgegenüber durch Gleichzeitigkeit aus. Hier gibt es eine Art dialogischer Interaktion, bei der die Innovation eines Individuums auf eine Reaktion eines anderen Individuums stößt, das sie entweder übernimmt oder seinerseits modifiziert. So entsteht eine Situation der wechselseitigen Rückmeldungen, die insgesamt einen kreativen Prozess in der Kooperation auslösen kann. Tomasello hebt hervor, dass diese beiden unterschiedlichen Typen der Kooperation in der Regel gemeinsam auftreten. So ist es denkbar – und es kommt auch häufig vor – dass eine Gruppe von Individuen gemeinsam eine Technik weiterzuentwickeln versucht, die sie von der Vorgängergeneration übernommen hat. Der Prozess der kulturellen Entwicklung ist also als Mischtyp von virtueller und realer Kooperation zu verstehen (s. Tomasello 2011, 59).

Mit seinem kulturevolutionären Ansatz nimmt also Tomasello zusammen mit seinen Mitarbeitern eine historische Einstellung ein. Sowohl die phylogenetische Entwicklung, die zu den herausragenden Fähigkeiten im Bereich der Sprache oder auch in der Mathematik geführt hat, als auch die ontogenetische Entwicklung des Kindes, die zur Aneignung dieser Kulturtechniken führt, ist jeweils als ein langer und vielschichtiger Prozess in der Zeit zu verstehen – Einsichten, die „von vielen Kognitionswissenschaftlern ignoriert werden", wie Tomasello feststellt (Tomasello 2011, 67).

Wenn man von dieser Perspektive aus auf das vorliegende Buch zurückblickt, dann lässt sich sagen, dass eine Vielzahl der dargestellten Ansätze nicht nur Einzelphänomene beschreiben, die schon für sich genommen interessant und relevant sind. Sie konvergieren in ihrer Gesamtheit vielmehr in einer allgemeinen Theorie der Kultur, so dass man sagen kann, dass die Gegenstände der modernen Pragmatik, die hier nur in Auswahl vorgestellt wurden, die Grundlagen einer Kulturtheorie der Gesellschaft bilden. Insofern grenzen sie sich ab gegenüber eher kognitiven Ansätzen wie beispielsweise demjenigen von L. Talmy (2000) oder auch solchen Beschreibungsansätzen, die auf der Idee einer genetischen Angeborenheit einzelner kognitiver Module basieren (s. Pinker 1997). Sprache und Kultur wurzeln im konkreten Handeln von Individuen und entstehen im Prozess ihrer Vergesellschaftung – oder wie es der Philosoph Hilary Putnam einmal ausdrückte: Bedeutungen sind nicht im Kopf. Sie sind, so kann man ergänzen, mitten unter uns.

Literatur:

Bargiela-Chiappini, F. (Hg.) (2011): *Politeness across Cultures*. Basingstoke: Palgrave Macmillan.
Baron-Cohen, S. (1995): *Mindblindness: An essay on autism and Theory of Mind*. Cambridge MA: MIT Press.
Bourdieu, P. (1976): *Entwurf einer Theorie der Praxis auf der ethnologischen Grundlage der kabylischen Gesellschaft*. Frankfurt/M.: Suhrkamp.
Brown, P./S.C. Levinson (^{3}2007): *Politeness: Some Universals in Language Usage*. Cambridge: Cambridge University Press.
Cicourel, A.V. (1975): *Sprache in der sozialen Interaktion*. München: List.
Ehrhardt, C./E. Neuland/H. Yamashita (Hg.) (2011): *Sprachliche Höflichkeit zwischen Etikette und kommunikativer Kompetenz*. Bern u.a.: Peter Lang.
Enfield, N.J./S.C. Levinson (Hg.) (2006): *Roots of Human Sociality*. Oxford/New York: Berg.
Garfinkel, H. (1967): What is Ethnomethodology? In: Ders., *Studies in Ethnomethodology*. Englewood Cliffs: Prentice-Hall, 1–34.
Goddard, C. (2006): Ethnopragmatics: A new paradigm. In: Ders. (Hg.) *Ethnopragmatics: Understanding Discourse in Cultural Context*. Berlin/New York: Mouton de Gruyter, 1–30.
Gumperz, J.L./D. Hymes (1972): *Directions in Sociolinguistics*: The Ethnography of Communication. London: Blackwell.
Gumperz, J.L./S.C. Levinson (1996): *Rethinking Linguistic Relativity*. Cambridge: Cambridge University Press.
Hymes, D. (1962): The ethnography of speaking. In: T. Gladwin/W.C. Sturtevant (Hg.), *Anthropology and human behavior*. Anthropological Society of Washington D.C., Washington, 13–53.
Kecskes, I./J. Mey (Hg.) (2008): *Intention, Common Ground and the Egocentric Speaker-Hearer*. New York u.a.: Mouton de Gruyter.
Kecskes, I./F. Zhang (2009): Activating, seeking and creating common ground. A sociocognitive approach. In: *Pragmatics and Cognition*, 17:2, 331–335.
Leech, G. (1983): *Principles of Pragmatics*. London/New York: Longman.
Leech, G. (2014): *The Pragmatics of Politeness*. Oxford: Oxford University Press.
Levinson, S.C. (2006): On the Human Interaction Engine. In: N.J. Enfield/S. Levinson (Hg.), 39–69.
Liedtke, F. (2016): Kulturwisssenschaftliche Orientierung in der Pragmatik. In: L. Jäger u.a. (Hg.), *Sprache – Kultur – Kommunikation*. Berlin: Mouton/de Gruyter (=HSK 43), 786–794.
Pinker, S. (1997): *How the Mind Works*. New York: Penguin.
Schütz, A. (1932): *Der sinnhafte Aufbau der sozialen Welt*. Springer: Wien.
Talmy, L. (2000): The Cognitive Culture System. In: Ders., *Towards a Cognitive Semantics*. Vol. 2, Cambridge: MIT Press, 373–416.
Tomasello, M./M. Carpenter/U. Lizskowski (2007): A new look at infant pointing. In: *Child Development*, 78, 705–722.
Tomasello, M. (2010): *Die Ursprünge der menschlichen Kommunikation*. Frankfurt/M.: Suhrkamp.
Tomasello, M. (2011): *Die kulturelle Entwicklung des menschlichen Denkens*. Frankfurt/M.: Suhrkamp.
Wierzbicka, A. (2003): *Cross-cultural Pragmatics: The Semantics of Human Interaction*. Berlin: Mouton-de Gruyter.

Wierzbicka, A. (2010): Cultural scripts and intercultural communication. In: A. Trosborg (Hg.) *Pragmatics across languages and cultures*. Berlin: Mouton de Gruyter, 43–78.

Register

Personenregister

ARIEL, M. 186–87
AUSTIN, J.L. 10, 47, 51, 53, 58
BACH, K. 64, 86, 111–12, 125–29, 134
BOURDIEU, P. 225–27
BROWN, P. 225–27
BÜHLER, K. 151, 193–95, 199–200
CAP, P. 214
CLARK, H. 167–74
DANEŠ, F. 181–82
DIESSEL, H. 159–63
EHRICH, V. 196–97
ENFIELD, N.J. 227–28
FILLMORE, C. 155–56, 172, 195
FREGE, G. 87–88
FRICKE, E. 199–200
GAZDAR, G. 96–97
GIBBS, R. 142–44
GODDARD, C. 227
GRICE, H.P. 9, 13, 34–38, 41, 70
HAPPÉ, F. 154–55
HARNISH, R. 64, 104, 145
HAVILAND, S. 167–69, 173
HORN, L. 96–102, 190
KARTTUNEN, L. 84–88
KELLER, R. 89
KESCKES, I. 226
LEECH, G. 225–26
LEVINSON, S. 88, 96, 102–9, 130, 143–45, 195, 206, 225–28
MATHESIUS, V. 180–81
MATSUI, T. 174–76
NOVECK, I. 144–45
PEIRCE, C. S. 193
PETERS, S. 84–88
POTTS, C. 85–86
PRINCE, E. 183–85, 188–89, 191
SAUSSURE, F. DE 41
SCHWARZ, M. 172
SEARLE, J.R. 51, 53–55, 57–59, 62–65, 206
SIDNER, C. 175
SPERBER, D. 111–24, 153–55
STALNAKER, R. 89–92
STRAWSON, P. 43, 87
TOMASELLO, M. 14, 147–62, 228–30
WILSON, D. 35, 111–24, 174–76
WILSON, J. 212, 215
ZIPF, G.K. 98, 102

Sachregister

Abschwächung 187
Absicht *Siehe* Intention
abstrakte Konstruktion 157–58
ad-hoc Konzept 123, 145
Adjazenz-Paar 28
Akkomodation 90–91
Aktbezogenheit 80
Aktivierung 185–87
Akzent 12, 55, 83
Akzeptanz 92
alterozentrisch 197
Anapher 172, 185, 194, 199–200, 199
Angelpunktkonstruktion 155, 159
Angemessenheit 89
Anker (nach Schwarz) 172
Anreicherung
    freie 129–32, 135–39
    pragmatische 100, 105–8, 111–12,
        125–28, 142–45, 211, 214
Antezedent 133, 163, 167–76, 185
Antezedenzmaxime 168
Anweisung 183, 191
Argumentationsspiel, das 22
Artikulierte, das 13, 130, 134
Assertiva 59, 60, 209, 218
assumed familiarity *Siehe*
    Vertrautheitsskala
attenuation *Siehe* Abschwächung
A-Typ *Siehe* unartikulierte Konstituente,
    kommunikativ
Ausbeutung 74–75, 97
Ausgedrückte, das 13
ausgedrückter psychischer Zustand 58
Ausrichtung 58, 62, 209
Äußerungsakt 54–55
Äußerungsbedeutung 35, 111–14, 143,
    152
Äußerungsinterpretation 11
Äußerungsverstehen 11
Austinsche Proposition 138–40
backward inference 172
Bedeuten 35–38
Bedeutung
    aktuelle *Siehe* Situationsbedeutung
    etablierte/konventionelle 41, 43, 44,
        78
    lexikalische Bedeutung 12

Satzbedeutung 11, 129, 132, 134,
    139, 142–45
    un-/bestimmte 79
    Wortbedeutung 11
    wörtliche 69, 111–12, 121, 129
    zugängliche 132
Bedeutungsebenen (nach Grice) 43
Betrachtzeitpunkt 203
B-Implikatur *Siehe* Bridging-Implikatur
Bootstrapping 152
bottom-up 131, 227
Bridging 167, 170, 173–76
Bridging-Implikatur 168–72
bridging-Inferenz 131
B-Typ *Siehe* unartikulierte Konstituente,
    kommunikativ
Code 113, 198–99
codeinterne Deixis 198
common ground 25, 91–92, 226
cultural script 226
Default-Inferenz 103–4
default-Interpretation 144–45
deiktischer Ausdruck 193–95
deiktisches Zentrum 195, 198–99
Deixis 193–209
    am Phantasma 199
    gestische 15
    symbolische 15
Deklarationen 59, 62, 65
demonstratio ad oculos 199
Denotation 122
Determinierung, strukturelle 126
dimensionale Deiktika 197–98
direction of fit *Siehe* Ausrichtung
Direktiva 59, 60, 206–9
disjunkt 170
Diskursmodell 183–84
Diskursreferent 165–66, 170, 179, 183–
    89
distal 196
Distanziertheit 212
egozentrisch 197
egozentrische Sicht 226
Eigenintentionalität 149
empraktische Äußerung 151
entailment 98
Ereigniszeitpunkt 203
Erkenntnisabfolge 97
Erweiterung 13, 120, 123, 126, 132

Ethnomethodologie 225
Existenzimplikatur 84
Expansion 126–29, 134
Expected Focus Algorithm 175
Explikatur 111–14, 120, 125
explizite Äußerung 25, 125, 215–18
Expressiva 59, 61, 63, 85–86, 88, 218
Faktenabfolge 98
false belief test 153
Fokus 175, 182–83
    Fokusakzent 182
forward inference 172
funktionsbasierte Distributionsanalyse 158
GAT *Siehe* gesprächsanalytisches Transkriptionssystem
Gelingensbedingungen 54
    Aufrichtigkeitsbedingung 54
    Bedingung des propositionalen Gehalts 54
    Einleitungsbedingung 54
gemeinsam (akzeptierter) Glaube 91–92
gemeinsame Aufmerksamkeit 14, 147–49, 228, 229
Gemeinte, das 38
Genauigkeit 187
Gesagte, das 24, 75–77, 113, 127–30, 134, 142
Gesprächsanalyse 26
gesprächsanalytisches Transkriptionssystem (GAT) 18
Gesprächszug *(turn)* 26–28, 228
Geste 30, 147–48, 151–52, 200
    deklarative 148
    imperativische 148
given-new-contract 167–69, 171
GKI *Siehe* Implikatur, generalisierte konversationelle
Habitus 225
Handlungsebene 102
Heckenausdruck 19
Hintergrund 182–83
    konversationeller 63
Hintergrundwissen 75, 226
Höflichkeitsforschung, interkulturelle 226
Holophrase 155
Horn-Skala 96–97

human interaction engine *Siehe* Interaktionsmaschine
human sociality *Siehe* Vergesellschaftung des Menschen
Ideolekt-Bedeutung 44
Illokution 53–55
illokutionäre Indikatoren 55–57
illokutionäre Kraft 218
illokutionäre Verstärkung 218–20
illokutionärer Akt 51–55, 218
illokutionärer Zweck 58
Implikation, kontextuelle 114–17
implikationale Hierarchie 188–91
Implikatur 13, 69, 76–78
    generalisierte konversationelle (GKI) 77–80, 95–98, 102–9, 144–45, 196
    klausale 96–97, 104
    konventionelle 83–87
    konversationelle 69–70, 75–77, 79–80, 168, 215
    partikularisierte konversationelle (PKI) 76, 79, 102, 109
    skalare 84, 96–100, 104–5, 144–45, 190
Impliziur 125–29, 145
indexikalischer Ausdruck 129, 193
Indikator der illokutionären Rolle 53
Indirektheit 40, 64–65, 108
Inferenz, pragmatische 113, 145
Inferenzprozess *Siehe* Schlussprozess
Informationsstruktur 180–82
Informativität 187
informativity *Siehe* Informativität
inkrementell 121, 133
Instruktion *Siehe* Anweisung
Intendieren *Siehe* Intention
Intention 34–38
    Ebenen, der 14
    informative 117
    kommunikative 13, 35, 40, 117, 150–53, 158, 221–22, 222
    primäre 37
    sekundäre/reflexive 37, 44
intentionaler Rahmen 150–51
Intentionales Angebot 149–50
intentionales Verhalten 33
Intentionszuschreibung 151–54, 221–22, 229
Interaktionsmaschine 228

Interpretation
    nicht-wörtliche 13, 69
    wörtliche 11, 69
interpretative Heuristik 112
intrinsisch 198–99
Involviertheit 212–13
I-Prinzip 103–8, 145
Ironie 72, 75
Irrtum 69, 78
joint attention *Siehe* gemeinsame Aufmerksamkeit
kalendarische Bezugnahme 202
Kasusform 156
Kasusgrammatik 155–56
Kasusrelation 155
kognitive Orientierung 191
kognitive Umgebung 118–20
kognitiver Status 188–91
Kohärenz 133, 165–69, 175
Kohäsion 165–67
Kommentar 180–83
Kommissiva 59, 61, 206, 209
Kommunikation, sprachliche 25
Kommunikationssituation 25
kommunikativer Sinn 9
Kommunizierte, das 130, 134
Konditionale Verstärkung 106
Konjunktionale Stützung 106
Konnexität 166
konstative Äußerung 49
konstativer illokutionärer Akt 63
Konstituentensatz 160
Kontext, sprachlicher 77, 152–53
Kontextinformation 38–40, 111, 221
Kontextproposition 114–17, 120
kontextuelle Gegebenheiten 222
Kontextwissen *Siehe* Kontextinformation
kontrafaktisches Konditional 85
Konventionalisierung 45
Konventionen 10–11, 13, 55, 76
Konversationsmaximen *Siehe* Maximen der Konversation
Konzept 122–24, 132
Kooperation (nach Tomasello) 229
Kooperationsprinzip 70–71, 73–74, 121, 168
Kooperativitätsannahme 76
korreferent 170
kulturelle Artefakte 149–50, 228

kulturelles Kapital 227
kulturelles Lernen 147, 149
kumulative Evolution 229
Lekton, das 139
Lesezeitexperiment 142
logische Form 95, 111, 114, 120
Lokaldeixis 194, 195–98
Lokution 53
lokutionärer Akt 51, 53
loosening *Siehe* Erweiterung
Makroebene (globale Gesprächsorganisation) 29
    Beendigungsphase 29
    Eröffnungsphase 29
    Kernphase 29
Manifeste, das 118–20
Matrixsatz 160
Maximalismus 129
Maximen der Konversation 70–73
    Modalitätsmaximen 73
    Qualitätsmaximen 70–72, 74–75, 226
    Quantitätsmaximen 71, 74, 97, 99, 101, 190, 215
    Relevanzmaxime 72, 74
Maximenbefolgung 73–74
Maximenkonflikt 74, 101
Maximenverstoß 74–76, 97, 126, 190, 217
Mehrfachadressiertheit 222
Meinen 34–38
Mesoebene 28
Metapher 75, 123–24, 126, 132
Metonymie 132–33
Mikroebene (lokales Gesprächsmanagement) 29
Minimalismus 129
Modellebene 102
Modulation 123
M-Prinzip 104, 107–9
Multimodalität 30
Nähe und Distanz 205
Negations-Verstärkung 107, 214
Nicht-Artikulierte, das 13
Nicht-Konventionalität 79
Nicht-Wörtlichkeit
    satzbezogene 127
    satzgebundene 112
    wortbezogene 112, 127
ökologisches Selbst 148

Ökonomie-Prinzip 98, 112
Origo 194, 201–2
Ostension 119–20
ostensiv-inferenzielle Kommunikation 120–21
Paraphrase 69, 111, 135, 142–43
Performativa *Siehe* performative Äußerung
performative Äußerung 48–50, 64–65
   explizit performative Äußerung 50
Perlokution 54
perlokutionärer Akt 52, 54
Personaldeixis 194, 204–6, 211–14
Perspektivität 152–53
phatischer Akt 52, 53
phonetischer Akt 52
PKI *Siehe* Implikatur, partikularisierte konversationelle
positionale Deiktika 197–98
Positionierung 20
Prädikationsakt 53
Pragmatik 9–10, 34, 35, 230
   experimentelle 142–45
   globale 121
   interkulturelle 225
   lexikalische 121–24
   lokale 121
   präsemantische 109, 130
pragmatische Prozesse 39, 130–34
   globale 132
   lokale 132–34
   primäre 130
   sekundäre 130
pragmatisches Idiom 109
pragmatisches Muster 140–41
präsumptiv 133
präsumptive Bedeutung (nach Levinson) 102–3, 109
Präsupposition 87–92, 105, 211, 217–18
   pragmatische 89
   semantische 89
Präsuppositionsauslöser 88–89
Prime, konzeptueller 227
Proposition 62, 83, 89–92, 114–17, 125–31, 136–37
propositionaler Akt 53
propositionaler Gehalt 36, 54, 62, 139, 206–9
propositionales Skelett 127–28

proximal 196
Proximisierung 214
psychologisches Prädikat 181
psychologisches Subjekt 181
Q-Prinzip (nach Horn) 98–101, 108
Q-Prinzip (nach Levinson) 104–6, 143
Referenzakt 53, 207–9
Reflexivität intentionalen Verstehens 152
Rekurrenz 166
Relativsatz 85, 159–63, 184
Relevanzprinzip 112–13, 119–21
Relevanztheorie 112–21, 144–45, 174–75
Rhema 181–83
rhetischer Akt 52
rigidity *Siehe* Genauigkeit
Rollentausch 152
R-Prinzip 98–103
Rückmeldung *Siehe* Gesprächszug
Sättigung 129, 131, 136–39
Schema 133, 140, 158–59, 172
   Konstruktions- 159
Schlussprozess 11, 12, 75–77, 114, 120–21, 129–31, 133, 142–45, 188, 196, 214–17
Simulation von Handlung 149
Situationsbedeutung 41–44, 42
   des Ausdrucks 42
   des Sprechers 42
soziale Deixis 205
soziale Kristallisation 41, 77
Spezifizierung 131, 214–15
sprachliches Handeln 34
Sprechakt 20, 26, 38, 50–55, 139, 155, 206–9, 217–21
   indirekter 108
   initiativer 28
   responsiver 28
Sprechaktklassifikation 52, 57–59, 60–64, 218
Sprechakttheorie 47–65, 88
Sprecher-Bedeutung 37
   Definition nach Grice 38
Sprecherintention 35–36, 39, 42, 218, 221–22
Sprechhandeln 20
Sprechzeitpunkt 201–4
stance *Siehe* Positionierung

stereotype Konstellation 140
Streichbarkeit *Siehe* Tilgbarkeit
strengthening *Siehe* Verengung
Supplemente 85
symbolische Verwendung 195
Temporaldeixis 194, 201–4
Text-/Diskursdeixis 194, 198–99
Textlinguistik 165
Thema 29, 180–83
    Hyperthema 181
Theory of Mind (ToM) 153–55, 228
Theory of Mind Mechanism (ToMM) 153–55
Tiefenkasus 156
Tilgbarkeit 78–79, 97, 215, 217
ToM *Siehe* Theory of Mind
ToMM *Siehe* Theory of Mind Mechanism
Topik 180–83, 189
    Diskurstopik 181
    Satztopik 181, 189
Transfer 132
transitional relevance point (TRP) 27
Transkription 17–19
triadische Interaktion 148–49, 151
turn constructional unit (TCU) 28
Unabtrennbarkeit 79
unartikulierte Konstituente 134–41
    kommunikativ 135
    metaphysisch 135
Unartikulierte, das (nach Perry) 134

Unbestimmtheit 80
Unterdeterminiertheit 114
    konstituentenbezogene 125
    semantische 130
    strukturelle 125
Verbinselkonstruktion 155–59
Verengung 123, 132
Verfahrens-Repertoire 44
Vergesellschaftung des Menschen 227
Verstehensvoraussetzungen, allgemeine 222
Vertrautheitsskala 183–85
Vervollständigung 126, 129
Wagenhebereffekt 229
wahrheitsfunktional 84, 86, 89
Weltverständnis, Revolution des 147
Weltwissen 38, 74, 90, 95, 103, 116, 131, 166, 175–76, 184, 213
wesentliche Regel 55
Wissensrahmen 172–74
Wissensunterstellung, wechselseitige 89
Worterwerbsaufgabe 154
Wortlernen 150–55
Zeigegeste 14–15, 147, 149, 162, 194
Zeigen 199–200
zeitunabhängige Bedeutung 42
    angewandte 43
Zugänglichkeitsprinzip 130
Zugriffsbereich 196